トラウマの過去

産業革命から第一次世界大戦まで

マーク・ミカーリ／ポール・レルナー編
金 吉晴 訳

みすず書房

TRAUMATIC PASTS

History, Psychiatry and Trauma in The Modern Age, 1870-1930

Edited by

Mark S. Micale and Paul Lerner

First published by Cambridge University Press, 2001

トラウマの過去　目次

第三部　トラウマ理論の発展　二〇世紀初頭の近代化と精神医学

第四部　第一次大戦におけるショック、トラウマ、精神医学

日本語版への序文

このたび、金吉晴氏の多大な御努力によって『トラウマの過去』が日本語に翻訳されましたことを大変嬉しく思います。自分たちの学術成果が、それまで予想もしていなかった新たな人々に読まれるようになることは、学問に生きる者にとってこれ以上はないほどの喜びです。とりわけ私たちのどちらも日本の歴史の研究家ではなく、本書が日本ではなく欧米の歴史を扱っていることを考えますと、このたびの日本語への翻訳は一層嬉しく感じられます。

同時にその喜びは、大きな悲しみをも伴っております。というのも私たちは、日本の人々がこうした書物に関心を抱いている背景をよく承知しているからです。二〇一一年三月一一日に破壊的な悲劇が日本の東北地方を襲いました。この被害は三つの互いに結びつき合った出来事を含んでいると聞いております。第一には巨大な震災が日本の東北地方に生じ、第二には三〇分もしないうちに地震による津波がその地域の沿岸部に到達し、多くの地域が被害を受けました。この文章を書いている時点で、この災害の犠牲者は一万五千人を超え、それ以外に多くの住民が行方不明になっておられます。第三には、津波に引き続いて福島第一原子力発電所で爆発事故と放射性物質の漏出が生じました。近隣地域の何万人もの人々が自宅からの退去を強制もしくは勧告され、避難所、避難先での不自由な生活を余儀なくされました。この事故の長期的な健康への影響に不安を抱いている人々も少なくありません。多くの科学者が、この年の三月から五月にかけての複合災害は日本の災害史上、戦争を除けば最大のものであったと考えています。

この「東日本大震災」に際して世界の多くの国々が貴重でかけがえのない支援を行いました。しかし私たちは、こうした緊急の物質的支援のほかにも、概念、情報、知識を通じた支援が存在すると考えておりますし、本書がそのような形で日本の読者の役に立つことを願っております。

本書の中心となるのは英国、ドイツ、フランス、イタリア、そして米国においてトラウマが社会という集団によってどのように経験されてきたのかについての一一の事例検討的な論文です。本書が扱っているのは一八七〇年代から一九三〇年代にかけて、主として欧米で生じた歴史的出来事ですが、そこから「学ばれたこと」のいくつかは今日の日本にも当てはまるものと考えています。まさしく私たちが本書を通じて期待していたのは、世界的に環境危機が高まっている現在において、トラウマとその医学的・文化的影響について広く世界的な比較研究をするための基盤を築くことであったのです。

本書の受け止め方は、読者の背景や関心などに応じて、さまざまに異なっていることでしょう。しかしながら私たちは、欧米と東アジアの状況には明らかにいくつかの共通点があると考えています。たとえば予期しない甚大な災害に対する多様な心理的ストレス反応、作用しているさまざまなストレス要因、それに対する医学的・治療的な対応などです。そして何よりも、多くの住民が巻き込まれた急性のトラウマに対して、短期的にせよ長期的にせよ、社会と政府がどのように対応するのかが決定的に重要になる、そのような地理的・歴史的な背景も共通しています。

最後に申し添えますが、私たちは本書の日本語への翻訳が、人間のトラウマについての真に双方向的な概念と情報の交流をもたらすことを願っています。日本の精神保健医療の関係者は、自国での震災の直後に行われた研究やインド洋津波から引き出された教訓に基づいて、大規模な自然災害に対して精神医療を提供するための世界でももっとも包括的なシステムを東日本大震災の後で作り上げました。震災以降の六年間、地域、自治体、政府の精神保健医療機関と病院、および日本の関連学会との連携は、災害からの心理的回復についての詳細な知見をもたらしました。

震災以降、政府の研究班などを通じて日本から発信された豊富な文献は、この主題についての私たちの知識を飛躍的に増大させるものでした。たとえば日本の精神保健医療の専門家は、「心理的応急処理」を遠隔地の人々に届けるという課題の重要性を指摘しています。また自然災害の直後に、断絶したコミュニケーションと輸送を回復させることの重要性も指摘しています。また被災地の病院機能、非医療者のボランティア、被害を受けていない外部からの精神医療チーム、そして赤十字や世界精神医学会などの国際機関が迅速に協力することの重要性を指摘してきました。

臨床的には、日本の精神医療関係者は被災者に見られる急性期のさまざまなトラウマ反応を、きわめて洗練された仕方で報告してきました。被災地域に訓練を受けた精神医療関係者を迅速に派遣するという強力な体制も作り上げています。そしてまた外国で作り上げられたＰＴＳＤのような診断基準や、感情の表現に力点を置いた精神療法を用いるときには注意が必要であることも指摘しています。というのも被災者は自分たち自身の感情の表現方法と、悲嘆を乗り越えるための文化を持っているからです。そしてまた日本は、世界でもっとも早く、政府レベルでの「災害時地域精神保健医療ガイドライン」を作り上げた国でもあります。

世界は日本の経験から多くのことを学ぶ必要があります。その意味で、私たちは本書の翻訳を心から歓迎するとともに、グローバリゼーションと言われながらもなお多くの困難と危険が残っている現代において、本書が欧米と日本のあいだの双方向的な交流の中で受け止められることを願っております。

二〇一七年七月

ポール・レルナー（ロサンゼルス）
マーク・ミカーリ（シカゴ）

序文

私たちの共同研究計画は一九九六年三月二九、三〇日にマンチェスター大学で開催された医学と心理的トラウマの歴史に関する学術集会によって始められた。同大学の科学・技術・医学史センターのジョン・ピックストンはこの会議のための資料と情報を提供し、ジョアン・モトラムが運営を担当した。会議のために必要な資金は英国学術会議、ウェルカム財団、マンチェスター大学ウェルカム財団医学史寄付講座から助成を受けた。私たちはこの会議を忘れられない成功に導いてくださったすべての参加者に感謝したい。とりわけロイ・ポーターからは格別の御支援をいただいた。

本書の出版へと至るこの研究計画の長い期間に、チャールズ・ローゼンバーグからは学術的な重要な指導と学究としての励ましを受けた。ジェラルド・グロブからは準備における貴重な支援を受け、ジェイ・ウィンターからは絶えず気持ちを鼓舞された。ロジャー・クーター、ジョン・ピックストン、ロイ・ポーター、チャールズ・ローゼンバーグは序章を注意深く読み、貴重な助言を与えてくれた。リサ・カーディンは心理的トラウマの広範な文献についての豊富な知識を与えてくれた。英国学士院とマンチェスター大学の歴史学部からは、まだおぼろげな構想にすぎなかった本書の企画に時宜を得た支援をいただいた。

ピーター・バーナム、エリック・カプラン、ハンス・ポール、ヴォルフガング・シェフナーを初めとする同僚、友人たちとの頻繁な交流によって、私たちはトラウマについての考え方に刺激を受け、重要な点に気づかされた。

ウェルカム財団医学史寄付講座の友人であるビル・バイナム、ナツ・ハットリ、チェリス・クレーマー、ソヌ・シャムダサニ、モーリィ・サトペンのおかげで、精神医学史の理想的な研究環境をロンドンに作ることができた。卓越したトラウマ研究者であるアネット・ベッカー、ブリジット・ドハーティ、リサ・ハーシュバッハ、エリック・リード、ルース・レイズ、ハインツ・ピーター・シュミードバッハ、ジョン・タルボット、ジェイ・ウィンターは、本書の刊行をさまざまに支援された。それ以外にも本書の刊行を忍耐強く支えてくださった関係者に心から感謝したい。今日の学術出版を取り巻く諸状況のために当初予定されていた素晴らしいいくつかの章を含めることができなかったことは、今もってきわめて残念である。

最後にこの企画に愛情を注ぎ、有能で細やかな対応をされたケンブリッジ大学出版の編集者であるマリー・チャイルドに感謝したい。

マーク・ミカーリ（シャンペイン - アーバナ）

ポール・レルナー（ロサンゼルス）

第一章　トラウマ、精神医学、歴史
——概念と歴史記述の方法論についての序論

ポール・レルナー
マーク・ミカーリ

二〇世紀を彩ってきた多くの破壊と社会変動を考えると、トラウマ[訳注1]という概念が誰の目にも明らかなものとして立ち現れ、多くの人々がそれについて語るようになったことは驚くには当たらない。トラウマは臨床医学をゆりかごとして日常文化と会話のなかにまで登場するようになり、二〇世紀後半の争乱や権利を巡る争いの比喩となり、苦難と被害に取り憑かれてしまったかに見える社会の礎石となっている。同時にトラウマという概念そのものが多くの手厳しい批判を呼び起こしたことは、医学や法学の多くの出版を通じて広く知られている。けれども暴力と混沌の支配するこの世界を何とか理解しようとするならば、トラウマによる苦痛の性質、その「真実性」、そして意義について、文化の根底を揺るがすような議論を避けるわけにはいかないことは確かである。

トラウマの歴史研究の背景

精神医学のカテゴリーとしてのトラウマは、米国精神医学会（American Psychiatric Association : APA）によって、一九八〇年に公式にＰＴＳＤ（Posttraumatic stress disorder : 外傷後ストレス障害）として認められた。ＡＰＡによる

『精神障害の診断と統計のためのマニュアル』は、あらゆる神経、精神科的な障害を命名し分類するための精神医学のバイブルであるが、その第三版[1]において、トラウマ後の精神的な苦痛は他の障害とは異なった独立の診断カテゴリーとして認められたのである。一九八〇年の定義によれば、ＰＴＳＤはほとんどすべての者に多大な苦痛を引き起こすような出来事をきっかけとして生じるとされている。一九八七年の改訂版では、こうした出来事は「通常の人間の経験し得ない」[2]ものであるとの補足がなされた。ＡＰＡの定義によれば、ＰＴＳＤはトラウマ的な出来事を繰り返し再体験するという特徴を持ち、それに加えて睡眠障害、集中力低下、トラウマとなった出来事を思い出させる刺激の回避のうち、ひとつ、あるいはふたつを持つとされた。

ＰＴＳＤという診断概念が打ち立てられたのは、ベトナム帰還兵のための精神医療の専門家や一般の活動家による熱心なロビー活動の成果である。ベトナム戦争は、戦争の持つおぞましい心理的な衝撃を多くのアメリカ人に対して浮き彫りにした。ベトナム戦争では五万八千人以上の米兵が死亡したが、帰国してもなお深刻な心理的な問題を抱えていた兵士の数はさらに多く、一説には百万人ともいわれる。このような状況にあって戦争を巡る国論は二分され、帰還兵士は戦争にうんざりした国民によって愛憎半ばする迎えられ方をしたが、ＰＴＳＤ診断はこうした兵士たちの精神的な苦悩と尊厳を認めることになった。兵士たちの理解に苦しむ症状と行動が現実の外的出来事に起因していると考えることによって、彼らから精神がおかしいのだというスティグマを取り除き、共感と医療的関心と賠償を（少なくとも理論的には）保証したのである。

ＰＴＳＤという診断が承認されたことは、トラウマの臨床科学にはかりしれない恩恵をもたらした。一九八四年に米国議会は国立ＰＴＳＤセンターの設置を可決し、退役軍人局の医療部門はトラウマ後の精神状態の研究のために合衆国政府から巨額の研究費を得るようになった。時を同じくしてこの主題についての科学研究は急激に増加し、この状態が主観的にどのように体験されるかについての自伝的な報告も増えた。[3]この四半世紀のあいだ、特に一九九〇年以降は、トラウマ後の精神障害という考えは戦争に関連したストレスを超えて拡大し、自然災害、職場の事故、家庭での虐待、その他、非常に苦しい感情をもたらすすべての種類の体験を含むようになった。今では数多くの文献が、ＰＴＳＤの経験的、実験的、そして理論的な側面と、関連する精神状態を報告している。[4]「心理的トラウマ学 psychotraumatology」という新たな臨床分野が出現し、ＰＴＳＤへの臨床医の関心も高まっている。[5]一九八五年には国際トラウマティックストレス学会が設立され、その数年後には学会誌であるトラウマティックストレス誌が創刊された。国際学会の設立を受けて、この主題についてのヨーロッパからの発言も増加した。[6]この当時、精神疾患の生物学的研究が飛躍的に増加したこともあり、トラウマ性疾患についての新たな研究プログラムが立案された。[7]トラウマを受けた被害者のためのセルフヘルプ本やメディアのニュースにより、この話題は大衆の脳裏に深く刻み込まれた。[8]ごく最近では、いわゆる「湾岸戦争症候群 Gulf War Syndrome」についての専門家の議論が決着していないことが明らかとなり、そのことが米国および英国の学会内部でこの問題を再び注目させることとなった。[9]以上をまとめると、ＰＴＳＤはおそらく二一世紀初頭の米国精神医学でもっとも急速に発展し、影響力を持つに至った診断だといえよう。

トラウマがこれほど現代の人々を引きつけているのは、最近になって戦争が続いたためばかりではなく、西洋社会が破滅と被害の記憶にとらわれ続けているからでもある。ヨーロッパと北米では、トラウマについての現在の関心の多くはナチスによるユダヤ人の大量虐殺に向けられている。ホロコーストはまさしく二〇世紀最大の破滅的な出来事であった。ユダヤ人の大量虐殺は今や記憶から歴史へと移行しつつあり、この事件の研究者はこの体験の心理的な衝撃がどのように生還者やその子孫、関係諸国の政治的、道徳的な文化に影響を与えてきたのかを競って報告している。他に例のないほど陰惨な文献が死体の山のように積み上げられるにつれて、学者のあいだではホロコーストをどのように記録し、思い出し、記憶に留めるのが適切なのかについて議論が続いている。[10]ナチスの強制収容所からの生還者の証言や、この体験のもたらした個人的、集団的なトラウマについての議論はすでに夥しい。[11]近年の国家レベルでの大量殺戮を伴う突発的な暴力についても、ＰＴＳＤの診断が適用されてきた。これを「集団的トラウマ」[12]と呼ぶ精神科医もいる。他方でＰＴＳＤ概念の批判者たちは、人間の苦悩のすべてを固定的な精神病理のカテゴリーに還元することが道徳的、政治的に危険であると主張し、被害への補償などを求めて争う権利の基礎としてＰＴＳＤを用いる現代の傾向に異を唱えている。[13]

こうした事情と並んで、とりわけ米国におけるトラウマへの関心のもう一つの源泉となったのは、児童の性的虐待に関する数多くの議論である。性的トラウマはベトナム戦争やホロコーストという集団的トラウマと並んで、一般の人々と精神医療の専門家の関心が強い感情を伴って交錯する領域である。解離という新しい――あるいは新しく再発見された――精神症状は、児童期に身体的性的な虐待を受けた人々の多重人格と関係があるとされた。[14]家庭内の暴力がいかに病理的な作用をもたらすかについての研究は、レイプトラウマ症候群、バタードウーマン症候群、児童期ＰＴＳＤといった新しい診断カテゴリーを提案し、それぞれに対して独自の医学的、法的、社会的な説明がなされた。[15]しかもこれらの概念は、ＰＴＳＤが医学的に公認されたことによって賠償と補償の根拠として用いられ、あるいは刑事事件で加害者の免責のために使われるようになった。[16]ここに至って精神療法家の役割に多くの疑問が寄せられるようになった。[17]いったい彼らは本当に抑圧された記憶を発見しているのだろうか、それともそうした記憶を見つけたいという熱望によって患者に示唆を与え、それを作り出しているのだろうか。こうした懸念の実例は精神分析の歴史の中にも認められる。フロイトが誘惑説を放棄したという有名な事実は、近年最大の議論の的となった。このことによってフロイトは現実のトラウマ的な外的出来事が神経症の病因であるという考えを否定し、性的な幻想を重視するようになったと考える学者もいる。[18]

このように、ベトナム戦争、ホロコーストと民族殺戮、児童虐待といった主題について、白熱した幅広い議論が繰り広げられてきた。トラウマから精神の病理が生じるというパラダイムを援用して、二〇世紀後半に西洋の人々を悩ませたきわめて重要な諸問題を説明しようとする試みは魅力的であるが、幾多の論争の的ともなった。今やトラウマは、医学、心理学、社会学、法学、神学、フェミニズム理論、そしてホロコーストとジェノサイド研究などの多くの領域を引きつけている。こうした学問領域で急速に成長しつつある歴史的次元に対してトラウマ研究は新たな息吹を吹き込んでいる。すでに多くの歴史家が気づいているように、トラウマは錯綜した多くの歴史の問題への有用な手がかりを与え、社会、文化、軍事、そして医学的な歴史がいかに絡み合ってきたのかを比類のない仕方で描き出している。実際にこうした領域の歴史研究家たちは、過去のトラウマがどのように人間の精神に影響を与えるのかについて関心を強めており、歴史に関心のある医師や心理学者とともに、豊かな歴史研究の領域を切り開いている。

概観すると、トラウマについての新たな歴史的関心は、内容的には重複するものの独立した方法論を持つ三つの領域に分けられる。第一の領域は医科学におけるトラウマ概念の歴史であり、スイスの医学史家であるエスター・フィッシャー＝ホンブルガーが一九七五年に著した研究『トラウマ神経症 *Die traumatische Neurose*』[19]によって開拓された。彼女は医学がトラウマを扱い始めたのは、ビクトリア朝中期に遡るとしている。その当時の臨床家は、いわゆる機能的神経障害という考えを初めて用いるようになった。この領域の権威である彼女の研究対象は一九二〇年代までであったが、この研究を取り上げるようになった別の研究者たちは、同様の考察を一九八〇年のＰＴＳＤの確立の時期にまで推し進めた。[20]

こうした文化史的な研究者が方法論的に二つの勢力に分けられることに留意すべきである。多くの者は今日の診断カテゴリーの立場から議論を進めようとしているが、そのほとんどは臨床の医師または心理士である。彼らによれば過去の理論はＰＴＳＤのひな形であり、次第に現在のＰＴＳＤ概念に近づいてきている。この立場からは、トラウマ後の精神症状は時代の制約を受けないほぼ普遍的な障害であり、歴史上のどのような事件や文献においても同定できる。すなわち彼らが過去を取り扱うのは、現在のＰＴＳＤが然るべくして生まれた概念であることを正当化するためである。[21] 第二のグループはこうした考えをあまりにも現在中心主義、実証主義的であるとして退け、明確に歴史主義的な立場を取っている。この新しい方法論を推進してきたのは主に人類学者、社会科学者、それに歴史家であるが、彼らによればＰＴＳＤは社会的、文化的に形成された、歴史的に見れば偶発的というべき一連の理論のうちの最新のものである。[22] 両者の立場にはＰＴＳＤの解釈を巡って深い断絶があるが、ＰＴＳＤという概念を受け入れるか否かに関わらず、心理的トラウマの議論の起源が一九世紀後半にあると考えている者が多いという点で、共通の前提に立っている。

フィッシャー＝ホンブルガーの研究から二〇年余りを経た今、精神医学史という分野は急速に成長し、方法論的にも重要な進歩があった。多くの精神医学者が過去の理論や臨床の社会的、文化的な背景を探究しており、精神医学史の批判的研究は巷にあふれかえっている。[23] 研究の爆発的な増加の産物として、心的トラウマ研究の第二の領域、つまり特定の治療施設でのトラウマの診断と臨床行為への関心が生まれた。こうした研究は、これまで顧みられなかった病院記録や未出版の症例報告などの資料を豊富に駆使して、医学のエリート的権威者によるおなじみの著作の枠を超えてトラウマの理解を広げたのである。保管庫に収蔵されていた医療行為の日誌は、特定の臨床的、職業的な文脈におけるトラウマ的病理の位置づけを明るみに出し、被害となった出来事や症状、治療を、患者がどのように体験したのかを知る手がかりとなった。

もう一つの研究領域では、トラウマについての文学や芸術表現が探求された。この系列の研究で発掘されたのは、近代工業化に対する、また大規模で機械化された戦争に対する個人や集団の反応が、人間にどのような体験をもたらしたのかを雄弁に語るイコン的な作品である。たとえば文学史家は、戦争文学が戦争の理想化と英雄化という伝統を捨て去って戦争のもたらす感情的、心理的な影響を描くようになった経緯を明らかにした。美術史家はトラウマが近代の視覚芸術にもたらした影響を検討し、たとえ平和な時代であっても、その時期に作製されたもっとも優れた絵画、素描、彫像のなかには戦争と近代化のもたらす暴力に触発されたものがあったことを明らかにした。同様に映像史家は、二〇世紀の多くの前衛映画の伏線には大量殺戮の集団的な経験があったことを示している。[24]

こうした研究を通じてかなり明確になったのは、医学的な疾患、人間の体験する苦痛としての病い、精神と身体の関係、そして近代的な戦争経験のジェンダー化、これらについての考え方の文化的な変遷である。芸術分野におけるトラウマ研究と並行して、トラウマと文学的創造に関する精神分析、社会学、文化批評的な研究も進展した。この研究では、トラウマ記憶を語ることの治療的な意義と、文化的同一性の保持において心理的トラウマについての語りを共有することの役割が探求された。[25]

こうした三つの領域、すなわちトラウマ概念の文化史、トラウマ的な苦痛への精神医療、トラウマと芸術についての研究は、それぞれに豊かな成果をあげていながら、明らかに分離したままであり、互いの交流はみられない。研究者たちが自分以外の領域や国、あるいは自分が扱っていない歴史的出来事についての専門的研究に無関心であったことには、驚くほかない。実のところ本書が企画されたひとつの理由は、トラウマについての精神医学史が、体系的、包括的、統合的な展望を欠いていたことであった。これらの研究は個別に発表されてきたために、全体としてみれば歴史学の一分野を形成するほどの多くの成果を上げていながら、そのように認識されることはなく、組織化もされず、十分に発展することもなかった。そのことを思えば、本書には時宜に適った意義があると思われる。これらの研究は質において優れているだけではなく（量の膨大さは言うにおよばず）、国、学派、方法論的にもきわめて多彩なものである。

本書ではこうした新たな研究を幅広く取り上げたい。各章は戦争や医学、文化、そして社会の歴史のなかでトラウマがいかに多様な視点から論じられてきたのかを描き出している。本書の目的はトラウマについての歴史的な新しい研究成果の最良のものを幅広く選び出して提供することである。そのことによって、トラウマの研究が、実証的、分析的、そして方法論的にどれほどの広がりを持っているのかを示し、トラウマについての著述に内在する、概念的、方法論的な問題を提示したい。本書は、トラウマの理解のためには歴史的な人間観がきわめて重要であるとの前提に立って書かれている。それぞれの章は、トラウマについての今日の議論に歴史的な背景があることを示そうと試みている。ただし、どの章も目下の課題に答えることだけを意識しているのではない。むしろ歴史研究の側から見れば、トラウマが新しい展望を切り開くということが共通の確信となっている。本書の一二の章で扱われている領域は多様であり、社会史、軍隊史、文化ならびに学術史、科学史、医学史、女性史、ジェンダー研究、そして美術と文学史を含む。歴史資料を、何世紀にもわたる北米、英国、ヨーロッパ大陸での軍人と民間人に起きた出来事と結びつけることで、トラウマ、医学、近代について豊かに結び合わされた歴史に対する統合的な比較研究への大きな一歩が踏み出せるものと期待している。

トラウマ、医学、近代

本書が取り扱う最初の時代は、体系的な精神医学が最初にトラウマ概念を扱うようになった一八七〇年代である。それ以降の時代とは異なり、この頃までのトラウマという用語の意味は完全に身体的なものであり、日常会話の中では暴力による身体への殴打を意味していた。医学用語としては殴打による身体への病理的な影響を指し、したがって一七世紀以降この時代までトラウマを研究してきたのはもっぱら外科医であった。一九世紀は中枢神経系の構造と機能（そして脆弱性）についての知見が急速に増大した時代であり、それに伴って神経学という臨床分野が現れた。臨床医たちは身体的自己に危害を加えられたことの突発的で重篤な影響は神経が媒介していると考え、その結果として、「神経性ショック」という概念が形成された。トラウマの意味と意義は拡大を続け（その背景は各章参照）、この世紀の最後の三〇年あまりでは精神的、心理的な意味をも含むようになった。このようなトラウマ概念の拡大は「近代化」の結果であると同時にその一部でもあったと思われる。

本書の各章は近代化の悪影響が明らかとなった一八七〇年から一九三〇年頃を扱っているが、その時代には近代化の二つの流れが交錯してきた。第一の流れは、近代的な工業と技術が急速に発達し、西洋社会にかつてない生産力をもたらしたことである。近代化の途方もないエネルギーは、ごく初期のうちから身体と精神の病気を生み出していた。[26] 日常生活が機械に依存するのにつれて、人々は新たに機械と折り合いをつけ、機械に馴染むことを余儀なくされた。[27] 新しい技術による移動と通信は生活から時間と空間の垣根を取り払い、新しく生じた生活の様式とその速さは精神と神経に有害であった。[28] 膨大な感覚刺激を伴う近代の大都市では新しい精神と神経の病気が現れ、これらに対する医学的な関心が高まり、介入が発達した。近代的な軍事兵器はそれまで考えることもできなかったほどの大量の破壊を可能にし、空前の、劇的ともいえるほど大量の傷病を生み出した。

この時代に同時に見られた近代化の第二の波は、精神科学にもたらされた重大な「パラダイムシフト」である。欧州と北米の医師たちは心因性疾患の存在をますます強く信じるようになり、精神と身体の関係を新しい方法で探求し、多くの身体症状の原因は精神機能と心理的な過程にあると考えた。この時期における「力動的精神医学」の高まりと精神および神経への関心の増大は、言語による精神療法という根本的に新しい治療法と「神経の専門家」としての医師のグループを生み出し、精神医学は今日見られるような専門的、学術的な様式を整え始めた。

要するに、一八七〇年から一九三〇年の時期には技術的な近代化と並行して、それが人間の精神にもたらす影響を研究することの意義が初めて組織的に体系化された。この二つの現象が同時に生じたことは、後に論じるように、決して偶発的なことではない。確かに、感情と身体に非常な苦痛をもたらすような経験は常に生じてきた。しかし本書で扱う半世紀あまりのこの時期には、心理的トラウマという概念が疾患としての地位を獲得し、専門用語、原因理論、治療システムを与えられ、さらにはそれが医学と法学の中に位置づけられるべきことが、政府によって承認されたのである。この二つの現象は自己増殖的に並行して発達し、両者が相まって、心理的なトラウマへの社会的、文化的な関心を生じることになった。

トラウマの歴史における四つのエピソード

本書の各章はこうした二つの近代の軌跡の明確な交点を詳しく描き出している。全体としては、四つの別々の「エピソード」を通して、心理的トラウマが政治的、文化的、医学的、そして軍事的にどのように扱われたのか、またそれらがどのように重なり合ったのかを示している。そのエピソードというのは、一九世紀最後の四半世紀における鉄道網の発展、一八八〇年代に開始された損害保険と早期社会保障制度、世紀の変わり目における心理学的精神医学の出現、そして第一次世界大戦とその社会的、文化的な後遺症である。

米国の南北戦争を心理的トラウマの歴史の序章と考える学者もいるが、米国でトラウマをはっきりと扱った医学論文が登場したのは戦争中ではなく、戦後になってからのことである。[29] 近代的な生産、輸送、通信の様式は、欧米の人々の神経と精神の健康に一定の影響を与えた。とりわけ近代技術の偶像でもあった鉄道は、事故の衝撃とともにトラウマをもたらすことが多く、鉄道事故はビクトリア朝のひとつの主要なテーマとなり、多くの新しい不可解な症状を生み出した。[30] 鉄道会社に乗客の健康と安全に責任を持たせる法令が一八六四年に議会を通過すると、医師、法律家、保険会社の専門家たちが、この新しい状態の性質、原因、予後について、激しい議論を戦わせた。

一八六六年にロンドン大学病院の外科学教授であったジョン・エリック・エリクゼンは、彼が（あるいは出版社が）「鉄道脊髄症 railway spine」と名づけた七症例についての連続講演を公刊した。『鉄道とその他の事故による神経系の損傷について』と題されたこの本で、彼はこうした症例を「脊髄震盪症 spinal concussion」と考え、その原因は事故による物理的な振動による衝撃と、鉄道旅行の持つ特異な性質であると考えた。[31]「鉄道脊髄症」という概念によって、心理的トラウマ後の諸症状は初めてまとまって提示され、単一の診断名を与えられ、病因も単一であると認められたのである。ラルフ・ハリントンによれば、一八八〇年代前半のエリクゼンの著作が引き金となって、事故後に生じる症状についての多くの著作が出版され、やがて脊髄と脳に代わって精神が主要な病理の場所として考えられるようになった。医学の実験室の中では、こうした症例の根底にある未知の見えない病変を探る試みが続けられていたが、その一方で、この病態を巡る経済的、法的な要求は高まるばかりであった。そうしたなかで、ロンドンおよび西部鉄道会社の顧問医であったハーバート・ペイジは、鉄道事故による「身体的損傷の明らかではない」被害についての単行本を公刊し、またジェームズ・パジェット卿は、「模倣神経症 neuromimesis」、すなわち恐怖によってではあるが、巧みに神経疾患を模倣する純粋に機能的な疾病の複数事例を発表した。[32]

同様の議論は英国を越えて広がった。エリック・カプランは、一九世紀後半の二〇年間、北米の医師たちがトラウマ後の症状形成に関して、その起源、性質、発展の様式を論じていたことを見いだした。この分野の米国の医学文献は、病理の場所としての精神と身体の比較検討を主要課題としており、いずれの立場をとったとしても賠償や裁判に与える影響が大きいという点では英国と変わらなかった。この新世界の臨床家たちは自分たちの理論的な支えを直接ヨーロッパ大陸の理論家に、とりわけ、シャルコーやベルンハイムに求めることが多かった。[33]カプランはこのことを指して、米国の精神療法にはフロイト以外の起源があると述べ、米国で一八八〇年代と九〇年代に「鉄道脊髄症」を観察し、理論化し、治療したことが、やがてこの国で近代的な精神療法が発展することに決定的な貢献をしたと述べている。[34]

本書の第二部は、英米からドイツ語圏の中央部ヨーロッパへとその舞台を移す。当時ドイツでは宰相ビスマルクの先駆的な国家賠償法が一八八〇年代に成立すると、帝国保健局は「トラウマ神経症 traumatische Neurosen」（一八八九）の存在を認め、新しく制定された勤労者の補償の立法による受給対象に含めた。この立法は、勢力を伸ばしつつあった社会民主運動による社会革命の可能性を防ぐための一連の措置として行われたものである。[35]第二部でトラウマとドイツの「社会状況」を論じたグレグ・エイジアンによれば、こうした社会保障制度は富の再分配よりは、社会の安全と安定への脅威をもたらした。彼は「トラウマ神経症」を例にとり、ドイツ政府が「社会的な問題」を脱‐政治化するために、どのようにしてこの問題を技術的な問題へと転化させ、勤労者と雇用者の不和を「危険性と技術的な議論」へと読み替えていったのかを示している。それ以来、ドイツではトラウマは生産と調和、効率への広い懸念とともに語られるようになり、エイジアンらが指摘してきたように、全体としての社会福祉とその有害な影響をめぐる幅広い議論が繰り広げられた。今でもヨーロッパや北米の政府が福祉の一部を切り詰めようとするときにはこうした議論が繰り返されている。当時、心理的トラウマによって実際に補償を要求する患者の数はきわめて少なかったにもかかわらず、医師たちは「賠償ヒステリー」が疫病のごとくに広まっていると宣言し、事故の病理的な作用ではなく勤労者の強欲と怠惰がその原因であるとして非難した。[36] 神経学者のアドルフ・ストゥリュンペルが神経症の症状の原因を説明するために、一八九五年に「想像による欲求 Begehrungsvorstellungen もしくは imaginative desires ／願望コンプレックス wish complex」という概念を命名すると、ドイツ語圏の新しい理論家たちはそれに言及することが多くなった。

続く数十年間、一九二六年に司法が賠償関連法を覆すまで、トラウマとその精神病理学的な影響の可能性はドイツの医学界で熱心に論じられ続けた。ヴォルフガング・シェフナーによれば、その影響のひとつは、保険に関する近代の議論において、リスクと予測可能性という概念が個人の精神にも適応されたことである。事故のリスクを予測の科学へと変容させることによって生み出された新しいタイプの市民像は、統計的な性質を内在化させ、新しい「自己についての政治的な技術」にしたがって行動するというものであった。[37]

本書の第三部で取り上げられているのは一九〇〇年をはさむ数十年であり、この時代にはトラウマとその理論的根拠に関して例外的に豊かな記述がなされた。この時期にトラウマを他の疾患と切り離し、医学心理学的に論じるようになったのは、何といってもフロイトとジャネの影響による。言うまでもなく精神分析はヒステリーの理論と治療のために作られたのであり、ブロイアーとの共著によるフロイトの初期の著作によれば、ヒステリーの神秘的で多彩な症状を理解する鍵は、トラウマの想起の抑圧であった。[38] ジャネは『精神自動症』と『ヒステリーの精神状態』の中で、当惑と恥辱のために患者が隠したいと思っていたトラウマ記憶を探索している。フロイトとブロイアーが『ヒステリー研究』のなかで提示した五症例と同じように、ジャネの患者の大部分は女性であり、誘惑、強姦、近親相姦などの苦痛な記憶の「秘密」を、「意識の下層に固定」することで、精神の内部に保っていた。フロイトが抑圧に焦点を当てたのに対し、ジャネが強調したのは解離、すなわち、こうした記憶の精神病理の帰結としての人格の分裂であった。[39]

しかしながら一世紀前の心理学的トラウマ研究は、この二人の高名な人物に尽きるものではない。実際、本書の第三章が書かれたのは、フロイトとジャネを超えて議論を進めたいと思ったからである。その章では彼らの独創性と影響を薄めることなく、その概念を取り巻く状況を明らかにしようと試み、彼らほど有名ではない同時代人や、彼らの研究を触発した医学文化状況を取り上げている。[40]

当時の医学文化状況にとって、またそれに続くトラウマの概念化にとって、重要な人物の筆頭はジャン－マルタン・シャルコーである。マーク・ミカーリはこのカリスマ的なパリの神経学者が、鉄道と職場の事故についての研究で世界的な関心を惹いたことを記している。一八八〇年代および九〇年代に出版した多くの症例をつうじて、シャルコーは「トラウマヒステリー hystérie traumatique」という診断カテゴリーを提唱した。シャルコーによればトラウマ後の神経並びに精神症状は、共感と研究と治療を必要とする、正当かつ臨床的に独立した病態である。病因として彼が仮定したのは、ある病前の体質を持った者が体験した強い恐怖は、半ば催眠状態にも似た無意識的な精神過程を通じて身体症状を引き起こすというものである。さらにシャルコーはトラウマを持った患者の治療を通じて、ヒステリーという名称を成人の男性勤労者に用い、この疾患が女性の精神および身体と関連するという古くからの考えに異を唱えた。[41]

今日の英語圏ではほとんど知られていないが、ポール・レルナーが述べているようにドイツ系ユダヤ人の神経学者ヘルマン・オッペンハイムは、一九世紀後半の中央ヨーロッパにおいてもっとも影響力のあったトラウマの理論家である。オッペンハイムは一八八九年の『トラウマ神経症 *traumatischen Neurosen*』[42]の出版によってシャルコーの雄弁な論敵となり、フランスとドイツの医学界のあいだの辛辣な論争に火をつけた。科学ナショナリズムを伴った衝突の中で、オッペンハイムはシャルコーのヒステリーを伴った一連のトラウマ症例を批判し、トラウマ的な出来事の直接的な神経病理学的な影響を軽視しており、患者の病的な願望と観念を不当に強調していると述べた。オッペンハイムはシャルコーに対抗して独自の診断カテゴリーであるトラウマ神経症を提唱し、そこに身体と心因的なメカニズムの両方を含めた。レルナーが述べているようにこの概念は一八九〇年代と第一次世界大戦中のドイツ精神医学からは敵意をもって迎えられた。オッペンハイムの理論は絶えず誤解され、すでに述べた賠償ヒステリーという「疫病」と関係しているとの非難を受けたが、この「疫病」は、ワイマール時代の社会保障制度への批判から第一次世界大戦による経済的疲弊に至る時代を通じて、ドイツ医学をひどく悩ませていたのである。[43]

続く章で、リサ・カーディンは初期のトラウマ理論における性の位置づけについて考察している。彼女は一九世紀末と二〇世紀初頭のアメリカ医学界を歴史的事例として取り上げ、女性の性的トラウマが公式に論じられていないことを見いだした。しかしレイプ、とりわけ夫婦間のレイプ、自傷によるものを含めた性器への虐待に関する医療記録は、女性への暴力が広く認められていたことの実証的な証拠となっている。しかし彼女の結論によれば、こうした悲惨な症例報告が理論化されることはなかった。医師たちは自分の目にした症例を共感的に記録することもあれば、無関心を装って記録することもあったが、どちらの場合も彼らは女性患者の苦しみよりも社会における性的役割の方を憂慮していたという点は変わらなかった。[44]実際カーディンは、家族間の心理的、性的なトラウマのもたらす深刻な病的影響を公平に評価した臨床家としては、ボストンを基盤とした精神分析的治療家のL・ユージーン・エマーソンただ一人を見いだしたのみである。

トラウマと精神医学、近代との重なり合いは本書の中心的なテーマであるが、それがもっとも劇的なかたちを取ったのは、第四章で扱われている第一次世界大戦においてであった。かつてないほどの破壊力を持った兵器の破滅的な結果や、機械化された大量の殺戮や塹壕の中の非人間的な状況の体験を強いられたために、何十万人もの兵士に深刻な精神的破綻が生じた。[45]戦争が始まって最初のクリスマスまでに、医師たちはヨーロッパの随所で、動員された兵士に激しい震えや吃音、視覚、聴覚、歩行の障害が発症したことに驚き、この不可解な症状は度重なる戦闘の衝撃と恐怖に関係しているのではないかと考え始めた。その二世代ほど前に、臨床家たちは成人もしくは思春期の女性のヒステリーという問題に直面していたが、そうした患者は主に家庭で発症し、民間人を対象とした病院または個人診療所で治療されていた。けれども戦争の勃発から戦後に至るまで、臨床家が直面したのは労働者階級を中心とした成人男性に大規模に生じた精神的な破綻だったのである。こうした事例を説明するためにさまざまな印象的な概念が提案された。シェルショック（砲弾恐怖症）、戦争緊張症 war strain、ガス神経症 gas neurosis、生き埋め神経症 buried alive neurosis、兵隊心臓症 soldier's heart、戦争精神衰弱 war neurasthenia、不安神経症 anxiety neurosis、等々。そして多くの医学文献がこの現象を臨場感あふれる詳しい記述によって報告した。

戦争とともに交戦中のすべての軍隊にまるで「疫病のように」シェルショックが広がったことで、心理的トラウマに関する議論は新たな緊急性と重要性を帯びて再開された。[46]ここでもまた臨床家たちは身体因もしくは心因的な説明に引き裂かれたが、戦争の半ば頃には身体論者はほとんど見られなくなった。心因論者たちは、戦争捕虜や負傷者には驚くほどに神経症が少ないという豊富な証拠を集めており、こうした病態は戦争のストレスと緊張に対する精神病理的な反応であると考えた。[47]

ヨーロッパ中が戦力と経済力を貪欲に必要としたために、シェルショックの治療は国家的な緊急の関心事となり、このように人を衰弱させる症状を説明し、予防し、治療するためにさまざまな医師たちが動員された。本書の執筆者たちを初めとする人々の努力によって、今ようやく、国ごとの異なった対応を比較検討することが可能となった。シェルショックという経験が英国の歴史家の想像力をとらえたのはジークフリート・サスーン、ロバート・グレイヴス、ウィルフレッド・オーエンといった古典的な戦争詩人たちの作品によるのであり、今でもこれらの作品の分析を通じて、影響力のある多くの学術的著作や芸術作品が生み出されている。[48] しかしピーター・リーズによればこうした高名な事例はむしろ例外的であり、それのみに依拠することは歴史記録を歪めてしまう。サスーンの作品が神経学者のW・H・R・リヴァースの目にとまったことは世に知られているが、リーズはそれとは対照的に、英国で「普通に」見られていた戦争神経症のさまざまな治療施設や治療方法をまとめ直した。[49] 彼によれば、大戦の半ば頃までには、催眠、水浴法、「意識的な暗示」、説得、電気刺激が、手軽で効果的な治療法であると考えられるようになった。こうした治療法の多くが基礎を置いていた治療原理は暗示である。水浴や電流は直接の身体への影響によってではなく、威圧、詐術、狡知によって効果を挙げたのであり、地方や労働階級出身の歩兵であることの多かった患者たちへの、教育のある中級士官である医師の支配力を強めた。とはいえリーズによれば軍隊の病院は、時としてそのように描かれはするものの、オーウェルの小説に出てくるような洗脳の舞台というわけでもなかった。精神的な傷病兵の治療と入院は、継続して、あるいは必要に応じて行われ、その治療の転帰もさまざまであった。

他方、個人の「体質」の意味と意義について、ヨーロッパ中で医師たちが論争を繰り広げた。広がりつつあった変質学説と優生学説に影響を受け、フランス、イタリア、ドイツの医師たちは、トラウマ的な出来事の病因論的な衝撃よりも、精神疾患に対する個人の素因の方が勝ると考えた。こうした考えは特にイタリアで強い影響力を持ったが、ブルーナ・ビアンキが提示したように当時のイタリアではチェーザレ・ロンブローゾの理論がなお大きな影響力を持っており、精神医学の議論は地域的、民族的な要因に支配されていた。ビアンキはこの問題を取り上げるに当たって、戦争神経症が軍隊内で厳しい目を向けられていた実情に関心を向け、リーズと同様に、かろうじて読み書きができる程度の、無学な地方出身のイタリア歩兵たちの大多数が何を経験したかに力点を置いた。[50]

マーク・ルドブッシュはフランスでの戦時のトラウマとその衝撃を検討している。彼によれば当時のフランスの医師たちはシェルショックを意志の障害、臆病さ、遺伝的な脆弱性の表れだと考えていた。ルドブッシュの見るところでは、こうした考えはフランスという国の全体が、長期にわたって堕落、退廃、人口の減少、闘争心の喪失を怖れていたことを表している。戦時の医師たちは「神経学的な愛国心 neurological patriotism」を抱いて傷病兵を診察し、フランスという国全体の健康と勇猛さを守るために「ヒステリーに対する戦争」に従事しているかのように感じていたのだという。[51]

第一次世界大戦とその精神と身体への破滅的な影響は、二つの世界大戦にはさまれた時期にあって、必然的に社会と文化にとっての重大な関心事となった。本書の最終章で扱うのはこの問題である。キャロライン・コックスの分析によれば、米国では戦争という経験によって、医師および一般市民のあいだでの精神疾患の地位が大きく変化した。神経的、精神的に傷ついた兵士たちは大いに尊敬されるようになったが、これはそれまでの米国社会やヨーロッパの軍人たちのあいだでは決して見られなかったことである。戦後新しく作られた在郷軍人会は、精神疾患と精神健康の増進についての公式見解を形成する上で、決定的な役割を果たした。在郷軍人会の見解によれば、神経的、精神的な傷病兵は、元々は普通の市民であり、愛国の義務を熱心に果たした結果として苦しんでいるにすぎない。この見解に基づいて米国政府は心理的トラウマを抱えた退役軍人の外来および入院治療費を支払う法案を通過させた。コックスによれば、こうした施策は同時に医師たちにも利益をもたらした。すなわち、一般世論における医学の発言力を増加させ、さらに政府によって治療を要すると認められた患者集団を新しく作り出したのである。[52]

トラウマの歴史の理論をめざして

本書の一二の章はさまざまな方法による分析を通じて、トラウマの概念を多くの異なった視点から探索している。その全体を通じて、方法論ならびに認識論上の幅広い意義を持つ主題が浮かび上がってきた。たとえば、「トラウマ」という用語は実のところ何を意味しているのだろうか？　この用語が意味を持ち得ているのは、それが柔軟に使われてきたからである。トラウマという用語はしばしば不正確に、他の概念との区別をあいまいにして用いられてきた。一見するとトラウマを形成するのは、列車の衝突、職場の事故、砲弾の破裂などによる実際の身体的外傷であるように思える。しかし仔細に検討するとトラウマの本性はつかみどころがない。「トラウマ的」とされる出来事はさまざまな反応を引き起こすが、それを経験した人々にとっては、多くの場合、後にトラウマとなることはない。言い換えればその時代の医学の関心を引くような行動を引き起こすことはない。実際、本書の研究を通じて明らかになった点のひとつは、研究の対象となった半世紀のあいだ、トラウマについてはその場所についても起源についても非常な多様性があるということである。鉄道、工場、芸術家のアトリエ、軍事訓練施設、戦場は、トラウマが観察された場所のごく一部にすぎない。戦場に話を限っても、トラウマを引き起こす要因として本書で論じられたものは、身体的死と負傷への恐怖、生き埋め、他人の死の目撃、間近に迫った戦闘、長期にわたる物資欠乏、兵士に戦闘を命じる士官のストレス、人を殺す際の道徳的嫌悪、市民生活への再適応の不安、生き残ったことへの罪悪感などがある。民間人の戦争神経症は戦線以外の広い場所に認められるとする研究者もおり、それに従えば「トラウマの場所」はさらに多岐にわたる。[53]

トラウマを生じる出来事がこれほど広範であり、それへの反応が多様であることは、トラウマという概念そのものに問題があり、相対的なものにすぎないとの見解を導くであろう。トラウマを外的な客観的基準で定義することは不可能に思える。これまで観察されてきたようにトラウマは臨床の領域を示しているのであり、出来事そのものではなく、個人の精神や共同体の生活の中での出来事の経験と記憶に関わっている。実際の出来事を超えて記憶の再構築がなされていることを強調するあまり、トラウマ的な出来事を矮小化してその現実を心理学的に葬り去り、トラウマ的な行為を実行した者の責任を不問に付することはできないが、トラウマの心理はもとよりその歴史においても、知覚と想起の中心には主観性がある。[54]

こうした点をふまえて、本書の各章は、異なる時代と文化を比較して分析することの利点を大いに生かしている。確かに私たち学者は、事故やレイプ、戦争などの、まったく異なった社会状況で生じる特定のトラウマの特徴に意識を向けなくてはならない。[55] しかしながら本書の全体を熟読すれば、異なる状況によるトラウマが相互に関連していることがわかるであろう。これまではよく理解されていなかったが、軍人と民間人のトラウマは常に重なり合ってきたのである。サイラス・ウィアー・ミッチェルは、米国の南北戦争後の好景気時代にヒステリーと神経衰弱を専門とした代表的な医師であるが、南北戦争での戦闘による疲弊を研究するうちに「機能的神経障害」に関心を抱いた。ジョゼフ・バビンスキーは、第一次世界大戦中のフランスにおけるもっとも高名な神経学者であるが、それに先立つ三〇年前、シャルコーとともに「トラウマヒステリー」を研究していた。同様にヘルマン・オッペンハイムの経歴も、一九世紀末から第一次世界大戦にかけてドイツ医学が繰り広げた「トラウマ神経症」についての議論の時期と重なる。本書に描かれたトラウマの四つの潮流、すなわち英米の法医学、フランスのヒステリー研究の伝統、ドイツ社会医学、そして近代の戦争医学は、絶えず相互に影響を与えながら内容を豊かにしてきたのである。

しかしながら文化横断的な比較研究のもたらした最大の収穫は、知的な影響や書誌学的あるいは言説の軌跡をたどることではなく、本書が対象とした時代を通じてトラウマに関わってきた要因を明示したことである。おそらくもっとも明白で影響力のあった要因は、いわゆる「医学文化」、ないしは科学の国ごとの様式である。医学理論、臨床概念、患者－治療者関係、科学研究機関、公衆衛生政策、医師たちの組織は、国によって非常に異なっていた。疾患と健康、あるいは精神と身体、痛みと苦痛に対する文化および社会の態度にも、国による相違が認められる。[56]

たとえば合衆国では不慮の死亡率が比較的低かったことと、国土を侵攻されたことがなかったためか、シェルショックの兵士は尊厳を認められ、同情を集め、障害年金によって補償を受けた。これと際だって対照的だったのがドイツであり、そこでは医師たちは自らを国家の代表であり、その職務は愛国心、兵役、自己犠牲などの概念を人々に植え込むことであると長く考えていた。ドイツが破滅的な敗戦を迎え、左翼政治革命が起きつつあり、経済状況がきわめて悪化していた状況の中で、心理的トラウマの被害者たちは、ひ弱で、自己中心的で、反抗的であるという中傷を受けた。イタリアでもほぼ同様であり、軍医の権威者たちは同国人であるチェーザレ・ロンブローゾの影響を受け継ぎ、戦争における神経学的な傷病者は精神的変質にすぎず、イタリア国家に地域的、社会的な不和をもたらすと考えた。中央ヨーロッパ、フランス、そして英米の医学界ではトラウマの理論化において国ごとにはっきりと異なったスタイルがあった。その中で唯一英国においてシェルショックについて盛んに文献が執筆され、その伝統は英国の文化規範となった。本書はトラウマ的な経験とその受容の仕方が、国ごとにどのような歴史的、文化的な文脈の中で形成されたのかを浮き彫りにしている。

トラウマ的な出来事を形成し、また、それによって形成される医学文化環境は、心理的トラウマの形成に影響を与えてきた主要な要素の一部であり、時には中心的な役割を果たしてきた。以後の章ではこうした影響のうち、法的、政治的、軍事的、経済的な側面を取り上げる。心理的トラウマに最初に科学的に取り組んだのは英米の鉄道医学という特殊な領域であり、そこで研究が推進されたのは、主として経済ならびに法医学的な理由からであった。トラウマ神経症の急激な心理化は、一八〇〇年代の後半三分の一世紀のトラウマに関する文化史の主要な特徴として引用されることが多い。しかしエリック・カプランが説得力をもって論じたように、新しい心理主義的な説明が力を持ったのは、そこに真実が含まれていたからというよりは、民間および軍事法廷における補償金の認定に歯止めをかけることができたからである。このように、一八八〇年代と九〇年代のヨーロッパ諸国の一般社会および医師のあいだでは、平時のトラウマ体験の後で生じる神経症状の解釈は、労働災害と福祉行政に対する考え方と切り離すことはできなかった。これと同様に、シャルコーの学説が第三共和政初期のフランスで受け入れられたのは、フランスが近代に足を踏み入れるに当たって生じた社会的、政治的な混乱を記述する言語を提供したからでもある。トラウマ後の精神症状という概念を生み出したのは、ベトナムでもフロイトでもなく、近代の旅行、職業、そして福祉制度であった。したがって初期のトラウマ概念についての歴史研究は、社会的、政治的な事柄を扱うことが多い。

トラウマ体験は本来主観的なものであり、本書では当然のことながら、主観性を形成する社会階層や人種、ジェンダーが取り扱われている。人種と変質への関心はイタリア、フランス、ドイツ、米国で認められ、カテゴリーとしての社会階層への言及は、職場での事故被害者に関するシャルコー、オッペンハイムの著作に明瞭に認められる。しかし議論のなかでもっとも顕著な役割を果たしていたのはジェンダー、ことに、男性性であった。一八六〇年代半ばにエリクゼンが「脊髄震盪症」として報告した六例のうち五例は男性である。その後三〇年ほど、「鉄道脊髄症」として発表された症例でも女性よりは男性が多かった。シャルコーが発表した労働者階級のトラウマ患者も圧倒的に男性が多い。オッペンハイムが一八八九年に出版した著作では四一例中三九例が男性であった。言うまでもなく一八六〇―一九三〇年代に出版された軍医学の症例でも、ベトナム戦争後のPTSDのようにほとんどが男性兵士であり、女性患者はほとんど見られない。最近の精神医学史研究では精神病の歴史における女性の役割が強調されているが、本書のほとんどの部分では、男性ヒステリーが歴史的にさまざまな形を取って論じられてきたことが紹介されている。[57]

トラウマとなった出来事の性質を考えると、男性と女性というジェンダーの扱いが非対称的であったことは驚くに当たらない。というのも一九世紀後半の一般社会と医師が考えていたトラウマは、鉄道による移動、工場での生産、戦争などの、主に男性による活動の場所で生じていたからである。現代の多くの理論家は、女性が激情によって精神症状を生じやすいのに対し、男性は身体的な危険を体験した場合にのみヒステリー的な症状を示すと考えている。こうした「トラウマ的な」出来事はおそらく男性らしさを損なう特異的な作用を持ち、それゆえ男性は一見すると女性と同じように反応するのだと思われている。[58]

一九世紀末の女性ヒステリー患者と第一次世界大戦でトラウマを負った男性兵士を比較した歴史家たちは、シェルショックの兵士たちは身体化された言語を用いてビクトリア朝後期の男性原理に抗議をしていたのではないかと考えてきた。[59] 実際、こうした兵士たちに対しては、強い電流を否応なく流すといった今日ならば懲罰的と思われる方法が用いられ、強制的に再社会化し、再び男性化するという「治療」が行われていた。戦争神経症の兵士たちをこのようにして男性化できるということは、彼らが女性的、同性愛者、性的不能者であったという望ましからぬ意味づけをもたらし、そのことが戦争についての芸術的、医学的、自伝的な記述に影響を与え、男性の主観性を変化させた。[60] トラウマ的な出来事が男性と女性で異なった仕方で経験されること、ジェンダーと社会階級または人種との相互作用、精神疾患のジェンダー化の国ごとの比較は、歴史研究にとって魅力ある未踏の領域である。[61]

その国の医学文化、政治的、法的、経済的な要因、人種、階級、ジェンダーは、心理学的トラウマの歴史に決定的な影響を与えてきた要素のほんの一握りにすぎない。続く章ではこうした要素がそれぞれまったく異なった役割を果たしている様子が描かれている。こうした要素は本書を通じて取り上げられているが、それを論じることには、個別の歴史的エピソードの特異性、独自性を強調するあまり、心理学的トラウマの包括的、統合的な歴史を作りにくくするという矛盾がある。ほかならぬトラウマ的出来事という概念の意味が歴史的、文化的な文脈から生じていることは、今日のＰＴＳＤ概念にも引き継がれている。ＰＴＳＤ診断において、ＰＴＳＤの引き金となる「トラウマ的」出来事が「通常の人間の体験を超えたものである」ことが前提されていることは、トラウマ的出来事には社会的、文化的な特異性があることを意味している。

トラウマに関連する用語にも歴史な連続性は認められない。郷愁 nostalgia、精神の傷 mind wounds、神経衰弱 nerve prostration、脊髄震盪症 spinal concussion、鉄道脊髄症 railway spine、トラウマヒステリー、トラウマ神経症、トラウマ性神経衰弱 traumatic neurasthenia、シェルショック、戦争神経症 war neurosis、兵隊心臓症 soldier's heart、戦闘神経症 combat neurosis といった用語は臨床的、概念的に近いものではあるが、その関係は明確ではなく、それらが指示しているカテゴリーの意味には相当のずれがある。トラウマ的な出来事とそれに続く症状とのあいだにどのような因果関係や時間的なつながりがあるのか、ということについても、時代や状況によって、時には個人のあいだでさえ違いが認められる。たとえば本書の著者たちが戦争のトラウマを論じるにあたって強調しているように、戦争というトラウマ的な出来事に続いて生じたとされる症状の多くは、戦争の中に含まれる文字通りのトラウマ的な体験、すなわち突然の爆発や破裂に関係していたのではなく、むしろ近代の戦争に伴う単調さ、戦闘と戦闘のあいだの著しい隔絶、そして兵役を取り巻く多くの恐怖や不安と関係していたのである。歴史上の同じ時点においてさえ、ある人がトラウマ的なものとして経験する出来事を、他の人が耐え抜いたであろうことは疑いがない。

トラウマの歴史研究は臨床の目ざすところからは根本的に異なっているということが、本書の前提である。医学の進歩は、個々の症例から出発して一般的な症候論、分類学、病因論、治療論を作ることにある。したがって心理的トラウマについての臨床的な著述は、過去と現在における人間の行動の共通性に目を向け、その病理的な状態についての客観的な知識を作り上げようとする。しかし歴史学者の認識的な枠組みはそれとは違う。エリック・リードが鋭く述べているように「トラウマ神経症について適切な共通の定義や理論を作ろうとすることは不毛であり、方向を誤っている。事例の歴史だけが［…］この現象に対する適切な方法である［…］トラウマ神経症の意味は、苦しんでいる者が、苦しめている原因に対して持っている関係の中にある。特定の事例が、それが例示している一般的な疾患のタイプやモデル、すなわちヒステリー、神経衰弱、統合失調症に対して持っている関係の中にあるのではない」[52]。

それゆえ本書では、単一かつ普遍的な、歴史を超越して妥当する心理的なトラウマという概念を疑問に付し、いくつもの歴史的な事例研究を通じて、この概念の文化的、社会的な偶発性を提示しようとしている[63]。私たちがトラウマを研究できるのは、それが過去の特定の時代において被害者によって経験され、科学的な指導者によって理論化され、社会集団によって解釈され、文化の中で表現されるかぎりにおいてである。こうした歴史の物語は互いを照らしあっているので、それらを同時に研究することが有益である。ひとつのトラウマについての単一の直線的な歴史を記すことは不可能だとしても、いくつかのトラウマについての複数の歴史を書くことは可能である。すなわち過去のトラウマに意味を与えている、自己、科学、社会の複数の文脈について説明をすることは可能なのである。われわれは「トラウマの歴史」を書くことによって、過去に意味を持っていた言葉を発見し、再発見し、再構築しようと考えている。

本章の最初に述べたように、この百年間の人類の歴史を通じて、個人、そして集団における自己という存在は、かつてないほどに破壊されてきた。科学的な説明に究極の権威が認められる世の中にあって、人間の心理的なトラウマという概念は「大量の殺戮と技術による人類の終末」の意味を把握する手段のひとつとして浮かび上がってきた[64]。

本書では歴史的なトラウマ研究で新しく浮かび上がってきた領域が、どのような主題や技法によって構成されているのかを示そうとしている。しかし読者も気づかれるように、すべてをもれなく扱っているわけではなく、本書が扱うのは西洋におけるトラウマと人為的な破壊だけである。一八六五年から一九一四年までの欧米の軍事的な出来事は扱っていない（ドイツの統一戦争、米西戦争、ボーア戦争、日露戦争）。また残念ながら、東欧とロシアについて何も書かれていない。[65] 性的トラウマについては歴史の表面をなぞり描きしたにすぎず、第二次世界大戦とユダヤ人の迫害、そして戦後世界は、もし本書に続いて第二巻が出るのなら、そのすべてを割いて扱うべき主題である。[66] それでも私たちは、本書が歴史的なトラウマ研究についての試験的な見取り図を描き、トラウマをはじめとする多くの研究領域への問いかけを促すことを期待している。エリック・リードは個人や集団のトラウマ体験がさまざまな込み入った道筋を経て忘れられ、思い出され、記憶され、歴史化されていくことを論じた。[67] 彼が意味するように、歴史それ自体を記すことは痛みに満ちた過去を知的な次元で処理し、乗り越えていく試みである。フロイトやホロコースト、ベトナム戦争が過去のものとなった今、私たちはトラウマの歴史研究を通じて、近代にあって人間であるがゆえに被った苦悩を位置づけ、積極的に描き出し、その重要性を明らかにすることができる。本書がそのような企てのささやかな一助となることを期待してこの文を終えたい。

第一部　ビクトリア時代の旅行とトラウマ

第二章　鉄道事故
――一九世紀英国における列車、トラウマ、技術の危機

ラルフ・ハリントン

一九〇一年にH・G・ウェルズは、「いずれ一九世紀が他の世紀と並んで年代誌の上に並べられ、この世紀のシンボルが必要とされるなら、それは間違いなく線路の上を走る蒸気機関である」と述べた。[1] このことは単に一九世紀の鉄道が経済的、社会的、工業的に重要であっただけではなく、鉄道という技術的な成功がビクトリア朝の価値観からみた経済の拡大と社会の進歩を体現していたことを物語っている。しかし現代の歴史家の目から――とりわけトラウマの歴史家の目から――みると、蒸気機関が一九世紀の象徴であったのは、それが脱線をしたときに後続の客車に与えた破壊のゆえでもあった。鉄道事故をもたらした一九世紀という工業化の世紀は、蒸気機関で動く近代的で洗練された鉄道そのものであり、鉄道は当時の多くの人々が進歩や技術の発達、近代に対して抱いていた信念を具現し、象徴していた。人々は高速の列車や、うなり声を上げる鉄橋、駅の喧噪に接することで、こうした進歩が素晴らしいと信じ込んだ。ビクトリア朝の鉄道は技術の勝利を、広く、劇的に、明瞭に表現していた。それゆえ鉄道の事故は比類のないほど衝撃的であり、技術の勝利がどのような対価を要求するのかを大衆に教え込んだ。すなわち暴力、破壊、恐怖、トラウマという対価を、である。

トラウマ的出来事としての鉄道事故は、トラウマとトラウマ性疾患に関する一九世紀中後期の医学および法医

学の歴史を理解する上で重要である。[2] 実際、心理的トラウマについての近代西洋医学の理論は、ビクトリア朝中期のいわゆる鉄道脊髄症[3]という病態への臨床家の取り組みによって始まったといってよい。この病態は鉄道事故には遭ったけれども別に負傷をしているようにも見えない、健康な人間に生じた多彩な身体症状を特徴としていた。[4] 多くの一九世紀の外科医[5]たちはこの病態の研究を通じて、「恐怖 fright」「ぞっとする恐怖 terror」「感情的ショック emotional shock」などと呼ばれた心理的な要因が身体的症状を生み出すことについて研究を始めた。これはフロイトとブロイアーが『ヒステリー研究』[6]でこの問題に取り組む三〇年前、そして第一次大戦の兵士たちのシェルショックが「精神神経症 psycho-neurosis」の実在を広く認めさせた半世紀も前のことである。[7]

鉄道事故は「個人的な」トラウマ的体験であっただけではなく、ビクトリア時代の社会全体における鉄道の安全と悲惨さについての「集団的な」トラウマの原因ともなった。一八六八年にサタデーレビュー紙が書いたように「鉄道旅行はまったく知らない場所にわれわれを連れて行こうとしている……。その先に危険があることだけはわかっている。しかしその危険が何なのか、推測もできないし、述べることもできない」[8]。事故と犠牲者の数は絶えず増加しているように思えた。社会がますます鉄道に依存するにつれて、誰もが明日はわが身かとおびえるようになった。近代の事故史研究家の一人は一九世紀後半を「事故が私的（個人的）な出来事から公的な出来事へと変化し、社会全体に影響を与え、社会不安を引き起こすようになった」[9]と述べているが、この転換をもたらす主要な役割を演じたのが鉄道事故であった。それゆえ私は本章で、鉄道脊髄症という概念の発生と発展、その意義を描くだけではなく、この概念についての医学と法医学の歴史を社会的、文化的な文脈の中に明確に位置づけたい。鉄道はその広がりと威力において比類がなく、鉄道事故は悲惨さとそれのもたらすトラウマにおいて他に例を見なかった。

一八四〇年から一八六〇年にかけて鉄道事故の件数と犠牲者の数が急増すると、人々は破壊的な鉄道事故による死の危険が増えつつあることを明確に意識し、鉄道会社が乗客の安全に無関心であってはならないと考えるようになった。[10] 実際にはビクトリア期の鉄道は安全で信頼でき、利用客の数も増加し続けていたのだが、人々の内心には常に根深い不安があり、ひとたび事故が報道されると、特に続けざまの事故の場合には、その不安が噴出しかねなかった。[11] 最初の頃は鉄道が空気と土地と水を汚染しているとか、人々を窒息させ、乗客を蒸し焼きにするのだといった懸念も見られたが、危険についてのこうした行き過ぎた不安は一九世紀の半ば頃には下火になっていた。しかしそうした不安が消え去ったわけではない。鉄道の引き起こす恐怖は内在化し、人間の精神と身体の内面へ向けられ、外的な破滅的な破壊に対するものから、内的に潜行する恐怖へと変わっていった。

こうした意識下の恐怖には鉄道会社も気がついていた。一八四九年に鉄道乗客保険会社が設立されたことは鉄道の安全についての社会の強い不安を認識してのことであったが、切符を購入する乗客にこの保険を売ることになっていた鉄道会社の予約係は、自分からは保険を勧誘しないように教育されていた。公衆の面前で鉄道の危険を話すことが乗客の不安を高めることを怖れてのことである。[12] 船の難破、鉱山事故、また建築現場や工場や路上での事故は、深刻な鉄道事故よりも遥かに頻繁に生じており、こうした事故は毎年のように鉄道の不幸よりも多くの犠牲者と負傷者を出していた。けれども新聞の見出しを飾り、人々の注意を引きつけ、当時の人々の想像の中に入り込んだのは、鉄道事故の持つ暴力、破壊、戦慄するような恐怖、そして殺戮であった。

海でも常に遭難は起こっていたが、それは人々の視野に入らない、そもそも危ないに決まっている場所で起こっており、そのようなところに行くのは危険を承知の者だけであった。炭鉱事故もやはり人目から離れた、危険だとわかりきった特殊な場所で起こっていた。犠牲となるのは炭鉱夫だけであり、それを悼むのは炭鉱の町だけであった。しかし鉄道事故は見慣れた町や村、通り、畑、農場といった、誰もが生活をしている場所で起こり、被害を受けたのはありふれた日常生活をしているあらゆる集団の人々、すなわち仕事に出かけ、市場で買い物をし、休日に外出をしていた人々であった。鉄道事故は空前の規模で普通の仕事や休暇の中に大量の死者と破壊をもたらし、誰もが犠牲者になると思われた。一八六八年にアベルゲレ[訳注1]で起こった恐ろしい事故[13]を報じたサタデーレビュー紙は、人々に衝撃を与えたのは犠牲者の数でも事故の恐ろしさでもなく、「われわれすべてに対する近さ」だと書いた。「われわれは誰でも鉄道に乗る。列車、衝突、駅、蒸気機関、事故についてのすべての事柄は、単なるありきたりの言葉ではなく現実の生活なのである」[14]

暴力の原因と結果が気まぐれだということも鉄道事故の特徴だった。事故で即死する者がいた一方で、隣に座っていた者は無傷であった。カルロス卿は一八七六年にアボッツ・リプトンで生じた衝突事故で大破した三両の客車のひとつに乗っていた。彼は無傷でその事故の現場から歩き去ったが、その目の前に座っていた二人の男性は死亡した。[15] アベルゲレでは前三両の客車に火災が生じ、中の乗客は全員が焼死した。それに続く一〇両はまったくの無傷であり、負傷した者さえいなかった。[16] イラストレイティッド・ロンドンニュース紙はこの事故災害について「ぞっとする死に方をするか逃げおおせるか、そのどちらかである」[17]と書いた。危うく難を逃れた人と、事故災害に偶然投げ込まれた人についての話が広まるにつれて、鉄道事故が犠牲者を要求する際のおぞましいほどの無作為さが明らかとなった。文学者もこの主題を好んで取り上げ、なかでもテニソンの「慈悲 Charity」と題する詩は、若い花嫁が花婿の過去の秘密を知った直後の出来事を描いた。

列車は衝突した。そのときその場所、彼の命はもはやない
花嫁は座っていた、隣のその場所、彼女にひとつの傷もない[18]

さらに鉄道事故はほんの些細な過失から生じることがあった。信号手がついうっかりして操作を忘れたり、運転手がほんのわずか速度の判断を誤ったりすることで事故が生じた。悲惨な事態に追いやられたきっかけがごく些細なことだとわかると、旅客の危険への不安はさらに増強した。エドウィン・フィリップスは一八七四年にフォートナイト・レビュー紙でこう述べている。「どの列車も、出発してから到着するまでのあいだ、いくつもの危険を間一髪のところで見事にかわし続けている。もし乗客たちが自分たちを取り巻いている落とし穴にほんの

微かでも気がついたなら、誰が家から出ようなどと思うだろうか」[19]。そしてサタデーレビュー紙は、鉄道とは破滅をすれすれのところでかわし続ける操作の連続であると述べた。列車というものは「線路の分岐地点を飛ぶように駆け抜けるが、そこでは居眠りをしていた切り替え手が驚いて飛び起き、スイッチを切り替えたばかりだった。列車は危うく支線に入り込むところだった。そちらでは石炭を満載した別の列車が、連結器が外れてつい今しがた脱線していたのだが」[20]。

鉄道事故が近代的な現象であると受け止められたのは、まさにこうした特徴のためである。事故が起こった場所が、近代的で機械化された輸送の場所だっただけではなく、事故には技術、工業化、都市化、移動、そして大衆社会という存在に共通する、近代のある種の特質があったからである。犠牲者は己の運命をコントロールすることがまったくできない。自分たちが作り出した機械の手にゆだねられ、しかもそれをコントロールできない人間の無力感が、トラウマを受けたその一瞬のうちに露わとなる。それは日常生活のリズムや当たり前の活動の中に直接入り込んで炸裂する。きわめて公共的な出来事であり、階級も地位も関係がなく、気まぐれで、唐突で、非人間的で、暴力的である[21]。

大衆の心のうちでは、鉄道事故への恐怖は鉄道会社への根深い敵意と結びついていた。ほとんどすべての鉄道事故は然るべき理由もなく起こり、安全対策を講じれば予防することができた。しかし政府はそれを会社に強制することに及び腰であり[22]、会社は出費を惜しんでそれを実行しなかった。多くの人々はそのように信じ、新聞と雑誌は鉄道とその経営者に容赦のない敵意を向けた[23]。一八六二年八月のサタデーレビュー紙は、鉄道会社の経営陣を「無鉄砲で出費を惜しむことしか考えない」と非難し、鉄道事故はおよそ事故と呼び得るようなものではなく「正確には、あらかじめ計画された大量殺人というべきである」と述べた[24]。代表的な医学誌であるランセット誌も同様に批判的であり、一八五七年にはこう述べている。

鉄道の大会社ほどに暴虐な圧政を行った例が世界にあるだろうか。［…］鉄道会社は一連の地方条例の力を借りて、乗客を殺し、押しつぶし、切断し、身体に障害を負わせる権利があると主張し、しかもその権利を使わずにいて失効することがないように、細心の注意を払っている。こうした事故など些細なことだと思い、その責任には一切そしらぬ顔を決め込んでいる。[25]

こうした背景があったので、鉄道会社はその苦痛への賠償を得ようとする負傷した乗客たちの格好の獲物となった。鉄道会社は、負傷に対する賠償の和解額は膨大な額に上っており、原告たちは被害を偽り症状を模倣することによって判事や陪審員の同情を買い、会社から多額の賠償金を得ようとしていると抗議をしたが（一九世紀の後半になるとその抗議はさらに増加し、辛辣になった）、報道機関はまったく同情しなかった。[26]

事故によって負傷した乗客や犠牲者の遺族から鉄道会社への訴訟は一八四〇年代の後半から増加の一途をたどった。[27] その重要な先駆けは一八四六年にキャンベル法が通過し、不注意によって死亡事故を引き起こした者への遺族の請求権を認めたことである。その後数年間のうちに、従業員の怠慢によって生じた負傷に対して鉄道会社が有責とされ、高額の賠償金の支払いを命じられた訴訟が続出し、それが広く報じられ、こうした訴訟はさらに加速された。[28] 負傷に苦しむ乗客は個人の負傷でも高額な賠償が得られることを知り、弁護士はほとんど敗訴の危険のないよい稼ぎ口があることを知り、両者ともに賠償訴訟の増加を歓迎した。増える一方の事故、[29] 鉄道会社という存在の明白さ、鉄道会社の救いがたい不人気、鉄道事故がビクトリア朝の人々に与えた戦慄すべき恐怖。これらのすべてが一八五〇年代から六〇年代にかけての賠償訴訟を増加させた。[30]

一八六〇年代初頭からの賠償訴訟での主要な焦点は、被害者が事故のために生じたと主張している傷病の現実性と正確な特徴を確定することであった。その頃までに鉄道会社は、法廷に持ち込まれた個人的負傷に関するほぼすべての賠償訴訟で敗訴しており、毎年の賠償額は巨額でしかも増加していた。[31] これに対して鉄道会社は可能なかぎり法廷の外で和解をし、訴訟を受けて立つ場合はできるだけ相手を選び、明らかに誇張しているか偽っていると思われる事例だけを法廷に持ち込むようにした。鉄道会社は賠償を求める者を必ず会社のお抱え医師に診察させただけではなく、[32] 負傷の程度を評価するために私立探偵やその他の情報源を使うことにも抜け目がなかった。[33] 賠償訴訟でしばしば鉄道会社のために働いたジョン・チャールズ・ホール医師は一八六八年に「ごく軽度の負傷しかしていない患者が重症度や後遺症を誇張し、判事から不釣り合いに高額な賠償を引き出そうとすることは多い」と述べ、以下のように説明している。

それゆえ私が裁判のために、事故の結果とされる疑わしい機能障害の症例を診察するときには、全力を尽くしてその者の道義心と動機を調べること、そして申し立てられた傷病の事例が事実に基づいているのか、そうではないとしても相当に確からしいといえるのか、十分に情報を集めることを義務だと考えている。[34]

事故のためだと訴えられた負傷が神経的なものであり、明らかな器質的な障害を含まないと思われるときには、原告が相手を欺く余地が十分あることには疑いがない。負傷の身体的な証拠がないこと、事故の後しばらく経ってから症状が始まったこと、傷病の経過が引き延ばされがちなこと、ほとんど、あるいは全面的に原告自身の説明に基づいて苦痛を判断せざるを得ないこと、しかもそれを支持するような身体の対応所見がほとんど、あるいはまったくないこと、これらのために鉄道旅客による補償要求は、次のような場合には法医学におけるきわめて複雑で多くの論争を呼ぶ領域となった。一八六一年のランセット誌によれば、

鉄道旅行の発展は医学の診療にきわめて新しい主題を持ち込んだ。鉄道による多彩で夥しい事故によって生じた身体の負傷は高額の賠償が争われる司法の場でこそ多くの争いの的となったが、医学の場で議論が紛糾したことは少ない。[…] 虚言症の兵士の奸計を暴くことが難しいことはよく知られているが、「実質的な」損傷を見つ

けたいと思っている者によって鉄道事故と関連づけられている健康、身体、精神の傷病のなかには、真実であることの証明が同じように難しい場合がある。[35]

こうした事案では原告側の医師は訴えられている症状の重篤さ、被害者の苦痛や回復の難しさについて証言するのが常であり、他方で鉄道会社の連れてくる専門医師は被害者の負傷は存在していないか、かなり誇張されていると証言した。やがて医師たちは、鉄道事故による負傷の性質どころかその存在についてさえ、医師のあいだでの見解が一致しないことを世間に知られることを懸念するようになった。さらに悪いことに、世間の人々は医師のことを金銭で動く鉄道会社の傀儡であり「鉄道会社がこういう証拠を出してくれという求めに応じて、肯定でも否定でも、ちょうど測量技師や建築家のように、いかようにでも働く」[36]とまで考えかねなかった。英国医学会誌は一八六五年に「鉄道会社は原告が会社をペテンにかけていると述べる証人を呼んでこようとするが、それが成功しているとは信じがたい。また医師というわれわれの職業も、この件で鉄道会社に手を貸すことによっては、決して社会からの信望を得ることはできない」と述べている。[37]

自らの職業の一貫性、権威、社会的評判が、開業医にとっての重大な関心事となるような時代に居合わせるということは、医師にとって、まったくもって不愉快な状況である。鉄道事故と賠償訴訟の件数は年を追うごとに増加し続けており、こうした問題は時間の推移とともにより深刻になっていった。このやっかいな傷病は、多くの医師にとって医療の上で重要なだけではなく、医師という専門職の立場を守る上でも、優先的な研究課題となった。ランセット誌は一八六一年に「この問題の臨床研究はどのような苦労を払っても進めるべきである」と主張し、「特にショックをもたらすような、転落や打撃その他の事故の場合には［…］鉄道会社の評議会への請求者によって医師の前に絶えず提出される病歴を解明するために」神経症状を示す症例については入念な医療記録を残すように呼びかけた。[38]その四年後に英国医学会誌は同様に「こうした近代的な事故のある種の結末の記録を、その本当の結果についての病歴を含めて集積することは病理学に貴重な知識を付け加えるであろう」と述べた。[39]こうした呼びかけに答えて、一八六〇年代には鉄道事故による負傷に特に焦点を当てた、鉄道旅行の健康への影響についての出版がささやかな盛り上がりを見せた。[40]

この主題へのもっとも早い、そして重要な貢献は、他ならぬランセット誌上に一八六二年一月から三月にかけて掲載された八部から成る「鉄道旅行の公衆衛生への影響」という報告であった。[41]これらの論文は鉄道事故による傷病についての最初の詳細な考察である。医学におけるこの領域の開拓者[42]はジョン・エリック・エリクゼンとされることが多いが、ランセット誌の一連の論文は、彼の最初の報告よりも四年も早かった。したがってこれらの論文は、その後半世紀にわたって鉄道脊髄症と関連症状を巡って展開された医学的、法医学的な論争の起点であり、鉄道旅行と鉄道事故の健康への影響についての一九世紀半ばの考え方を示しており、その考えの中からやがてエリクゼンの研究が生み出されたのである。

これらの論文の主要な主題は鉄道事故であった。ただし事故が犠牲者の健康にもたらす結果については、ランセット誌は「一次的」な影響と「二次的」な影響を注意深く区別した。[43]「一次的」な影響は骨折、切創、火傷などの明らかな身体的傷害である。こうした傷害は「鉄道に轢かれた」[44]犠牲者の場合には非常に重症化することがあったが、因果関係は単純であり、よく理解でき、治療可能であった。それよりも大きな問題を抱えていたのは事故による潜在的な「二次的」な影響の方である。症状は手に負えないほど多彩であり、「めまい、健忘、背中と頭の痛み」[45]、「四肢のうずきと感覚脱失、局部麻痺、下半身麻痺、腎臓と膀胱の機能障害」そして「それに続く精神錯乱」さえもが報告された。[46]この種の傷害を記述するために「機能的」という用語がしばしば用いられたが、それはこうした傷害は機能が低下した身体器官そのものではなく、それを制御する神経装置に生じていると考えられたからである。こうした考えは、いくつかの記事に見られたジャーナリズム的な推測、すなわち傷害の原因はおそらく「事故の衝撃のあいだに体験された、中枢神経への暴力的な脳震盪」によって引き起こされた何らかの神経損傷にあるのではないか、という意見を支持していた。[47]

ランセット誌はさらに進んで、事故からまったく無傷で逃げ出したり、体の表面に打撲やかすり傷といったわずかな傷を負っただけなのに、進行性に悪化する神経症状を訴える乗客の病状をまとめた。こうした乗客の一人は郵便局に勤めており、一八六〇年の一一月に、事故のあった郵便列車に乗り合わせた。彼は「客車の端から端まで投げ出され、首の後ろを強くうち、一瞬気を失った」。しかしたいした怪我をしたようにも見えず、「翌朝、ロンドンに帰り、ウォーラー・ルイス医師の診察を受け、めまいと健忘、背中と首の痛みなどを訴えた」。彼は鉄道会社を相手に訴訟を起こし、証言台に立った鉄道会社の医師は「彼には何ひとつ具合の悪いところはない」と主張したが、二七五ポンドの賠償金を勝ち取った。[48]

ランセット誌はこうした事故後の症例について特別に詳しい分析を試みたわけではない。記述された症状に対して事故前の本人の状態がどの程度寄与しているのかは明らかにされなかったし、軽度の頭痛、発熱、ひどい蒼白、神経質などと記された症状も格別の情報を与えるものではなかった。[49] しかしこうした不明確さは一九世紀中葉の医学の症例報告にはよく見られたことで、医師が直面した神経症状のあいまいさを示している。こうした病態の共通の要素は、被害者が事故で実際に被った身体的な傷の軽さに比べて、その程度が不釣り合いに重いということであった。その説明のために、ランセット誌はその後半世紀にわたって鉄道事故に関する議論の中核となる論点を提出した。つまり事故が被害者にもたらした衝撃にはどのような性質と意味があるのか、という論点である。後の章で詳述される米国の南北戦争の戦闘トラウマや第一次世界大戦のシェルショックと同じように、鉄道脊髄症を巡る医学的議論は、その結果としての病状を触発すると思われた衝撃の正確な性質をめぐって戦わされたのである。

ランセット誌は事故の持つ特有の暴力的な要素に特に注意を向け、この極度の暴力性が被害者のその後の神経症状と関連することを示唆した。

事故による直接の衝撃にもそのときの身体的負傷にも、少し、あるいはかなり遅れて発症する潜伏性の後遺症を予見するだけの信頼性はない。生じた症状の性質を見れば、それが主に衝撃の最中に体験された、中枢神経系の震盪に起因することは明らかである。〔…〕衝突の際に突然に体験される激しい動揺は、旅行中に人間が体験するどのような衝撃と比べても、その暴力性において群を抜いている。〔…〕急な危険を逃れた人々は恐怖による強い心理的な印象を受けていたが、別に傷ついたところはないと思い、助かったことを喜びながら旅を続けた。しかし彼らは、脳と脊髄を長期間完全に休めて衝撃から立ち直れるようにするという予防措置を講じることはしなかったのである。[50]

犠牲者の被った「恐怖による強い心理的な印象」への言及からもわかるように、鉄道事故の体験においては身体的な衝撃だけではなく心理的な要素も重要であることが認識されていた。しかし「恐怖」が直接にその後の神経症状をもたらすとの記載はなく、そうした症状は事故による身体的な動揺と衝撃によると説明されている。

こうした説明はビクトリア朝医学の身体主義的な傾向と一致していた。マーク・ミカーリが最近注意を促したように、それは明らかに一九世紀英国医学の精神神経疾患に対する「断固として身体主義的な伝統」による理論化の枠内にあった。[51] しかしながらこうした理論モデルには、事故によって生じる傷病の性質についてあいまいな点があった。すなわち症状が意味するのは中枢の脳脊髄神経の負傷なのか、あるいは神経の生理的機能の破綻なのかが不明であった。ランセット誌自身に見られるこうしたあいまいさは、結論を与える明白な器質的な所見がなかったためでもあるが、以下のような文によく表われている。

こうした症状は主として神経系を通じて、あるいは、神経の作用のバランスの上に成り立っている身体的な状態を通じて現れる。症状は多彩であり〔…〕単なるいらだちや落ち着きのなさ、長旅の疲れやすさから、次第に進行する麻痺の合併までさまざまである。麻痺の存在は神経系への暴力的な衝撃もしくは損傷に続発するところの［…］脳もしくは脊髄の潜行性の疾患の存在を意味する。神経の損傷という症状は、鉄道の衝突で生じた極度の動揺と打撲によって生じることが多い。[52]

ランセット誌としては結局のところ器質的な損傷という病理モデルよりは神経系の機能の破綻という生理学的モデルを好んでおり、そのことは次の記述からも明らかである。すなわち事故時に身体に加えられた強い衝撃は「神経系の激しい震盪と、ひどい衰弱を引き起こし」[53]、その衰弱によって「神経の作用に障害が生じ」[54]全身の筋肉その他の器官が十分に機能しなくなるという。この説明は一九世紀初頭[55]に発達した脊髄震盪症という診断概念に基づいているが、その診断はそもそも、何らかの打撲を受けたものの内臓器官には重篤な損傷が認められない患者の、多くの場合は背中に打撲を受けた者たちの神経衰弱の症状を説明するものであった。事故後の背部痛の頻度の高さ、長期にわたる症状の進行性の悪化、事故の最中の打撲、動揺、伸展に対して脊髄が脆弱と思われたこと、これらのためにランセット誌では鉄道によるこの新しい病気を論じる際に「脊髄震盪症」という明らかなモデルを採用し、権威者たちもそれに続いた。しかしながら物理的な震盪の役割やそれによってどのような性質の傷害が生じるのかは相変わらず不明であり、そのために、脊髄震盪による傷害モデルを鉄道の場合に当てはめようとするあらゆる試みは不完全であった。

鉄道脊髄症とその関連症状に関する最初の本格的な医学書は一八六六年に出版された。その著者は高名で尊敬を集めていた外科医のジョン・エリック・エリクゼン（一八一八—九六）である。一八五三年に初版が出版された彼の『外科学の科学と技術』は大変な好評を博して、一八九五年までに一〇版を重ね、また彼は引退するまで王室の侍医を務めた。彼はロンドン大学外科学教授を務めているあいだに鉄道事故の後遺症に関心を抱き、『鉄道とその他の事故による神経系の損傷について』を著した。これは一八六六年春に大学病院の医学生に行った六回の講義を集めたものである。鉄道の問題に関するいくつかの著作や、法廷における医学専門家の役割についての一八七八年の彼の書物によれば、一八六〇年代の半ば頃までには彼が医学専門家として鉄道事故の賠償裁判[56]で証言するという豊富な経験を持っていたことは明らかである。この経験があったために、エリクゼンは一般外科医としての経歴の半ばを過ぎた頃になって、鉄道事故による負傷という問題にこれほど詳しく取り組んだのである。

エリクゼンの書籍は非常に大きな影響力を持った。一八九四年には高名な米国の神経学者が過去三〇年間の鉄道脊髄症についての議論を振り返って「画期的」[57]だと評した。この書籍は医学界に強い印象を与え、同僚の医師たちによって診断と臨床の手引きとして広く用いられた。その影響は内科医と外科医だけにとどまらなかった。『鉄道その他の事故による神経系の損傷について』は、非常に狭い関心領域をあつかった医学の教科書としては異例といえるほどの社会的関心の的となった。[58]スペクテイター紙の書評では「医学書がこの欄で紹介されることは多くはないが［…］今回は高名な外科医が［…］われわれに［…］いまや社会のすべての人間の関心事となった問題について思慮深い意見を述べてくれた」[59]。鉄道事故が増加し続けていたので、この書籍が扱った主題は現実の社会全体の関心事であり続けた。この書籍が版を重ね、鉄道事故の賠償訴訟の法廷で広く引用され続けたために、社会の人々の意識にはエリクゼンの名前が鉄道脊髄症と結びつけて刻み込まれた。フィラデルフィアの脳外科医S・V・クレヴェンジャーは一八八九年に「神経学者、外科医、弁護士はこの書籍からきわめて有益な情報を得ており、鉄道脊髄症が問題となっている訴訟で、このロンドンの外科教授の講義録を参照しないことはほとんどない」[60]と述べた。同様に、エリクゼンが記載した病状が作り話であり、まったくの誇張であると考える者は、容赦なく彼を攻撃した。「不正直な原告に対して、その気になりさえすればいろいろな方法で相手をだまし、病気のふりをして多額な賠償金を得ようとさせかねない、間違ったガイドブックを提供したようなものだ」[61]

エリクゼンは鉄道脊髄症の説明に当たって、本質的には、脊髄の神経への実際の物理的な損傷による脊髄震盪症のモデルにしたがっていた。彼はこうした症例で「外的な暴力が脊柱に加えられたことを局在的に直接に示すような」出血、打撲、炎症などの身体所見が見られないことについて、神経症状を引き起こした傷害は「慢性的で、直接には明確ではなく〔…〕主として慢性脊髄炎と脊髄膜における慢性および亜急性の炎症的作用からなり、慢性的炎症の長期的作用の必然的な結果として脊索の構造的な変化を伴う」[62]と考えた。エリクゼンは「身体への震盪、衝撃、打撲から生じるすべての神経学的症状は〔…〕いわゆる「脊髄震盪症」の特徴と考えられており、脊髄膜と脊索に実際に生じた慢性的炎症による」[63]と主張したが、多くの症例では炎症などの身体的所見を見いだすことができず、「精神的」または「情緒的」な衝撃を「身体的」な衝撃から区別できなかったので、鉄道脊髄症を引き起こす上での前者の役割を暗黙裏に認め続けざるを得なかった。

このように鉄道での負傷に対するエリクゼンの態度はあいまいであった。彼は同時代の人々と同じように鉄道事故の否定できない破壊力と危険に直面し、この事故のもたらす空前の暴力性と恐怖は認めていた。しかし重度の精神的、心理的な衝撃が被害者の神経学的な症状を直接もたらすとは考えなかった。鉄道による負傷には特殊な特徴があったが、エリクゼンはそれに関して独自の医学的疾病を考えるのではなく、あくまで脊髄と神経への傷害という一般的な枠組みで解釈しようとした。しかしそこにもあいまいな点はある。彼は鉄道による負傷は「他の民間の事故による負傷と比べて重症ではあるが、性質は変わらない」[64]という。けれども鉄道事故はその暴力的な性質によって他の事故とは一段違った場所に置かれており、特異的な心理学的衝撃を被害者に与えていたことも強調しており、鉄道事故を他から独立したカテゴリーであると考えていた面もある。

鉄道事故ほどの大きな衝撃をもたらす事故は普通には存在しない。速度の速さ、被害者に加えられた力の大きさ、突然の停止、負傷者の無力さ、そして当然のことながら生じる激しい混乱、それはどれほど勇敢な者をも動揺させるほどである。こうしたことのすべてが、事故によって生じた神経への傷害を重症化させ、鉄道事故を他の事故とは違う例外的なものにしている。そのために外科医の中には、こうした症例に見られる脊髄への特異的な影響を指して、「鉄道脊髄症」と呼ぶ者が現れたのである。[65]

事故に巻き込まれた「被害者の無力感」「当然の激しい混乱」を要因に含めたということは、事故体験の心理的な結果がその後の神経疾患に直接影響する可能性を認めたことになる。

英国医学会誌が一八六六年の一二月にこの書籍を論評したとき、評者はエリクゼンのあいまいさに気づき、「鉄道による負傷」という臨床的なカテゴリーを独立させて法医学的な帰結に結びつけることに疑問を呈した。

われわれの見るところ、鉄道とその他の原因による負傷の相違は司法的な側面に関するものであり、本質的なものではない。鉄道事故で脊髄震盪を生じた者は鉄道会社を相手取って訴訟を起こすが、その病状は重いこともあれば軽いこともある。リンゴの木から落ちて脊髄震盪を生じた者は、気の毒なことに、訴えるべき会社を持たない。[66]

英国医学会誌の評者はエリクゼンの書物が「鉄道事故による負傷」という題名を表紙と背表紙に付けていることも批判し、「意図的に人々に誤解を与えているのではないか」と述べた。「この書物は脊髄と脳に対する衝撃と震盪の影響を述べているだけであり［…］鉄道事故による神経学的負傷という特別な概念カテゴリーを作る必要はなかったのではないか」[67]

エリクゼンはこの講評に対してただちに自己弁明の長い書簡を送り、書籍の外側に付けられた表題は出版社が勝手に決めたものであり（確かにほぼその通りであった）、自分で考えた『鉄道その他の事故による神経系の損傷について』という表題こそが彼の考えを適切に表現するもので、鉄道事故による負傷は他の事故による負傷と本質的に変わらないと述べた。その上でさらに彼は、自分や他の外科医（のことも明らかに意味していた）が鉄道事故に特別な関心を払っていることの正当な理由として、この事故が表面的に似通っている他の事故といかに異なっているのかを述べた。

　私が「鉄道事故による負傷」と言うのは外科医が普通に「銃撃による負傷」と言っているのとまったく同じ意味合いである。負傷の性質が特異的に異なっているというわけではなく、それが生じた状況や方法が特殊で例外的なのである。「鉄道負傷」や「鉄道事故」という用語は、こういう意味で、通常の病院医療でごく当たり前に用いられている。

　たとえば、ある外科医が病院住み込みの当直医に「今日は新入院があったかね」とたずね、「はい。鉄道事故症例が一件ありました」と答える。しかし、「馬車症例」とか「馬症例」とか「煉瓦症例」とは言わない。［…］つまり外科医たちは鉄道事故には独特の性質があることを知っており、自分たちでそうしたカテゴリーを作っているのである。[68]

「鉄道事故の独特の性質」に対するエリクゼンの態度には、どちらとも受け取れるところがあった。独特の性質というのは事故に際して現れる比類のない強大な力であり、鉄道事故の被害者に加えられる極度の暴力であった。エリクゼンは繰り返し、このことこそが鉄道事故による負傷を他の状況での負傷から区別する唯一の特徴だと述べている。彼は建前としては、鉄道事故は新しい傷害を作り出しているわけではなく、医学の世界ではよく知られた以前からの傷病が鉄道特有の性質のために頻繁に生じ、また重症化するにすぎないと述べた。一八世紀末から一九世紀初頭の多くの医療記録には、「後年、唐突に「鉄道脊髄症」と呼ばれるようになったのと同じ一連の症状が、最初の鉄道が開通する四半世紀以上も前から、各種の事故によって生じていたことが記されている」[69]という。

　エリクゼンは、鉄道事故に伴う障害は新しい種類のトラウマを示しているわけではないと何度も主張した。けれども旧来の疾患の症状が重症化しただけだという主張は、鉄道事故によって引き起こされる比類のない暴力と

「神経系への強い衝撃」の重要性を強調することによって弱められた。彼は否定していたが、「鉄道事故」が新しい疾患カテゴリーを形成すると考えていたことは確かだと思われる。

脊髄と脊索への震盪は、市民生活の普通の事故においてしばしば生じている。しかし鉄道の衝突による暴力的な衝撃を体験した乗客の場合ほどに頻繁に生じたり重症化することはない［…］外に現れた直接の身体的負傷の証拠がなく、早期症状はあいまいで潜伏性であり、二次的な器質的障害が徐々に発達することによって機能的な障害が生じ、しかも終末像はまるで確定していない。そのために、この傷病は外科医の最大級の診断技術を必要とする。[70]

鉄道事故の独自性は、突然の極度の暴力による身体への純粋な物理的作用に限られたわけではない。エリクゼンの考えでは、神経症状を生じる脊髄震盪の原因となるような他の類似した事故と比べて、鉄道事故が異なっているのは事故に巻き込まれたことの心理学的な影響にあった。このように身体以外の要因の役割を認めたことの意義は大きい。エリクゼンは鉄道事故が空前の暴力と恐怖をもたらすことを暗黙のうちに認めただけではなく、鉄道事故の犠牲者の心理的な経験と、その後の、彼が身体的だと考えた疾患とが直接に関係するかもしれないと認めざるを得なかった。すなわちエリクゼンは、鉄道事故の犠牲者の場合には、精神はほとんど知られていないメカニズムによって身体の物理的な状態に影響を与えていると示唆したのである。

一八七五年に大幅な加筆修正を施して出版された改訂版は『脊髄震盪、神経性ショック、その他の神経の目立たない負傷の、臨床と法医学的な側面』と題された。そこでエリクゼンは鉄道脊髄症に関する見方を大幅に修正し、身体器官ではなく、神経システムの破綻が原因であると述べた。「脊索の震盪や動揺による一次的な影響は、おそらく分子的な構造の変化によってもたらされる。二次的な影響は炎症性のもので、身体器官の退行的な変化による」[71]。しかしそうした身体器官の変化を裏づけるような物理的な証拠がなかったので、エリクゼンは当時の医学知識に限界があるために、神経症状の背後にある病態を明確にできないという弁明をしている。

脊髄震盪症の主要症状と副次症状のすべてを炎症だと理解するだけでは不十分である。局在症状の中にも、全身症状の中にも、疑いもなく脊索内部の分子的な変化や、脊索に直接、間接に、あるいは遅れて加えられた事故の衝撃による脊髄の貧血によるものがある。[72]

はっきりとした身体的負傷が認められなかったので、エリクゼンは「こうした状態を貧血だというのは、明確な事実の観察というよりは臨床的な推論に基づいている」[73]と述べている。しかし一八七五年までには彼の考えは大きく変化し、心理的な要素によって神経学的な破綻が生じるということを、一八六六年よりもはっきりと認めている。今や彼は、症状の焦点を脊髄から脳へと、そして暗黙のうちに精神へと移しつつあった。事故の極度の恐怖によって「精神もしくは情動的な無意識」が生じ、脳は神経系をコントロールする力を一時的に失うという。

精神もしくは情動的な意識消失は、頭部や脊髄に対する身体的な傷害や殴打、直接の暴力なしに生じることがある。比較的軽微な暴力を受け、全身的なショックや神経系の震盪を生じたにすぎない者に生じることが多い。おそらくその相当部分は、恐怖の影響によると思われる。[74]

このように推測はしたものの、エリクゼンは神経障害の原因が究極的には神経系への何らかの物理的な傷害であるという考えを捨てたわけではない。しかし恐怖という形での心理的な影響が、心理的トラウマや鉄道事故において原因としての役割を果たすことを認めたことは、彼の医学理論に重要な転換をもたらした。

エリクゼンの書物は法医学の両分野において多大な影響を持ったが、彼の学説が反論の余地のない医学的権威となったわけではない。エリクゼン自身にとっても、鉄道脊髄症における心理的要素の役割を暗黙裏に認めたことは、必ずしも本意ではなかった。しかしさらにその方向に論を進める学者も現れた。一八六八年には高名な外科医のフレデリック・ル・グロ・クラークが次のように述べている。

これらは疑いもなく鉄道事故による脊髄震盪の明白な特徴である。こうした症状は他の事故で生じる傷害と比べれば例外的である、と控えめに言っておこう。この例外的な特徴は奇妙なほどに幅広い結果をもたらしている。それは、脊索の特異的な衝撃や震盪というよりは、神経系統全体の衝撃とそれに引き続く神経支配の弱体化に関連しているように思われる。[75]

クラークは事故において脊髄が明白な打撲を受けたことを強調しており、「症状は通常は急性で明白であり、他の事故による脊髄性ショックの特徴をほぼ備えている」という。しかしこうした明白な脊髄震盪の症例においてさえ、鉄道事故はその独特の心理学的な特徴によって他の事故からは区別される。鉄道事故の症例では「ほとんどの場合、事故の結果は通常の震盪に比べて多彩で長期化する。こうした事情は、おそらく情動の影響としてある程度は説明できるであろう」[76]。クラークは鉄道事故の中に、エリクゼンの言うように脊髄震盪を生じている症例のあることは認めていた。しかし彼によれば、脊髄震盪というのは、多くの症例については不十分な説明である。身体的な衝撃は確かに一定の役割を果たしている。しかし心理学的な衝撃が神経系に直接作用し、さらに神経機能に干渉して何らかの器質的な変化を生じることで疾患が生じる可能性の方が高い。「こうした考えは、広く認められている事実と矛盾しない。その事実とは、情動と、器質身体的な生命とを司るそれぞれの神経系に同時に強大な衝撃が加わった結果として、長期的な機能障害や、あるいは致死的な疾患でさえも生じ得るということである」[77]

同様に外科医のジョン・フルノー・ジョーダンは一八七三年に、こうした病態では身体と心理的な要素の両方を考慮することが重要であると強調し、鉄道事故の独自性は犠牲者に加わる「精神的」衝撃にあると述べた。

鉄道事故による傷害の重要な特徴は、衝撃の原因となった精神的、身体的な要素の組み合わせにある。すなわち精神的要素が、常に、もっとも強烈で暴力的な形で存在するということである。鉄道事故では、精神にとってこれ以上はないほどの恐ろしい状況の組み合わせが生じる。破壊的な力の強さ、その結果の甚大さ、多数の人間の身に差し迫る危険、危険から逃れられないという絶望、こうしたことが強い情動を引き起こし、それだけでも強い衝撃や、時には死をもたらすのに十分である。[…]神経系への強力な作用によって生じ得るすべてのことが鉄道事故において生じているが、しかしそれは身体の負傷の程度や重大性とはまったく関係がない。[78]

こうしたあいまいさが残ったために、器質的立場を主としたモデルの優位性に疑問が投げかけられ、心理的な原因がより強調されるようになった。鉄道会社に雇われた外科医であるハーバート・ペイジは一八八〇年代半ばの著作によってこうした疑問を公にした。『明白な器質的傷害を持たない、脊髄および脊索の損傷について』（一八八三年初版、一八八五年改訂）と題された著作の中で、ペイジはエリクゼンの学説を厳しく批判し、脊柱に損傷所見がないのに脊索が損傷されるのはまずあり得ず、事故後の神経疾患を説明できるような脊索への物理的損傷を支持する「事実はほとんどない。または皆無である」[79]と述べた。ペイジの主眼は最初から精神にあった。エリクゼンは床に落ちた時計の例を使って、重い傷害を負った患者に神経疾患がほとんど見られない理由を説明していた。もし時計のガラスが壊れていれば、中の機械は傷ついていないが、ガラスが壊れていなければ、機械が壊れていることになろう。したがって、重い身体の傷害を有する患者は神経疾患にかからないのだとエリクゼンは述べた。[80]ペイジは鮮やかにそれに反論した。「その例えに意味があるとは思われない。いったい時計に神経系があり、私たちと同じく知覚を持つ生物だとでもいうのだろうか」[81]。ペイジは知覚と意識を、事故が神経に影響を及ぼす通路として非常に重視した。この点を補強すべく、彼は以下のように問うた。もし意識と精神が何の役割も演じないのであれば、よく知られているように事故のときに眠っていることが犠牲者を神経的な破綻から守りおおせるのはなぜだろうか？[82]

ペイジはクラークとジョーダンにならってエリクゼンの説をさらに推し進め、鉄道事故には「極度の恐怖と警戒」が伴っており、「より軽く、さほど残酷ではない事故では、それがまったく欠けて[83]」いると述べたが、このように精神の役割を強調したことが、新たな議論の地平を開くこととなった。ペイジにとって強い恐怖という情動は、それだけで神経系に重大な衝撃を与えるに十分であり、彼の見るところ、鉄道事故の被害による心理的な影響は、神経疾患を誘発し、患者の機能を破綻させることが可能であった。

医学の文献は、恐怖によって、しかも恐怖それだけによって、きわめて重度の機能障害が生じ、時には死亡や機能喪失さえ生じる症例であふれている。この恐怖は、列車の衝突においてもかなりの程度、共通して認められる要素である。というよりも、これ意外には共通点がないことが多い。恐怖のために事故の直後に機能が破綻し、それと同じ程度の、または遥かに重篤な後遺症が生じるのである。[84]

ペイジは、症状の背後に進行性の生理学的な過程が存在する可能性は否定しなかったが、脊索の器質的な傷害が原因であるというエリクゼンの考えだけは明確に否定した。彼は一八九一年に『鉄道による負傷――背部と神経系の負傷について』と題する書物の中でこの問題に立ち戻り、この疾患の生理学的背景について次のように述べた。

私たちは常々、神経疾患の背景には物質的な病理的変化があると確信してきた。しかしそれは、死亡後の解剖室で私たちがよく目にしたり、顕微鏡で観察するような粗大な病変のことではない。知り得るかぎり、神経疾患の背後にある変化は化学的なものであり、神経的な症状は二次的なものである。[85]

エリクゼンが鉄道脊髄症による神経疾患を物理的な震盪という損傷の結果であると考えたのに対し、ペイジは恐怖の心理学的影響こそが主要な原因であると考え、あまりに恐ろしい事故の状況を意識することによって、神経系に生理学的変化、おそらく化学的な変化が直接に誘導され、神経症状をもたらすのだと考えた。かくしてペイジはエリクゼンの鉄道脊髄症のモデルを覆した。エリクゼンにとっては脊索への損傷が第一であり、それが神経症状を引き起こすのであった。ペイジにとっては心理学的な衝撃を意識することが第一であり、それが神経系に物理的な変化をもたらし、疾患が続発するのである。事故後の神経的破綻についてのこの新しいモデルに従って、ペイジは「全般性神経ショック general nervous shock」という概念を用い、「神経全体のバランスや調律の機能的な傷害であって、身体器官の構造的な傷害ではない」[86]と定義した。この考えは一八六二年にランセット誌に現れた見解と似通っているが、ペイジはランセット誌の生理学的モデルの基礎となった身体的衝撃には何の重要性も認めていない。「暗示が影響をもたらすための本質的な条件は、神経的な衝撃から直接生じた特殊な精神状態である」[87]。すなわち精神的なトラウマにおいては、事故のおぞましい恐怖である。

エリクゼンの著作は事故の傷病によって鉄道会社から補償を得ようと主張する者の役に立ったが、ペイジの著作は鉄道会社の弁護のために引用され、鉄道脊髄症などの状態は実際の傷害ではないという主張のために用いられることが多かった。ペイジの主要な立場は、脳にせよ脊髄にせよ、器質的な傷害への依存からトラウマ後神経障害を解き放つことにあった。一八九五年に彼は自説を要約して、「一方では詐病であるとの見方に、他方では脊髄や脊椎内部の治る見込みのない傷害という説」に反論することから生まれたとし、「鉄道事故による負傷という現象は、まったく違った仕方でしか説明できない。これまで身体に多くの説明を求めすぎており、精神を参照することが少なすぎた」[88]という確信があったと述べている。

彼の説明は当時発展しつつあったヒステリー概念に負うところが大きかった。一九世紀初頭から、身体的に明白な障害のない患者において機能的障害と器質的障害をどのように鑑別するのかについて精力的な議論がなされており、ヒステリー概念はその上に成立していた[89]。一八九〇年頃までに多くの研究はヒステリー性の神経疾患についての身体モデルを作り上げており、それによればヒステリーは神経、筋肉、その他の身体器官の病変、障害、疾患がなくても生じ、遺伝や体質的な弱さ（ヒステリーを生じやすくする要因のひとつではあったが）に起因するのでもなかった。「観念」すなわち強大な心理的な印象の役割が決定的に重要であり、それが精神を通じて神経機能に影響を与えるとされた。このことにより、背景に何も構造的な異常がなくても、心理的衝撃から直接に誘発されて、神経その他の疾患が生じ得るのである。

一八六六年にエリクゼンはヒステリーの特徴を「男性よりは女性に見られる。中年や高齢者ではなく、若年者に多い。しっかりとした考えを持ち、活発で有能な職業男性ではなく、興奮しやすく、想像力に富み、感情的な性格の者に多い」[90]と述べ、鉄道脊髄症やそれに類似した疾患の本態はヒステリーではないと述べている。

人生経験があり、熱心に仕事をこなし、生き生きとして活発な、かつて感情的に取り乱したことなどまったくない男性、つまり活動的で、普段から感情を抑え、仕事に打ち込んできた、しかも体も健康である。そういう男性が、突然、人生で初めてのものすごい衝撃に見舞われ、神経系の深層部の傷害を示唆する重篤な一連の症状を示すようになった。このような場合、その男性が突然、恋する少女のように「ヒステリー」的になったとでも言うのだろうか？[91]

エリクゼンは一八七五年にも同様に「ヒステリーという用語を使うとき、それが実際に何を意味しているのかが覆い隠されている」[92]と述べ、ヒステリーの背景に実際に器質的な傷害があることを含意している。これに対してペイジはヒステリーという用語の響きは嫌っていたものの、[93]ヒステリーとトラウマ後疾患とは、同一の心理的、生理的変化の現れだと考えていた。両者ともに前提としていたのは神経機能の階層的な構造であり、高度に発達した大脳機能の一部は、身体に関しては動物と同じ機能にまだ従っているとされた。エリクゼンにとっては、活動的で感情に流されない勤労者がヒステリーへの弱さを持ち、精神のコントロールを失って動物と同じ状態になると考えることは、近代文明における人間についての医学的モデルだけではなく道徳的なモデルをも傷つけることであった。これに対してペイジは、鉄道事故による極度の感情的なトラウマがもっとも回復力に富んだ人間をも木っ端みじんに打ち砕き、ヒステリーを生じさせるという考えに、何のためらいも感じなかった。

> 「ヒステリー」状態というのは本質的にはコントロールが失われ、能力と意思が減弱した状態である。[…]習慣的に感情を抑制し、適切に制御する能力が失われている。こうした能力は間違いなく、個人の中で生命活動を営んでいるさまざまな身体器官の機能によって支えられている[…]たとえば列車の衝突による衝撃と恐怖のような、何らかの強大な精神的な衝撃が生じたとしよう。すると知性によるコントロールは減弱し、身体器官は自らの感覚を主張し、その感覚が個人の意識の中に押し入ってくるのである。[94]

一八八五年の講義でペイジは、鉄道事故の衝撃と恐怖によって、身体の諸器官の機能への制御力が唐突に神経系から奪われることによってヒステリー症状が出現すると述べ、トラウマによる神経学的破綻モデルの概略を示した。彼によれば鉄道事故は、

> 神経系の重度の疲弊もしくはトラウマによる神経衰弱をもたらす必要条件であり[…]鉄道の衝突は[…]神経系に深刻な影響をもたらす条件となる。というのも、多くの鉄道事故の状況はそれに巻き込まれた人々に非常に強い心理的な印象を与えるからである。[…]神経衰弱の背後にある神経学的な状態のかなりの部分を決定する原因は、恐怖と警戒心である。[95]

鉄道事故の直後に犠牲者が経験する恐怖の役割を強調し、それがトラウマ性神経症の病因となることに常に言及していたことで、ペイジはシャルコーらが発展させた診断を先取りしていたことになる。事実、シャルコーはこの英国の外科医の考えにおおいに興味を抱き、一八八〇年代後半にサルペトリエール病院で行った講義では、

その業績を引用し、それに賛同したほどである。[96]

鉄道事故が人間の精神と身体に与える影響についてのペイジの主張は、私たちを再び、一九世紀の人々が鉄道に対して抱いていたあいまいさへと連れ戻す。鉄道は技術の進歩の偉大な象徴であったが、破滅的な事故が起こったその瞬間に乗客から文明の覆いをはぎ取り、獣にも等しい状態へと引き戻しかねなかった。当時の文学作品にはそのような主題が見られている。チャールズ・ディケンズの『ドンビー父子』（一八四八）、ジョージ・ギッシングの『女王即位五〇年祭の夜に』（一八九四）[97]、そしてもっとも劇的に描かれたのはエミール・ゾラの『獣人』（一八九〇）であった。ゾラの登場人物たちにとって鉄道は「美しき発明」ではあったが、人間性の根本にある獣性を変えることはできなかった。「人々は速く旅行し、以前よりも多くのことを知っている。［…］しかし野生の獣は獣のままである。どんなに良い機械を発明し続けたところで、同じ獣が底に潜んでいるのだ」[98]。鉄道事故の破滅的な状況は、その運命の列車に乗っていた乗客が身にまとっていた文明の化けの皮をすぐにはがしてしまう。最前列の粉々になった列車に乗っていた乗客は、その災難の中で「言葉にならない叫び声」を挙げるが、未開の獣のように振る舞うのは後部車両にいて傷つかなかった乗客たちである。彼らは「憤激した暴徒」のように列車からあふれ出てくる。

> 彼らは一列になって倒れ、気を取り直すと、手足をばたつかせて、何とか助かろうとする。自分たちが動かない地面の上にいて目の前に田園が開けているのがわかると、本能の赴くままに危険からできるだけ遠ざかろうと、全力で走り出し、生け垣を跳び越え、草原を横切る。男も女も、叫びながら森へと消えてゆく。[99]

一八六〇年から九〇年にかけての鉄道事故による恐怖という概念は、大きく見れば、脊髄の激しい震盪からトラウマによって誘発された心理的神経的な破綻へと向かって発達し、それに伴ってヒステリー、神経衰弱、変質degenerationとの関連を暗黙裏に含むようになった。このように概念が発達するにつれて、こうした病態に直面したビクトリア時代の医師や、新聞で鉄道事故のぞっとする恐ろしさを読み、法廷での賠償裁判の続報を読みたがっていた大衆にとって（実際のところ、大衆は毎日のように鉄道に乗って仕事場とのあいだを行き来していたので、鉄道事故に対して確かにかなり神経質になっていた）、事故の乗客たちを苦しめている謎に満ちた病気は、不運にも恐ろしい出来事の暴力の犠牲となった人々の、さまざまな傷病を単に寄せ集めただけのものとは思われなかった。この疾病は言外に比喩的な意味を含んでいた。すなわち、一方ではますます機械化されていく文明の容赦のない効率化と、他方では不合理でコントロール不能に見える機械の持つ暴力的ともいえる予測不能性、この両者に対して近代の人間が屈服せざるを得ないという状況の象徴となったのである。ある意味で一九世紀における鉄道網の発達は進歩の指標、言い換えれば進化という原理に即した社会的経済的組織の複雑化の指標であった。と同時にそれは、人間の行動を高度の統制や支配に従わせることによる人間の自由の制約と、人々が直面する危険の増大をも意味していた。[100] というのもある組織が複雑になり高度に進化するほど、その組織は壊れやすくなり、その組織に破綻が生じたときの危険が大きくなるからである。一八九五年にペイジは書いている。

構造が緻密になり機能が複雑になると、必ず不安定化の危険が生じる［…］その組織は自分の周りや外部で生じている変化と関係するようになるだけではなく［…］内部においてもさまざまな部分が互いに適切な関係と調和を保たなくてはならないので、ある一部に不具合が生じると他のすべてに異常が生じるのである。[101]

高度に発達した鉄道網が微妙なバランスの上に立っており、それゆえに事故に対してもろいのと同様に、複雑で高度に発達した人間の脳と神経も、それが進化の頂点に立ち、身体の持つ動物的野生よりも人間的な知性や道徳の方が勝っていることの保証となっているにも関わらず、壊れやすく、簡単に安定を失い、危機に陥りやすい。[102] 急激な近代化によるトラウマ、人間の独立が機械の持つ強大な力に屈服したことによるトラウマ、制御できない速さによるトラウマ、突然の身の毛もよだつ破滅によるトラウマ、これらのすべてが、鉄道の時代の神経症の中には現れている。鉄道脊髄症という概念は脊髄震盪ではじまり、破綻した精神で終わったのである。

第三章　米国黄金時代の列車とトラウマ

エリック・カプラン

前章でハリントンが述べたように、今日でも実体のわからない鉄道脊髄症という新しい病気をもたらしたのは、近代における戦争ではなく旅行であった。それまで聞いたことのなかったこの病気は一〇年以上をかけて徐々に論じられ、一八六六年の春に完全な形で発表された。[1] 当初は主として身体に関わる病気だと思われたが、この概念のいわば青年時代ともいえる一八八〇年代には複雑な精神の病気だと見なされ、成人期の始まりにあたる一八九〇年代には心身の両方の症状を持った病気だと思われた。そして二〇世紀になって一〇年も経たないうちに、この病気は早すぎる死を迎えたのである。この短い期間のうちに鉄道脊髄症は身体的なパラダイムを根本的に組み替え、トラウマ体験が身体と精神にまたがる多彩な症状を引き起こすという新たな認識をもたらした。

米国の鉄道網は急速に発達し、一八四〇年に三千マイルであったものが一八七二年には五万二千マイルに達した。[2] しかし急成長のすべてが祝福されたわけではない。鉄道網の拡大につれて事故による負傷と死亡が増加した。[3] 歴史家のウォルター・リヒトが述べているように、一八八九年に米国で鉄道会社に雇用された者のうち一一七人に一人が事故で命を落とし、一二人に一人が負傷した。[4] 事故の被害を受けたのは鉄道で働く者とその家族だけではない。乗客や、単に鉄道を見ていただけの者にも危険はあった。[5] 多くの鉄道事故の犠牲者には当然予想されるように骨折、脳震盪、打撲などが生じたが、一見犠牲となったかに見えながらも無傷の者もいた。高速での列車転覆の事故現場から文字通り歩き去った後、やがて何ともいいようのない症状に苦しめられる者もいた。全麻痺または部分麻痺、頭痛、その他の痛みが遅れて生じることも多かった。遅れて生じる身体症状についてはその原因となるような直前の出来事は見あたらなかったので、医師たちは多くの場合、こうした症状のいくつかは鉄道事故そのものによるトラウマ的体験によるのであろうと考えた。

明らかに事故によって生じたと思われるトラウマ後症状について、大多数の医師は心理ではなく即物的な立場から説得力のある説明をしようとした。しかしこのような身体論には反論も多かった。病気で苦しんでいるなどと言われているが、その実は、鉄道会社を訴えて補償金をせしめるために症状を作り出している手練れの詐病者なのではないか。あるいは身体論などとはとんでもないことで、そもそも鉄道脊髄症とは誤った命名であり、実は精神的に誘導された苦痛にすぎず、心理的な治療によってのみ回復できる、云々。一八九〇年に至っても、鉄道脊髄症についての医師の見解はまったく統一されていなかった。「真っ向から対立する二つの異なった学派が存在する」[6]とボストンの神経科医、モートン・プリンスは批判した。一方は鉄道脊髄症は器質的な疾患であり、やがて顕微鏡による検査でその実態が明らかになると考えた。他方は心理的に誘発された疾患であり、神経衰弱やヒステリーといった機能的な疾患の症状と驚くほど似ていると主張した。

こうした対立の影響は学問の領域にとどまらなかった。トラウマ体験をめぐって敵対していた法医学上の論争にもこの対立は持ち込まれたが、その場では学問の真実がさほど重視されていたわけではない。一八六六年にエリクゼンが著した一四四頁の短い書物によって開始された論争の流れは、すぐさま、一人の個人が制御できる範囲を超えてしまった。[7]自分の主張がいったいどれほどの影響をもたらすのか、当のエリクゼンにもわからなかった。しかし鉄道脊髄症を幅広く論じた最初の著者であった彼は、自分でも気がつかないうちに、その死後も長く続くことになる論争で扱われることになる主題を確定したのである。彼の論文は論敵たちが反論すべき唯一の参照文献であった。「四〇年前にエリクゼンが用いた脊髄震盪という用語は」と米国の高名な鉄道外科医は一九〇一年に述べている。「途方もない上部構造を意味しており、神経病理学の知識の進歩にもかかわらず、何世代にもわたって用いられている」[8]。この用語についての知識は門外漢にとってはさらに説得力があった。E・P・ジェリーによれば「鉄道会社は「鉄道脊髄症」という用語を忌み嫌っているが、これまでの裁判官がこの障害について多額の損害賠償を認めてきたために、この用語はもはや古典として使われている」[9]。

エリクゼンの最初の書籍が出版されて以来、彼の学説は大西洋をはさんだ二つの国の鉄道会社とそのお雇い弁護士、外科医たちの頭痛の種であった。鉄道会社の代理人弁護士であるD・R・ウォレスによれば「この書物が出版されていなかった過去四半世紀のあいだ、米国でも英国でも、このような微妙な神経症状について、それが本当のものであろうと詐病であろうと、鉄道会社に対して損害賠償の訴訟などなされなかったといっても誇張ではない」[10]。別の弁護士によれば、エリクゼンの著作は鉄道脊髄症を「大衆の脳裏に焼き付け、鉄道旅行をすれば当然生じるものだと思わせてしまった」[11]。米国の高名な外科医によれば「「揺さぶられること」（英国での言い方である）にこれほど多くの金銭的価値が与えられるのは、米国においては主としてたった一冊の書物のためである。いわゆる脊髄震盪の症状をこれほど詳しく書いた本は英語圏では他に存在しない」[12]。批判はこの英国の外科医の著作だけではなく、その性格と誠実さにも向けられた。鉄道会社の外科医であったジョン・G・ジョンソンによれば「この本は巧みに書かれ、もっともらしく思われるが」、そこで語られているのは真実の追究ではなく「党派的な偏向である」[13]。また別の人間によれば「なるほど私は彼を批判しているが、それは言葉にすぎない。ところが彼の方は、荒くれの強盗が駅馬者や列車を襲うよりもはるかに大きな実害を鉄道会社に与えてきたのだ」[14]。

あたかもエリクゼンが鉄道会社に損をさせ、大衆に利益を与えるために書物を書いたかのような非難である。これに対して彼は反論した。「この表題は大衆を誤った方向に誘導するために意図的に付けられたのだ」[15]と書いた英国医学会誌の編集者には書簡を送った。「この題名は、というより題名の文字の体裁は、正確さではなく見栄えのよさのために出版社と製本屋によって考えられたのだと言わせていただく。私は何の関与もしていない」[16]。この本が不正直な詐病者やその弁護士によって用いられたことは、彼の落ち度ではない。「もし大衆が鉄道事故による負傷には何か特別な性質があると考えたとしても、それは私の与り知らぬことである」[17]

心身論からの反撃

一五年間というもの、この問題を詳しく研究して書籍まで出したのはエリクゼンだけであった。彼の本は何カ国語にも訳され、ヨーロッパや米国で数千冊を売り上げた。ようやく一八八一年になって、ボストンの外科医であるリチャード・マニング・ホッジス（一八二七―九六）はエリクゼンの身体論に対する英語圏では最初の辛辣な反論を出版した。エリクゼンは鉄道事故には彼が列挙した多彩な症状を引き起こす独特の性質があると主張したが、ホッジスによれば、鉄道事故は実質的に同じ症状を引き起こし得るいくつかの不運のひとつにすぎない[18]。トラウマ的な体験がさまざまな身体症状や精神症状を引き起こすことは否定しないが、鉄道事故によって生じる症状が、なぜ他の事故の場合よりも長く続くのかが問題であった。「それは鉄道事故の特殊な性質のためではない。被害を大げさに言い立てて途方もない賠償金を要求して裁判を起こすからである。事故が起きると決まってこうした訴訟が起き、重大な結果をもたらすのである」[19]

ホッジスの論文が出版されてまもなく、ロンドンおよび北西鉄道会社の外科医であったハーバート・W・ペイジ（一八四五―一九二六）は、脊髄損傷に関する彼の論文に対してハーバード大学から名誉あるボイルストン賞を授与された[20]。その二年後に彼は自分の知見を拡大した書物を出版し、エリクゼンの主張への最初の公然とした反論を行った[21]。ペイジはホッジスの分析を背景として、鉄道事故の直後には多くの主観的な症状が生じるとしても、遅れて発生する症状は精神的な要因によってしか説明できないとした。「鉄道事故の後で、負傷もしなければ特に衝撃を受けたとも思えない人々に、これほど多くの神経ショックの症状が生じ、しかもその多くが重症化するという驚くべき事実は、純粋に精神的な要因によって説明できる」[22]

神経ショックという概念を考えるうえでペイジが参考としたのは英国の外科医トーマス・フルノー・ジョーダン（一八三〇―一九一二）の研究であった。彼は一八六六年に「外科手術後ショック」[23]によって医学賞を受賞し、この論文によってショックについての一流の権威者としての名声を確立した。しかしペイジが関心を持ったのはショックについての彼の学説ではなく、鉄道事故についての方であった。[24]ジョーダンはエリクゼンの脊髄震盪症学説に直接反論したわけではなかったが、それとは違う説得力のある説明を示しており、ペイジはすぐさまそれを採用した。ジョーダンとホッジスの説に従いつつ、ペイジはトラウマによる症状の発生に関連するのは第一に恐怖であって、かつてエリクゼンが述べたような脊髄震盪ではないと主張した。彼は高名な英国の外科医であるジェームズ・B・パジェット（一八一四―九九）の発見も引用した。パジェットが一八七三年に出版した模倣神経症 neuromimesis についての一連の講義によれば、患者を普通ではないある種の状況に置くと、身体構造の異常による本当の疾患を模倣する症状が誘発されることがある。[25]ペイジはこの著作を鉄道事故に当てはめて、恐怖が意図的な催眠状態を作り出し、模倣神経症の症状を誘発することがあると推測した。[26]

類催眠状態という考えを使えば、模倣神経症の症状の持続発生だけではなく、和解が成立するとそれが消えてしまうことも説明できる。ペイジが提唱した学説は、トラウマ体験による症状の発生から消失までを心理学的な立場だけから説明するほぼ最初のものであった。さまざまな学説を総合して作り上げたペイジの主張には独自性と説得力があった。しかし多くの長所にもかかわらず、その説には今日の批評家ならば決して見逃さない根本的な矛盾がある。パジェットの学説では犠牲者が自らの意志に反して被害に遭ったことが強調されていた。[27]これに対してペイジは模倣神経症は本人の意志によると考えており、パジェットの説とは真っ向から対立していた。ペイジにとっては無意識ではなく意識的な力こそが、症状を生み出す力学的な変数であった。ペイジによれば「ここから汲み取るべき教訓は明らかである。症状を表現する理由がなくなり、友人からの有害な同情から一刻も早く解放されることである」[28]。

外科医であったペイジには、人が自分の精神の内部の力に対して無意識的に、己の意志に反して従うことがあるなどとは思いもよらなかった。しかし彼にとっては嘆かわしいことだっただろうが、事故によって模倣神経症が誘発されるという意志的モデルは、新たに勃興して次第に尊敬を集めつつあった心因論的パラダイムの基礎を提供したのである。本人の意図的な意志の問題だという点を除けば、トラウマ性障害に関するこの英国の鉄道外科医の説明は、舞台を外科から神経学に移行してもそのまま通用するものであった。

脊髄から脳へ――機能の再評価

ペイジの功績はめざましかった。彼の書物は神経科医と外科医という、二つのまったく異なった、しかも重要な団体に受け入れられた。両者とも、心因に関する説明と、和解による治療効果の議論に引きつけられた。神経科医は鉄道会社の外科医が模倣神経症の正当性を認め、損害賠償訴訟の原告を必ずしも詐欺師だとか嘘つきだと決めつけていないことに満足した。外科医、特にペイジのように鉄道会社に雇われている外科医たちも満足した。大学教授でもない自分たちの中から傑出した人物が現れ、エリクゼンの学説を攻撃する書物を出版しただけではなく、それが医学の専門家に広く受け入れられたからである[29]。

チャールズ・ダナによれば、ペイジの書籍が出版されるまでは「鉄道脊髄症は外科医の手にあり、外科医の視点だけから研究されていた」。それまでは「神経学者がこの問題を真剣に扱うことはなかった」[30]。しかしこの問題について神経学者のあいだでも意見の対立があることは、すぐさま明らかとなった。ペイジの本は新しい時代の医学的な合意を先導したのではなく、従来の対立を外科学から神経学の領域に移しただけであった。ペイジは事故による神経模倣症状の誘発に精神的要因があることを指摘したが、それとは知らずに心因への医学的関心を復活させたのである。

ペイジの研究は、英米両国の神経科医を鼓舞した。当初、多くの神経科医は彼の分析を好意的に受け止めた。ハーバード大学の神経科医であるジェームズ・ジャクソン・パトナム（一八四六―一九一八）は鉄道事故に際して、精神的な要因が単独でヒステリー症状を引き起こす可能性が高いと考えた。ペイジが「和解後に症状が軽快することで、それが想像の産物だとか擬態だと誤って見なされることが多いが、決してそうではないというきわめて重要な点[31]」に注意を払ったことを賞賛した。

しかしパトナムら多くの神経学者が考えていたヒステリーの概念はペイジが考えていたものとはかなり異なっていた。パトナムのボストンの同僚であるジョージ・ウォルトンによれば「米国の神経学者がヒステリーというときには、かつてのような漠然とした概念ではなく、シャルコーによる近代的研究が示したように、脳の中枢にある一定の法則に従って機能的な異常が生じ、それが病状形成的な役割を果たすと考えている[32]」。しかし心因を身体的に考えることこそ、英国の多くの医師、とりわけ鉄道会社の外科医たちが嫌ったことなのである。[33]

鉄道事故によって誘発された男性ヒステリーというペイジの概念は不正確なものであったが、この鉄道外科医の概念が米国で受け入れられたことの大きな余波として、シャルコーがこの問題の分析に取り組むようになった。[34]「一八八五年から一八八八年にかけてのシャルコーの男性ヒステリーの研究は、実質的にはトラウマによるヒステリーの研究とほぼ同義であった」とミカーリは述べている。[35]すべての疾患には身体的基盤があるとする見解が優勢となる時代にあって、当時の多くの医師と同様にシャルコーも、神聖なる身体論のパラダイムに異議を唱えるべき理由は認めなかった。彼のヒステリー研究は明確に身体論を志向していたが、彼が神経学の専門家であったことを思えば、それは驚くにあたらない。[36]彼の学説は多くの点でエリクゼンの鉄道脊髄症や、ビアーズの神経衰弱の説に似ている。この三つの学説は歴史家のエドワード・ショーターが「隠された身体性[37]」と呼んだ共通点を持っていた。しかしある重要な点でヒステリーは例外的であった。この三つのうちでヒステリーだけが、ほぼ遺伝による問題だと思われていたのである。[38]

シャルコーの名声はヒステリーと催眠研究にそれまでなかった信用をもたらした。なかでももっとも重要であったのは男性ヒステリーの概念である。男性ヒステリーの存在を認めたのはシャルコーが最初ではない。[39]彼がヒステリー問題に関心を向けたとき、男性ヒステリーはすでに長い歴史を持っていた。しかしミカーリが指摘するように「そのほとんどは一過性の、お題目を掲げるだけの議論であり、精緻な理論も臨床的な観察も学会の承認も得られていなかった」。[40]ミカーリが引用したシャルコーの最初の男性ヒステリー患者の診断は一八七九年の二月、ペイジが受賞論文を投稿したわずかに二年前のことにすぎない。

その後一四年間にわたって、シャルコーは六〇人以上の男性ヒステリー患者を診察したが、そのほとんどは労働階級の者であった。[41]彼は以前、女性ヒステリーの大多数は遺伝性疾患だと主張していたが、一八八〇年代に詳しく報告をした男性ヒステリーは身体的トラウマの破壊的な影響によって発症していた。[42]シャルコーはこう述べている。

> ごく最近になって、男性ヒステリーは米国のパトナムやウォルトンらによって、特に鉄道事故によるトラウマに引き続く一連の反応として研究されるようになった。彼らは英国でこの問題に関心を持ったペイジと同様、鉄道脊髄症（というよりは鉄道脳症というべきであろうが）によって引き起こされた神経損傷は、男性であろうと女性であろうと、実際には単なるヒステリーだと考えている。[43]

彼は鉄道事故という状況が引き起こす疑問にも言及している。「鉄道事故の被害者は当たり前のように鉄道会社に賠償金を要求する。それも何千ドルも」[44]

シャルコーにとってトラウマ性ヒステリーが法医学に与える影響は、神経学への影響に比べればさほど重要ではなかった。このフランスの神経学者がこの主題についての英米の議論に引きつけられたのは、そこには男性ヒステリーには精神的な起源があるという彼の考えを支持する強力な証拠があったためである。精神的トラウマは未解明の方法で、神経系の中にそれと認めがたい生理学的な変化を引き起こすというのが彼の考えであった。[45]シャルコーはエリクゼンが鉄道脊髄症を記述したときの用語をほぼそのまま用いていたが、「私が意味しているのは、患者が事故の瞬間に、その直後に意識消失を来すほどの強い恐怖を感じたということである」[46]と述べている。

シャルコーによるトラウマ性男性ヒステリーの分析は一見するとエリクゼンの学説に似ていたが、フランス以外ではさしたる反響を呼ばなかった。フランス以外での不人気の理由の一つは、男性ヒステリーに対する抵抗が広く行き渡っていたことである。[47]シャルコーの教義に対する反論の多くは、ヒステリーは女性特有のものであるという長年にわたる先入観に基づいていた。[48]それ以外の原因としては、とりわけ国家の誇りと文化的偏見によるものがある。[49]高名な米国の神経学者によれば「ラテン民族、特にフランス人は、影響によるこの疾患にかかりやすい。これに対して米国では世界中から集まった人々が新しい血統を作り、混成された民族が形成されている。したがって私たちはフランスのサルペトリエール学派の還元主義にあまりに頼りすぎてはならない」[50]。

ドイツの指導的な神経学者もシャルコーの発見に批判的であった。早くも一八七八年にはカール・F・ウェストファル（一八三三―一九〇）が鉄道脊髄症の症状は髄膜炎または脳炎の微細な病巣によると述べている。[51]ウェストファルの弟子であったR・トムゼンとヘルマン・オッペンハイム（一八五八―一九一九）は当初は師の身体説に反論していたが、研究を進めるうちにオッペンハイムはそれを考え直さざるを得なかった。[52]なおオッペンハイムについてはレルナーが第七章で論じているが、彼によれば「トラウマ神経症は精神と身体の衝撃の結果として生じる。この両者が脳に作用し、高次精神機能、運動、知覚、特殊感覚を司る領域に分子的変化を引き起こす」[53]。

オッペンハイムの理論の米国でのもっとも雄弁な支援者となったのはボストンの神経科医であり、ハーバード大学で神経疾患の臨床指導をしていたフィリップ・コームズ・クナップ[54]（一八五八―一九二〇）である。彼はペイジの書物を嫌悪していた。「この本は鉄道会社の回し者が書いたとしか思えない」[55]「私が報告した症例の多くは何ら金銭的な利得を持っていない」[56]と断言した。同じ考えの米国の神経科医は他にもいた。ランドン・カーター・グレイは、溺れかかった者を救出した後で精神の平衡を失い、失職したホテルのウェイターの報告をした。「いったい彼が鉄道会社を訴えるだろうか。そんなことをしたらすぐさま、このペテン師といわれてしまうだろう。だからといって大西洋を訴えるわけにもいかない。つまりこの症例には賠償について疑わしい点は何一つないのだ」[57]。フィラデルフィアの神経科医、フランシス・X・ダーカムはクナップとグレイの分析を推し進めた。「賠償を得た後でいわゆる「賠償症状」が消え去ることをペイジたちは強調しているが、私が観察したかぎり、確かに賠償請求が認められると精神状態は非常に好転する。［…］しかししばらくすると、また以前の精神症状が戻ってくるのだ。これに対して身体症状は、時間によるゆるやかな治癒によって説明される変化を除けばまず変わることはない」[58]

鉄道外科医たちの反応

鉄道脊髄症についての医学会内部の議論は、米国における急速な産業化に固有の社会的、文化的な事情によって、またエリクゼンの学説が法廷に与えた影響力のために、医学の枠を越えて拡大することになった。エリクゼンの書籍が出版されて以降の一〇年間で鉄道会社が支払った賠償金は一一〇〇万ドルに上った。[59]米国での数字も似たようなものである。こうした賠償訴訟のうち何百件もの案件が、エリクゼンによる鉄道脊髄症、もしくは高名な医師がすぐさまエリクゼン病と名づけたもののために賠償金を求めていた。[60]

当時の人々は大会社を強欲で有害だと思っていたので、普通の人々にとっては、陪審員となったときに鉄道脊髄症を訴える原告に有利な評決を下すことは、数少ない憂さ晴らしのひとつだった。[61]一九世紀後半の時事評論家が指摘したように、「多くの陪審員はすべての企業や資本主義に対して初めから偏見を抱いていた」[62]。統計資料もこうした観察を裏づけている。鉄道会社を相手取った訴訟では原告の勝訴率は七〇パーセントであり、それが控訴審で覆ることはほとんどなかった[63]。

鉄道脊髄症を訴える訴訟が増え、陪審員が原告に有利な評決を下そうとしたために、一八八〇年代を通じていくつかの地域で鉄道外科医の協会が次々に結成された。その最初のものは早くも一八八二年の一月、ペイジの書籍の出版以前に設立されている[64]。その後一〇年のあいだに五〇以上の地方組織が結成された。一八八八年六月二八日には地方組織からの二百人以上の代表者がシカゴに集まり、全国鉄道外科医師会（National Association of Railway Surgeons: NARS）を結成した。その年のうちにこの医師会は全国鉄道外科医師会雑誌の創刊号を出版した[65]。

NARSが結成されたのには多くの理由がある。その最たるものはエリクゼンの研究に端を発する法医学的な問題であった[66]。何年にもわたって高額の和解や賠償を命じる判決が続いたために、北米の鉄道会社は対抗処置をとることになった。「おそらく鉄道脊髄症ほど重要な事柄はない。鉄道事故への賠償を求めた二〇件の訴訟のうち、一五件が脊髄への慢性的な損傷を主張しているが、その中には脊髄には何物も触れていなかった場合もある」[67]とミルトン・ジェイは指摘した。NARSの主要な目的のひとつは、会員たちが鉄道会社を代表して証言する際に「十分に準備をして証言台に立ち、法廷において会社の利益を守り、自分たちの報酬を増やすことができるように」[68]情報と材料を提供することであった。鉄道外科医たちは適切な情報さえあれば、原告側に有利となることの多い神経科医などの専門家の証言を打ち消すことができると考えていた。R・ハーヴェイ・リードはこうした事情を詳しく述べている。

患者の治療に専念しよう、という提案をNARSは決して行わなかった。患者を完全かつ永久に治すことこそが会社にとっての確実な利益となるはずだが、彼らは法廷での賠償金から会社を守るために、症例の法医学的な側面だけを研究するように呼びかけている。正義の名を冠した法廷において、彼らの鉄道会社から何万ドルもの大金を搾り取ろうとする詐病者は、どのような形のものであっても抑えつけようとした。[69]

NARSは鉄道脊髄症の実在を否定したが、かといってその主張が過激と見なされたわけではない。米国の神経学界の中には、彼らと呼応する立場の主張があったからである。米国の傑出した神経科医の中からは、裁判で鉄道外科医の味方をする者さえ現れた。[70]

ただし神経科医と鉄道外科医が協調することは例外的であり、いつもそうと決まっていたわけではない。法廷弁論での争いでは神経科医は明らかに有利な立場にいた。というのもほとんどの陪審員は、鉄道外科医は中立ではないと信じていたからである。エリー鉄道の外科医の長であるC・M・ダニエルは鉄道外科医の立場が誤解されがちであると不満を述べた。「彼らは金のために働いているとか、法医学的な場では鉄道会社の有利になるために証言していると思われている」[71]。しかし実際、そうではなかっただろうか。労働史家のデイヴィッド・ロズナーとジェラルド・マルコビッツによれば「専門家というものは、多くの場合、たとえ客観的立場を守ろうとしているときでも、自分の職務が持っている高度に政治的な意味を考えて妥協をするものである」[72]。鉄道外科医は鉄道会社のために働いており、貧しく、うちひしがれた者に反論して証言をした。これ以上の雄弁な事実はない。

鉄道外科医に対する疑念に賛同した人々は、何も偏見に固まっていたわけではない。陪審員たちは鉄道会社のために証言する専門医たちの中立性を疑う十分な理由を持っていた。イリノイ州の外科医はこう述べている。「このイリノイ州の鉄道外科医たちは、脊髄損傷の患者に出会うたびにその診断を否定し、近頃彼らの協会の中でしきりに論じられている事例の一つだとして片づけようとするが、実際に脊柱や脊索に生じた損傷を見過ごしていることが多い」[73]。多くの者が指摘するように、鉄道外科医はどこまでも鉄道会社に奉仕しようとした。ショーバル・クレベンガーはそのような例について説明している。

こうした奴隷根性が喜劇的といってよいほどになったことがある。事故でヘルニアを発症した患者を診察した鉄道外科医が、何も悪いところはないという診断を下した。六ヵ月後、患者はごく普通にこの外科医を受診し、外科医は事故の患者だとは気づかずにヘルニアの治療を行った。さらに数ヵ月後、法廷で再尋問を受けたこの外科医は最初の診断の通りであると証言したが、自分が行った治療を突きつけられて言い負かされたのである。[74]

ＮＡＲＳの指導者たちも愚かではなかった。強大な会社への、特に鉄道会社への大衆の憎悪にはほとんどの者が気づいていた。この憎悪がある以上、鉄道脊髄症が精神的なものであるとの社会教育は無駄であろう。しかしより多くの医師から専門的な支持を取り付ければ事情は変わるかもしれない。もし米国の医師の圧倒的な多数がエリクゼンの学説には欠陥があり、心因説には正当性があることを認めれば、大衆の意見はさほど重要ではなくなるだろう。

ＮＡＲＳによるこうした十字軍的な運動の先頭に立ったのは医師ではなく弁護士である。なかでもクラーク・ベル（一八三二―一九一八）は鉄道会社のもっとも雄弁な代理人であった。[75]論客としては医者よりも遥かに成功を収めていた彼は、協会の短い歴史について、その後何度も引用されることになる演説をした。[76]つまり鉄道脊髄症とは、

近代の鉄道にとっての復讐の女神と言えましょう。あるいは神話の中で海に潜んでいるとされた大男そのものです。この恐怖は鉄道会社の経営と経営者の肩の上にいつも乗っかって、永遠にとりついて離れません。永遠に私たちをぞっとさせます。この怪物は鉄道事故が起こったときに会社から途方もない賠償金を引き出すために英国の賢い医者によって作られました。そして鉄道会社の外科医と弁護士をほとほと困らせ、他のすべての訴訟を合わせたよりも多くの賠償金を、鉄道という法人や会社から吸血鬼のように吸い上げてきたのです。嘘つきにと

ってての格好の避難所と言えましょう。恥知らずの弁護士と金目当ての医者が組んで使うためにいつでもぴかぴかに磨かれ、光っている武器です。腹黒い、欲の深い訴訟人にとってこれほど好都合のことはありません。しかも彼らの実際の負傷というのは、鉄道事故の賠償訴訟でのふつうに扱われている負傷とは比べものにならないくらいに軽いのです。[77]

ベルは合衆国の鉄道外科医に呼びかけて、この問題を自分たちの手で直接に取り扱い、茶番劇のような裁判を終わらせるべきだと主張した。「今や専門の外科医がこの障害を定義し、法廷や陪審員や判事がこの障害のことをよく知り、他のすべての外傷で用いられている諸検査を実施するように促さなくてはならない」[78]

ＮＡＲＳの活動を全面的に支持するとまではいかなくてもそれに賛同する医師はいたが、彼らにとってさえベルの主張はあまりに古くさく、心を動かされることはなかった。神経科医や鉄道外科医を含めた合衆国の医師の大多数は、嘘を暴いたり法廷で専門家として証言をするよりは、患者の治療やその本態の解明の方に関心があった。医学の専門家にとって、特に神経科医にとっては、今さらエリクゼンを攻撃することは死んだ馬を鞭打つようなものだった。

いわゆる鉄道脊髄症に関して解明されるべきはその病因ではなく、病理であった。精神的なトラウマは単に以前からの神経的素因を露呈させるだけなのか？　それは患者個人の遺伝的な特質とは関係のない、独特な機能異常を引き起こすのか？　身体機能の異常を背景とせずに単に精神病理的な反応を引き起こすのか？　これらの問いに対する答えが大きな意義を持つのは、治療というよりは法的な文脈においてであった。実際、純粋に治療的な視点から見れば、今世紀初頭になるまではこれらの問いはさして重要ではなかった。しかし法的にはこれらの点は本質的である。ジョン・Ｅ・パーソンズは精神的ショックを障害の要素に含めることが個人の負傷について勝訴するために重要であると述べた。

不法行為について争われる法廷では、過失に対して損害は賠償されるべきであり、賠償額の決定には精神的苦痛も加味されるべきだという原則が十分に確立している。しかし有力な権威者たちのあいだでは、障害が単に精神的な苦痛だけだったり過失とは無関係または独立している場合には、それは障害を構成しないし、賠償額の決定に際しても考慮しないという結論に達しているようである。[79]

精神的ショックも障害を構成し得るというパーソンズの分析にとっては、鉄道脊髄症が純粋に精神的な概念であるという宣伝をNARSが始めたことはむしろ好都合であった。鉄道会社の外科医たちも、誰からも感謝されず、というより世間から馬鹿にされながら、会社からの自分たちの配当を増やすために鉄道脊髄症の患者の疑わしい点を呈示することには気乗りがしなかった。それよりは、他の医者仲間と同じように患者の訴えを真剣に聞き、自分たちの雇用主の財布の中身を心配することなく、ふさわしい治療を提供したいと思っていた。

皮肉なことに米国の精神療法の発達においては、経済的にも文化的にも保守的であった鉄道外科医が重要な役割を果たした。折衷的な心因論的パラダイムではなく、純粋な精神療法それ自体の範例となったのは、自由主義的な精神科医や急進的な神経科医ではなく鉄道外科医だったのである。アイオワの鉄道外科医であったJ・H・グリーンはいわゆる暗示によってトラウマ性神経症が誘発されることをごく早い時期に見いだした。彼はシャルコーとイポリット・ベルンハイム（一八三七―一九一九）を引用しながら「この問題についての現代の考え方に従って、私は（トラウマ神経症の）治療には催眠的暗示が重要であると信じる。やがてこの問題は法廷において十分に論じられるであろう」[80]と述べた。

こうした考えによって、これらの症例の基礎には催眠的暗示があることが納得され、外科医の対立は解消される。もはや会社の利益の道具であるとか、将来の賠償金の分け前にあずかるために症例を呈示しているなどと思われることもない。この考えは「金銭による治療」の格別の効果も説明でき、原告が偽証をしていたと見なす必要もほとんどなくなる。[81]

グリーンはベルンハイムの暗示療法こそが、彼や同僚が探し求めていた治療法だと考えた。[82]

暗示の効果についての説得力のある理論的原則をグリーンが提供する一方で、ウォーレン・ベル・アウテン（一八四四—一九一二）はより臨床的な症例を呈示した。アウテンは三〇年以上にわたってミズーリ州太平洋鉄道会社の外科主任を務めていた。[83] 医師としての経歴を通じて、彼は乗務員と乗客とではトラウマ神経症へのかかりやすさが異なっていることに気がついた。彼はこの相違を二つの異なってはいるが互いに関連した要因のためだと考えた。彼は「乗務員が危険に慣れており、経験があること」と「乗務員という尊敬される職業階級にとっての社会環境[84]」が重要であると分析し、次のような例を示した。

> 列車の衝突に巻き込まれた男性がいるとする。どこにも打ち身のないことは本人もわかっている。実際に事故が起きたときの周りの出来事もよくわかっていたとしよう。けれども数時間もしないうちに、時にはもっと早く、背中に痛みを感じる、そしてどんどん悪くなる、ついには医者を呼ぶであろう。原因は？　列車の衝突である！　医者は大変なことかもしれないと言い、不吉な転帰を口にする。鉄道による負傷。神経質な患者。暗示の上に暗示が重なり続ける。そして、重症の患者ができあがってしまう。おそらくは精神的な影響によって、トラウマヒステリーか、さもなければ神経衰弱が誘発されるのである。[85]

友人や恋人からの同情も患者の意識を負傷や苦痛に向け続けることによって病状を悪化させるだけであるという。ただし「もちろんすべては、本人と周囲の人々の精神的な強さと誠実さにかかっている[86]」ことは留保されていた。

アウテンの分析では、診察をした医師の態度も重視された。「すぐれた精神の持ち主である医師が、一方的な見方によって暗示を与えてこのような深刻な状態を作り出すなどと言えば、諸君は驚くかもしれない。しかし率直に言って、相手の精神が弱って人の言うなりになっているときには、暗示から深刻な転帰が作り出されることはあり得る」[87]。この点、神経科医こそは元凶中の元凶である。「列車の事故が大都市の近くで起こったなら、まず間違いなく鉄道脊髄症の診断がつく。なぜなら都市には神経学者や神経科医がいるからである。あまり人の住まない地域では二〇倍もの事故が起きているが、鉄道脊髄症などという患者は一人もいない」[88]。神経科医の診察によって「患者の頭は暗示でいっぱいになり、神経症的な状態はますます悪くなり、ゆっくり休めばよいという大原則は忘れられてしまう」[89]。

アウテンのような米国の鉄道外科医たちは、図らずも、催眠と暗示に関する新しい総合的見解を作り上げていた。この解釈が鉄道会社にとって有利であったことは、意外なことではない。彼らはシャルコーの学説を引用しながら、すでに医学的に認められた診断であったトラウマヒステリーについて、典型的には遺伝的な汚染と精神的な影響のされやすさが作り上げた災難であると考えた。デイヴィッド・ブースによれば、いわゆる精神病質は「暗示による誘導のされやすさと、誇張する傾向を持っている」[90]。鉄道事故が以前からの傾向を刺激したにすぎないという考えは、もちろん新しいものではない。しかし米国の鉄道外科医はさらに進んで、医師自身が症状を悪化させ、時には意図せずに、暗示的影響によって患者にそれと信じさせていると述べた。この考えはシャルコーの生理学的な学説からはすでに遠く、ベルンハイムの精神学説を自己流に歪めて読んだものである。「精神的な、暗示的な、自己暗示的な要素が」とR・S・ハーンデンは述べた。「こうした症例のすべてに広く入り込んでいる。例外となるのは、客観的な症状を伴った重度の心理的トラウマの場合だけである。したがって外科医は高度の技能を身につけ、機転を利かせることが必要である」[91]

バージニア鉄道の外科医のジョージ・ロスの主張は、本来は相容れないシャルコーとベルンハイムの理論を、どれほど自分たちの利益のために都合よく融合させているのかの実例である。「暗示は途方もない要素であり、最初に患者がかかった医師は、自分の気に入るように患者に物理的な影響を与えることができる」[92]。彼の言葉は自分でも気づかないほどの影響力を持ち、同僚の外科医たちが共通して持っていた感情に訴えた。すなわち暗示は精神と生理の両方に作用する。ロスの混乱した分析によれば、精神に作用する要因は医師の権威であり、患者の先天的もしくは後天的な精神的欠陥ではなかった。医師の行為や、さらに重要なことにその言葉が、精神的というよりは「物理的に」患者に影響を与え、病状をよくも悪くもするのである。

米国の鉄道外科医たちはシャルコーから、催眠暗示は遺伝的、環境的な負因を持ったある種の男女において、トラウマ神経症の症状を誘発できることを学んだ。こうした外科医によれば、患者の惨めな状況は鉄道事故とほとんど、いやまったく関係がない。こうした男女は格好の相手を探している乾いた砂のようなものである。この説明が当てはまるかぎりにおいて、シャルコーの学説には鉄道会社を免責できるという利点があった。しかしそうした事例はごく少数にすぎない。トラウマ神経症の圧倒的多数の患者には、遺伝的にも環境的にも何ら劣った点は見いだせなかった。

そうした多くの患者の場合には、ベルンハイムの学説は鉄道外科医たちにとってさらに魅力的なものであった。この説は患者の資質というスティグマの主張には役立たなかったが、責任を事故そのものから、診察をした医師、同情する友人、恋人、弁護士に転嫁することができた。こうしたそれぞれの暗示が（意図的ではないにせよ）全体としてトラウマ神経症の助けになるどころか、その症状を完成させるのである。最初の事故によるショックが患者の被暗示性を高めることは、多くの鉄道外科医が認めていた。しかしその被暗示性は適切な保護的手段によってかなり和らげることができる。その手段のうちでもっとも重要なことは、あまりに同情的な環境につきものの有害な影響から被害者を守ることである。

米国の鉄道外科医たちはトラウマ神経症のもっとも効果的な治療法は各種の安静の組み合わせであり、なかでも患者を隔離して暗示的な治療を行うことが重要だと考えた。[93] しかし同じ主張をしたミッチェルたち神経科医が身体的治療を意図していたのに対し、鉄道外科医たちはこの治療を純粋に精神的なものと考えていた。[94] 誤った助言を与えられた人々が同情して患者に近づかないようにするだけでも治療的な効果があるとされた。治療的価値があるのは安静ではなく隔離それ自体である。治療に必要なのは、ミッチェルが提唱して標語のように用いられた「脂肪と血液」を増やすことでも「消耗と涙」を減らすことでもなかった。ともかく患者の精神を有害な暗示から遠ざけることが必要だったのである。

「隔離の原則はトラウマ的出来事による機能的な神経障害の治療には必須であり、少なくとも初期にそれを行わなかった場合には、鉄道会社はその後の神経疾患に関するどのような申し立てについても責任を負わない」[95] とジョン・パントンは主張した。パントンは暗示の治療効果を認めていたが、次のことは認めなかった。つまり「すべての医者が暗示によって望ましい効果を得られるわけではなく、有効だと言われているこの治療法を実際に使っているわけでもない」[96] という事実である。この問題について結論を下したのは、鉄道外科医の重鎮であるアウテンである。彼はNARSの面々が信じていた心因論と精神療法についての統合的な見解を一言で言い表した。「要するにこうした患者の多くは暗示によって発症し、暗示によって治るのである」[97]

暗示療法の臨床的有用性を喧伝し、ミッチェルが提唱した安静療法の精神的な側面を強調することで、米国の鉄道外科医たちは自分ではそのつもりはなかったにせよ、やがて世界中に精神療法という名前で広められていく治療法の価値について合意を形成した、最初の米国の医学専門団体となった。神経科医も精神科医もまだ、自分たちの治療の方向を身体から精神に向けることで何が失われ、何がもたらされるのかについての真剣な議論を開始したばかりだったというのに、米国の鉄道外科医たちは二〇世紀の初頭に早くもこの新しい方向へと向かう理論に賛同していたのである。彼らの関心が臨床ではなく雇用主である会社の利益にあったとしても、この重要な業績の意義は失われない。三〇年に及ぶ困難な議論の末に、彼らは精神という立場からトラウマ体験の性質を新しく説得力のある仕方で総合的に考えるに至ったのである。

第二部　福祉国家黎明期の労働、事故、トラウマ

第四章　出来事、累積、トラウマ
――一九世紀末から二〇世紀初頭にかけての確率論的な精神の革新[1]

ヴォルフガング・シェフナー

ドイツ帝国では一八八四年六月六日に、やがて大きな影響をもたらすことになる損害保険法が成立し、この国に近代的な「保険化された社会」[2]という外観を与えるための社会的、法的な施策が開始された。拡大する鉄道網の影響を受けて民間保険が開始されたことに続いて一八七一年に損害賠償責任法が成立し、一八八三年には健康保険が実施されていたが、一八八四年の立法は事故に関するまったく新しい定義を作り出した。[3]それによって医師の役割は「鑑定人」へと変化し、事故を傷病の原因と考えてもよいのか、もしそうならば本人と保険会社に与える負担をどのように見積もればよいのかを確定することになった。事故医学の領域の中でも、事故の後で生じる精神的トラウマは特異な地位を占めていた。「鉄道脊髄症」もしくは「鉄道脳症」から「トラウマ神経症」にかけて、身体的負傷は重視されなくなり、関心は次第に精神の領域へと移った。それ以降、事故は精神的トラウマとショックという形をとって精神医学の領域に登場した。一八八四年にドイツの神経学者ヘルマン・オッペンハイムが記載したトラウマ神経症の病像は、事故と精神的負傷を直接に関連させていた。この概念で問題とされたのは外的、身体的な負傷ではなく、精神的ショックによって「異常反応を起こし、病的に変化した精神」[4]である。それ以来、鑑定を行う医師はトラウマ神経症と精神的トラウマに疑念を抱くようになった。「事故神経症患者」は障害への賠償を要求するために、ありもしない負傷を模倣しているとと推測されたのである。

一八八四年に損害保険法が成立してから一九二六年の帝国保険法の成立によってその内容が劇的に変更されるまでのあいだに、トラウマ神経症という病態は出来事と精神的トラウマの関係を巡る白熱した議論をドイツとヨーロッパ諸国において引き起こした。ちなみにこの議論の期間は一九二六年に帝国保険法が修正されることで終わりを告げたが、精神分析が出現したのはそのあいだのことである。[5] 第一次大戦の開戦以後になると、精神的負傷を引き起こすのは事故ではなく保険であるということが事故医学の公式見解になった。

精神的なトラウマとしての事故は、医学、法解釈、保険がもつれあったとりとめのない束のようなものであり、その束の中から出来事の特異的な性質に応じた領域を呼び起こさねばならなかった。事故という出来事だけではなく、保険技術との関係を論じることが本章の目的である。事故保険制度が明らかにしているのは新しい統治の技術、すなわち「自己に対する政治的テクノロジー」[6]であり、特にドイツにあっては政治力学上の変化を伴っていた。国家賠償法の成立へと至る時期に、ドイツ皇帝ウィルヘルムII世は「社会的問題の解決は、社会民主主義者の暴動の鎮圧によってだけではなく、勤労者福祉の積極的な支持によって行われるべきである」[7]と繰り返し述べていた。上記の社会的施策に関する立法は、一八七八年の反社会主義者法を反転させたものである。[8]

このようにみると、事故と精神的トラウマを保険技術の問題として扱うことは刺激と統制による非抑圧的な政治権力行使の一部であった。一九世紀における治安的法令と保険的統制の拡大による社会の正常化は、社会制度に不可欠な生活状況への支配の増大を意味していた。事故保険の原理となったのは、統計学者のアドルフ・ケトレーが一八四八年に『社会制度とその支配法規』[9]で記述した近代社会の確率論的性質である。

以下ではまず、精神的トラウマが有していた法医学的な問題を素描する。次にこの問題の起源を事故保険と「確率論的な出来事」にさかのぼり、年金神経症 pension neurosis[訳注1] をめぐる議論がどのようにして保険制度の「確率論的な枠組み」から生じたのかを最後に示したい。

精神的トラウマ

精神的トラウマの歴史は英国の鉄道に始まったが、ベルリンの医師であったグローニンゲンによれば、そのために英国は「どこか素性の怪しい奇妙な医学的発明の誕生の地」[10]になった。最初にジョン・エリクゼンによって記述された鉄道脊髄症は、その後の概念の中で疾患の部位が脊髄から脳にまで上昇したために生理学的基盤を失うことになった。[11]ジャン＝マルタン・シャルコーはトラウマの後に生じるものと同じ症状が催眠によって作られることを知り、「鉄道脳症」はヒステリーであると主張していたが、にもかかわらずオッペンハイムは「トラウマ神経症」[12]によって明確な疾患としての病像を作り上げようとした。鉄道脊髄症との相違は、何よりも「外傷が体のどの部位に生じたとしても、疾患の主要な部位は脳であり、精神である」[13]と考えたことである。主要な役割を演じるのは精神もしくはトラウマである。[14]精神に加えられたショック、震盪といってもよい。この点がまさしく問題の根底であり、そこからトラウマ神経症をめぐる激しい議論が生じた。こうした神経症患者は疾病を模倣しているのではないか、この病気自体が存在しないのではないか、といった疑問が生じた理由は、事故後の精神的トラウマの評価に困難があったからである。評価の不確かさはいくつかの側面で見られたが、なかでも症状の出現までの潜伏期間が長かった場合には、事故と病気との関連の確認は困難であった。事故は疾患にとって単なる偶然の「外在的なきっかけ」にすぎないのか、あるいは両者のあいだには「内在的な関係」が存在するのか。[15]ある精神状態を「本当に」事故の結果であると分類するためには、その事故が「適切な原因」の基準を満たす必要がある。賠償法が成立してからは、医師がこうした因果関係の証明責任を負わされるようになった。一九世紀の一般精神医学が病因論を重視していなかったのに対して、賠償責任の評価には正確な因果関係の呈示が必要とされたからである。

精神的トラウマを同定することの司法医学的な困難は、一八七一年の国家賠償法の「鉄道、鉱山等の経営を原因とする集団死傷の賠償責任に関する法」[16]という表題によく表れている。賠償責任を個人の罪過に帰属させることのような事故の概念化はトラウマについて二重の誤りを含んでいる。すなわち原因も損害も明確かつ客観的には証明できないからである。この証明の不可能性は、賠償法成立前後の議論が示しているように、事故が新しい性質を持つようになったためである。それと並行して医学の議論のなかでは、事故に関する司法的な問題が精神的トラウマをめぐって再浮上した。精神的トラウマが事故という「出来事 Unfallereignis」ではなく事故という「経験 Unfallerlebnis」によって生じているならば、個人の精神は外的な原因としての「現実」に取って代わることになる。事故に引き続く反応性の精神症状は事故から生じるのではなく、事故という体験の、精神病質的あるいは神経症的な結果である。[17]アドルフ・ストゥリュンペルは早くも一八九五年に、刺激となった出来事に代えて「願望の表象 Begehrungs-Vorstellungen」こそが症状の原因であると述べた。それればかりか、精神病質的な素因こそが、この神経疾患の究極の原因である、もしくは精神症状のすべてが、不当な賠償を得るための詐病であると考えた。しかし疾病による利益を得ることが可能となったのは賠償についての立法がなされた後であり、主として事故保険が発動されてからのことであった。詐病者は一八七一年以前にも存在したであろうが「その数はこの年を境に急増した。さらに一八八三年から八四年にかけての新法で労働者が保険に加入してからは一層増加した」[18]。こうした見解に基づいて、一八九〇年になると臨床家たちは、トラウマ神経症の診断それ自体が「症状模倣に好都合の環境を作り出す」[19]と考えるようになっていた。原因も症状も確実に証明することは困難であり、犠牲者は詐病による障害を作り出しているのではないかと疑われた。医学的な研究者には、トラウマ神経症の症候論は本当の原因と詐病の区別を、また本当の症状と模倣の区別をあいまいにしていると思われた。第一次大戦のあいだ、戦争神経症の議論の中では症状模倣の問題が熱心に論じられた。一九二〇年にワグナー＝ヤウレッグが軍医査察官として行った審理に出席したジークムント・フロイトは、最後には神経症と症状模倣は同じであると述べている。「すべての神経症は症状の模倣である。患者はそのことに気づいていないが、それこそが彼らの病気なのである」[20]

戦時には「戦争神経症」には戦場から帰還できるという利点があり、平時には保険金や賠償金があるので、神経症的な症状が引き起こされると医学専門家は考えた。それゆえ精神的トラウマを事故と結びつけて考えることは少なくなり、トラウマは医療保険的な議論の副産物だとの見方が強まってきた。

さらに一九一六年のミュンヘンでの神経科医と精神科医による戦争についての会議では事故心因論と戦争神経症の概念が広く承認された。[21] その結果、トラウマとは明確な日付を定められるような出来事ではなく、その影響はもっぱら個人的要因に依存しており、その症状は真実ではなく模倣によるものだと考えられた。トラウマはもはや賠償請求の基礎ではなくなった。

トラウマの位置づけが問題をはらんでいたのは、事故医学の中でのトラウマの評価が定まっていなかったことに加えて、医療保険的な議論が絡んでいたためでもある。フロイトの精神分析はこの点を非常によく示している。フロイトの著作では初期の頃から事後覚知 Nachträglichkeit と遅延 Verspätung という主題が多く扱われていた。これらは出来事がトラウマとして意識されるときの特徴である。こうした特徴によって加工されていないようなトラウマは存在していないし、決して生じることがない。フロイトが一八八六年に翻訳したトラウマ性の示唆というシャルコーの理論にはすでにこの種の主張があった。[22] トラウマを引き起こすのは腕に加えられた打撃ではない。打撲によってどのような障害が引き起こされるのかという想像によって「トラウマ性の示唆」[23] が生じ、それに対応した麻痺などの症状を生み出すのである。打撲がトラウマとなるのは、打撲を反復して体験させる「遅延性の示唆」によってのみである。それゆえトラウマ的な出来事の起源は反復にある。この遅延作用によって事故の後にトラウマが「いわば孵化のようにして」[24] 生じてくるが、フロイトの著作によれば、それは神経症症状の発達と同じように、体験の構造化の問題である。彼は早くも一八九五年の『草稿』の中で、「いたるところで記憶は抑圧されており、それがトラウマになるのはただ遅延によってのみである」[25]と述べている。したがって事故によるトラウマの正確な日付を時間軸上に位置づけることはできない。さらに、ひとたび反復が始まると一連の反復が活性化され、これらのすべてがトラウマを構成することになる。「トラウマ神経症の犠牲者は夢の中で何度も事故の状況を探し求めており、改めて衝撃を受けては目覚めるのである」[26]。トラウマは反復強迫を含んでおり、それによって一回の事故体験が連続したものになる。フロイトによればトラウマ的出来事を生じさせるさまざまな状況の中でも、第一次世界大戦は戦争神経症の流行的な発症をもたらした点でひとつの転回点であった。一九一四年の「狼男症例」の初版では「原光景」を「子どもが体験した現実の再現[27]」と定義していたが、一九一八年の補遺版では、原光景が実際の出来事を反映しているという見方は明らかに弱められている。精神的出来事としての原光景は「ほとんどの場合事実ではなく、ときには生活史上の出来事と矛盾することもある。[…]しかし患者がこうした幻想を作り出したことは事実である。神経症の場合、患者が幻想を作り出したという事実の重要性は、幻想の内容を実際に体験した場合と変わらない」[28]。つまり精神的トラウマは起こってもいないトラウマ的出来事の模倣であり、虚言症と同じ程度の現実性しかない、ということになる。トラウマは反復にその起源があり、さまざまな要素を一連のものとして構成する。第一次大戦の終わり頃にはこのトラウマ概念が精神分析家だけではなくほとんどの精神科医によって支持されるようになり、精神的トラウマが事故の負傷から生じるという見方は力を失った。こうした転換の結果、「い、わ、ゆ、る戦争神経症」「いわゆるトラウマ神経症」しか存在しないのだ、ということになった。

確率論的出来事

精神的トラウマは特異的な時点を指し示す。一九三九年のボードレールについてのエッセイの中でヴァルター・ベンヤミンは流れ作業の組み立て工を賭博と比較しながら、この点を明らかにした。「機械の動きが突然変化することは、賭博でいえば突然の勝利のようなものである」[29]。いずれも人を驚かせる点では同じであり、しかも不連続に生じ、かつ反復する。「賭け事師にとって対面する相手などは二の次である」[30]。トラウマ性の衝撃は一連の時間の中でのある特定の日付を指し示し、あらゆる記憶を根こそぎにしてしまう。実際、ガリアとローマの語源学によれば、日付 datum という単語はさいころ dice に由来している。[31]

けれども賭博が示しているのはもうひとつの別の世界、危険性、可能性、確率の世界への移行である。[32] 一九世紀初頭から人文科学を浸食し始めた確率という領域は、出来事についての独特の論理を持っていた。この論理についてコンドルセは一七八五年に「確率論的決定論分析試論」のなかで次のように述べている。「ある出来事は必然的に生じるか、生じないかのいずれかである。したがって相反する二つの出来事のうち片方は確実に生じるのであり、その確率の合計をtで表す」[33]。確率の領域では、現実の日付を定めることのできる出来事の発生は重要ではない。出来事は生じても生じなくても同じ価値を持つ。出来事と生じなかった出来事の合計だけが、あるいは合算された一連のすべての出来事だけが「t」を生み出すのであり、このtこそが常に生じる出来事なのである。一九世紀に確率による推計がさまざまな領域に拡大したことは、現実と作話の二分法を越え、新しい種類の出来事の出現をもたらし、出来事の発生は確率の程度の差異へと変容された。ラカンによれば「確率と可能性という概念自体が、象徴が現実界に導入されたことを前提としている」[34]。象徴の領域では不在すなわち「生じなかった出来事」が一個の存在となる。生じなかった出来事が現実の出来事としての特質を持つのは、膨大な数のデータの累積と散布のおかげである。数学者のポアソンは一八三五年に「不確実な出来事であってもその確率を考えることができれば、その出来事が将来生じる、あるいはすでに生じたと信じることができる」[35]と述べた。それゆえ確率は無作為実験だけではなく、医学的観察や、歴史的、心理的出来事にも関わっている。医学統計家のジュール・ギャバレーは一八四〇年に「元老院でのシーザーの暗殺やアーベルの戦いという事実は、私たちにそれが起こったことを信じさせるだけの一定の確率、すなわち一定の数の理由を持っている。黒と白の球が入った壺の中から白い球を取り出すことにも一定の確率がある。治療による患者の回復にも病気の性質や重症度、治療や個人的な環境によって変動する一定の確率がある」[36]と述べた。

このように人間社会のあらゆる過程や出来事はひとつの社会システムを構成しており、アドルフ・ケトレーによれば、それを支配するのは統計的な確率の法則である。[37]犯罪や事故のように完全に偶発的に生じていると思われる事柄はすべて「社会物理学 physique sociale」の法則に従っている。[38]こうしたノーマライゼイションの中で保険は社会の統制的制度としての重要性を獲得した。保険が統計的基礎の上に成り立っている程度に応じて、[39]確率は被保険者にとっての現実となった。ドイツでそれが生じたのは一八八一年の事故統計調査によって一八八四年に事故保険法が制定され、[40]同時に被保険者のすべてに正確な事故率が計算されたときである。事故はもはや無作為に生じるのではない。それは統計規則に従って生じる一連の出来事である。保険がかけられる出来事の種類が増加するのにつれて、出来事の持つこうした種類の現実性の条件も拡大した。事故という「本質的に些細な、さしたる重要性を持つことはない出来事」[41]は新しい形の出来事性 Ereignishaftigkeit を発見した。事故の持つもっとも重要な、近代の精髄ともいうべき特質は、実にその規則性である。フランシス・エーワルトが述べたように「辞書の定義によれば事故は偶然、幸運、リスクによって起こり、本質的に首尾一貫しない、予期できない、突然のものであるが、実際には統計的規則に従っている。事故は予見可能であり、補償の対象とすることができ、計算することができる」。[42]

事故保険によって導入された事故事例の統計的な散布を見れば、損害はそれが生じる以前に計算することができる。それ以来、事故という出来事は根本的に遅延されたものとなった。なぜなら事故はすべての被保険者によって起こりうる出来事として予見されるようになったからである。ついに事故が起こったとしても、損害はもはやその場で生じるのではない。損害は保険のすべての期間、すべての被保険者の集団へと拡散された。こうした状況が生まれたのはまさしく一八八四年の立法によってであり、それがその後のヨーロッパの社会政策のパラダイムとなった。[43] この法律は司法の手続きを個人の罪過ではなく保険手続きに根ざしたものに変化させた。責任法は賠償訴訟の洪水をもたらしたが、事故保険は賠償の基準を定めた。事故後の損害が存在するという事実それ自体が、保険制度を動かしたのである。損害を賠償するのは個人ではなく、保険に加入している人々全員の集団である。保険は事故を社会的な出来事に変え、新たな社会的な分野を切り開いた。それによって、偶発的で純粋に無作為的な人間生活についてケトレーが記述した統計法則は、具体的な実践活動と結びついた。確率という装置においては、偶発的であることが社会を構成する法則を統合する。犯罪と同様、事故は「恐るべき規則性をもって、支払うべき予算[44]」を形成した。原因となった罪過との関係を越えた損害の問題は責任法で解答を出すことはできず、個別の損害をすべての被保険者に拡散することで解決されたのである。局在的、個別的な事故の発生はあらゆる人間にとっての脅威のリスクに変化し、社会の隅々にまで常に生じる出来事となった。リスクは人々の精神に入り込み、外的なきっかけが何もなくても、体験された。危険はいつ、どこにでも、ごく些細な取るに足りない場面にも潜んでいた。

年金神経症

このように事故保険によって、精神的トラウマは確率論的な出来事として一般化されるようになった。個人の罪過とは関係のないところで、永続的かつ規則的に危険がもたらされるのならば、そうした危険にさらされるリスクは社会の構成員に対して絶え間ない見えざる力が生じることになる。こうした力は事故保険を通じて明確に説明され、強化された。つまり、こうしたリスクがあることが人々の脳裏に植え付けられたのである。[45]

このようにして「保険化された社会 société assurancielle」という権力が行使されるようになった。そのフランスにおける展開はエーワルトが記述している。[46] ドイツの社会政策においても訴訟や賠償責任に代えてこの新しい権力が導入され、あたかも見えざる手による統治のように、生活、事故、死亡に際しての一挙手一投足までをも、保険で査定されるリスク・カテゴリーとして支配することとなった。保険制度がもたらしたリスクという考えは、偶然に思われる人間の行為もある種の規則に従うことを、統計的な確率に応じて明らかにした。事故が生じること自体は不可避である。事故がいつ、どこで、誰に生じるのかということだけが、偶然でもあり規則的でもある。それは確率論的出来事一般と同じく単純なことである。

まさしくこの事実こそが、逆説的ではあるが、事故保険という新しい権力技術において事故医学が支配力を持とうとする動機となった。トラウマ神経症を引き起こすのは事故ではなく保険だということを発見した医師たちは、精神的トラウマを保険の対象に含めることを拒絶しようとした。ウィルヘルム・ヒスは一九二六年に早くも記している。「一八九一年にアルビン・ホフマンが明言したように法律が事故神経症を作るのである。今日、それを疑う研究者はいない」[47]。トラウマ神経症が「年金神経症」として分類されたその瞬間から、精神的トラウマに関する問題は保険制度の確率論的な制度の領域へと明らかに移行した。保険が本当に精神的トラウマを誘発するのならば[48]、保険は被保険者にとっての援助というよりは「疫病」となるだろう。それゆえ医師たちは法を改正し、賠償に代えて保険金による和解を導入することがもっとも効果的な解決であると考えた。一九二六年九月二四日に、帝国保険庁はついにこうした動向を承認した。「被保険者が雇用を続けることができないような障害が、単に自分が病気であるという想像や、自覚の程度はともかくとしてそうありたいという願望のみによってもたらされたのであれば、先行する事故はその障害の本質的な原因ではない。このことは被保険者が事故の瞬間に自分が負傷したと感じたり、想像を制御している願望が事故の利益に向けられたり、病的な想像力が賠償を巡る訴訟から好ましくない影響を受けて増強された場合であっても、その通りである」[49]。保険制度の側でも、その制度の持つ病的な影響を是正しようと努めた。帝国保険庁の幹部たちの関心は事故と障害との因果関係に向けられた。

しかし確率論の領域では、因果関係という考え方は、まったく異なったものになっていた。

帝国保険庁は「相当な確率をもって因果関係が存在していると裁判官を納得させ得ること」[50]を求めた。したがって法廷においてさえ確率論的な制度は決定的な役割を果たした。出来事は十分に確からしいと思われたときにのみ現実的と見なされたのである。あらゆる「非－出来事」「非－原因」は確率論の世界では「現実の」出来事と等しい価値を有した。因果関係の確からしさはある個別の例においては証明されることも否定されることもない。事故の後で神経症状が生じる一定の頻度を示すことができるのは、多数法則の統計的な効果によってである。こうした症状が生じるのは、保険やその被害の分散が生じるのと同じ統計的規則性に基づいている。したがってトラウマという問題そのもの、その原因に関する必然的な不確かさ、体験の特異性といったものは、社会的無秩序を表現しているというよりは、標準化という技術の力が事故のリスクを人々の脳裏に浸透させたことを示している。保険制度はリスクという概念によって年金神経症の患者をトラウマ被害者であると見なすとともに、彼らを統計的な性質を持った個人という興味深い対象とした。原因として作用する外的な病因的状況とは関係なく、フロイトが神経症一般について仮定したような疾病利得が病像の特徴となった。統計的な確率は「年金神経症患者」によって精神的なトラウマとして経験される。事故という経験は決して完全に現実化されることはない。それは猶予と予後とを、トラウマ的な過去と将来とを混同させ、生起と非生起との区別を消失させる。年金神経症患者は「倒逆法 hysteron proteron」の過ち、すなわちまだ起こっていないことを根拠として用いるという過ちを犯している。彼らは原因を影響で置き換え、まさしく神経症が起こっているかのような時系列を提示する。症状模倣は本当の精神症状からは独立しており、真実と偽りの古典的区別を超越した地位を獲得している。初期の映画技術が映写の速度をいかようにでも操作したのと同様[51]、年金神経症患者は実際の表現を超えた真実を作り出すのである。

シャルコーの「トラウマ性暗示」からフロイトの「反復強迫」を経て「年金神経症」へと至る流れの中で、精神的トラウマはこのように確率分布という装置によって模倣に対してあいまいな立場にあったが、そのことによって無意識の基底的活動としての欲動を可能にする権力技術に対しても、あいまいな関係を保っていたのである。

年金神経症を社会保険制度の濫用だと考えるだけでは、こうした奇妙な欲望や事故の経験の中に精神の確率論的な革命[52]が示されていたことを見落とすことになる。究極的には、年金神経症は人間の願望を支配し正当化する試みが、専門家でさえ夢想もしなかったほどの多大な成功を収めたことの目覚ましい例証なのである。

第五章　トラウマの言説としてのドイツ福祉国家

グレグ・エイジアン

最近の二〇年間、ヨーロッパと北米では、いわゆる新しい批判的な「福祉合意[訳注1]」が生じており、多くの政治家、学者、政治評論家、公的および民間の社会支援の責任者は、以下のような考えでほぼ一致している。[1] 曰く、国家の負担は限界を超えており、福祉国家の拡大は経済成長を阻害する。社会的なセーフティネットがニーズを膨張させた。福祉官僚制度は肥大し、非効率的で、問題を産み出すばかりで解決しない。国家の福祉活動の増殖は個人と文明社会の尊厳を侵害している。福祉によって組織や選挙に関する利益が生み出され、それが福祉を不当に支えている。福祉制度はすべてにわたって専門化されすぎている。福祉が反社会的な価値観を助長している、等々。[2]

しかし福祉国家の制度のすべてが批判されて費用削減の対象となったわけではない。これまでは主として生活保護や住居提供プログラムの費用が削減されており、年金制度は比較的温存されてきた。[3] 社会保険費用が増大を続けたために福祉への強い逆風が生じたが、「反福祉国家」的な考えが優勢となった一九八〇年代でさえ、各種調査によれば福祉国家の国民は、すべての社会保険制度を圧倒的に支持していた。[4]

つまり国民は社会保険制度こそが「社会保障」を構成しており、社会保障といえば社会保険のことであると考えていたのである。すなわち一方には福祉国家が歪んでいるとの考えがあり、他方には社会保障についての変わらぬ理想がある。現代の社会政策がこのような正反対の見解を産み出していることは注目してよい。この背景について、福祉国家の歴史研究者は社会・経済的条件、組織化された利益、体制的な制約との関連を熱心に論じてきたが、伝統的な歴史文献学の手法では、福祉国家がこのように受け止められ、話題にされ、扱われるようになった理由は説明できなかった。

私見によれば社会政策におけるこのふたつの潮流は、議論と実践についての共通の枠組みであるトラウマの言説の中にすでに存在していた。この枠組みを検討することによって、なぜ相反する見解が生まれ、共存してきたのかが説明できよう[5]。以下ではこの点を明らかにするために、一九世紀後半から二〇世紀初頭にかけての、特定の国での特定の社会保障概念に的を絞って論じたい。具体的にはドイツにおける社会保障、そのなかでも事故保険制度を取り上げることにする。歴史的に見ると福祉国家としての近代ドイツの存在意義は社会保障制度にあると規定されてきた。その社会保障制度の作業原理を導いたのは、法学、社会統計、保険そして医学から借用された独特の用語である。社会保障は受益者への保障という本来の業務を遂行するために、リスク、事故、そしてショックという、相互に関連する三つの概念に依拠した。この三つの用語を併せて用いることによって、保険管理者は自らの判断に必要な情報を集め、福祉国家への批判者は自らの不満を発言する方法と用語を発見した。歴史的に見ると、社会保険は近代福祉国家の為政者、擁護者、批判者のすべてにトラウマに関する用語を提供し、彼らがトラウマという名称を口にすることを可能にしたのである。

このことはトラウマが一九世紀と二〇世紀の医学と産業に与えた多くの影響のひとつである。現代の社会政策論を理解するには、まず一九世紀の福祉国家の形成過程を振り返らなくてはならない。その当時、社会の変化はまず「社会の問題」であると見なされ、(潜在的な) トラウマ的出来事として語られた。その背景に医学の知識と臨床があったことはむしろ当然である。ドイツ医学史家によれば、その当時は健康が国家の資源ならびに社会統合の手段として用いられており、医学と自然科学ならびに社会政策が直接に関連していた（ポール・ワインドリングが示しているように）。[6]医学史家は社会問題の「医学化」と「自然科学化」について語ることが多いが、ドイツの社会保障制度をみると、トラウマという概念は医学が普及した結果として登場したわけではない。[7]医師や医学的知識の影響力は、他の社会科学の専門家や学説によって、そしてさらに重要なことには保障の受益者であった一般市民によって、弱められていた。司法的な審問の手続を経て保障を与える官僚制度のなかにトラウマという概念が登場したのは、近代技術（医学、法理学、立法、保険科学、社会科学、統計）の支持者と批判者のあいだで生じた多面的な衝突と調停を通じてである。

社会政策と社会の危機についての科学——一八二〇—八〇年にかけて

他のヨーロッパ諸国と同様、ドイツもフランス革命以後に根本的な変革の時代を迎え、領土所有権の大規模な移動、人口の驚くべき増大（一八一六年の一〇四〇万人から一八五五年の一七二〇万人へ）、資本主義的な農業活動、田園地域からの農民の脱出、地場産業の衰退、賃金労働の著明な増加が生じた。なかでも失業と貧困、飢餓が拡散したことは、ドイツ文化の伝統である集団的絆が変容したことの原因でもあり、結果でもあった。[8]保守主義者は道徳の腐敗と伝統的な人々の結びつきの喪失を嘆いたが、進歩的な自由主義者と労働運動家は増え続ける労働者が惨めな生活と労働を余儀なくされていることを批判した。少なくともプロシアにおいては、多くの者が当時の社会変化が深刻な危機と問題を示していると感じていた。この問題は一九世紀中頃までには「社会問題」としてまとめられ、旧体制の崩壊の後でいかにして人々の親密さを再建し、永続的な社会秩序を取り戻すべきかが問われることになった。[9]

プロシアの社会危機の元凶が資本主義であることについては、イデオロギーに関わらず、衆目の意見は一致していた。アダム・スミスの熱心な信奉者も、過激派も保守派も、プロシア政府の自由主義的な改革政策こそが社会経済的な変化を可能にし、さらには促進したことを指摘した。しかも自由主義的政策の土台となった法制度は、自らの改革が招いた社会的問題をほとんど制御することができなかった。一九世紀後半のドイツ法と法科学が立脚していたのは、正義についての抽象的な概念と、それが適応される領域についての狭い自己規制的な観念であり、「社会問題」に体系的に関わるための信頼すべき手段を政策立案者に提供することはできなかった。[10]

政治家や役人、学者、実業家が、社会変化を理解するための着想とモデルを見いだしたのは、社会科学という比較的新しい分野においてである。社会科学という学問は、プロシアの治世が三分の一の期間を過ぎた頃、社会批判、社会改革、国家政策が交錯する中で現れ、政府の内外から歓迎された。この学問を創始した者は一八三〇年代と四〇年代におけるブルジョア的な社会改革者である。彼らは都市部で形成されつつあったプロレタリアを社会と政治の秩序への脅威であると感じ、啓蒙主義的な動機と法制度的な介入の効用への信頼を同時に満足させる対応を模索した。そして見いだしたものは統計学と確率論であり、一八四六年に書かれた言葉によれば、それは「祖国ドイツが蒙った多くの傷つきの原因と性質、治療法」の同定を可能にする診断的な手段であった。[11]

もちろん基本的な統計や確率論はヨーロッパの生活にとって目新しいものではなかった。絶対王制国家では定期的に人口、貿易の統計を取っており、啓蒙思想家の中には確率論によって道徳法則を証明し、その序列を法制化し、また道徳法則の科学を打ち立てることができると考えた者もいた。しかし近代初期の人物の誰ひとりとして、体系的な分析やデータ収集を行った者はいなかった。一八世紀の確率論は個人的、心理的、規範的な方法に留まっていたのである。[12]これに対して一九世紀ヨーロッパの社会生活に適用された統計と確率理論は、それまでのものとは根本的に異なっていた。政府、工業、科学の分野から参入した個人や集団によって推進された新しい統計は「社会科学」としての自己意識を持ち、産業革命後の工業社会の力動を解明することを使命としていた。それは変動する社会の法則を見極めるための、きわめて実証的で数量的な方法であると考えられた。この科学の持っていた政治的な意味もまた重要である。一九世紀初期の統計家たちはこの科学を「社会的問いに答える専門的な方法をもたらし、利害関係者の相容れない先入見を、注意深い実証的な観察によって置き換える」試みだと考えていた。すなわち政治の混乱を事実の秩序に置き換えることができると信じていたのである。[13]

統計家たちの用いた前提と方法論もまた革新的であった。当時の物理学の原則に従い、統計家たちは社会をひとつの対象とみなした。社会は常に流動的で不測の出来事に左右されるが、それでも自然の法則に支配されている。統計家たちは数学的な確率論の仮説の中に、偶然と思える出来事に必然的な真理を発見するための体系的な方法を見いだしていた。新たな統計家たちはまず犯罪と自殺の研究に取り組み、個人の行為に数値を割り当て、その規則性を同定することで集合体としての社会を観察した。こうした規則性が人間の行為の法則を明らかにした。しかしそうした法則が個々人のレベルでも妥当であると考えられたわけではない。統計家たちは、自分たちが個人の行動を予見できるとは決して主張しなかった。統計法則は確率的法則であり、集団においてのみ妥当性をもつと考えられていた。[14]

一八五〇年代から八〇年代にかけて、統計を用いた社会科学は特にドイツ語圏の中央ヨーロッパで受け入れられた。学者、経営者、経済学者、政治家、博愛主義者、法律家、そして官僚が、この学問を当時の社会の変化について信頼できる情報を提供する技術であると考えた。革命的社会主義の原則に明確に反対していた統計学は、社会改革と立法における科学的な試みであると思われ、[15]一八八〇年までのあいだ、ドイツは国を挙げて統計科学を推進した。エルンスト・エンゲルやゲオルク・フォン・マイヤーなどの指導的統計学者が政府に入り、統計局を主宰した。こうした部局の任務は当時の社会的問いに対して制度的な、つまり非革命的な解決の可能性を探ることであった。[16]

一八八〇年代に最初の社会保障法を発令するまでのあいだに、ドイツは国家として社会科学の原則と技術に依拠するようになっており、社会的問題の同定と特徴の解明のためではなく、「社会問題」を技術的な問題へと変容させて脱政治化するために社会科学を用いるようになっていた。[17] それゆえに少なくとも一九世紀後半のドイツにおける社会政策はきわめて独特の意味を持つようになっていた。社会科学はユートピア主義を注意深く放棄しながら改革を進めていく努力であり、全体的な変革を避けながら制度的な対策を講じる「合理的、体系的、そして科学的な」取り組みであり、社会を安定的（社会平和）かつ生産的（経済成長）にさせるはずであった。

保険による統治制度――リスクと事故の世界

ドイツの社会政策立案者の多くにとって、保険制度は一九世紀後半の社会政策の公約を果たすための魅力的な方法に思えた。国家のサービスとして保険を採用するという考えには先例があった。一七―一八世紀にかけての官房学者たち[訳注2]は結婚を奨励する手段として保険を推奨し、しかるべき市民の未亡人と遺児が急に困窮しないようにすることで、不道徳な行いを防止し、社会の安定と人口の増大がもたらされるとした。[18]

しかしこの計画が実現されることはなかった。なぜなら近代初期を通じて保険は賭博のようなものと考えられたからである。ロレイン・ダストンが指摘したように近代初期の保険制度はリスクを回避するというよりは、保険金を得る好機としてのリスクを招き寄せるものであった。冒険貸借[訳注3]、トンチン年金[訳注4]、生命保険は多くの場合、投機的な活動であり、計画性がなく、むしろ未来に対しての賭であった。ドイツの多くの地方、特にカトリック地域ではこうした活動は高利貸しと同じと考えられ、個人生命保険の企画は非合法とされた。一八世紀末にいたるまで、ドイツとヨーロッパにおける保険は安全と投機、投資と賭という対立する要素のあいだの緊張の中に置かれていた。[19]

一八世紀末から一九世紀初頭にかけてこの状況は一変した。経済的安定の促進に関心を抱いていた政府の役人と、賭博を非合法で自制心を欠いた自己破滅的なものと考えていた啓蒙ブルジョア名士たちは、保険と賭博を厳密に区別することを強く求めた。そのために保険は根本的に変化した。一七五〇年頃から一八五〇年頃にかけて富裕な新興ブルジョア層に生命保険を提案するためには、まず、保険は賭博とは異なった合法的なものであると思わせる必要があった。そこで個人生命保険会社は次の三原則を強調するようになった。(1) 統計と確率論に基づいていること、(2) 突然の死去の際に遺族に経済的安全を提供することを目的とすること、(3) 会員は互いに資金を調達し合い、保険を掛け合うこと、したがって会社の成功は会員の死去ではなく生存に基づいていること。ここで保険は、ブルジョア家庭のさまざまな美徳、すなわち秩序、倹約、従順さ、将来の予見、家族の生活、質素さ、規則正しさ、責任、貢献、労働、勤勉、経済などを、急に重視するようになった。[20]

一八四〇年から八〇年にかけて、こうした保険の人気はブルジョア層以外にも広がった。ドイツのギルド、職人、工場労働者は政府の許可を得ていわゆる「傷病基金」を設立し、会員からの寄付によって資金を調達した。この動きを見守っていたブルジョアと州の役人は基金を支援したが、それはこの制度が、彼らが必要だと感じていた、労働階級の責任感、倹約、秩序、勤勉、穏健さなどの向上に役立つと考えたからである。一八七二年にはプロシア全体で七七万六五六三名の労働者と職人が四七六三の基金の保険に加入していた。[21]

一八八三年から九一年にかけてドイツが一般労働者にとっての最初の保険を作り出すと、保険はまったく新しいものに変貌した。社会保険は単に以前の歴史的な制度と異なっていただけではなく、現代の商業保険とも大きくかけ離れていた。つまり保険は初めて強制的、国家的、永続的なものとなった。[22] かつての保険は中流階級世帯の備えであったが、今や資本主義的労働に対抗するものとして、計画的に工場労働の中に位置づけられた。そのことによって保険は労働者に安心をもたらし、社会の調和と生産性を確実なものにする唯一の手段となることが期待された。

それでは保険はどのようにしてこの崇高な社会政策の目的を達成できるのだろうか？　それはおそらく、雇用者と労働者のあいだの利益の再配分に関する問題を、リスクと事故についての保険技術的な議論に転換することによってである。フランシス・エーワルトが指摘したように近代の保険は世界がさまざまなリスクに満ちているとみなしてきた（今もみなし続けている）。しかし保険のリスク概念は統計と確率論に基づいており、実際に危険が生じる脅威というよりも偶発的、無作為的な危険に関わるものであった。たとえばリスクは常に確率的に測定されるひとつの可能性である。したがって保険のリスク理論は正義についての司法原則（当人にどれほどの有責性があるのか）ではなく、規範についての統計原則に基づいていた（当人が他の人間に対してどのように位置づけられるのか）。[23]

拡大解釈をすると、契約法上は災厄が偶発的に生じ得ること自体が事故であると考えられた（今もそう考えられ続けている）。そもそも「事故」という概念それ自体が、一六世紀の契約関係と契約法の中でようやく成立したものである。多くの司法判断によると、事故は契約された行為を図らずも履行できなかったことの結果であると定義された。契約法上は、契約不履行時に行われる法的な手続は、契約の根底にある意図だけではなく、その不履行から「自然に」生じた結果を同定することでもあった。一九世紀の保険は事故に関するこうした理解に基づき、損害賠償を純粋に技術的なものにした。保険による経済保障の決定は、有責性ではなく、ある出来事が保険の対象となっているリスクに合致するかどうかに基づいて行われた。債務と損害は意図的な行為ではなく事故であった。この考え方に立てば、病気、負傷、死亡は契約の違反であり、職業とは「労働者を不連続な災厄に暴露させ、その結果として、一連の関係した出来事を連続的に引き起こす」環境であると見なされた。[24] 有責概念を完全に放棄することによって、社会保険は過失問題を行政とは無関係なものにしたのである。

このように社会保険は、産業上のリスクの負荷を分散させつつ共有することによって、集団的責任という新しい概念を作り出した。さらに保険は、責任を統計的合理性の上に基礎づけることによって、裁判所命令を得るために欠かせなかった法廷での争いから遠ざかることができた。さらに労働運動が組織化されていくにつれて、保険は社会調和を作る方法をも提供した。というのもリスクに対する関係の度合いに応じて組合員を分類することによって、保険は労働者の組織化に貢献したからである。保険は加盟者をリスクとの関係に応じて分類して人びとを組織化する方法を作り出し、加盟者を横断的に相互に関係づけるのではなく、保険契約に対して個人ごとに、かつ連続的に結びつけた。保険は、年齢、性、職業的危険などで定義された集団として社会階級を再構成し、リスクへの暴露とリスクへの関係という視点を中心に据えることによって、加盟者を便宜的な身分や階級を超えて再組織化したのである。[25]

保険は一九世紀ドイツの社会政策の二大目標を達成する手段を提供した。すなわち社会の調和と生産性である。労働者の病気、障害、死亡に際して最小限の収入を保障するための相互責任を通じて、労働者と雇用者が社会的に調和できるという希望が生まれた。理論的には個人の安全は社会の安全をもたらすはずだった。保険による個人収入の保障は産業を前提としていた。というのも、労働者の保険は賃金の額に応じて掛け金と年金が定められていたからである。これらすべては産業政策における雇用者と労働者の関係を、リスクと事故という技術的な用語に転換することによって可能となった。

社会保険における病因の問題

保険は確かに労働者の収入を保障するための手段として考えられたが、その保障には条件があった。保険金が支払われたのは病気、障害、衰弱の場合だけである。一九世紀末から二〇世紀初頭のドイツの社会保障は、もっぱら「健康への産業リスクに対する保険」だと考えられており、労働者の保険はパブリックヘルス保険であった。[26]保障制度としての社会保険は、必然的に健康と疾病について独自の理解を有していた。事故保険がもっともよい例である。この保険は法的に認定された事故によって就業中に生じた苦痛だけを保障した。保険の管理者は保障の対象となる疾病とならない疾病とを区別しなくてはならなかった。保険に関する審査会や法廷では、何がこの苦痛を生じたのかが主に争われた。

病因への問いはさまざまな形式を取った。多くの場合には専門家が呼ばれ、その症状や障害が職業上の事故の直接の結果なのかどうかを判断した。この患者の血液が有毒物質で汚染されたことと、働いていた工場とのあいだに因果関係はあるのだろうか。[27] 石工のヘルニアは仕事中の出来事のせいなのか、素因のためなのか。[28] 事故の二年後に生じた神経症状は負傷の「自然な発展」なのか、それとも無関係なのか。[29] 保障に関してはこのような疑問が数多く生じ、公共的な苦痛と個人的な苦痛との区別が論じられた。[30]

公共的か個人的かの二者択一と密接に関連しているが、保険金の支払いに当たっては、障害の病因が急性か進行性かということも重視された。そこでは病因となる事故が生じたのか否かが問われた。障害のために働けなくなったのは、特定の「異常な」出来事の結果なのか、それとも何らかの業務や物質への長期間の暴露の結果なのか？　この対比の背景には事故と職業病の区別があったが、当時のドイツ法で保障されたのは前者のみであった。たとえば農民であったカール・シェーラーは、まさに農民であるがゆえに年金を受給できなかった。医師は彼の右手に腱鞘炎が生じていることを確認した。シェーラーによればその病気が生じたのは大きな鎌でモグラ塚をたたき壊し続け、振動が伝わったためである。しかし帝国保険庁（保険請求に関する上級審として機能していた）はそれはとうていあり得ないとし、「もし身体の病気（ここでは右手の炎症）が職業的事故によって（事故の結果として）生じたという説得力のある説明ができなければ、それは職業病（すなわち継続的な作業による腕の持続的な過伸長）とみなされる[31]」とした。

社会保険はこのように苦痛を個人化し、その発生を単一の原因で説明しようとした。[32] こうした理由づけは保険に特有の考え方ではなく、当時の多くの臨床医学も同様であった。

一九世紀を通じて医学はかつてないほどの概念的革新を遂げた。その進歩は、やはり一九世紀にルネサンス的な発展を経験した生物学によるところが大きい。生物学の議論においては、当時の政治的、社会的、地質学的、そして歴史的思索の理論的変化を反映して、ふたつの主要な主題が浮かび上がっていた。第一に生物学は時間を新しい仕方で解釈するようになった。たとえば進化論の擁護者は、生物の組織構造は変容するものだと考え、有機生命体のさまざまな構成組織間の関係についての古典解剖学的な固定概念を打ち砕いた。進化に伴う変化が自然な状態であり、有機生命体には固有の歴史があるとの考えが初めて登場した。[33] 第二に、進化論の研究では種のレベルでの変化が中心的な主題となったが、その他の研究領域では個々の有機生命体とその構成要素への関心が高まった。生物を細胞という細かな自己完結的な単位に分解した細胞生物学は、そのもっとも顕著な例である。個別の器官を扱う生物学においてもやはり、時間という次元は意識された。生理学や発生学といった学問分野では、生命体を絶えず流転する存在であると理解していた。[34]

生物学における革新は医学の変化も引き起こした。よく知られているが、伝統的医学の基本原則は身体が標準的に機能する能力によって健康と病気を定義するという新しい思考法に移行した。もはや病気と健康とは互いに異なったカテゴリーではなく、正常と病理のあいだの仮想的なスペクトラムの上に位置づけられた。[35] 近代臨床医学の疾患論においては、こうした新しい生物学と同じ主題が強調された。すなわち機能、適応、経時的変化、身体の自己制御能力などである。

一九世紀を通じて、医学は同時代の自然科学研究の研究組織を利用し始めた。この傾向は特にドイツにおいて顕著である。一九世紀後半の化学、物理学、組織学、そして細菌学の影響を受けて、ドイツの教育者は医学を自然科学と見なすようになった。その結果として、医学生のベッドサイドでの臨床研修は、大学病院での講義と実験に取って代わられた。[36]

自然科学的方法がますます発展するのにつれて一九世紀後半の医学は身体という概念を作り替え、その全体性を各構成要素（器官、細胞、化学物質など）の相互作用へと還元した。その延長上で、医師は疾病の症状を身体に位置づけ、背後にある根本的原因を探し出すことを求められるようになった。そして健康は、個人についてであれ身体の一部についてであれ、標準的な機能と同義語となった。すなわち健康とは生産的になり得ることであった。[37] 医学は社会保障の理由づけのための多くの要素をもたらした。生命についての機能的な見解、病歴や適応および自己統御の重視、生産性という比喩、そして健康問題の限局化などである。すなわち医学は個々の労働者の労働不能の病因を記述し、研究をするための言語と技術を提供したのである。

ショックと「年金神経症」

初期の社会保険制度では作業の大部分は疾病の原因を特定することであった。事故保険はその良い例である。この保険では症状群の背後の直接の因果関係を探るために自然科学および臨床医学的な方法論が採用された。保険管理者はこの因果のつながりが職業的な事故によって、すなわち職場におけるいわば「あり得ない」出来事によって始まったのかどうかを知ろうとした。

彼らは精神的な病因を排除したわけではない。このことは一八九〇年の船員W・ドレイエの事例で確立された。ドレイエは香港に向かう蒸気船の船長であったが、一八八八年の九月に台風に襲われた。その災難のあいだ、彼はみるみる生気を失い、心不全で死亡した。残された夫人は、彼の死は職業的な負傷の結果であり、労災年金が適応されるべきだと主張した。船員保険組合はこれを却下した。というのはドレイエはしばしば心臓発作に見舞われており、そもそも台風は事故ではなかったからである。しかし仲裁裁判所は組合の決定に同意せず、事故が身体に与える影響には二種類があると述べた。「業務を妨げるような出来事による影響には、純粋に機械的、外的なものと、力動的、内的なものがある」と判事は述べた。「前者の場合は身体の外的状態への負傷が生じる。たとえば足や腕を骨折するような怪我である。しかし後者の場合は筋肉、神経、内臓の血流などを通じて影響が拡散する。たとえば心臓や頭部の骨折や打撲、肺の出血などである」。[38] 帝国保険庁はこの判決を支持し、「台風の中での直接で明らかな危険と責任感とが，ドレイエを極度の興奮状態に追いやった」とした。夫人は年金を手にすることになったが，その理由は「外的な負傷だけではなく内的に進行する病気の場合も精神的であれ身体的であれ，突然の外的な出来事によって生じた場合には事故の症状だと見なされる」[39]からであった。

このような理由づけ，すなわち突然の圧倒的な出来事が疾病，ときには死をも引き起こし得ることは，神経症についての一九世紀後半の考え方と共鳴していた。一九世紀後半の神経症は臨床的に定義された現象であり，その境界はいくぶんあいまいであった。実際，神経症は多くの，同様にあいまいな多くの診断を包含しており，医師はそれらの診断を取り替えて用いることもできた。一八四〇年代以来，ほとんどの臨床家は神経症をいわゆる機能性の神経疾患として，「解剖学的損傷によらない神経機能の破綻」と見なしていた。[40]この定義はあまりにも一般的であり，ヒステリー（けいれん，麻痺，さまざまな痛み）のみならず，解離（もうろう状態とカタトニー），神経衰弱（慢性疲労，頭痛，不眠，感覚脱失，反復性下痢），心気症に加えて，せん妄による振戦，てんかん，舞踏病，甲状腺腫，破傷風などの症状も含まれていた。[41]シャルコーの主張によって医師も市民も男性ヒステリーの可能性は受け入れていたものの，当時の多くの人々はヒステリー症状を，先天的に神経病とりわけヒステリーの素因を持った女性や少女に特有のものと考えていた。[42]

ヒステリー，神経衰弱，心気症といった神経症は一九世紀の保険業界にも知られていた。一九世紀の最後の三〇年ほどに，こうした診断概念が欧米の医学用語の中に登場した。それらには共通の病因があった。主要な原因は何らかの身体的，感情的なショックである。「鉄道脊髄症」または「外傷神経症」と呼ばれることが多かったが，この病名は一八六〇年代の半ばから一八八〇年代後半にかけて，イギリスとドイツで鉄道事故が目立つようになった頃に同時に作られた。[43]当時のドイツの法律では鉄道事故による身体的負傷は賠償の対象となっていたが，法の施行後，事故によるさまざまな神経症状を理由とした鉄道会社に対する請求案件が急増した。鉄道事故についての診察を経験した医師たちは，ごく自然に，患者の神経症状を工場災害によるトラウマ的ショックと連想させて考えるようになった。[44] 一八八八年から八九年にかけてオッペンハイムがこの主題についての古典的な著作を出版した頃には、「外傷神経症」が保険による保障の対象になるという考えは医学会の支持を得ていた。しかし異論もあった。一八七九年以降、多くの専門家は真性の外傷神経症の存在を疑うようになり、こうした事例の多くは真の医学的疾患ではなく詐病であると考えるようになった。[45]

一八八四年に事故保険法が成立した直後、外傷性ヒステリー、神経衰弱、心気症による年金請求が増加したことは何ら驚くべきことではない。しかし外傷神経症を初めて目にした事故保険委員会（地域の雇用主の代表から構成されていた）は、常にきわめて懐疑的な態度を取った。「労働者保険法を導入すれば次々とこうした事例が生じて工場が損失を受けることは、最初からわかっていた」と、事故保険管理の当局者は一八九三年に語っている。[46] 保険管理者はこうした神経症状を原則として集団的虚言症とほとんど変わらないものと見なしていた。一九〇〇年頃になると保険請求者に批判が向けられるようになり、保険支払い者はこうした「年金神経症 pension neurosis; Rentenneurosen」を、結局は労働者によくある労働忌避 Arbeitsscheu のことだと考えるようになった。そのような外傷神経症を保障対象として保険に含めることに対して、保険管理者は執拗に抵抗した。とはいえ、すべての年金神経症の請求を一律に拒否することはできなかった。なぜならドイツでは一八七一年の鉄道法以来の先例に基づいて、一八八九年に帝国保険庁が外傷神経症を事故保険による保障対象として認めていたからである。[47]

その必然的な結果として、その後の三〇年間、年金神経症の真実性について激しい政治的闘争が繰り広げられた。保険審査会や認定を行う医師たちは、精神症状に基づいた請求は常に却下した。それに対して自らを外傷神経症であると主張する者たちは決まって異議を唱え、保険管理者を相手に社会保険仲裁裁判所に訴訟を起こした。保険の受益者としての権利行使の意思を法廷に示すという点では、神経症状による請求者は、身体的負傷による通常の請求者と何ら変わるところはなかった。実際、一九一二年頃には、事故保険の請求者のおよそ三分の一は保険審査会の決定を不服として、法廷に訴えを起こしていた。[48]

保険金請求の処理が司法的色彩を帯びてくるのに従って、年金神経症をめぐる争いはカフカの小説のように謎めいたものになった。二〇世紀の初頭になると、年金を請求する者は期待を裏切られ、詐病であると非難され、被告側の法廷弁論に何年も付き合わされ、数え切れない医学検査を受けるようになっていた。このような状況のなかで、年金神経症という新たな診断が社会保険の中に登場し、さらに大きな論争を引き起こすこととなった。一九〇〇年頃には、保険審査会と法廷が審査する事例の中に、年金を得ようとする手続そのものが神経症状を引き起こした例が現れるようになった。ついに一九〇二年には帝国保険庁の決定が下され、「年金闘争神経症 Rentenkampfneurosen; pension struggle neuroses」を法的に認めないことになった。[49] しかし社会保険や福祉国家に対する敵意が鎮まることはなく、批判者たちはこの決定をドイツの社会政策の失敗の表れだと見なすようになった。

年金神経症についての論争は加熱し、ベルリン大学政治学教授のルートヴィヒ・B・ベルンハルトは社会政策全体への容赦ない攻撃を行い、ついに一九一二年には福祉国家についての国民投票が行われた。ベルンハルトは国家の統制を民間の立場から批判し、年金保険が集団的な「年金依存」を作り出しているとした。曰く、年金神経症が増加し、労働者の多くが貪欲になったのは、詐病と症状の誇張を確認しないばかりか制度的に助長するようなシステム的欠陥のためである。社会保険の進歩にともなって、労働者はできるだけ病気になっていた方がよいと教え込まれてきた。その結果として、貪欲さを制度化し、依存を助長し、罹病期間を延長させるようなシステムができあがったという。[50]

ベルンハルトの書籍は大きな反響を呼んだ。[51] 年金神経症は社会的関心を集め、保険を受けている労働者と保険を支払う側との政治的な対立が激化した。事故保険の管理者にとっては、年金を受け取っている者の中に少数の詐病者がいるかどうかではなく、年金神経症という現象がドイツの社会政策のシステムとしての欠陥を表しているのかが問題であった。[52] 一九一三年に開催された保険管理者の会合は、さまざまな要素によって「不平の種がまかれている」という結論に達した。その理由は、労働者側の弁護士や労働組合が、党派的な言論によって労働者に影響を与えている、医師と患者とのあいだに不信感が高まっている、そして年金訴訟の審理が遅々として進まないことなどであった。[53]

この論争は第一次大戦が始まっても続けられたが、その対象となったのはシェルショックあるいはドイツでの呼び方では「戦争神経症」の患者であった。詐病への恐怖が広まり、戦時に開催されたドイツ精神医学会の総会では、戦争神経症を独立の疾患と認めることを圧倒的多数によって否決した。[54] 戦中戦後に行われた政府の調査が、戦争神経症の大多数は退院後に速やかに勤労能力を回復したことを示したことも、こうした見解を支えていたと思われる。[55]

戦後になると、ドイツ労働省および帝国保険庁は年金神経症について専門家の意見を集め始めた。その結果を受けて、政府はこの現象についての公式見解を一層強化することになった。臨床医と医学部教授を対象として一九二五年に行われた追跡調査において、帝国保険庁は「何らかの賠償法が存在していなければ、事故などについての貪欲な年金神経症はまったく存在しないであろう」という一致した見解を見いだした。この文言は、返送された回答書の一枚にまさしく述べられていたものである。保険庁はこの調査によって、年金神経症についての態度変更を「客観的」な医学的基盤に基づいて最終的に正当化できたと確信した。[56]

帝国保険庁の担当官は一九二六年にいくつかの訴訟について共通した判断を下し、新しい判例を確立した。エルフリーデ・モルシュバッハの事例はそのひとつである。彼女と工場の疾病基金は食品工業事故保険委員会を相手に訴えを起こした。この訴訟で述べられていた事実は、年金神経症の賠償請求としては典型的なものである。彼女は一九二四年五月一四日に出現した神経症状のために仕事ができなくなった。疾病基金から支払を受けた後、彼女と基金の両者は一九二四年から二五年にかけて事故保険委員会に治療費の適切な支払を求めた。しかし保険委員会はこうした請求を拒絶するのが常であった。一九二五年にデュッセルドルフの上級保険庁がモルシュバッハの請求を拒絶すると、彼女は帝国保険庁に請求を行った。「私はこれまで金銭の要求はしていません。ただ、けがのリハビリをして、私がとても大切に思っているヒラー・ブラザーズの工場でもう一度働きたいだけなのです」[57]。この事例の記録を読むと法廷の判事たちが内容の細部にほとんど関心を持っていなかったこと、しかし新しい方針を定めるためには「ここで争われていることは［…］ちょうど良い題材である」と考えていたことがわかる[58]。

法廷に提出された報告の大部分は、年金神経症についての当時の医学会の見解の検討に当てられていた。この主題についての「主流派の」医学的見解の変化を引用しつつ、法廷は以下のような新しい原則を是認した。

> もし被保険者が生計を立てられなくなったことが、単に自分が病気であるという考えや病気になりたいという、多少とも意図的な願望に基づいているか、または被保険者が事故の後で病気であるという考えにとらわれているか、または精神生活における主要な願望が賠償を得ることで占められているか、または有害な考えが賠償の過程における好ましくない影響によって強化されている場合には、生計を立てられないことについては先行する事故は根本的な原因ではない[59]。

判事たちはこの賠償原則を正当化するために、賠償請求の過程が年金神経症の主要な原因であり促進要因であることが医学的経験から確固として示されていることを指摘した。すなわち「賠償請求に伴う多くの診察、交渉、書類、裁定の結果として、働くことができないという考えが請求者の（考えの）中で常に喚起され、強化される」[60]。また新しい医学的な合意は事故と疾患との因果関係を疑問視しているとも述べられた。しかしながら法廷はただちに、この決定は「医科学の領域から下された判断」を示しており、法的な意味を持った決定ではないと付け加えた。つまり実際には、他の法廷はこの決定に法的に縛られているわけではなかった。「医学的問題に関する評議委員会の合意は、手続や法的規則によってではなく、医学理論の持つ説得力によって確立されるべきである」[61]。

この決定は法的にではなく、医学的な見識と解釈されるべきであるとされた。

このように位置づけられたとはいえ、事故保険のすべての当事者は、一九二六年の決定を医学のみならず行政的にも重要な転回点であると見なした。この決定の直後から、帝国保険庁の職員はその決定の支持者を積極的に募るために、数え切れない会合に出席し、新しい賠償原則の重要性について何冊もの書籍や論文を出版した。[62] 保険管理者や法廷はこの決定に法的に拘束されてはいなかったが、扱っている事例を評価する際にこの賠償原則を用いることが圧倒的に増えた。ある批評家はこの決定を「年金神経症の根絶キャンペーン」と称したが、それに続く数年間、被保険者の代表や労働組合、労働者に好意的な医師、そしてドイツ傷病兵帝国協会は、こぞってこの決定を攻撃した。[63] しかし一九二六年の決定は、たとえ年金神経症問題への解答ではなかったとしても、解決策として一九三九年のナチス当局者によっても認められ、一九五七年の連邦共和国によっても受け入れられ、これまでに一九六二年の連邦民事法廷においてただ一度の修正を受けたにすぎない。[64]

トラウマと福祉国家における政策

一九世紀後半と二〇世紀初頭の年金神経症への対応は、福祉国家をめぐる現代の言説にとっても示唆するところが大きい。社会保険機構が自らの制度に対して、疾病に対するのとまったく同じ技術を意図的に適用したという事実には驚くほかはない。すなわち神経症と福祉国家の官僚制度は互いに影響し合っていた。年金神経症は外傷神経症であり、その原因はショックの中にある。ところが次第に、年金請求の手続それ自体が原因であると見なされるようになった。当時の保険制度は疾病の原因が事故にあるものとして作られており、疾病を説明するための直接の因果関係を見いだそうとしたが、その探索は結局は自分自身に戻ってきたことになる。この結論に反論する者はほとんどいなかった。「年金闘争神経症」に保障すべきかどうかをめぐってはなお意見の相違があったが、大多数の者は社会保険庁が精神的な不健康を増加させ、悪化させていると考えていた。つまりドイツ福祉国家は本来の業務を推し進めたことによって、自らが病んでしまい、病気の原因になったと思われたのである。[65]

このような理解が生まれた背景には特異な理論があった。そもそも国家を社会の中の病的な勢力だと考えること自体が、歴史的にみれば特異的な政策批判がすでに行われていたことを前提としている。国家を市民社会から厳密に分離させようとする自由主義は高度な言説を発達させており、その立場から福祉国家的介入を有害で非生産的であると見なしていた。[66] しかしここで問題なのは、単に自由主義がいつものように放任を求めていたということではない。

福祉国家が神経症を増加させていることへの批判と不快は、リスク、事故、ショックのすべてを一度に登録できるような、独特な用語の組み合わせを用いて表明された。こうした発見的な用語の用い方は、すでに見たように社会の安全と社会保険の中心となる組織から始まったものである。保険は自然と社会を不連続なリスクから構成されていると見なしており、そうしたリスクを治療的に同定し、分散させ、可能ならば消滅させることを福祉国家の「社会的」任務として自らに課してきた。[67] しかし言うまでもなく、介入をした途端に、自由主義国家はもはや社会から切り離された存在ではいられなくなるというパラドックスが生じる。実質的に国家が社会になってしまうのである。となれば国家は自らを説明し、自らが招く危険を評価し、自らの効果を描き出し、自らの行為の結果への対応と予防をする必要がある。と同時に国家は必然的に自らについて言及し、自らの構成要素を生産し続けなくてはならない。[68]

この事情は、二〇世紀において福祉国家への強い批判の中で社会保障が発展したという逆説的な事実をある程度説明している。個人と社会の権利に関する今日の価値観は、資源と富の配分に関する政治的な議論と同じようにトラウマについての技術的な専門用語にも根ざしており、リスク、事故、ショックという概念と関係している。このように幅広い社会的権利が歴史の中で認められてきたのは、社会保障が司法や統計、自然科学、臨床医学の情報を踏まえて、非常に高い合理性を備えたためである。社会保障は有責性の問題を制度的に無効化し、(司法における実証主義と自然科学と軌を一にして) 保障をある種の客観的状況の必然的な帰結としてとらえ、中立化した。

トラウマの認識は保障を法的権利へと変換することを促した。受給資格のある労働者は誰でも、社会保険の恩恵とサービスを法的に請求することができる。すでに今世紀の初頭に、国家と被支配者との主要な関係が政治的参加から要求と請求、その資格に関する合意へと置き換えられていたのである。このような政治化は、次には福祉国家の主張と範囲を拡大することになった。[69]

こうした拡大が社会保障だけに生じたと見なすことは誤りである。とりわけ今世紀になってからは、簡単に例を挙げるだけでも、ソーシャルワーク、精神医学、人間工学、環境と平和運動などの領域において、リスク、事故、ショックの評価と対応が活動の中心に据えられてきた。この運動がトラウマについての共有された言説に依拠していたことは、縦断研究の実施、ハイリスク集団の対象化、職場の予防的コントロール、そして切迫した破局の蓋然性を強く主張してきたことからも明らかである。[70]

同時にトラウマの言説は福祉国家への警告をも可能にした。すなわちトラウマの言説の原理、カテゴリー、価値は、社会政策の方法と目的を経済的、治療的、経営管理的な視点から評価する際の標準となったのである。[71] 社会的進歩という近代的理念に対するすべての反動的な批判は、潜在的トラウマについてのレトリックから派生したと考えられる。[72] 福祉と公共的利他主義に対する保守的イデオロギーからの攻撃は多くの関心を集めてきたが、こうした批判が月並みとも言えるほどに広く受け入れられているにも関わらず、それがリスク－事故－ショックといった機能的かつ技術的な論理に依拠していることは、今のところほとんど疑問視されていない。

第三部　トラウマ理論の発展　二〇世紀初頭の近代化と精神医学

第六章　シャルコーとトラウマ神経症

——一九世紀後期フランスのトラウマ理論における医学と文化

マーク・ミカーリ

医師たちはずっと以前から、不安な体験から生じる強い感情によって具合が悪くなったり病気になったりすることがあると考えてきた。現在の診断学で心理的トラウマ後の症状と解釈されている行動は、ギリシア・ローマの古典時代にすでに記載されている。しかしトラウマ後の反応を医学的に記述、分類、治療する試みが始まったのは、一七世紀のことにすぎない。当時にあってもなお、軍医たちはこうした患者を原因不明の器質的疾患、臆病、詐病によるものと考えていた。北米と西欧においてトラウマ神経症という明確な精神医学的カテゴリーが独立した診断として登場し、心理的あるいは心身的な原因を持つと考えられるようになったのは一九世紀も最後の三〇年ほどになってからのことである。

一八七〇年から一九一〇年の時期には、創造性豊かな心理学理論が欧州でも米国でも空前の発展をとげた。近代の心理学、精神医学、精神療法の基礎が築かれ、精神の科学がほぼ今日のような理論的、職業的な様相を整えたのはこの頃である。この知的な発展の中で心理的トラウマの観察と理論は大きな役割を果たした。パリの神経精神科医であるジャン＝マルタン・シャルコーは、この時期にはじめて心理的トラウマ後の症状に関する理論を体系的に研究して出版し、次世代のトラウマ研究者に直接的、間接的な影響を与え続けた医師の一人である。

トラウマ神経症に関するシャルコーの研究の背景

シャルコー（一八二五―九三）は一八七〇年代後半から一八九〇年代初期に死去するまで、すなわち彼の研究人生の後半をトラウマの研究に捧げた。すでにそれ以前に、彼は神経学における大脳局在論と代表的疾患についての主要な臨床および研究業績を完成させていた。研究の対象とした疾患は、脊髄癆、運動失調、多発性硬化症、筋萎縮性側索硬化症、脊髄硬化症などである。[1] シャルコーは一八八〇年代を通じて西欧医学界で知らぬ者はない国際的な著名人であり、フランス国内ではもっとも高名な臨床家であった。

シャルコーは壮大な理論を作ることを好まず、教科書も書かなかった。症例報告集が彼の著作であり、「トラウマ神経症 névrose traumatique」「トラウマヒステリー hystérie traumatique」「ヒステリー性トラウマ hystéro-traumatisme」「トラウマによるヒステリー性神経衰弱 hystéro-neurasthénie traumatique」を主診断とする約二〇例の詳しい症例報告を含む、多くの臨床論文を出版した。

シャルコーはこれらの症例を一八七八年から九三年にかけて、大部分は一八八五年から八八年のあいだに執筆した。その当時パリ南東部のサルペトリエール病院にはフランス全土から精神疾患と神経疾患の患者が集められており、彼がトラウマ神経症と名づけた症例のすべてはその病棟で診察され、ほとんどが成人男性であった。[2] シャルコーはこれらの症例を解説するために、「トラウマ神経症」「トラウマヒステリー」「ヒステリー性トラウマ」といった、まったく新しい、さまざまな診断概念を考案した。シャルコーほどの傑出した臨床家が、心理的トラウマ後症状を他の疾患から独立した新しい診断カテゴリーとして認めたことは、トラウマ理論が発達する上での重要な出来事であり、その意義は今日でも決して衰えていない。一九世紀末の医学のヒステリー診断は神経症の原型であり、近代精神医学の礎石のひとつでもある。シャルコーはトラウマ症例をヒステリーの下位概念として紹介することによって、広く医学界の注目を集めた。

シャルコーは一八八〇年代に、臨床的に大変興味深い症候群を観察した。軽度の身体損傷に続発し、身体および心理的な著しい機能障害を呈するにも関わらず、身体組織へのいかなる損傷もない。もっともよく見られる特徴は四肢の運動と知覚の障害、すなわち知覚麻痺、知覚亢進、運動麻痺、あらゆる種類の拘縮である。それ以外の症状としては疲労、頭痛、背部痛、心悸亢進、胸痛、不整脈、便秘、めまい、失神発作、手指と下肢の振戦などがある。抑うつなどの感情的な変化、睡眠障害（不眠と悪夢を含む）、恐怖症、錯乱、知的能力の低下などが現れることもあった。こうした症状は急激かつ自然に、数時間のうちに消失することもあれば、数カ月、数年間にわたって続くこともあった。

こうした症状に注目したのは、医学史の中で決してシャルコーが最初ではない。彼の研究に直接の知的刺激を与えたのは一九世紀ヨーロッパの医師たちの書物である。とりわけ英国の医師たちによる、軽微な脳脊髄損傷のもたらす神経学および精神医学的な影響に関する研究から刺激を受けた。この領域の研究の嚆矢となったのは、ロンドンの外科医であったベンジャミン・ブロディが一八三〇年代に述べた「限局的な神経学的影響」である。[3]それに続いて一八六〇年代にはラッセル・レイノルズが「精神的麻痺」について、一八七〇年代にはジェームズ・パジェットが「神経学的模倣」と「摸倣神経症」についての有名な論文を著した。[4]一八八〇年代にこの系譜を引き継いだのは、いわゆる鉄道脊髄症に関するジョン・エリクゼン、ハーバート・ペイジ、ジェームズ・ジャクソン・パトナムらの研究である。シャルコーの著作と蔵書からは、彼が国外のこうした文献に親しみ、定期的にそれらを参照して誠実に受容していたことがわかる。トラウマ神経症に関するシャルコーの業績を医学史的観点からみると、英国の外科学と神経学におけるシデナム以降の実証的観察と詳細な鑑別診断の重視、および理論的先入観の排除という伝統の上にある。シャルコーはこの伝統をフランス医学のきわめて精緻な臨床観察と統合することにより、独自の理論を作り上げた。[5]

この主題に関するシャルコーの探求は社会学的にみても興味深い。ギリシア・ローマ時代以降、ヒステリーすなわち「動揺する子宮の病い」が見いだされたのは成人または思春期の女性だけであった。ルネサンス期にヒポコンドリー的メランコリーと呼ばれた神経疾患は、フランスの啓蒙時代には「霧 vapor」と呼ばれ、ヴィクトリア期には精神衰弱と呼ばれたが、裕福で教育があり、洗練された人々だけに生じると何世紀ものあいだ考えられてきた。社会の下層の者は原始的で感情や神経器官が発達していないので、こうした「文明の病い」にはかからないと暗黙裏に信じられていた。一九世紀中葉に支配的であった精神に関する性およびジェンダー理論によれば、男性と女性には根本的な差があり、女性は神経的な破綻を生じやすいとされた。神経を病んで医師や温泉保養地を転々とする裕福な女性というのは、ヴィクトリア期社会史の典型的な人物像である。[6] トラウマの精神医学史をみると、エリクゼンとペイジによって論じられた鉄道脊髄症の症例も、また精神分析理論の初期にフロイトとブロイアーによって治療された女性たちも社会の中流から上流階層の出身者が多く、まさしく当時の時代風潮に呼応していた。なお治療制度的に付けくわえるなら、これらの患者は保険制度を使わずに自費で一般開業医や神経科医の治療を受けていた。

それとはまったく対照的に、シャルコーがトラウマ神経症研究の対象としたのは大規模公立病院に入院していた成人の労働階級の男性である。[7] 確かに彼の症例記述も、それまでの臨床家と同様の画一的な要素の影響を受けてはいる。しかしシャルコーがこうした成人男性の患者たちをヒステリーと診断したのは、その多くが（純粋に情緒的、知的な原因ではなく）後述のように身体的緊張を強いる作業によって発症したためである。このような作業を行ったのはブルジョワの男性や女性労働者ではなく、労働階級の男性であった。発症の理由がどのようなものであれ、シャルコーはこの社会的集団の症例を生き生きと描くことによって、神経症の社会階層と性に関する画一的見解に有効な反論を行った。[8] 男性ヒステリーについての彼の提言は、社会階層と性別のいずれから見ても、やがて第一次世界大戦で労働階級の兵士に疫病のように広がった非器質的な神経障害を先取りするものであった。[9]

神経障害のトラウマ病因論

シャルコーが考案したヒステリー性トラウマ hystero-traumatism の病因モデルは一八〇〇年代後半のフランス精神医学に特有のものである。シャルコーは彼の症例を、遺伝ないし体質的な神経的変質素因と環境的な発症要因との複合的作用から生じると考えた。一九世紀後半を通じて遺伝的決定論はフランス医学を支配していた。[10] シャルコーも無条件に支持していたその学説によれば、精神および神経疾患は神経系の潜在的な欠陥もしくは欠損 *a tare nerveuse* が顕在化したものである。神経的欠陥はそれに応じた環境要因があれば常に活性化される。シャルコーの考察によれば、トラウマとなる刺激は先行する体質的な過敏性に対して作用する。トラウマ的出来事の後で明確な神経症状を示す者と示さない者がいるという事実は、背景となる素因の有無によって説明される。シャルコーにとってトラウマ的出来事は神経障害の主要な原因ではなく、遺伝的な基礎をもった疾病の発症のきっかけとして二次的な作用を及ぼすものであった。[11]

シャルコーの患者たちの発症のきっかけとなったトラウマ的出来事は実に多様であった。かなりの部分は、その当時新しく出現した産業現場で生じた事故である。フランスでは一九世紀後半の産業革命によって多くの賃金労働者が手工業や工業に従事した。その結果いわゆる産業疾患が急増し、「産業衛生」「労働事故」[12] について多くの医学論文が書かれるようになった。シャルコーが報告した患者の約四分の一はゴム工場、アルミニウム工場、鉄道などの新しい産業の職場で働き、事故に遭った。この時期のヨーロッパの社会主義政党は、政治活動のひとつとして労働者を医学的に保護する法制化に向けた運動を行っていた。一八八〇年代と九〇年代を通じてこの問題はフランスの政治家によって熱心に論じられ、一八九七年には労働事故法が成立し、（鉄道と都市のほとんどの工場で働く）多くの職種の労働者に対して、勤労中に重度の身体的負傷が生じた場合には雇用主から経済的補償を得る法的権利が与えられた。[13] シャルコーはこの議論には加わらなかったが、彼の理論の社会的、政治的な背景にはこうした事情があり、彼の臨床記述には職業的トラウマの被害者の個人的、経済的な状況への同情が示された箇所が散見される。[14]

産業構造のひとつとしての鉄道は特に重要である。鉄道の旅客は一九世紀後半に劇的に増加し、欧米の中流階級の不安と神話の源泉となった。鉄道は近代技術に関するすべての驚嘆もしくは恐怖の象徴であり、鉄道旅行には近代技術の力が比喩的に集約されていた。[15] 一八八九年にゾラによって書かれ、フランスで広く読まれた『獣人』は、蒸気機関車が近代社会にもたらした破壊的な力を劇的に描き出している。[16] 一九世紀中頃になるとフランスの医師たちは鉄道旅行が身体に与える危険を指摘した。[17] 一八七〇年代にはこの不安は「鉄道脊髄症」および「鉄道脳症」という新しい診断の中に位置づけられるようになった。[18]

シャルコーの診察したトラウマの患者の中で鉄道事故に遭った鉄道員や乗客がもっとも多かったことは不思議ではない。[19] パリからフランス南西部への鉄道の起点となった広大なアウステルリッツ駅は一三区の東端、サルペトリエール病院のすぐ近くにあった。多くの患者はアウステルリッツ駅から直接彼の病棟に担ぎ込まれて診察された。駅から物理的に近いことと、その駅の壮観と騒音に日常的に接していたことは、新しい巨大な技術力とその人間の健康への影響を常にシャルコーに意識させた。ハリントンやカプランがすでに本書で論じているように、シャルコーはこの新しい種類の患者について、エリクゼンが一八六六年の『鉄道とその他の事故による神経系の損傷について』で創始した医学研究の伝統を受け継ぎ、一八九〇年に至るまで一貫してそれを発展させた。[20] しかしながらシャルコーは、エリクゼンが鉄道脊髄症として記述した症例は本質的にそれ以外の事故後ヒステリー post-accident hysteria と同じであり、別種の神経疾患ではないと考えていた。[21] シャルコーは論敵たちの医学研究をしばしば自説に取り入れて対応してきたが、この主題についても同様であった。彼は鉄道という特異的な原因に基づく英米の鉄道脊髄症を、当時のフランス精神医学で優勢であった広義の古典的ヒステリーという診断パラダイムに吸収させた。[22]

しかしながら鉄道という面だけを強調しすぎてはならない。彼は鉄道事故以外にも、明らかに伝統的な職人の職場に生じた事故の患者を診察していた。たとえば鍛冶屋は熱した鉄の台座で前腕と手の熱傷を負った。煉瓦積み職人は足場の二階から転落した。溝の清掃人は荷車から道具を下ろそうとしたときにシャベルで顔面を強打した、等々。シャルコーは男性のトラウマによるヒステリーを「石工や錠前屋のヒステリー」と呼んだこともある。[23]職場以外での身体的な事故による症例もあった。「マー」と呼ばれた見習いのパン職人の場合は、ある夜路上で襲われ、ナイフで刺された二週間後に最初の症状が出現した。「グレフ」という三一歳の患者は釣りに出かけて溺れかけたあと、眼瞼けいれんと運動障害を生じた。[24]シャルコーのもっとも重要な著作である一八八八年から八九年にかけての『火曜講義 *Leçons du mardi*』では、トラウマ神経症は犬に咬まれたこと、火傷、死体の目撃、外科手術の体験などでも生じるとされた。それ以外に雷雨による恐怖で発症した症例も多かった。[25]

現在のトラウマの歴史研究の多くは、トラウマに関する医学的議論は近代の産業化、機械化によってもたらされたと考えており、あたかもトラウマは資本主義社会と産業的（後には軍国的）近代化の直接の副産物であるかのような印象を与えている。こうした見解は、とりわけ第一次世界大戦の歴史研究およびマルクス主義の影響を受けた社会歴史学の論文のなかで発達してきた。シャルコーの著作を含めた多くの史料がその見解を支持している。しかしシャルコーが一八八〇年代に報告した症例の大多数は（産業化以前の）職人たちの職場で生じており、そこに含まれているのはいわば日常生活において生じたトラウマ性の精神症状である。彼がこうした症例を記載した背景としては、車輪職人の息子という出自を持つシャルコーがこうした人々の話を傾聴したこと、またイギリスに比べて産業革命が一世代遅れて始まったフランスでは、一八八〇年代になってもなお牧歌的で職人的な要素が残っていたことなどがある。発症の原因がどのようなものであれ、一九世紀後半にこの主題に関して医学界でもっとも影響力のあった理論家にとって、トラウマは何よりも伝統的な職場やありふれた家庭生活の中で生じるものであった。つまり近代のトラウマ理論は近代の産業および技術的状況だけから生まれたわけではない。

二〇世紀後半の医学の視点から見ると、戦闘体験をした四名の兵士および元兵士の報告は興味深い。なかでも印象的な症例は一八八九年に出版された『火曜講義』第二巻の一九例目となる「ディーレイ」である。彼は若い頃、メキシコ戦争、普仏戦争、パリコミューンで戦い、政府とコミューン軍との最後の激烈な戦いで負傷した。その一五年後、雷雨に巻き込まれ、あやうく落雷で命を落としそうになった後、「ディーレイ」は多くの神経症状を生じたが、その中には以前の戦争体験についての反復する悪夢も含まれていた。[26]

シャルコーはこの症状について患者の生活史の一部として率直に記載しただけで、臨床的にも理論的にも何の考察も与えなかった。今日ではこの症状には違った意味が与えられるであろう。普仏戦争とパリコミューンが生じたのは一八七〇年から七一年であるが、男性ヒステリーについてのシャルコーの最初の発表は一八七八年であり、その研究は一八八〇年代から九〇年代の初期まで続けられた。今日ふりかえると、普仏戦争が生じた一八七〇年から七一年から男性ヒステリーの著作が出版されるまでの時間が、アメリカがベトナム戦争に参戦してからPTSDの診断カテゴリーが作成されるまでの時間経過とほぼ等しいことに気づかされる。患者の語る出来事の背景と臨床記述とが、一九世紀と二〇世紀とでかくも一致していることは注目されてよい。

トラウマをどのように医学的に概念化するのかをめぐって、歴史的には精神と身体のそれぞれの役割について果てしのない議論が繰り広げられてきた。シャルコーは特に理論的な説明をしたわけではないが、二十数例に及ぶ症例を一読すれば、最初のうちはやはり身体的な事故から直接に障害が生じると考えていたことがわかる。つまり症状は原因に対する結果というかたちで、暴力的な衝撃や身体への損傷を直接に表現していると考えられていた。しかし細かく検討すると、シャルコーは障害を引き起こすのは身体への打撃それ自体ではなく、トラウマとなった出来事の心理的な経験、つまり出来事のもたらす感情的、理念的な影響が病理的な負荷を与え、症状を引き起こすのだと考えていたようである。すなわち主要な原因は「強度の精神的な動揺」であるとされた。[27]シャ

ルコーによれば、

生命を脅かす事故に伴う神経的なショックまたは混乱、感情は、問題になっている神経症を作り出すのに十分である。トラウマの外科的な影響、言い換えれば外傷や脳震盪を引き起こすという側面は、この疾患を重症化させる上での要素ではあるが、発症については必ずしも必須の要素ではない。[28]

シャルコーがトラウマヒステリーとして記載した症例のほとんどは身体的な事故にあい、身体症状を示していたが、シャルコーはやがて身体症状は精神によって媒介されると考えるようになった。一八七〇年代後半から九〇年代前半までの症例を年代順に読むと、純粋な感情こそが原因であるとの考えが次第に強められていく様子がわかる。

歴史的にみると、このことこそがシャルコーのトラウマ病因論の本質である。トラウマ概念の理論史を特徴づけるのは心理化の過程である。トラウマは当初は身体的、外科的なショックとして研究されたが、一九世紀を通じて神経学的あるいは「神経ショック」へと変容し、最後にはトラウマ的体験の「心理的処理」の研究へと発展した。シャルコーはこの発展の過渡期に位置する。彼は当時支配的であった解剖学と遺伝生物学とを重視する神経心理学的なパラダイムの中で研究をしながらも、それまでの医師たちよりは遥かに大きな原因的な役割を感情に対して認めていた。[29]

シャルコーにはトラウマをもっぱら心理的に考えることの危険もわかっていた。この考えには身体主義的な精神科医からの反論が寄せられただけではない。トラウマ神経症が究極的には観念や感情によって生じると示唆することは、その患者は詐病であるという古くからの非難と似通ってしまうおそれがあった。トラウマ神経症は、乗り越える意思力の欠如やあまりに感情的な人格によって、「すべては頭の中で作られた」ことにすぎないのではないか。一八八〇年代の英米では、まさしくこのような議論が鉄道事故の被害者への賠償責任を否定するために繰り広げられたのである。[30] シャルコーはこうした誤解が生じることに気づいてはいたが、ひるむことはなかった。彼はしばしば、自分がトラウマ性ヒステリーと名づけた症例は正当な医学的疾患であり、特有の主観的な現実と心理とが統合されたものであると主張した。[31] 彼はヒステリーに関する全著作を通じて、それがトラウマ性であるか否かに関わらず、患者についての価値判断や性格への言及はしていない。彼は症例報告を重ねることによって、身体疾患もしくは意図的な症状模倣、発症初期の精神疾患のほかに第四の道があるという考えを当時の医学界に定着させようとした。

あらゆる感情の中で病因として抜きんでた重要性をもっていたのは、恐怖である。イタリアの医師であるアンジェロ・モッソによる恐怖の心理学と生理学に関する著作が一八八六年に仏訳されたことは、突然かつ極度の持続的恐怖が、広範な破壊的作用をもたらし得ることをシャルコーに想起させた。[32] トラウマ神経症の患者の多くは、ごく微細な一過性の解剖的構造への損傷と、クロード・バロアが述べたように「突然死が身近に迫ること」によって極度に感情が動揺するショックとが結合したものであり、時には解剖的構造の損傷は存在しない場合もある。[33]

まさしく観念や感情がどのようにして身体症状へと変容するのか、後期のフロイトの言葉を借りれば、どのようにして「精神的過程から身体の神経支配を」獲得するのかということは、古くて厄介な科学的課題である。[34] この種の議論は純粋な臨床家であったシャルコーの知性にはなじまなかった。しかしこの問題に取り組もうとしたことはある。一八八六年の三月、彼はサルペトリエールの階段教室を満員にした聴衆に向かって「男性のヒステリー性トラウマによる麻痺の新しい二症例」と題する講義を行った。[35] 第一例目は「ル・ログ」と称された二九歳のブルターニュ出身の男性で、最近パリに来て花の配達員になったばかりだった。ある日の午後、廃兵院の橋を手押し車を押して渡ろうとしたところ、馬車が彼に接触した。負傷は軽かったが彼はすぐに気を失った。数日後に病院で意識を取り戻すと、数多くの奇妙な症状が出現した。頭痛、手指振戦、健忘、頭皮過敏症、つま先を除く下半身の触覚と温度覚の脱失。

この現象を観察した後、シャルコーは麻痺の「病理の仕組み」を考察し、事故による感情的な衝撃が「強度の脳の混乱」を患者に引き起こし、それが「意識混濁」と「自我の解離」を生じるのだと推測した。こうした心理的過程を想定する際に彼が描き出したのは、トラウマヒステリーの構造が酩酊、薬物中毒、催眠による夢遊病状態のそれと類似していることである。[36] このうち「催眠下」で精神の中で正確に何が生じているのかは不明であったが、シャルコーは暗示性の高まった状態でトラウマと関連した身体的な感覚が精神的な表象として再現されるか、あるいは「トラウマ性の観念」として精神的な表象として患者の精神の中に刻み込まれ、定着するのだろうと考えた。こうした身体的あるいは精神的な固定観念 idée fixe は「不随意的で多くは無意識的な自己暗示」の結果であった。[37] トラウマ神経症についての感情を重視したシャルコーのモデルによれば、体質または神経学的変質といった素因を持った者が（多くは軽微な）身体的事故に遭遇し、重篤な神経学的ないし感情的なショックを受け、催眠に類した精神能力の減弱した時期を経て病的な症状を呈する。

と同時に、臨床神経学者であったシャルコーは、神経系への実際の物理的衝撃が生じた可能性のある症例のことも忘れてはいない。彼のヒステリー性トラウマ研究のいくつかは機能的、器質的原因と症状形成とを区別しようと苦心したことによって、鑑別診断のための数少ない範例となっている。今日から振り返ると、病因に関するシャルコーのもっとも重要な主張は、上記の症例が示唆するようにトラウマ後の器質と心理的要素が結びついている可能性を示唆したことであった。世紀の変わり目の医師たちは、現在のこの領域の専門家たちと同様にトラウマ患者の身体と心理的な原因を熟考していた。しかしシャルコーは結局のところ、片方の原因が優勢であるという考えには与せず、病因に関する二元的な統合モデルを作り上げようと考えた。そのためにトラウマ後の精神病理は、元来の身体疾患や心理的な脆弱性という背景の上に重ね合わされたもの、もしくは「接ぎ木」されたものだということが強調された。[38] 身体的負傷とそれに付随する感情が混合性の「ヒステリー器質的 hystero-organic」な病像を生み出した複雑な症例も紹介された。[39] こうした記述が示しているように、シャルコーはトラウマの研究を通じて精神と身体の相互作用を探求していた。

最後に、シャルコーがこうした患者の説明から除外したものにも触れておきたい。フロイトとそれ以降の心理学、特に一九九〇年代の虚偽記憶症候群を巡る議論を経たわれわれの視点からは、シャルコーの研究が性的問題に沈黙を守ったことは注目される。古典時代の医学にはじめて記載されてからこの方、ヒステリーはつねに不適切な、あるいは過剰な、阻害された、混乱した性にさまざまな仕方で結びつけられてきた。シャルコーは患者が男性であれ女性であれ、ヒステリー性疾患の性的病因論の可能性は断固として認めなかった。彼のほとんどの症例報告は性にはまったく触れていない。性的要因が関与していると思われたのは、泌尿生殖系の疾患ないし機能異常が生じた症例であった。ヴィクトリア朝医学の常識に従って、男性のトラウマヒステリーを自慰などの特異的な性行為に関連させることはあったが、その場合でもやはり病因としては副次的な役割しか認めなかった。[40]

性に関する身体的、心理的な要素が暗示されることはあった。トラウマヒステリーとして報告した症例のうち二例で、シャルコーは報われない愛情、恋愛生活の破綻や離婚を患者の個人的背景の一部として記している。[41] さらにサルペトリエール病院で臨床講義のために提示され、有名になった女性ヒステリー患者をアンドレ・ブルイエの絵画、ポール・リッシェのエッチング、『サルペトリエール写真集 *Iconographie photographique de la Salpêtrière*』などで見ると、その様子は非常に性愛的である。[42] さらに詳しくみると、写真集には大ヒステリー患者の生き生きとした解説が含まれているが、そこには女性患者たちが少女時代と思春期に受けた性的虐待の記述が数多く認められる。[43]

しかしながらシャルコーもその弟子たちもこうした症例をトラウマ性ヒステリーには分類しなかった。世紀末のフランスの医師たちは明らかに患者たちの性的な側面を診察し、記述し、なおかつ女性のヒステリー患者では幼少期の強姦の事例まで記録をしていた。けれども彼らは、男女のいずれの場合についても、性的経験がヒステリーを生じさせる重要な原因であるとは考えず、そのような理論も作らなかった。シャルコーは二次的な心理化という仮説によってトラウマの概念を広げたが、男性、女性、子どものいずれにおいても、身体的ないし心理的な性的トラウマを含めるには至らなかった。また彼が出版した症例には、患者の人生の一部が苦痛なトラウマの記憶となって意識から隠されたり抑圧されているという記載はない。シャルコーの著作や、より一般的にはフロイト以前の西洋心理医学の文献は、神経症患者の生活に性的障害が見られることの十分な実証的なエビデンスを提供している。しかしこの主題は他の主題を論じた医学文献の中で偶発的に、散発的に、ごく一般的な記載として触れられるにすぎなかった。[44]

臨床的側面

トラウマへの科学的関心が深まった今日では、シャルコーの考えの多くは時代遅れと感じられるかもしれない。しかし仮に疾患の原因についての彼の考えが多くの点で時代の制約を受けていたとしても、その症例報告に含まれた観察と洞察は、二〇世紀後半の外傷後ストレス障害（posttraumatic stress disorder : PTSD）の臨床概念に決定的な影響を与えている。二〇世紀流の検査技術を用いた診断方法が登場するまでは、神経学ではベッドサイドでの直接の観察技術が重視されていた。ヨーロッパ神経学の黄金時代を通じて、シャルコーほど臨床技術の正確さで名声を博した医師はいなかった。その才能はトラウマヒステリーの著作の中にも十分に認められる。[45]

より正確にはシャルコーはこうした多くの症例の詳しい神経症候論とりわけトラウマヒステリー性の麻痺や拘縮の記述に力を注ぎ、この症候群の古典的な記述を作り上げた。同様にシャルコーは、きっかけとなった出来事の深刻さとトラウマ後症状の重症度がしばしば一致しないことも観察していた。彼の症例が経験した「トラウマ」、すなわち二〇世紀後半の精神医学の「ストレス要因となる出来事」は、命に関わる列車事故から、指先の些細な切り傷、純粋に感情的な経験まで、驚くほど多彩である。実際、重症の身体的負傷が何の精神神経学症状人ごとに相当な相違があると考えた。[46]精神症状の発生に影響するのは、出来事の強度というよりはその唐突さであろうと彼は推測した。このような論考を通じて、シャルコーはトラウマそのものの概念を巧みに相対化した。つまり「トラウマ」は実際の出来事それ自体ではなく、経験の主観的、心理的な処理の結果であり、その処理の仕方には個人ごとに相当な相違があると考えた。[46]

それと関連して、シャルコーは英国医学の先行研究に基づき、非解剖学的な局所的感覚脱失を独立の症状として記述した。彼はサルペトリエールで時間をかけて患者を診察し、一部の患者の訴える運動と感覚麻痺の局在と程度は、実際の四肢の神経と筋肉の分布ではなく一般人が理解している解剖区分の概念に従っていることを見いだした。それが「手袋と靴下」型と呼ばれる知覚麻痺または知覚過敏である。こうした症状分布を示す患者たちの診察を通じて、シャルコーはトラウマ後の器質的ないし機能的な症状と「先行する情報」との鑑別診断の重要性を認識した。[47]

もうひとつの観察は症状の遅発発症である。シャルコーの症例では、引き金となる身体的ないし感情的な出来事と症状の発現までのあいだに最大で六カ月間の時間の隔たりがあった。それまでのあいだ患者は、やがて機能不全を生じることになる手足などの身体の部分をまったく自由に動かしていた。シャルコーはこの潜在期間を「媒介の時期」「無意識的に精神が発展する、羽化のような時期」と見なしており、この時期に障害という「観念」が患者の精神の中で形作られるのだと考えた。[48]シャルコーはまた、トラウマ後の心因性健忘を記述した最初の臨床家でもあった。多くの症例で、身体的もしくは感情的に非常につらい出来事に関する記憶が、すべて、あるいは部分的に失われていた。[49]彼はまた、出来事の最初のショックがすぎた後で、身体の軽度の負傷が遷延し、修飾され、機能障害が強化されることがあること、つまりトラウマ後の症状が神経症的に増強されることにも気がついていた。

影響と発展

シャルコーが一八八〇年代に著したトラウマ神経症についての論述は、その当時は無視または過小評価をされたが、その後の医学の歴史に重大な影響を与えた。もっともよく知られているのはジークムント・フロイトへの影響である。何度も指摘されているように、フロイトの理論はシャルコーからさまざまな影響を受けていた。[50] フロイトの精神分析は人間のトラウマについての従来の学説を詳しく発展させたものである。フロイトは一八九〇年代の著作の中で医学的概念としてのトラウマを詳しく検討し、それまでは精神疾患の二次的な原因にすぎないと考えられていたトラウマを、一次的な原因であるとした。次にフロイトはトラウマを性愛への心理的な動機とその無意識的な抑圧に結びつけ、感情的な過去の深層に位置づけた。フロイトは一八八五年から八六年にかけての秋から冬に若手の神経科医としてパリに滞在したが、その時期にはちょうどシャルコーがトラウマ神経症の研究を盛んに行っており、この短い滞在は彼に決定的な知的影響を与えた。[51] フロイトが翻訳したシャルコーの神経系疾患学の教科書には、トラウマヒステリーを正面から取り上げた講義が一〇本以上も含まれていたが、このことも偶然ではない。[52] フロイトは、パリからウィーンに戻って数カ月後にオーストリアの医学雑誌にヒステリーの最初の論文を発表したが、扱われていた症例はヒステリー性麻痺に罹患した二九歳の彫金師であった。[53] 一八八六年の秋にはウィーンの医学会に男性ヒステリーに関する発表を行い、論争を引き起こした。[54]

歴史を振り返ってみるとフロイトはもっとも知的に多産であった時期を通じて、サルペトリエールの巨人であったシャルコーの症例報告から、その本人でさえ思いつかなかったか主張することを望まなかったような結論を引き出したといえる。フロイトは自分の仕事をシャルコーに負っていることを忘れなかった。『ヒステリー研究』の「第一書簡」の中で彼は「私たちはヒステリー現象の精神的な機制を発見した。それはシャルコーがトラウマヒステリー性麻痺の［…］見事な説明によって切り開いた道を一歩先に進めたにすぎない」と述べている。[55] フロイトにとってシャルコーの症例は、身体症状を純粋に心理学的に説明する可能性すなわち転換学説と、さらには神経症の一般的心理理論への道を切り開くものであった。[56]

かといってシャルコーを精神分析史の開拓者とのみ考えることは一面的である。[57] 彼は精神分析以外の精神科医たちにも大きな影響を与えている。たとえばジャネはシャルコーの晩年の生徒の一人であった。初期のジャネの二本の代表作は、哲学科の博士論文でもあった一八八九年の『精神自動症』と一八九三年の『ヒステリーの精神状態』であるが、そのいずれにも長文の豊富な臨床事例が記されていた。これらの症例報告でジャネは恐怖症、無気力、強迫、そして「二重意識」といった神経症についての、神経ではなく精神的な痕跡 stigmata を明らかにしようとした。こうした症状の多くは感情的な痕跡の結果であり、その痕跡の記憶が患者の精神に無意識のうちに固着し、精神や感情の統合を妨げている。興味深いことにこの痕跡についてのジャネの症例にはレイプ、近親相姦、わいせつ被害を受けた女性が多く含まれていた。さらにシャルコーが症例「ル・ログ」で用いた、意識の混濁、精神の解離という用語は、ジャネの心理学の用語に驚くほど似ている。今日、トラウマ心理学におけるジャネの再発見作業が精神医療者のあいだで進められており、トラウマ記憶形成における解離の役割についての議論はジャネにさかのぼると考えられている。[58]

シャルコーのもうひとつの遺産は、第一次大戦での「戦争神経症」についての記述をフランス医学にもたらしたことである。後の章でも取り上げるように、第一次大戦は人間のトラウマについての心理学的、神経学的研究の大規模な実験室といってもよかった。前線の兵士たちに心因性の麻痺、視力喪失、健忘が多発するのを突然目の当たりにして、フランスの医師たちはシャルコーに助言を仰いだ。一九一四年から一九一八年にかけてのフランス軍の医学文献をみると、一九世紀末にトラウマ神経症の症状と原因について繰り広げられた論争が短期間のうちに再現されていることがわかる。

戦争中に神経科医たちは、いわゆるシェルショックの兵士は砲弾の爆発や有毒ガスの直接作用よりも、極度の恐怖、不安、疲労に苦しめられていることをはっきりと認識した。トラウマの生じる場所は、パリの職人工房や鉄道の沿線からフランス北部あるいは北東部の塹壕へと劇的に変わったが、こうした戦争症例の症状と経過は三〇年前にシャルコーが記載したものと驚くほど似通っていた。シャルコーは恐怖の持つおぞましいほどの病理的な作用を強調したが、戦争はそれを大規模に描き出していた。[59] そのことは当時の医師にとって、男性ヒステリーが本当に存在していることの証明でもあった。

一八九三年にシャルコーが死去すると、彼の「心理学的著作」の評判は、科学、神経科医の臨床家集団、政治のいずれの立場においても失墜した。とりわけヒステリーは科学的研究の主題としての地位を失った。しかしマーク・ルドブッシュが示したように、第一次世界大戦はシャルコーとヒステリー学説への予期しない急激な回帰をもたらした。[60] ルドブッシュは軍医たちの考えと臨床活動が、シャルコー、イポリット・ベルンハイム、ジュール・デジュリンといった以前の研究者たちの業績に触発されて変容した様子を明らかにしている。[61]

戦時の医師たちの多くはシェルショックを公然と「戦争ヒステリー」と呼んでいた。[62] 一八八〇年から九〇年代にかけて「サルペトリエール学派」で学んだ医師たちは約二〇年遅れで戦争神経症について書くこととなった。シャルコーの高弟であったジョゼフ・バビンスキーとポール・ソリエは戦争による心理神経症を熱心に主張した。[63] ジョルジュ・デュマの『戦争による精神神経症 *Troubles mentaux et troubles nerveux de guerre*』（一九一八）やアンドレ・ルリィの『戦争による震盪と感情 *Commotions et émotions de guerre*』（一九一八）、ギュスターヴ・ルシィとJ・ボワソ、M・オルシュニッツらの『戦争神経症の治療 *Traitement des psychonévroses de guerre*』（一九一八）といった著作は市民生活と戦争ヒステリーの関連を如実に描き出している。[64] こうした著作では「ヒステリー性トラウマ hystero-traumatism」というシャルコーの造語までしばしば用いられている。フランス語ではシェルショックについて「震盪性かつ感情性の衝撃 le choc commotionnel et emotionnel」という一般的な表現が用いられていたが、この用語に関する文献を通覧すると、この概念がシャルコーに直接由来していることがわかる。戦時におけるフランスの医師たちが（英国の場合とは異なり）戦争の最初からこうした症例をヒステリーだと考えることをためらわなかったのは、一九世紀末のフランスにおける男性ヒステリーについての研究の伝統があったためであろう。

シャルコーの伝統の復活が典型的に示されているのは、バビンスキーとジュール・フロマンによって著され、フランス軍医のあいだで広く用いられた『ヒステリー性小児症――戦争神経症における反射秩序についての神経学的障害 *Hystérie-pithiatisme : et troubles nerveux d'ordre réflexe en neurologie de guerre*』というマニュアルの中である。バビンスキーとフロマンは、この書物の冒頭近くでシャルコーのトラウマヒステリーの学説を展望している。そこでは一八八〇年代と今回の戦争で観察された症例は類似しており、こうした兵士の問題を最初に研究した学者はシャルコーとポール・リッシェであることが記されている。

シャルコーが局在性ヒステリーにおけるトラウマの病因的役割を指摘したのは一八八六年のことである。［…］それまでこうした症状は、一八六六年のエリクゼンの鉄道脊髄症にならって、疑いもなく器質的な疾患によるものと考えられていた。

ヒステリートラウマ論は豊かな示唆を含んでおり、また最近の戦争が示すようにトラウマが精神症状の形を取って現れることは非常に多い。しかしこの戦争が始まった当時、私たちはシャルコーとアルフレッド・ヴァルピアンがこれほど明瞭に記載していたにも関わらず、[65] こうしたタイプの麻痺や拘縮のことを忘れてしまっていたようである。

バビンスキーとフロマンは同僚たちに向けて、シャルコーの教えを学び直すべきだとさえ述べた。[66] シャルコーの影響はフランス語圏における戦争医学の文献だけに留まらなかった。英国と北米の多くの医師たちも、ルイス・イェーランドが一九一八年に「戦時のヒステリー性疾病」[67]と名づけた疾病を熱心に議論した。エルマー・サザードの『一九一四―一九一八年の戦時の文献に見られる砲弾恐怖症とその他の問題』（一九一九）、ジョン・マカーディの『戦争神経症』（一九一八）、モンターギュ・エダーの『戦争ショック――戦時の精神神経症』（一九二〇）、そしてチャールズ・マイアーズの『一九一四―一九一八年のフランスにおける砲弾恐怖症』（一九四〇）などの文献はしばしばシャルコーに言及している。[68]サザードはさらにこう述べている。「この戦争のデータそれ自体が、長く疑われていたフランスのシャルコーの概念の正しさを証明しており、戦争中になされたバビンスキーの仕事は彼の師の考えを強化し、発展させるものであった」[69]。戦争神経症について第一次大戦後に登場した精神分析の文献も、機能的神経症についてのシャルコーの「トラウマ理論」こそが精神分析研究の出発点であったと述べている。[70]

シャルコーと二〇世紀

本章を終えるにあたり、シャルコーの業績の細部から離れて、彼の学説の三つの背景に言及したい。すなわち、医学史、歴史文献学、社会・文化的な背景である。

第一にシャルコーの業績には印象的といってもよいほどの科学的な持続性がある。なるほど彼のトラウマヒステリーモデルは後世になって多くの点で否定された。遺伝と変質を踏まえたシャルコーの考えは、力動的精神医学と環境主義的な社会科学が盛んになると科学的迷信として退けられた。何世紀にもわたって好奇と軽蔑の対象となってきたヒステリーの下位分類としてトラウマ神経症を位置づけようとする彼の英断は、結局は拒絶された。トラウマによる症状形成を催眠になぞらえて説明したことは、議論を明確にするどころかかえって混乱させた。シャルコーはトラウマヒステリーの縦断的経過にはほとんど注意を向けず、何の追跡研究も行わずに静態的な臨、床像を作り上げたが、その点が批判されたのはバロアの指摘のとおりである。[71] 同様に彼はトラウマ後症状の内容や象徴的な意味については、それがトラウマ化された身体もしくは以前からの身体病変を反映していないかぎりは関心がなかった。それどころかトラウマ記憶という概念についてさえ、同時代のフランスの臨床家や哲学的心理学者たちが研究していたにも関わらず、ほとんど興味を惹かれなかった。[72]

と同時に、シャルコーのトラウマ理論の多くの要素が後代のトラウマ理論に吸収されたことも確かである。同時代の中で抜きんでた地位と知性を誇ったシャルコーが一五年間にわたってこの主題を研究したということは、それだけでトラウマ神経症に正当な地位を与えるには十分であった。シャルコーが主張したのは、ある種の神経障害の中には器質的障害の他に病状についての医学的解釈や故意の欺瞞、臆病さといった心理的要素が存在していることである。疾患分類学的な立場からは、彼はいくつかのトラウマ性ヒステリーのカテゴリーを分離するとともに、上腕部単神経麻痺のような下位分類の臨床像をも鮮やかに記述した。トラウマ後に生じる器質的、および機能的な病理の鑑別に関する臨床講義には、一流の神経学者としてのシャルコーの面目躍如たるものがあった。彼はトラウマについての短期的、長期的原因の組み合わせを強調したが、それは今日の「累積的トラウマ」概念[73]を先取りしていた。付言するとシャルコーがトラウマ性ではないヒステリーと診断した症例の中には、今日ならば広義のトラウマ後ストレス症候群に吸収されるものも含まれる。[74]「ヒステリー器質性」という彼の概念、すなわち神経学的要素と心理学的要素は分かちがたく結びついているという信念は、二〇世紀後半の神経科学を予見するものであった。こうしたすべての意義によって、シャルコーが記述したトラウマヒステリーはトラウマによる心因的な身体症状形成という現象についての深い洞察を提供するものとなった。[75] 筆者の見るところでは、二〇世紀の心理的トラウマの臨床記述の中には彼の着想と観察のすべてが取り込まれている。

歴史文献学的考察

第二の背景はトラウマの研究史におけるフロイトの位置づけに関するものである。二〇世紀に見られたフロイトを中心としたトラウマの歴史論の多くは今日でも広く読まれているが、そうした議論はトラウマの研究は一八九〇年代のフロイトの論文によって（最近の歴史研究ではフロイトとジャネによって）突然に始まったかのような印象を与えている。しかし歴史的事実に照らせば、ジャネの『ヒステリー患者の精神状態』（一八九三）やフロイトとブロイアーの『ヒステリー研究』（一八九五）が出版される頃までに、欧米の医学界は数十年にわたってトラウマの起源と本態に関する議論を重ねていた。

筆者は本章のこれまでの部分で、近代の力動的精神医学における上記の代表的著作の出版に先立つ一五年間のシャルコーの業績を再評価した。それだけではなく、一八八〇年代から九〇年代の初めにかけてほとばしるように出版されたトラウマヒステリーに関するフランス語圏の書籍、学位論文、研究論文のすべては、シャルコーの研究から生み出されたものである。[76] そうした著作のほとんどはシャルコーの教えを無批判に繰り返していたにすぎない。しかし中には「教父」にさほど縛り付けられていない者もいた。彼らの著作のなかには、この主題を心理的、性的な次元に沿ってシャルコーよりも深く掘り下げたものもある。本書の他の章で、ハリントン、カプラン、レルナーは、フロイトに先立って英国、米国、そしてドイツにおいて繰り広げられていたトラウマ論を詳しく紹介している。言い換えれば精神分析が現れる前夜に、トラウマの神経学と心理学に関する豊富な論考はすでになされていた。フロイトやジャネはこうした一連の議論から直接の恩恵を受けており、この主題を単独で発見したわけではない。

この主題に関しては歴史文献学的に興味深い点がもうひとつある。すなわち一九世紀後半から二〇世紀初頭にかけての欧米の心理学における大規模なパラダイム変化におけるトラウマの役割である。その数十年のあいだに、人間科学と医学は精神機能の議論において生物学から心理学へと基本的な方向転換を行った。この発展は「力動精神医学の誕生」「無意識の発見」「フロイト革命」などと呼ばれてきた。この転換についての従来の説明は無意識の精神機能や性愛心理学、夢、心理的象徴化などに注意を向けてきた。精神分析家によって書かれた歴史の記述においては、現実の出来事としてのトラウマはせいぜい周辺に位置づけられるにすぎなかった。歴史についてのこのような主張の仕方は、フロイトその人が病理的な決定因子としての生理的トラウマに背を向けたことと（一八九八年に彼が誘惑説を放棄したことは有名であり、なおかつ多くの議論を呼んだ）、それに続くトラウマの心理主義化をよく表している。歴史文献学的に言い直せば、フロイト個人の思想の変遷が、心理科学の発展に関して現実のトラウマを無視あるいは過小評価する説明へと転換されてきたのである。

この章だけではなく本書の全体を通じて述べているように、近代の心理学と精神医学の学術的起源においてトラウマ研究の果たした役割は決して無視できない。一八七〇年から一九二〇年にかけて多くの研究者が心理的トラウマの主題に取り組んだ。[77] 米国では南北戦争を通じて「神経損傷」や「精神的負傷」の治療が盛んとなり、その経験が神経学と個人開業医による精神医学という専門を生じさせる一因となった。英米においては列車事故の被害者に見られる神経症症状について議論がなされ、そのことが暗示による治療法を促進し、やがて二〇世紀の精神療法に道を開くこととなった。一八九〇年代の英国では「トラウマ性神経衰弱 traumatic neurasthenia」が研究され、それを通じてこの病態の持つ純粋に精神的な側面が明らかとなった。心理的解離についてのジャネの学説においてもトラウマは中心的な役割を果たしており、周知のように精神分析の発展においてはフロイトが神経症の病因としてのトラウマについて思索を深めたことが重要であった。エリクゼンからフロイトに至るまで、さらにはその後も、この時期の精神科学が心理学に向けて大きく舵を切ったことを映し出すかのように、トラウマ概念の心理化は急速に進められた。二〇世紀の第一次世界大戦の戦中および戦後には、シェルショックについての医学論文が数多く出版された。すでに熱心に主張されてきたことではあるが、戦争を精神医学的に体験することで神経症の心理的な説明が急速に受け入れられ、対話による精神療法が盛んとなり、精神分析の地位が向上したのである。[78] 精神の生理モデルから観念モデルへと移行する時代の大きな流れの鍵となったのは、トラウマ概念であった。

シャルコーの時代におけるトラウマの文化

シャルコーの研究の第三の背景は、一九世紀末フランスにおいてトラウマ研究の伝統が存在したその理由に関わっている。ごく簡単にいえば、トラウマについての最初の明確な医学心理学的な論考が、なぜ一九世紀最後の三〇年間に生じたのかということである。それよりも早い、あるいは遅い時期ではなかった理由は何か。たとえばフランス革命、ナポレオン戦争、第一次および二次世界大戦のときにはなぜ生じなかったのだろうか？

歴史家の通説は、この時期に工業技術の近代化が開始されたからというものである。この近代化は必然的に鉄道、工場機械、労働事故、近代戦争における機械化された大量殺戮をもたらし、トラウマ神経症のような医学概念を生み出した。すでに示したように、確かにこうした要素は「シャルコーの時代」のフランスでは一定の役割を果たしていた。しかし戦争は人類の始まりから存在している。身体的な外傷体験は極度の工業化や近代的戦争よりもずっと以前から心理的な苦痛を生じていた。またすでに強調したようにシャルコーの症例のほとんどはトラウマヒステリーであり、近代化や工業化という文脈に位置づけることはできない。トラウマ主題への科学的関心がこの時期に高まった歴史的理由の考察には、物質的、軍事的な近代化とは別の視点が必要である。

正確には、こうした近代化は社会と文化における世界観に影響を与え、広汎な変化をもたらした。「ベル・エポック（良き時代）」という概念は、この時期のフランスを第一次大戦後に振り返って理想化したものである。現実には一八七〇年から一九〇〇年のフランスは軍事的脅威、社会および政治的混乱の渦中にあった。半年間の平和の後でフランスはプロシアとの一八七〇年から七一年の戦争に大敗し、面目を失った。普仏戦争の後でプロシアをはじめとするドイツ諸州は統一され、フランスはアルザス・ロレーヌ地方の領土を失った。この時期のフランス人の多くは流血の衝突が繰り返されると信じていたが、軍事力で領土を拡張しようとするドイツの脅威が迫っていたことを思えば、もっともな懸念であった。実際、その同じ時期にヨーロッパにおける社会的、政治的な一触即発の問題が遠い北アフリカの地にもたらされ、領土をめぐって帝国主義諸国のあいだで利害の衝突が起こっていた。[79]

ドイツという外部からの脅威は、フランス国内の混乱のためにいっそう強く感じられた。フランス国内では一九世紀後半の三〇年間に、近代化、都市化、民主化へと向かう根本的な変化が突然に生じた。[80]都市が爆発的に成長したために、郊外では新たな多くの社会的問題が生じ、あるいは目立つようになった。勇ましい左翼政党が成長し、労働者による初めてのストライキを組織した。社会に警鐘を鳴らすために出版された多くの書物によれば、当時の多くの人の目には、犯罪、アルコール依存症、売春、同性愛、結核、性病が蔓延して制御できない危険を生じていると映っていた。パリではユベルティーヌ・オクレールの率いる活発で雄弁なフェミニズム運動が、一八七〇年代の終わりと八〇年代の早期に初めて立法化という成果を勝ち取り、中流の職業男性の地位を脅かした。無政府主義者の暴力活動は政治家と公衆にとっての恐怖であった。一八八六年から八九年にかけてのブーランジェ事件、一八九〇年代後半のドレフュス事件は国家の理念を揺るがせた。[81]歴史家のロバート・ナイが指摘したように、こうした変化のために多くのフランス国民は強い不安を感じていた。[82]

このような社会的、政治的な転換はやがて民心の変化をもたらした。一九世紀後半になると社会の「医学化」が急速に進んだ。広汎な医学化の過程の中で、医学的な推論、臨床、価値観、用語が、伝統的な「前科学的」な態度や施設、実践の中に浸透した。一般向けの医学書が、第二帝政と第三共和政の初期を通じて盛んに出版された。世俗化、科学化が急速に進む中で、一般読者は社会的人生を健康と不健康、疾患という観点から概念化するようになった。パリコミューンが過ぎ去った後のフランス人は、男女を問わず、この最悪の時代を神経と精神の症状という観点から解釈していた。[83]

この章を終えるにあたって以下のことに触れておきたい。心理的トラウマが初めて医学的に語られたのが、こうした社会的、文化的な状況のなかであったことは決して偶然ではない。目を回すほどの早さで驚くばかりの影響をもたらしたこの変化に対して、百年前のフランス社会がとった対応のひとつは、こうした変化それ自体を病的と見なすことであり、このようにして心理的トラウマという概念が生まれたのである。男性であると女性であるとを問わず、個人としても集団としても、フランス人はこの社会的、政治的、経済的な近代化がもたらした衝撃を医学的に説明し、医療を通じて和らげるのがもっともよいと考えていた。第三共和政初期の「トラウマ的」出来事、社会および政治的問題の医学化、そして心理的トラウマについての科学の萌芽という、これまでに述べてきたフランス史上の三つの異なった変化は、ある種の因果関係で結びついている。[84] 精神を扱う医師としてフランスでもっとも高名であったシャルコーは、同時代の知識人の誰よりも十分に、また力強く、こうした総合的見解を表明した。[85] すなわち本章で述べたように、一八七〇年代から九〇年代にかけてフランスの医学界で開花したトラウマについての一連の著作は、単に臨床科学的な現象というだけではなく、第三共和政初期の、騒然としてトラウマ化された世界に対する文化的な解釈でもあった。シャルコーのトラウマ神経症理論のような、トラウマについての新しい理念は、急激で際限のない変化は病的であるという世の中の受け止め方を臨床観察と医学診断という新たな言語の中に公式に位置づけ、記号化したのである。[86]

もちろん、本書の第三部が示しているように、近代精神医学の誕生におけるトラウマの役割はフランスに限られてはいない。しかしフランス以外の国にもこの解釈は該当する。学会の通念によればトラウマは「近代の病理」を反映しており、その場合の近代とは二〇世紀の軍事と経済の持つ破壊的な力を意味する。本章で述べようとしたのは、この定式を拡大して近代が同時にもたらした別の側面を含める必要があるということである。つまりトラウマは機械化された労働、旅行、戦争のみから生じたのではなく、社会的、文化的な体制の不安定化からも生じたのである。広義の社会学的な意味では、ここでいう近代とは開放的、大衆的、現世的、力動的、異種的、資本主義的、自由民主主義的な文化であり、複雑で混乱し、つかみどころのないものであった。[87] トラウマという概念、理論、そして経験は、新しい「出来事」からだけではなく、人びとの感受性の変質によって必然的に生み出されたのである。人びとは今や時代の変化を脅威として、理解も制御も不可能なものとして、意識するようになっていた。このような世界においてトラウマを理論化しようとする試みは、一般市民だけではなく専門的な科学者たちにも特殊な影響を与えた。近代というあり方が人間の精神に病理的作用を与えかねないという報告は、近代それ自体への医科学的な批判でもあった。もしこのような論考が妥当であれば、一九世紀後半の欧米の医師たちが突然トラウマという主題へとこぞって関心を向けたことや、私たちが生きるこの現代において同じ主題が人びとからの差し迫った深い関心を集めていることもまた、「トラウマという文化」の形成という視点から説明し得るであろう。

第七章　トラウマ神経症から男性ヒステリーへ
——オッペンハイムの凋落　一八八九—一九一九年

ポール・レルナー

そこかしこにヒステリーがあふれている、
ヒステリーと言われないものはないほどだ。
——ヘルマン・オッペンハイム、一九一六年[1]

オッペンハイムのことは気の毒だった。善良で、的外れな男だった。
——ジークムント・フロイト、一九一〇年[2]

第一次大戦が始まって数カ月ほどが経った頃、チュービンゲン大学精神科教授のロベルト・ガウプは「戦争は重度の精神疾患の原因となる」という思い込みが広がっていることを知らされ、そのようなことは神に誓って誤りであると抗議をした。[3] 彼のベルリンの同僚であったエーワルト・シュティールはそれに加えて「医師でさえ戦争が神経に有害な作用を及ぼすといった誤った推測をしがちである」と述べた。[4]

ガウプもシュティールも戦争の最中に神経的、精神的に破綻した症例を知らなかったわけではない。それどころか両名とも二〇万人にも及ぶドイツの「戦争神経症」の診断、治療、入院に熱心に関わっていた。[5] しかしこれほど多数の戦争神経症の発症を目にしていながら、当時のドイツの大多数の精神神経科医と同じように、それが持続的な戦闘による極度の精神および神経的負担のためであるとも、近代兵器のもたらす強大な衝撃のためであるとも考えることはなかった。彼らは戦争神経症の精神状態を研究した後で、こうした者たちは戦争という不快な状況から「神経症状という居心地のよいベッド」へと逃げ込まないように耐える意思も愛国心も持ち合わせていないと結論し、彼らの願望と恐怖を非難した。[6]

戦後になってシュティールが簡潔に述べたように「精神疾患への賠償は年金のもっとも重要な問題であるだけではなく、要するに戦争に関する年金全体の中心的課題である。それが国家経済にどれほどの意味を持つのかは、どれほど過大に見積もっても過大すぎることはない」。[7] 精神医学を専門としない医師が「近代的精神医学の原理」をほとんど考慮しないために、神経症状によって賠償を求める退役軍人が増大して国家にとっての膨大かつ不必要な負担となっており、まだ産声を上げたばかりのワイマール共和国はそのために毎年一〇億マルクも支払っている。[8] ベルリンの神経学者であったクルト・ジンガーも「混沌が広がっている」ことに賛同した。このようになった理由は「神経症状の複合体をヒステリーとは異なっていると無原則に見なすような理論を、医学会全体が熱心に擁護しており、その同じ寛容さが年金認定をも支配しているためである」。[9]

ジンガーとシュティールが敵視したのは「トラウマ神経症」概念とその著者であるベルリンの神経科医、ヘルマン・オッペンハイムである。オッペンハイムが一八八〇年代に発表し、戦争の最中に再び取り上げたこの理論は、トラウマ後の神経症状は明確な診断的実体を構成しており、それはトラウマ体験による解剖学的あるいは生理学的な直接の影響によって生じるというものであった。しかしオッペンハイムの同僚のほとんどはこの症状をヒステリーか心因反応と見なしており、トラウマ神経症を批判するとともに、次第にそれへの敵意を募らせ、ついに一九一六年に「ドイツ精神科および神経科医による戦争会議」を開催してオッペンハイムの面目を失わせるに至った。

後日、オッペンハイムの主要な論敵の一人であったマックス・ノンネは、集会でオッペンハイムとガウプがトラウマ神経症問題について論じた当日のことをこう記している。

私は後にも先にもこれほど熱心に人々が参加した議論を見たことはない。三六名が議論に参加し、三〇名が私の発表に同意すると明言した。オッペンハイム教授は当時ドイツ神経学の権威ある指導者として高名であったが、彼がトラウマの解剖学的結果だと考えた「トラウマ神経症」理論においてはまったくの孤立無援であった。多くの神経学者を教育した、この非常に高名な人物は、大学の教授職につくことができなかったという現実を受け入れるのに苦心し、批判に敏感であり、この敗北を克服することができなかった。彼はトラウマ神経症という概念のために何年も戦い、この主題は「感情を帯びたもの」になっていた。一年後に彼は心臓発作に見舞われた。年余にわたる高血圧のためにその素因があったのである。[10]

ノンネの自叙伝から取られたこの文章には、本章であつかう主題の多くが含まれている。この文章には第一次世界大戦の以前とその最中のドイツにおける、精神的トラウマへの見解という広い文脈の中で、オッペンハイムの説が激しく拒絶された様子が描かれている。トラウマ神経症をめぐる議論においては多くの要因が交錯していた。オッペンハイムのユダヤ人としてのアイデンティティ、大学医学と開業医のあいだの葛藤、そしておそらく重要なのは、ドイツという国家がこの神経症のために多額の出費を強いられると思われたことである。まさしくオッペンハイムの理論は、「国家の大義」に熱心に奉仕していた世代の医師たちによって、軍事的、経済的な脅威として喧伝された。かつてヒステリーという診断はドイツの兵士にとっては許されないものであり、ドイツ男子にとってのタブーであったが、[11]トラウマ神経症への激しい反感の結果としてヒステリーという診断だけは認められるようになり、トラウマ神経症の代わりにヒステリーと診断することがドイツ精神科医にとっての愛国的な大義となった。こうしたトラウマ神経症の理論とその受容を再検討することによって、私たち自身のトラウマに対する考え方の再考が促されるものと期待している。またその考察は近代ドイツ医学の文化史におけるふたつの重要な転回点をも浮き彫りにするはずである。

一九一五年にオッペンハイムはこう述べている。「トラウマ神経症理論は改訂しては批判され、作り上げては壊されるという歴史を繰り返してきた。［…］最初にこの理論を発表したときには医学会から大きく注目されたが、やがて医学会で受け入れられ賛同者が増えてくると、反対する者の数が急激に増加してトラウマ神経症への戦いは激しさを増し、ついにこの概念は消え去ったのである」[12]。この論争の歴史は二つの観点から考えるとわかりやすい。ワイマール時代の医師における反福祉国家的な揺り戻しの中でのオッペンハイムの「凋落」と、第一次世界大戦がもっとも激しかった時期の彼の「転落」である。

ヘルマン・オッペンハイムとトラウマ神経症理論

オッペンハイムの理論と人生は密接に絡み合っているので、彼の経歴を簡単に振り返ることによってトラウマ神経症と男性ヒステリーの命運に光を当てることとしたい。オッペンハイムは一八五七年にヴァールブルグのウェストファルの町で、ドイツ系ユダヤ人の家庭に生まれた[13]。一八七七年にゲッチンゲン大学に入学して言語学を修めようとしたが、結局は、ユダヤ人としては医師になる方が生活が楽であろうという父親の意向に従うことになった。二学期にはボン大学に移り、家族の友人であった医学部のレーオポルト・ツンツ教授の下で学び始めた。一八八一年には医師試験に優秀な成績で合格し、翌年には一連の実験を行って栄養学と泌尿器学の論文を完成させた。同年にベルリンに移り、ベルリン・シェーンベルグ病院でエドゥアルド・レーベンシュタインの下で精神医学の訓練を受けた。レーベンシュタインは後の指導者のカール・ウェストファルと同様、ウィルヘルム・グリージンガーの弟子であった。グリージンガーは精神疾患を器質的な脳疾患として説明しようと努力し、「科学的」ドイツ精神医学の創立者の一人と見なされていた[14]。

一年後にオッペンハイムは同病院を去り、ベルリン大学付属の教育病院であったシャリテ病院で働き始めた。そこではウェストファルが一八六九年にグリージンガーの後を継いでベルリン大学の栄えある主任教授とシャリテ病院長になっており、彼はその助手となった。[15] 神経症研究を始めたのは一八八四年の頃である。[16] フランスの指導的神経学者であったジャン＝マルタン・シャルコーとも連絡を取り始め、二年後には「神経疾患におけるショックの意義」[17] の研究によって学位論文を完成させた。彼がトラウマ神経症理論を完成させたのは、シャリテ病院で助手を務めていたこの頃である。五年間（一八八三―一八八八）の観察に基づいて、この若い神経学者は鉄道や工場事故の後では男女を問わずさまざまな神経学的、精神医学的症状が見られることに気づいていた。

一八八九年のトラウマ神経症についての著書の中でオッペンハイムはシャリテ病院での臨床に基づいた四一の症例を呈示した。[18] ほぼすべての患者が、つまり二名の男性を除く全員が、ベルリンの労働者階級の出身であったことは興味深い。ほとんどが鉄道か、工場または建設現場で勤務していた。四一名中一六名の神経症状は列車事故に関連していると思われた。[19] 一七名には勤務地ないし工場での事故の後で症状が生じていた。残りの八名の症状が生じたのは、それ以外のさまざまな事故や災難の後であった。

失見当識、失語、起立不能、そしてさまざまな振戦と睡眠障害を説明するためにオッペンハイムは二重病因論を提案した。多くの症例において、身体的な震盪をもたらす事故の経験は直接に脳ないし中枢神経系に微細な損傷をもたらすが、微細であるがゆえに検出できず、したがって治療をすることもできない。こうした損傷は神経機能の破綻をもたらし、事故の生存者に痛みや感覚脱失、一時的な麻痺を生じるという。しかしこうした症状はオッペンハイムの病因学説の半分を占めるにすぎない。ところが彼を頑迷な身体論者であるとした批判者は、オッペンハイムがトラウマの精神的影響に注目していたことには関心を向けなかった。[20] トラウマ神経症と題された書籍の第一版と二版で彼はこのように述べている。

この疾患の発生において身体疾患は部分的な役割を果たすにすぎない。重要な、そして多くの症例において主要な役割を果たしているのは精神である。すなわち、おぞましい恐怖や感情的なショックである。外的な傷がまったくない場合でも負傷は直接の影響をもたらすことはあるが、それにしても普通はさして重大な結果をもたらすことはなく、ただ病的な精神が身体症状への異常な反応を生じることによって持続的な病気を作り出すのである。[21]

フランスにおけるオッペンハイムの論的であったシャルコーはトラウマ後の症状をヒステリーと考えるとともに、この病気が女性の生殖能力と関連しているという、あいまいではあるが根強い信念を覆そうとしていた。[22] これに対してオッペンハイムはヒステリーとトラウマ後神経症という診断を区別しようと努力していた。彼によればトラウマ神経症は独自の法則と予後を持っており、その症状はトラウマ的出来事の直接的な結果であった。シャルコーによるトラウマヒステリーの診断概念は主観的な観念や思考を強調しすぎており、病気と症状模倣の境界をあいまいにしているという懸念があった。オッペンハイムはヒステリー（神経衰弱）とトラウマ神経症の症状に重複があることは認めた上で、願望や恐怖、ヒステリーによる二次的な精神的過程ではなく、トラウマ的出来事こそが主要な病因的影響をもたらしていることを強調した。

一八八九年の著作はドイツ医学界に多大な影響を与えたが、それに続く何年間かは、オッペンハイムに個人的、職業的、研究的な不運がもたらされた。一八八九年から一八九二年にかけて、敬愛していた父親と指導者が相次いで他界し、続けて大学での地位を失い、後述のように医学界からの最初の反論を受けた。[23] ウェストファルの死後、ストラスブルグ大学のフリードリヒ・ジョリィが精神科の正教授となった。ジョリィはオッペンハイムに格別の悪意を抱いていたわけではなかったが、自分自身の弟子を連れてきてこの若い神経学者と交替させた。そのためオッペンハイムは友人に励まされて員外教授への昇進を申請した。[24]

ベルリン大学医学部はオッペンハイムの立候補を一致して支持し、ルドルフ・ウィルヒョウのような影響力のある教授たちも強く彼を推挙した。しかし当時は学術の危機の時代であり、大学の教授職は、その資格のある応募者の数に比べて遥かに少なく、オッペンハイムの応募は、文化大臣のフリードリヒ・アルトホフによって却下された。[25]

当時の大学にユダヤ人学生が目立ち始めたことによって反ユダヤ主義が勃興し、過激化しつつあった。当時のいくつかの論評が、オッペンハイムの落選を反ユダヤ主義に結びつけていたことは重要である。[26] オッペンハイムは公の場ではこの問題には触れないようにしていたが、私的な交友の中では、自分が拒絶されたのはユダヤ人であるためだと信じていることを口にしていた。事実、件の文化大臣は、昇進のためにオッペンハイムがキリスト教に改宗するか非ユダヤ人女性と結婚することを暗に勧めるほどであった。[27] ここで反ユダヤ主義についての論考が真実であるかどうかを評価する必要はない。オッペンハイムの大学での経歴が多くのユダヤ人学者と同じように「ガラスの天井」に行き当たり、フロイトと同様に彼もこの職業的な不満を反ユダヤ主義のためだと考えたことが確認されれば十分である。

名誉教授という肩書きだけを得て学術組織を離れた後、[28] オッペンハイムはベルリン北部に民間の総合クリニックを開設した。彼の神経学者としての名声は高まり続け、彼のクリニックは国際的な名声を博した。「神経学者の指導者であり、同時代の誰よりも知識と能力に優れている」[29] とされたオッペンハイムは多くの若い医師を教育し、彼の著した『神経疾患学テキスト』は弟子から「神経学のバイブル」と呼ばれ、一八九四年から一九二三年にかけて七版を重ねた。[30] この間、オッペンハイムは神経学を独立した医学分野として確立するために重要な役割を果たし、一九〇三年のドイツ神経学会の設立に尽力し、後にその会長となった。

オッペンハイムのように学問の世界から民間病院へと移ることは、当時のユダヤ人医師にとってはごく普通のことであり、彼よりも一歳年上で神経解剖の訓練を受け、シャルコーの影響を受けたフロイトの経歴も、これと非常に似通ったものであった。実際、中央ヨーロッパの都市部における精神科医と神経科医は、大学での研究者と民間病院の臨床家という大きな二つのグループに大別されていた。これらのグループは社会的地位、患者の特性、そしてしばしば医師の民族性において異なっていた。オッペンハイムは大学を離れると同時に、いわゆるユダヤ人神経学者のサブカルチャーに加わった。[31] ドイツの権威ある学者たちは大学から給与を得ていたので研究プログラムに打ち込むことができたが、民間病院の臨床家は診療から得られる収入に依存せざるを得なかった。大学や教育病院の臨床家は主に勤労階級の患者を診療していたが、民間の神経科病院を訪れたのは裕福な患者であった。ちなみに彼らの神経症や強迫はフロイトの事例報告に詳しい。オッペンハイムの名声はとりわけ東ヨーロッパのユダヤ人のあいだで高く、その多くはベルリンまで旅行をして、この傑出した神経科医の診察を受けた。[32]

医学におけるこの二つの世界の相違を知るためには、オッペンハイムがシャリテ病院で行った研究とその後の研究を比較するのがよい。シャリテ病院でトラウマ神経症の著述を行ったときにはほとんどが勤労階級の男性患者を診察していたのに対し、その後の研究では、主に裕福で教育があり、洗練された患者を対象としていた。[33] 一九〇六年の「精神療法について」と題された論文に登場する一一例は将軍、政府高官、「高名な作家」である。必ずしもすべての症例が詳しくは書かれていないが、概して彼らは、トラウマを受けた勤労者や旅行者というよりは、不安の多い中流階級の男女にありがちな症状を示していた。[34]

大学病院と民間病院では患者のタイプだけではなく、診断方法も異なっていた。民間病院では身体に起因する障害であるという診断を下すことが多く、大学病院では当時人気を集めていた心因性の診断を下すことが多かった。精神疾患については、身体因であると診断すればスティグマを生じることがなかったことにも留意されたい。オッペンハイムのような医師は競争が激しくなる医療のマーケットの現実にも直面していた。というのもドイツの都市部では神経科クリニックの数が増加していたからである。[35] 患者が好まない診断を告げる医師の待合室からは患者は遠のいたであろう。

「精神療法について」に現れる患者の典型例はこの事情をよく表している。Z夫人は足の痛みを訴え、次第に歩行ができなくなった。オッペンハイムはこの病気には心理的な原因があると考えたが、そのことを患者に告げると強く抵抗された。そこで彼は身体的な用語を使って、精神疾患につきもののスティグマを取り除きながら診断を付け直したのである。

あなたに診断をご理解いただこうとしたところ、とても難しいことになってしまいました。私の説明があなたをひどく立腹させてしまったこと、この診断がとても不快で、とうてい満足できないものだったことはよくわかりました。どうしても受け入れられなかったのは〝心因性〟という考え方でしたね。〝精神病〟と同じものだと思われたのでしょう。この紛らわしい考え方は、以前にあなたの考え方がおかしいのではないかと質問した医師についての、とても嫌な記憶を呼び覚ましてしまい、そのために一層動揺されたのですね。おかげで私には問題の核心がよくわかりました。あなたは精神的には完全に健康です。これから先も、精神の病気にかかるのではないかなどとご心配なさる必要はまったくありません。[36]

オッペンハイムは以前の診察ではZ夫人の病気の原因は精神的なものであり、本人の意志を治療すべきであると仄めかしていたのだが、その後の著作では彼女の身体の「過剰な運動」が神経（と精神）の病気につながったとし、下肢の機能を修復するために体操と運動を指示した。

これと同じように「高名な女流作家」の症例を呈示した際には、オッペンハイムは彼女の眼の症状が心因性であることを告げることができず、身体的なものと思われるような診断名を注意深く考え出したと記している。と同時に彼は患者の意向に沿って電気療法を行ったが、その恩恵は本当は生理的作用ではなく、暗示の力によってもたらされたと思っていた。後に彼は患者にこう告げている。「さてそろそろ本当のことをお話ししなくてはなりません。お話しすることにはリスクがあることもわかっています。しかしあなたからの信頼を失うという危険があったとしても、私はあなたに申し上げなくてはなりません。あなたを治癒したのは電気ではなく、この治療への信頼と情熱だったのです」[37]

こうした問題の背景に開業医の経済的必要性があったことは確かであるが、それは歴史家のエドワード・ショーターが「鶏と卵」の関係にあるとした事情の半分を構成するにすぎない。「東欧からやってきた患者たちが身体的な考えを受け入れたのは主治医の理論に従おうとしたからなのか？　それともベルリンの神経科医は自分たちの身体的な理論を広く宣伝し、「神経疾患」の方が精神疾患よりも受け入れやすいと考える患者を経営的に惹きつけようとしたのか？」[38]。ショーターの問いには答えがないが、重要な事実は、ドイツ精神医学の指導者たちが心因論の領域にますます入り込んでいったその時期に、神経科の開業医たちは身体的な説明と診断を固持していたということである。

ヒステリーとトラウマ神経症への反対

トラウマ神経症の理論は、成功を収めたがゆえに非難を受けることとなった。ビスマルクの事故保険法が一八八四年に成立したのは組織された労働者階級が革命を起こす可能性を緩和するためでもあったが、その五年後に、帝国保険庁はトラウマ後の神経症を賠償対象として認めた[39]。労働者は事故によって神経的、精神的に労働不能となった場合には賠償を受ける資格ができたのである。ドイツのビザンチン保険制度によれば、賠償は犠牲者が報酬を得る能力が事故後の症状によって減少した程度に基づいて支給された。

この法律はただちにいわば「年金神経症 Rentenneurose/pension neurosis」の流行の原因になったと非難され、そこからオッペンハイムへのすさまじい医学的、政治的な攻撃が生じた。彼が一九一五年に回想したところによれば、その攻撃の「多くはトラウマ神経症という主題だけでなく、私個人に向けられていた」[40]。トラウマ神経症が法的に認知されたことによって招き入れられた問題は、保険当局者、官僚、労働組合の指導者、トラウマを受けた患者、そして医師を、その後の三七年間にわたって（この決定が一九二六年に覆されるまで）悩ませることになった。[41] 実際には事故保険請求の中で精神症状が問題となる事例は一、二パーセントにすぎなかったのだが、この問題は現実とは不釣り合いな恐怖をもたらし、当時の批判者たちはこの法制化が誤りであり、ドイツの公衆衛生と国家の強靱さに対して重大な結果をもたらすと感じていた。[42] 賠償を求めてドイツの社会福祉の官僚を説き伏せようとするその手続そのものがトラウマ的であり、「年金闘争神経症 Rentenkampfneurosen/pension struggle neurosis」と呼ばれる新しい症状を産み出していたことは、批判者にとっては一層、警鐘を鳴らすべきことであった。批判の対象は事故の影響というよりは賠償への欲求であった。

トラウマ神経症理論は社会保障とその病理的な影響についての大きな議論の中へと押し流され、そのためにこの診断は、第一次世界大戦の戦前、戦中、戦後を通じて、異なったかたちで受け入れられた。あまたの精神科医の中でもアルフレート・ホッヘはトラウマ神経症に対するもっとも先鋭的で雄弁な批判者であった。彼は一九一〇年のフライブルグ大学の精神科主任教授講演で、トラウマ神経症が原因となって「神経的伝染病」が生じたことを嘆いた。

三〇年前にはまだ知られていなかったこの概念が、今やすべての労働者組織を蝕む癌のような疾病となっており、私たちはそのことについて正当な強い懸念を抱いております。トラウマ神経症という伝染病は単に事故賠償法の成立後に生じただけではなく、その法律とのあいだに直接の因果関係を有しております。［…］今となってはよく知られていることですが、いかに些細な事故であろうと、その後ではあらゆる神経症状が生じますし、それが一般的な心気症的な傾向と結びつくと、当人を働けなくすると同時に、その働けないという状態への賠償を要求する権利を正当化するのです。[43]

この表現でホッへは事故後の症状は賠償への病的な欲望によるものと考え、患者の病的な観念と願望だけに注目している。ホッへにとってトラウマ的出来事それ自体は何ら病的な意味を持ってはいなかった。すなわち出来事には触媒的な作用以上の働きはほとんどないと考えられた。(負傷をしたわけでもない)事故の患者に彼らが病気であるとの考えを植え付け、病的かつ病因的な願望複合体(wish complexes, Begehrungsvorstellungen)を作り出しているのはトラウマ神経症の診断であるとされた。[44]

多くの医師がホッへの反論を支持し、トラウマ神経症が「働こうとしない」労働階級の者に賠償ヒステリーの流行を産み出していることを非難した。一八九〇年にベルリンで開かれた第一〇回国際医学会ではオッペンハイムは多くの同僚から攻撃され、その有様は後の一九一六年の攻撃を予想させるものであった。[45]何人もの医師が、独立した疾患単位としてのトラウマ神経症というオッペンハイムの概念を批判し、トラウマへの幅広い病的反応を記述する一般的な用語を用いるべきだとした。あるいはオッペンハイムが、不当な賠償を得るために虚偽の神経症状を作り出す詐病の存在を軽視していると主張した。オッペンハイムはこのように回想している。

私に向けられたもっとも手厳しく、手強い批判は、詐病と賠償ヒステリーに関するものであった。こうした主張には二つの流れがあった。大多数の医師たちは精神医学、神経学の訓練を受けていなかったので、神経や脳、脊髄の病変では説明できない症状を見ると、すぐさま詐病だと考えていた。特に精神医学的な、心因性障害については彼らは何もできなかった。こうした患者たちは自分たちの苦しみをわかって欲しいと医師に強く求めることが多かったので、詐病ではないかとの疑いを抱かざるを得なかったのである。[46]

この会議でオッペンハイムに寄せられた第三の批判は素因の役割の過小評価であった。批判者はシャルコーと同様の考えに立ち、トラウマ体験は病的な体質的素因を持つ者に作用する触媒にすぎないと主張した。こうしたさまざまな反論を結びつけていたのは、トラウマ神経症の流行が財政負担を引き起こしてドイツの生産力を弱らせることへの共通の懸念である。

オッペンハイムはこれに反論した。批判者は精神医学、神経学の臨床経験を欠いている、身体的基盤の認められない精神症状の正当性を認めようとしない、トラウマ後の症状を単なる症状模倣と考えている。しかし経験のある精神科医がトラウマ問題に関心を向け始めると、彼は心理的次元が強調されて身体的側面が排除されるのではないかと心配した。

精神科医たちが症状の源泉は出来事ではなく「願望複合体」であると強調したことは、オッペンハイムをひどく悩ませた。「精神科医であれば精神的トラウマが決定的要因だと考えるのが当然である。にも関わらず彼らはこの病気の原因は事故のもたらす精神的、感情的な影響ではなく、年金訴訟が感情的な性質を帯びやすいことだという。私としても、こうした訴訟が患者の病状に影響を与えることは、早くから強調していたことである」[47]。彼は自分の理論が置かれた立場を要約し、こう締めくくった。「トラウマ神経症は至るところで削除され、禁止されている。それに代わってトラウマヒステリー概念が認められるようになったが、この診断には症状模倣との明確な境界がわからないという欠点がある。そしてトラウマを形成するものは事故ではなく願望複合体であると思われている[48]」

一八九〇年の会議から第一次世界大戦開戦までのあいだにトラウマ神経症はドイツ医学界からはますます疎んじられ、代わってヒステリーという診断が用いられるようになった。当時ヒステリーは大きな医学的関心を集めていたが、この概念は広すぎて誰にでも該当しそうであったので、多くの医師がこれを洗練して、近代精神医学の潮流に合致させようとした[49]。「ヒステリー的」とは単に刺激に対する病的な反応を示す言葉となった。独立した疾患としてのヒステリー診断は次第に減少したが、その一方で男性ヒステリー概念が広く受け入れられたことは重要である。

二〇世紀初頭にカールスルーエの精神科医であるウィリー・ヘルパッハはすでにこの問題を論じていたが、[50] 一九一一年に発表された二本の論文をみると、その年までに大きな変化が生じたことがよくわかる。一九一一年にガウプはこう宣言した。「ヒステリーは独立した疾患、すなわち独自の経過と症状を持った「疾病単位 entité morbide」ではない。［…］むしろそれは個人における異常な反応様式である。［…］今日、単一疾患としてのヒステリー概念を支持する人々の数は、日を追って少なくなっている」[51]

同じく一九一一年にはベルリンのカール・ボンヘッファーが心因反応とヒステリーとを区別した。その当時カール・ウィルマンスはヒステリー診断を完全に否定しており、ホッヘもこの用語を用いないことを提案し、ロベルト・ゾンマーはヒステリーに代えて「心因 Psychogenie」という用語を提案した。[52] これに対してボンヘッファーは、ヒステリーは精神的な体質または素因を示している点で心因反応とは異なっており、診断用語として使い続けてよいと考えた。ヒステリーの本質は意志の役割である。トラウマ的体験への病的反応は完全に正常な人々にも生じるが、ヒステリー体質を持つ者では、トラウマ的刺激に「疾病への意志 Wille zur Krankheit」が加わって長期にわたる神経症がもたらされるとした。

ヒステリー概念を熱心に再検討した精神科医、神経科医は、一八六〇年から七〇年に出生した世代に属していた。彼らの多くはやがてドイツにおける戦争神経症の指導者、権威者となり、第一次世界大戦の頃にはすでに職業的成功を収め、多くは大学の教授職に就いていた。[53] この世代は統一ドイツ誕生の前夜に生まれ、フランスへの強い敵愾心の中で育ち、国が傾き滅びることへの恐怖を抱き、極度の反フランス主義と一種の科学ナショナリズムを抱いていた。

ホッヘ、ゾンマー、ヘルパッハといった医師たちは、エミール・クレペリンの診断体系の影響を受けて、精神医学に心理学の方法と成果を持ち込もうとした。彼らは同時に精神、神経疾患の素因にも注意を向けていた。ちなみにこの若い世代の医師たちは、一九世紀中葉のドイツ医学の特徴であった個人的自由主義にはさほどなじみがなかった。オッペンハイムの理論は患者個人を対象としていたが、ホッへやガウプは、当時ますます影響力を強めつつあった集団主義、社会有機体説の立場を代表していた。優生学的な潮流の中にあった多くの同僚たちと同様に、彼らは個人の健康を国家共同体にとっての必要性という立場から考えようとした。[54]第一次世界大戦が始まってオッペンハイムがトラウマ神経症理論を再考したとき、こうした世代的、診断的な変化と、いわゆる年金神経症の流行の経験とが、彼の学説の受け止めに影響を与え、トラウマ神経症から男性ヒステリーへの診断的移行を促したのである。

戦争神経症とトラウマ神経症

ベルギーから北部フランスへと侵攻していたドイツ軍の動きが急にせき止められると、不調を来す兵士の人数が伝染病のように増加した。彼らは視覚、聴覚、発話、歩行の機能障害、不眠、振戦、そしてコントロールできない感情変化を示していた。オッペンハイムが目にしたのは二五年前にシャリテの戦争で診察をしたのと同じ種類の、トラウマを体験した患者であり、そのほとんどは勤労階級の男性であった。精神疾患に罹患した兵士の数が増加したことを受けて、一九一四年の一二月末にはベルリン工芸美術館が軍用病院に転用され、オッペンハイムはそこで二百名の神経科の入院患者を受け持った。[55]彼の記述によれば、当初はその当時広く信じられていた学説に従って、戦争神経症は素因を持った者だけに生じ、トラウマ的体験は患者の内的な構造に対して二次的な役割を演じるにすぎないと考えていた。[56]

しかしこうした患者たちに長く接した後で、オッペンハイムは以前の論文に示された理論的立場に回帰した。「戦争はトラウマ後神経症と呼ばれている症状ないし症状群についてのわれわれの以前の経験を確実なものにし、知識を深め、理論への強固な基盤を与えた」[57]。しかしこの頃までには、多くのドイツ精神科医と神経科医にとってトラウマ神経症の議論はすでに決着していた。トラウマ神経症の診断は賠償ヒステリーの流行と密接に関連しているとされ、もはや精神科医や神経科医がこの診断を下すことはなかった。

多くの歴史家が示しているように、英語圏ではヒステリーという診断が注目されて以降の数十年間に、女性であることとヒステリーの症状（女性の身体に関連すると医師たちが信じていた）をめぐって多くの論文が執筆された。[58]しかしドイツでのヒステリーへの関心は、トラウマ神経症と事故保険に関する議論に集中していた。第一次大戦前および戦中のドイツ医学では、ヒステリーは労働と関連しており、女性であることよりは労働階級であることを反映した症状の方が持続すると思われていた。[59]このために、ドイツでは兵士をヒステリーと診断することへのタブーは英国よりも早く消失した。かといってこの病気が女性へのスティグマと無関係であったわけではなく、そのことは一九一七年にノンネが「女性と不名誉」で述べたとおりであるが。[60·61]

戦前と戦中を通じて、ドイツでは戦争神経症（またはシェルショック）と平時の鉄道および工場のトラウマが同一に論じられたことが特徴的であった。[62]動員されたドイツの精神科医、神経科医は、戦争と戦争神経症を大規模な工場事故と同じように考えており、年金神経症の爆発的増加だけは避けたいと決意していた。年金神経症への懸念とトラウマについての戦前の議論とが、トラウマを負った兵士たちの扱いを開戦時より決定しており、また国家共同体の健康と経済的強靱さへの関心の高まりが医師たちの診断と治療目標に影響していた。

多くのドイツ人医師は戦闘による直接の精神的影響にはほとんど関心がなかった。彼らが恐れていたのは、戦争を契機としてオッペンハイムの理論が復活し、現役および退役兵士のあいだに集団的な不健康な疫病が広まることであった。「働こうとしない」労働者による年金神経症の戦争版である。たとえば一九一五年に神経科医のアルフレート・ゼンガーは、トラウマ神経症によって生じた「おぞましい体験」について記した。「国家への途方もない経済的損失という観点からみれば、この診断概念は経済的、臨床的な理由によって放棄されるべきである」。[63]アルトナの精神科医ヴァルター・シンバルは、トラウマ神経症理論が健康に与える脅威は戦争よりも大きいと述べた。

もしトラウマ神経症の人工的な流行がなければ、戦争後に賠償ヒステリーの患者が大勢現れて生産的活動を妨げることにはならなかったはずである。ただ単に、事故神経症という誤った教えを用いなければよいのである。影響力のある一部の医師たちがこの考えを用いたために、働こうとしない何千人もの人々を作り出し、ドイツ国民にとっての重荷となっている。思い出すのは事故ヒステリーである。これが伝染病のように広まったのは、実体もなければ対応もできない概念を導入したためである。[64]

この「影響力のある一部の医師」の代表格がオッペンハイムであることは、当時の医師には自明のことであった。[65] 同様にハンガリーの神経科医であるアーサー・フォン・サルボは、トラウマ神経症が年金神経症の体験を呼び起こすものとして敵意をもって受け止められたと述べている。「ノンネ、ボンヘッファー、ガウプ、ゼンガーらは、砲弾の破裂による精神的影響の基盤に器質的な障害がある可能性には明確に反対している。私の見るところ彼らが恐れていたのは、こうした仮定によって医師たちが、純粋に機能的な障害であっても器質的な基盤を持っており治癒不能だと考えることであった。オッペンハイムのトラウマ神経症論から生じたのと同じ危険が生じることを恐れていたのである」[66]

オッペンハイムも認めたように、トラウマ後の機能障害を持った患者は精神科医、神経科医にとって非常な時間的負担となっており、また戦争前の数年間は、こうした患者が大挙して病院に押しかけては、医学専門家からの非難の的となっていた。すでに述べたように、彼のような個人開業の医師が主に診察していたのは、トラウマ神経症の患者ではない。賠償を求める患者たちの負担を担っていたのは主として大学や公立病院の医師であった。オッペンハイムはこの状況を「トラウマ神経症への敵意の強固な原因のひとつ[67]」と考えていたが、自分の理論が国家の健康と強靱さへの脅威とみられていることや、それに反対することが医師のあいだで愛国的な十字軍的意味を持っていたことまでは把握していなかった。

戦争神経症はトラウマ神経症と診断すべきか、またはヒステリーとすべきかという問題は戦時下のドイツ医学界において激しい議論の的となり、一九一六年にミュンヘンで開かれた「戦争会議 Kriegstagung」でその頂点を迎えた。一九一四年に戦争神経症の流行についての最初の報告がドイツに届いて以来、一九一六年の会議までのあいだに、ほとんどのドイツの精神科医と神経科医はトラウマ神経症の問題を重要視するようになっていた。彼らはほぼ例外なくオッペンハイムの理論を攻撃した。曰く、神経症は心因性（または観念を原因とする）であり、戦闘状態とは関わりがなく、原因は恐怖、安全希求、賠償願望であり、ほとんどは病的体質を持った者に生じている。言い換えれば医師たちには戦争神経症に関してふたつの診断の選択肢があった。トラウマ神経症と診断し、患者に際限のない年金の支払いを保証するか、ヒステリーと診断して症状は病的な反応であるとし、年金を打ち切ってリハビリを可能にするかである。

戦時下での議論が進むうちにオッペンハイムはほぼ孤立無援となった。彼の立場は論敵から誤解を受け続けた。トラウマに直接の病理的影響があるという信念は純粋な身体論であると見なされ、論敵たちはオッペンハイムの主張を曲解したうえで神経症の心因的性質を持ちだして攻撃した。

オッペンハイムに対して繰り返し突きつけられたのは、戦争捕虜のなかには戦争神経症がまったく見られないという驚くべきエビデンスであった。ボンヘッファーは数年後に著した自伝的回想の中でこの論争を要約している。

　ヒステリーが多かれ少なかれ意識的な自己保存願望の結果であるという私の考えに根本的な影響を与えたのは、ヴェルダンの前線での観察であった。前線での銃撃戦からすぐさま病院に搬送されたドイツ兵と、捕虜となったフランス兵との反応は驚くほど異なっていた。ドイツ兵には例のヒステリー反応が頻繁に生じたのに対し、同じ前線から帰還したフランス兵にはヒステリー反応の痕跡さえなかった。フランス兵にとっては戦いは終わっていた。彼らはよく「俺たちの戦争は終わった」と話していた。したがってもはや病気になる理由がなかったのである。[68]

ボンヘッファーの言葉は、一九一五年後半から報告されるようになった戦争捕虜についてのいくつかの体系的な研究によっても裏づけられた。数千人の戦争捕虜を対象とした研究は一貫して驚くべき結果をもたらした。戦争神経症はトラウマ的体験ではなく願望と恐怖によって生じていたのである。[69]「（戦争捕虜は）安全である」とカール・ウィルマンスはドイツ神経学会総会で述べた。「彼らにとって戦争は終わっており、彼らの命は救われた。すべてのことが無関係になった。もはや砲弾が飛び交う中での地獄のような生活が続くことはなく、再び苦痛が生じるのではないかと気に病む必要もない」[70]

ガウプにとって戦争捕虜に神経症が見られないことは、戦争神経症が解剖学的障害ではなく、疲弊や過労のような身体的原因によるものでもないことの決定的な証明であった。戦争神経症は、恐怖におびえた意志の弱い者がヒステリー症状に逃避することで生じるのである。捕虜の場合にはヒステリーになっても得るものはない。「捕虜収容所では保険金も年金もなく、病気になることの利益は何もない」[71]。さらにガウプは神経症は捕虜の利益に反するとも述べた。「神経症になった捕虜は、健康な状態で故国に帰還できるまで収容所に留めおかれるからである」[72]

こうした研究はオッペンハイムを当惑させた。最初はエビデンスの正しさを疑い、神経症状を持つ捕虜が研究対象から除かれたのだと考えた。しかしメッツ、ギーセン、ダルムシュタットの捕虜収容所を調査した後では、論敵と同じ結論に達し、神経症は「不明な要因」に起因しているとあいまいに述べた。[73]ただしトラウマ神経症を支持していた頑固な身体論者からは明確な反論が寄せられた。ブダペストの神経科医であったアーサー・フォン・サルボにとっては、こうした戦争神経症の研究は身体因の確証に他ならなかった。「私はこれらの〝神経症〟が器質的に決定されていると考えている。その立場からするとこうした現象は、戦争神経症の決定的な原因が恐怖の影響ではないことの新しいエビデンスであり、砲弾による神経系への実際の衝撃であることを示している」[74]。サルボは戦争捕虜を取り巻く状況に注意を促した。「戦争捕虜がどのようにして囚われたのかを考えてみるがよい。砲弾の炸裂の影響を受けた者が生きて捕虜収容所に入ることはあり得ない。彼らは意識を失って戦場に倒れていたのだ。そのうちの誰であれ、意識を取り戻して輸送車両に乗り込もうとしたなら、生き延びることなどできなかったであろう」[75]

トラウマ神経症の論敵たちがよく引用した第二の観察は、重傷を負った、もしくは重い疾患を持った兵士には神経症症状がほとんど見られないことであった。彼らには除隊と年金が保証されているので、ヒステリー症状を示す必要がないのだと考えられた。終戦後、精神科医のカール・ペーニッツは端的に述べている。「ヒステリー症状には特別な目的があり、その症状が実際に本人の役に立ちそうなときにしか生じない。身体の病気がある人々にとっては、いうまでもなくヒステリー症状には何の目的もない」[76]

この事例はトラウマ神経症を真正面から否定するものであった。もし戦争神経症が真に衝撃や爆発の直接的影響から生じるのであれば、負傷兵はもっとも発症しやすいはずである。このことを声高に主張したのはシャリテの神経科医、マックス・ルワンドウスキであった。彼は一九一五年の評論の中で、負傷兵にはトラウマ神経症が見られないという明らかなエビデンスを提出し、オッペンハイムの理論を否定した。彼は当時の大多数の医師の考え方に従って、戦争神経症の発症を二段階の過程として考えていた。すなわち最初の原因は爆発の衝撃や極度の恐怖または戦時の困難による消耗や疲弊であり、その後でさまざまな願望がヒステリー反応を固定し、神経症状態へと変容させるのであった。[77]

同様に、フライブルグの医師であるアルフレート・ハウプトマンは、負傷兵に神経症が見られないという事実は心因説のエビデンスであるとした。一九一六年に、彼は前線における、またその後のフライブルグの神経症治療センターの主任としての経験に基づいて、このように述べた。[78] 第一に、もし砲弾の爆発が直接に神経症を引き起こすのであれば、自分の武器の発火や爆発によっても兵士に症状が生じるはずだが、そのようなことは見たことがない。第二に、爆発のときにたまたま眠っていた兵士には神経症の症状は生じない。このことからも、オッペンハイムの理論が不正確であることがわかるという。

ヒステリー説を支持する第三の論拠は、前線の後方にいて一度も戦闘に従事したことのない兵士にも驚くほど同じように神経症が生じていることであった。実際に前線にいた兵士よりも、むしろ後方の兵士の方に神経症患者が多く見られた。ガウプが一九一七年に記しているように、「(神経症症状の) 原因は戦場での砲弾や地雷の爆発、生き埋めになったり負傷したことによるショックや興奮である。症状は前線でただちに生じることもあるが、戦列を離れてから、前線に戻ることへの恐怖によって生じることがはるかに多い。最近では前線に一、い、い、度も行ったことがなく、初めて前線行きを命じられた兵士にも増加している」[79]。

民間人とりわけ女性にこの神経症が多く観察されたことも、トラウマが病因であるという仮説とは矛盾していた。戦争初期にロシアが東部に進出するとプロシア東部の町に住んでいたドイツ人女性の多くにヒステリーが発症した。ロシアが攻めてくるという恐ろしい予感のためであることは明らかであった。[80] 一九一六年にドイツの民間人を対象として開始された英国軍の空爆の後でも、女性と子どもにヒステリーが発症した。[81] ブダペストの神経病院の医師であったエルンスト・イェンドラシクたちによれば、夫や息子の安否への不安が民間人のヒステリーを引き起こした。「こうした人々のあいだでは、身体機能への外傷はまったく見られない。しかし兵士の神経症とまったく同じように、典型的な起立不能、チック、けいれんが認められた」[82]

暗示を用いた精神療法の劇的な成功を多くの医師が報告したことも、ヒステリー診断を擁護した。ノンネはドイツとオーストリアを周って催眠暗示による治療法を広め、[83] オッペンハイムのもっとも先鋭な論敵となり、ヒステリー診断を熱心に説いて回った。彼は医師たちにトラウマ神経症という診断を使わないように強く求め、この診断は治療不能を意味しており、単に誤っているだけではなく患者の予後に破壊的な影響を与えると述べた。この状態が催眠暗示を用いて早く、確実に「治る」ということは、まさしくヒステリーの特徴であった。[84]

実際、トラウマ神経症という言葉が治療的悲観論を意味していたのに対し、ヒステリー診断は暗示に基づいたさまざまな「奇跡のような治療」を促進した。医師たちは九〇パーセントを優に超える治癒率を誇り、必要とされていた労働者をドイツの工場や農場に連れ戻した。[85] しかしここでいう治療とは症状の消去と勤労能力の回復であり、年金受給の権利を完全に失うことでもあった。そのため、一八八四年に施行された保険法で含意されていた、健康と生産性とを結びつける考え方が強化されることになった。[86]

このような観察が蓄積された結果、ほとんどの精神科医や神経科医にとってトラウマ的出来事と神経症とは関連のないものとなった。すでに見たように、恐怖、ショック、年金への願望のいずれもが重要な病因となり得たからである。捕虜や重傷兵士の研究からは、戦闘に暴露されたほとんどの兵士にはトラウマ神経症が生じておらず、他方でトラウマ的な戦闘をまったく経験していない、戦地から遠い安全な場所にいた民間人にもこの神経症が生じていた。

そこで戦争神経症の原因として戦争を非難するのではなく、「故郷」に注目する医師が増加した。「女性化された」文明社会にとって兵役は「不健康」な経験ではなく、健康で活力をもたらすものとなった。[87] 神経症を持った帰還兵士の「神経症的体質」が強調され、そちらの方が戦闘のショックや生き埋め、爆発よりも重要だとされた。多くの医師が、前線近くの環境はむしろ治療的な恩恵をもたらすと考えるようになった。[88] ほとんどのドイツの精神科医、神経科医は、「戦争神経症」は戦争と無関係だという結論に達していた。戦争神経症は平時の事故神経症と本質的に同じもので、恐怖にとりつかれた意志薄弱な、怠惰な人間に生じる心理的なヒステリー的反応だと考えられた。

オッペンハイムが直面していたのはこうした見解であった。彼の同僚は近代戦争のもたらす病理的な衝撃を急激に軽視するようになった。「身体的負傷をこれほど軽視してよいという権利が私たちにあるのだろうか?」と彼は一九一六年の戦争神経症の著作に記している。[89]「確かに純粋に心理的原因から生じる神経症はある。しかし私や同僚が記してきた症状や症状群のすべてが心理的メカニズムによって生じるということはまだ証明されていない」。[90]

一九一六年の著作で彼は自分の立場を明確にし、反対者についてこのように述べた。「彼らは〝トラウマ的〟という用語には身体的損傷が含意されているとして、この用語を貶めている。他方で驚愕神経症（Shreckneurose/terror neurosis）という用語は用いているが、三つの点を見落としている。第一には私は心理的トラウマを認めており、「トラウマ的」という概念の中にそれを含めている。第二に驚愕神経症を主張する者たちの記載の中には、私が最初の著作で記した以上のことは含まれていない。第三に、驚愕神経症はすべてとは言わないが、非常に多くの場合、身体的要素を含んでいる」[91]

著作の中でオッペンハイムは特定の診断としてのトラウマ神経症と、トラウマの後で生じるさまざまな神経症の病因を考慮しない総称としてのトラウマ神経症とを区別した。後者のカテゴリーには「純粋な」ヒステリー、神経衰弱、ヒステリー性神経衰弱、器質と機能障害の多様な組み合わせ、そして狭義のトラウマ神経症が含まれた。トラウマ後の神経症には三つの原因があった。観念的原因、心理的トラウマ、そして物理的トラウマである。第一の観念を原因とする神経症はボンヘッファーのヒステリーの記述に対応しており、願望複合体を基盤とする。第二の心理的トラウマは、オッペンハイムによればしばしば見られる。第三の物理的トラウマは、トラウマ体験が神経、筋に与える身体的影響の現れである。オッペンハイムはまた、「健忘性無動症」という概念を導入した。いわば身体論と心因論の中間に位置する説明であり、トラウマ的出来事の後で神経が刺激にどのように反応すべきかを「忘れて」しまうかを記述したものである。しかしながら彼がどれほど丁寧に言葉を選んで反論をしても、トラウマ神経症の論争にはほとんど影響を与えることができなかった。

ミュンヘン会議

このような状況のなか、ソンムの戦いが頂点に達した一九一六年九月にドイツ・ハプスブルグ帝国の三百人の精神科医、神経科医が、ドイツ精神医学会、ドイツ神経学会によるミュンヘンでの戦争会議に参集した。九月二一日の朝、サクソンとババリア方面軍からの数名の傍聴者の前でベルリンの高名な精神科医であり学会理事長のカール・メリが大学精神科病院の講堂で開会を宣言した。メリによればこの会議の目的は医師たちが戦時の経験と観察を共有し、軍政に影響を与える事項について意思統一を図ることであった。[92] 戦時の懸案事項について精神医学界が統一されることは国家全体にとっての大きな利益であると思われた。

初日の発表は厳密な精神医学的問題に関わっており、順調に進められた。ボンヘッファーはベルリンのクリニックに送られてきた兵士において観察された精神、神経疾患の分類と予後について講演をした。ハイデルベルグ大学精神科教授のカール・ウィルマンスは年金神経症と、精神疾患を持つ兵士の軍隊への適応について論じた。ケーニヒスベルグの精神科医、エルンスト・マイアーは軍務が以前からの精神病に与える影響を取り上げた。二日目と三日目は、戦時の神経症と精神病とが論じられ、初日の実務的な雰囲気は突如一変してトラウマ神経症についての以前からの議論が戦争によってかき立てられ、苦い結末を迎えた。

九月二二日の朝一番の講義を行ったのはオッペンハイムであった。短い講演の中で彼はこれまでの見解を要約し、トラウマは身体と心理的機制を通じて作用するという考えも披瀝したが、これまでとは違う重要な見解も付け加えた。後に後悔することになるが、彼はさまざまな戦争神経症の中のヒステリーを過小評価していたと認めたのである。

ノンネはオッペンハイムの直後に発表を行い、催眠技法で速やかに多くの兵士の吃音や麻痺、チックなどの症状を除去して正常化できたことを示して聴衆に感銘を与えた。[93] ノンネはトラウマ神経症に対してこれまで長く続けてきた批判をここでも繰り返した。この概念は不治を前提としており、患者の回復への意欲をそいでしまう。彼は経済的懸念と科学的理論の密接な関係を指摘した後、こう締めくくった。「この主張は臨床的にも有害である。このような概念は事故の後遺症についての判断や治療評価に好ましくない影響を与えるからであり、また同様に国家の経済状態と個人の健康にも悪影響を及ぼすからでもある」[94]

三日目の最後の講演では、ガウプもノンネと同様にトラウマ神経症理論を攻撃した。大多数の神経症は恐怖や戦慄などの心理的機制によって生じる。こうした症状はヒステリー的な願望複合体と結びついており、固定した状態を産み出す。ガウプはふたつの心因論的議論を持ち出して、身体論を攻撃した。戦争捕虜と、重度の負傷や疾病を持つ者には戦争神経症がほとんど見られない。「戦争神経症の患者のほとんどは負傷していない。オッペンハイムは身体的な損傷が原因だと述べているが、数多くのエビデンスによって完全に否定されている。戦争神経症は、戦争捕虜にはほとんど見られない。彼らが重傷を負っていても、である。とりわけ捕虜交換の望みがなくなると、健康でいようという健全な意志が働くのであろう」[95]

休憩をはさんで、午前中の発表についての熱心な議論が繰り広げられ、三六名の医師が意見を述べた。[96] フリードリヒ・モルヘンは戦争捕虜についての自分のデータを示してガウプの結論を支持した。六万人のフランス兵捕虜のうちトラウマ後神経症は八人しかいなかったという。しかもこれらの捕虜の多くはヴェルダンの非常に激しい砲撃を生き延びた者であった。モルヘンは捕虜の精神的健康は解放感 Entlastungsgefühle のもたらす治療的利益によって説明されると述べた。[97] その日の午後、ハイデルベルグ大学のウィルマンスは再び捕虜の問題を取り上げ、オッペンハイムの説に反論した。

ライプツィヒのフリードリヒ・クヴェンゼルはそれに続けてトラウマ神経症を取り上げた。彼はオッペンハイムの主張する器質的過程があり得ることは認めたが、非常に稀であるとした。平時の事故神経症の経験に基づいて、クヴェンゼルはトラウマ神経症の診断は非生産的であり、混乱を生じると主張した。彼はトラウマ神経症の診断は中止すべきであると述べ、それに続けて意見を述べたストラスブルグの精神科医、ロベルト・ウォレンベルグも同じ意見であった。ウォレンベルグはガウプの見解を支持し、ヒステリーは刺激への異常な反応であり、戦争神経症のほぼすべてはヒステリーであると述べた。「ヒステリーをこのように考えることで多くの可能性がもたらされる。私たちは普通ではない症状に対してもはや別の説明を必要としない。私の見るところ新しい原因を仮定する理由はなく、これまで戦争神経症から学んだところによればオッペンハイム氏の衝撃説はもはや支持できず、最初にこの仮説が登場したときほどには根拠のあることとは思われない」[98]

ケルンの精神科医ギュスターヴ・アシャッフェンブルグは、砲弾の爆発から脳と脊髄の器質的損傷が生じやすいことに注意を促した。しかし彼は自分がオッペンハイムの立場と結びつけられないように細心の注意を払った。「砲弾の爆発の結果としての器質的障害の存在を仮定したからといって、もちろん私は、よくみられる精神・神経症状が器質的障害に起因しているなどというオッペンハイム氏の説を支持しているわけではない。それどころか、一般的に砲弾ヒステリーの典型的な症例では器質的症状はほとんどみられない」[99]。その日の討論の最後にサイジュはフランス人にあっては捕虜も民間人も、相当の爆撃を経験しても精神神経症状は示さなかったと述べた。このこともトラウマ神経症説をさらに否定する根拠となった。

翌朝の議論もほぼ同様であった。オッペンハイムはあらゆる参加者から反論された。唯一、神経科医のルートヴィヒ・ブランスがオッペンハイムを擁護する書簡を寄せたのみであった。[100]オッペンハイムは心理的要因の役割を認めていたのだが、相変わらず身体論者であると見なされ、攻撃を受けた。演者は代わる代わる身体説への反論となるエビデンスを提出し、トラウマ神経症を論駁し、オッペンハイムを孤立させようとした。ある傍聴者が、あまりの無礼さに驚いて書き留めた記録によれば、[101]アルフレート・ゼンガーは、オッペンハイムの説が不適切なのは彼が一八九〇年以降、トラウマ神経症に関心を向けてこなかったためであると主張した。つまりオッペンハイムの説は「的外れ」であり時代遅れだというのである。ゼンガーは「積み重ねられている証拠によってオッペンハイムが説得され、自説を撤回する」ことを期待していた。[102]

午後の議論の多くは治療と神経学的技法の問題に費やされた。その日の終わり近く、自説が多くの演者によって誤解され、攻撃されたことに狼狽したオッペンハイムは次のような感情的な発言をして議論を締めくくった。

私は自分の説を紹介するときに、この課題が私にとって確かに難しいものであることを述べた。しかしこれほどの困難があるとは想像していなかった。私が得た確信を、この〝猛攻撃〟のような議論とエビデンスに対抗して守るためには多くの労力が必要である。私は常にこのような原理を抱いてきた。〝敵が汝の家を打ち砕くために用いる石を、汝の家を作る土台とせよ〟。私はもう一度これを試みようと思う。しかし私が講演のなかで譲歩をして認めたことを取り戻すことはできないであろう。[103]

確かに彼が前日、ヒステリーの存在を過小評価していたと認めたことは、途方もない反対論の中での敗北宣言であると広く受け止められていた。ゼンガーの発言への返答として、オッペンハイムは「多数の決定の前に屈服するつもりはない。本質的な点で譲歩をしたとゼンガーが述べたことは、私の発言の完全な曲解である。私が述べたことは、戦争負傷者の中でのヒステリーの存在を過小評価したということである。ヒステリーがしばしば見られることは、私の最初の著作でもすでに述べている」。ゼンガーの批判を表現するために猛攻撃という用語を繰り返し用いながら、オッペンハイムは同僚の手によって彼が不当に貶められていることを非難した。「説得力のある発表がほとんど印象を与えず、まるで風に向かって話したかのようである」

ノンネ、ガウプ、大多数の演者が戦争神経症の原因を願望複合体であると述べたことは、オッペンハイムによればトラウマの著しい過小評価であった。彼は最後の発言で、同僚たちが願望複合体だけに注目して、彼の警告に注意を向けようとしないことへの不満を述べた。「公平な観察者であれば、有能な神経科医と精神科医の会合において戦争による甚大な被害がかくも無視されていることに衝撃を受けるであろう。戦争が器質的損傷を引き起こさない場合には心身にごく一過性の影響しか与えないことが自明とされている」[104]

またオッペンハイムは症状を素因へと簡単に結びつける同僚へも批判を向けた。そのような条件が備わっていたとしても、医師は患者への態度を変えるべきではない。[105] これと併せてオッペンハイムはもう一つの傾向に警鐘を鳴らした。「紳士諸君」と彼は続けた。

私たちは症状の過大評価と過小評価というふたつの大きな過ちを避けなくてはならない。本日この場に参集した皆様が一致して述べてきた意見によれば、最初の過ちは明確に避けることができたといえる。しかし私が懸念しているのは、近い将来もうひとつの過ちが治療の障害となることである。願望複合体としてのヒステリー、あるいは症状模倣という考えは、どの臨床家にとっても心地よいものである。そしてそれが、以前から私たちが知っていたような無害な古典的なヒステリーであればよいのだが。[106]

オッペンハイムの結論の後でノンネとガウプも最後の意見を述べた。ガウプはオッペンハイムが個人的感情を論争に持ち込んだことを鋭く批判し、自分は「石を投げつけた」わけではなく、科学と公益にのみ関心を抱いて発言をしたのだと主張した。[107] 次いでノンネはトラウマ神経症概念への批判を繰り返した。「今回の議論の後で、いやまさしくこの議論のおかげで、戦争における身体的負傷はオッペンハイムのいわゆる〝トラウマ神経症〟とは何の関係もないことが完全に明らかになった。この症候群は何ら特異的なものではなく、トラウマ体験が原因として働くのは広い意味での精神、つまり願望複合体を通じてなのである」[108]

その後

あらゆる臨床活動にとって、ミュンヘン会議はトラウマ神経症をめぐる議論の終わりを意味した。参加者のほぼ全員が、オッペンハイムに共感を抱いていた者でさえ、戦争神経症はヒステリー反応であり、トラウマ神経症は科学的に誤っているのみならず危険でもあるという確信を抱いて会場を去った。[109] それ以降ドイツの医学雑誌に書かれた多くの論文がミュンヘン会議を引用し、ドイツ精神医学会は満場一致で心因説を承認し、オッペンハイムはこの会議で没落したと述べた。それでもなお、オッペンハイムは一九一七年の論文で再びトラウマ神経症を取り上げた。死の二年前に書かれた論文は、不気味な言葉で始まっている。「諸君は私がこの問題を再び取り上げたことに驚くであろう。まるで死体が生き返ったかのように」[110]

しかし自分の孤立を痛ましいほどに自覚したオッペンハイムはドイツ神経学会会長の職を辞し、その後任にノンネが就任した。[111] 同時に彼はベルリン・ミュージアム病院の職からも退き、戦争神経症の治療と診断からも手を引いた。

私の理解が正しければ、批判者の言おうとしていることは、私の考えに従うことが軍の財政への負担になるということであろう。しかし私の判断を多数者に迎合させることは良心が許さない。私は心理教育的視点から、少額の年金や資金の提供を支持してきた。この点では以前の判断を変えるつもりはない。しかし、戦争神経症を精神病質的な反応であるとして障害法の恩恵から閉め出すことはできない。いずれは私の批判者の意見が正しいとわかるときが来るかもしれない。それは国家や負傷者の利益にもなるのであろう。しかし私には彼らの意見が正しいとは思えず、そうである以上は、自分自身の知識、経験、認識に従って判断をするしかない。この矛盾から抜け出すために、然るべきときの来るまで戦争神経症の診断を行うという責任を断念したいと思う。[112]

オッペンハイムは一九一九年三月に早すぎる死を迎えた。当時の多くの者にならって考えれば、それはミュンヘン会議で受けた屈辱と理論的敗北に関係していたようである。[113]数年後、神経学者のアーサー・シュテムは自分の指導者の人生と経歴を回想してこう述べた。「オッペンハイムは一九一六年のミュンヘンでの神経科医による会議での敗北の苦しみを生き延びることができなかった。その会では、高名なノンネが爆発に巻き込まれた者たちに催眠療法を施したことを発表していた。そしてオッペンハイムは診療中に、狭心症発作によって死亡した。今日であれば彼は心身的な原因によって引きこもり、そして傷ついたと言うこともできよう」。[114]本章の冒頭に記したように、ノンネ自身はオッペンハイムの死をミュンヘン会議と関連していると考えており、ドイツきってのトラウマの理論家がトラウマの影響で死亡したという皮肉を仄めかした。

トラウマ神経症の議論がきわめて個人的なものとなり、しばしばオッペンハイム個人への攻撃に堕していたことは、ドイツの医科学のなかでもひときわ目立っており、死亡の一件は会議に参加した者たちにとって忘れがたい出来事であった。[115]たとえばデュッセルドルフの精神科医、フィリップ・ジョリィは一九三〇年にこう記している。「この劇的な出来事を経験した者にとって、偉大なオッペンハイムが数十年前に自分が主張し、その後は戦争の経験とともに支持されなくなった理論を擁護するために、これほどの努力をしていた姿はとうてい忘れられるものではない」。[116]そして一九三六年には国防軍の新しい医学雑誌にシュティールはユダヤ人医師の敗北を謎めいた言葉で記し、トラウマ神経症の最期としてのこの出来事を祝福した。[117]

すでに見たように、オッペンハイムが心因説を受け入れていたことはほとんど認識されなかった。何度反論しても、ベルリンの開業医たちが作っている身体論者の世界の一員であるという思いこみは払拭されなかった。論敵は彼を身体論者と決めつけて議論をしていたのに対し、オッペンハイムはトラウマの病因的意義を論じることに集中した。彼は近代兵器が身体や神経に病的な影響を与えることを確信しており、同僚たちがトラウマ的出来事がトラウマ後の症状群に与える影響を著しく過小評価することを危惧していた。実際の衝撃やトラウマよりも、思考や願望の方が神経症に影響を与えるという考えを受け入れることはできなかった。[118]

オッペンハイムの理論にとっての不利な点は、彼が広めようとしていた身体的説明が支持されなかったことである。彼の理論とは相容れない圧倒的な数のエビデンスが彼に投げかけられた。戦争捕虜や重傷の兵士には神経症が見られなかった。戦争神経症の大多数は前線を見たことがなく、兵役を離れてだいぶ経ってから発症した。このことは彼の議論が病因論としては欠陥があることを示すと思われた。しかし筆者は、人々から無視されたオッペンハイムの論稿を再検討し、それがどのような文脈の中で受容されたのかに注目し、ドイツのトラウマ論における診断的変遷を明らかにするという作業を通じて、オッペンハイムこそはトラウマの真摯で鋭敏な理論家であると再評価するに至っている。[119]

オッペンハイムの逸話はドイツ医学文化が大きく変容してきたことを映し出してもいる。トラウマ的出来事が病因的性質を持っているという彼の考えは、ドイツの精神科医、神経科医の中では特異なものであった。彼以外のほとんどの医師は戦闘を勇敢な行為と考え、戦闘が神経と精神に与えるとされた健康な影響を祝福していた。オッペンハイムの批判者たちは自分の役割を患者の勤労能力（または意志）の再建であると考え、精神健康と経済的能力をほぼ同一視していた。軍人という職業においては年金の持つ心理的、経済的な影響への懸念が強まっていたが、オッペンハイムはそうした職業の中で苦しんでいる個人により繊細な注意を向けるべきであると主張した唯一の人間であり、そして誤解を受けたのである。

オッペンハイムの「自由主義的」ないし個人主義的な態度は個人開業医としての臨床に基づいていたが、これは当時のドイツ医学界で勢いを増しつつあった潮流とは相容れなかった。国家が傾くことへの恐怖と、社会保険に対する一八九〇年代の医学界からの反発、そして戦時中の経済的、軍事的困難とが医師たちの反自由主義的傾向を加速し、国家の精神健康に対する集団的に合理化された対応を促進したのである。トラウマ神経症の議論に参加したガウプ、ノンネ、シュティールなどのオッペンハイムの論敵の多くは新しい世代の大学精神科医、神経科医であり、個人の精神健康は国家共同体の福利の下に位置すると考える傾向が強かった。この議論では反ユダヤ主義の直接的な影響は見られないが、オッペンハイムが自らをユダヤ人の医師として自覚していたことは、過ぎし日の自由主義的、個人主義的な医学と同時に、ベルリンの身体主義的な個人開業医のグループとの結びつきを強めることとなった。

ヒステリーの伝染病的な流行への消えない恐れにつきまとわれたことは、彼の理論が激しく拒絶される一因となった。オッペンハイムの批判者はドイツの経済的、軍事的な力が不安定になっていると思い込んでおり、この議論を愛国的な闘争と見なし、賛否いずれの側も軍事的な比喩や死のイメージをしばしば用いていた。その結果、議論は常に軍事的な用語と死にまつわる隠喩に覆われたが、それはオッペンハイムの没落と死亡の不吉な予兆でもあった。オッペンハイムとその学説は国家の大義にとっての脅威と思われており、大学の指導者にとってそのような印象は彼がユダヤ人であることと学者集団の外にいたことによって強められた。トラウマ神経症の敗北は敵の敗北と同じように祝福を受けた。オッペンハイム本人とその理論のいずれもが「年金神経症との戦い」の中で集中砲火を浴びた。戦争の開始以来、ドイツの医師たちはこの戦いにそなえて「覚悟を決めていた」のである。

にも関わらず、一九二六年にボンヘッファー、ホッヘ、シュティールらの努力によって一八八九年の国家賠償法が覆され、ほとんどの心理的トラウマの症例が年金保障から閉め出されるまで、オッペンハイムの理論は生き延びた。[120] 最終的にオッペンハイムは（本人が記したところでは）「トラウマ神経症のための戦い」と生命の両方を失った。シュティールの言葉によれば「精神病質的な反応に対する［…］精神医学的判断をめぐる戦いに敗れたのであり、かくして新しい時代が始まったのである」。[121]

第八章　一九世紀末から二〇世紀初頭にかけての米国精神医学における女性の性的トラウマの成立

リサ・カーディン

一八七一年の春の終わりに、三〇歳の裁縫師が「急性錯乱」と診断されてニューヨークの有名な精神科病院に入院した。[1] 入院の数週間前から彼女の状態は悪化していた。感情が不安定で食事も睡眠もまともに取れず、衰弱してうちひしがれていた。家族によれば「服を引き裂いたり髪の毛を引き抜いたり、騒々しくて話もまとまらないし、乱暴をすることもありました。世話をしてあげようとすると反抗しますし、当てもなく歩き回って、落ち着かないのです」[2] という。この患者は成人してから常に精神状態が悪かったので、今回の苦しそうな状態も、そのすべてではないとしても基本的にはそれまでとほとんど同じだと思われていた。しかしそれは見かけのことにすぎなかった。さらに詳しく診察すると、身体の至るところに傷や痣が見つかった。明らかにモルヒネの習慣的な注射跡であった。

主治医は当時のモルヒネ依存の治療指針にしたがって毎日クロラールを処方し、回復を促すためにベッド安静と十分な食事摂取を指示した。この指示を守って数週から数カ月が過ぎる頃には彼女は目に見えて回復し、落ち着きを取り戻した。八月になって実に久しぶりに月経が再開したことは、健康を取り戻した確かな証しだと思われた。ところが月経周期の再開に伴って彼女の右の乳房がひどく腫脹し、その重みを支えてつり上げるためには貼り付け式の紐帯が必要になった。最初のうち、主治医はこの新しい症状を純粋なヒステリーだろうと推測した。「身体器官が再開された月経機能に共鳴した活動をしている」[3]。しかし乳房から鋭利な物体が飛び出し、よく見るとそれが破損した針だということがわかると、医師たちは当初の仮説を疑い始めた。その二日後にもう一本の針がほぼ同じ場所に埋もれていることがわかった。「私たち皆が考えたただ一つの結論は」。この症例を最初に報告したニューヨークの精神科医であるジャドソン・アンドリュースは説明した。「この患者はモルヒネ依存とヒステリーの両方を持っており、モルヒネの皮下注射をした際に、針が皮膚を経由して体内に入ったというものであった」[4]。しかしこの最初の見立ての後、彼女の経過は不安定でわかりにくいものになった。

このとき［八月二九日］から九月二八日までのあいだに、乳房から毎日一本から五本の針が取り出された。その後、一〇月と一一月になると針は左の乳房、腹壁、恥丘、陰唇、膣などの、身体のさまざまな場所から取り出された。何本かは尿道を貫いており、痛みのために排尿が困難となっていた。また何本かは膣を横切るようにして、両端がそれぞれ膣壁に刺さっていた。[5]

彼女の苦痛は一八七一年のクリスマスの日に終わりを迎えた。長い、痛ましい病苦の断末魔の苦しみとともに彼女は亡くなったのである。アンドリュースの記録には公式な死因は記されていないが、検死記録からは長引いた肺炎の合併症によることが推測される。容赦のない自傷行為によって彼女の免疫機能が低下していたことを考えれば、この説明はほぼ納得のいくものである。ただし奇妙なことに、医師は彼女の傷を死の要因としてはまったく考えていなかった。彼女が死亡するまでに約三百本の針が身体から取り出されていた。その大部分は乳房、性器、腹部からである[6]。アンドリュース医師によれば「取り出された針はすべて錆びており、体内に長期間とどまっていたと思われた」[7]。自分自身で針を体内に挿入したという状況証拠は積み上がっていたが、「彼女は針を飲み込んだことも皮膚に突き刺したこともないと、何度も強硬に否定した」[8]。この件について患者が語った言葉はこれだけである。

この症例報告の記載には部分的に詳細な箇所もあるが、これほど苦しんでいた女性の感情的な側面についてはほとんど知ることができない。罹患していた精神的、身体的疾患についての簡単な言及はあるが、自傷行為という経験を彼女がどのように受け止めていたのかについては記されていない。なぜこのような行為をしたのか、そう呼んでよいのなら、なぜこのような表現方法を選んだのか。マゾヒスト的なこの行為が、入院するまでの彼女の生活とどのように関係していたのかは何もわからない。主治医が症例報告をしたのは医学的な好奇心のためである。「誰にも解けない謎である」[9]。医師たちにとってこの謎の中でもっとも不思議であったのは身体に埋め込まれた針であった。針は熱心に数えられ、その位置、状態、取り出し方が注意深く記載された。しかし針がそこから取り出された身体の方は、単なる一時的な容器のように扱われた。身体には痛みがあるということは理解されていたはずであったが、痛みについての記述は報告書には見当たらない[10]。患者は三百本の針を持った女という存在に変容し、身体という現実を持った人間ではなくなってしまった[11]。彼女自身の主観は症例報告の中では消えてしまい、その身体も医学という科学に奉仕するだけのものとなり、医学の中に蓄積された奇妙で不思議な話をまたひとつ増やしただけであった[12]。

アンドリュースは当時の症例報告の模範的習慣に従っていたが[13]、患者の背景、性格、嗜好などについてはほとんど記載していない。しかし彼が詳しく記載した箇所を手がかりとして、彼女の苦痛がどのような状況で生じたのかを多少は理解することができる。この事件の当事者であった女性は、すでにみたように最後の入院のときには三〇歳であり、それ以前には女性にとって尊敬すべき仕事である裁縫をしていた。

働いていた時期には独身であったが、それ以前の結婚や出産の記録はない。アンドリュースは人種と社会階層を明確に記録していないが、この病状が彼女自身の責任であるといった記載がないことや、比較的高度の医療を受けたことを考えると、患者は中流階級の白人であったと思われる。さらにアンドリュースは彼女の主治医が

「精神疾患への遺伝的負因はない」と判断したと記している。[14] この記載だけからは断定はできないが、この患者が人種、社会、文化的に例外的な存在ではなかったことが推測される。また母親が娘の状態と治療、行動への心配を繰り返し述べていたことも報告されている。つまり患者は治療に当たった医療者が思わず共感するような家族の出身であった。[15] しかし母親がこれほど親身になって心配をしていたにも関わらず、母親も、その相談相手になっていた治療者も、[16] 娘の状態については「何一つ明らかにできなかった」。[17] 患者は感情的にひどく不安定になっていただけではなく、頭痛、リウマチ、ジフテリア、肺炎といった身体疾患によっても苦しんでいた。患者が経験した心理的な苦痛については、少ないが重要な記述がある。アンドリュースによれば彼女は「非常に神経質で興奮しやすい体質を持ち、感情が高ぶりやすく不安定である。楽天的で活気が出ることもあるが、すぐに表情が暗くなり憂うつになる」。[18] 後には「苛立ちやすく、不機嫌になり、人のあら探しをし、看護をする者のあいだに不和を引き起こそうとしたり、必要のないケアと付き添いを要求する」かと思えば「異常なほど朗らかで、陽気で、愉快そうで、周囲の者にお世辞を言い続けるといったさまざまな感情状態」[19] になった。

これほど時間の経ってしまった現在となっては、この女性の苦しみの原因を確認することはできないが、現代の臨床家がこの記録を読めば、ほぼ確実に、何らかの性被害を受けた可能性を探索するであろう。何よりも彼女は持続的に感情が不安定であり、入院を必要としたと思える時期が何回かあった。極度に不安定になったときには自殺のことを強く考えていた。[20] 主治医たちは月経周期が何らかの影響を与えて「ヒステリー」を発症しているのだと考えていたが、要するに彼女の状態を、女性の精神疾患の多くは子宮から生じるという当時の一般的な知識に何とか当てはめて解釈しようとしていたのである。[21] もちろんこの症状にはさまざまな解釈が可能である。その中でも過去に性的トラウマがあったことをもっとも強く示唆しているのは、彼女が保護室に閉じ込められているときに性的な形でのアクティング・アウトをしたという事実である。ある医師によれば彼女は「話し続け、落ち着きがなく、神への冒瀆や猥褻な言葉を口にし、「狂気の発作に襲われたときは」髪の毛を引き抜いた」。しかも彼女は身体の痛みは感じることがなく、後には「何が起こっているのかについてまったく意識がなかった」[22]。性的な興奮と心理的な解離との組み合わせは、重度のトラウマを負った患者の行動についての現代の研究とよく一致している[23]。しかしこの解釈へのもっとも強力な支持は、身体の中で女性のセクシュアリティともっとも深く関わっている部位に対する慢性的な自傷行為である[24]。怒りの爆発の後で医師が観察したところによれば、彼女は皮膚の下に隠されていた何百本もの針のことなどまったく知らないと大声で言い張った。わかった上で知らないふりをしていたのか、あるいは解離をしていたのか、またはその両者が組み合わさっていたのか、いずれにしても被害の当事者に自傷行為が生じ、しかもその意味するところを直視できないことは、性的トラウマに関する近年の多くの研究が等しく描き出しているところである[25]。いうまでもなくこうした分析のための基本的概念は、一八七一年の夏にこの手に負えない患者を理解しようと苦闘していた医師たちにはまだ手の届かないものであった。

この世紀の変わり目はアメリカ文化のトラウマ史にとって魅力的な時期であるが、ほとんど研究が進んでいない[26]。他国では同じような主題はすでに研究の対象となっているが、米国ではトラウマと女性のセクシュアリティ理論の登場についての歴史学研究はほとんどなされていない。本章での筆者の目的は一八七五年から一九二五年にかけての、米国の医師、精神科医、精神鑑定医、心理士たちによる女性のトラウマについての初期の概念化を再構成することである[27]。この取り組みのために、広い意味では、現代の米国における女性の性的トラウマについての一貫した言説がどのように形成されてきたのかも併せて検討する。狭い意味では、この主題についての議論で取り上げられてきた要素と、主要な登場人物を同定しようと思う。性的トラウマについて最初に語ったのはどのような人々だったのか。どのような専門職で、どのような学派に属していたのか。どのような施設に所属していたのか。この問題のどのような側面に関わっていたのか。どのような学術的、社会的、文化的潮流が彼らの考え方に影響を与えたのか。このような女性の経験について、明確な、まとまりのある考察がなされたのか、それともこの時期の先駆的な考えは、散漫な、とりとめのないもので、この主題とはわずかに関連していただけだったのか。そして最後に、この半世紀のあいだ、性的トラウマへの取り組みはどのように進展したのか。これらの問いのすべてに明確に答えることは不可能かもしれない。しかしこの主題は米国の成人女性と少女の生活における性的虐待という広汎な問題を理解する上で大きな意味を持っている。筆者としてはこの章の中で、この主題を歴史的に考え直すための遠大な作業の重要な第一歩を記したいと考えている。

本章の読者はすでにご存じかと思うが、心理的トラウマの初期の科学的概念は一九世紀末のヨーロッパ、特にフランス、英国、オーストリア、ドイツに現れた。それらの国々では新たに登場した「鉄道脊髄症」「トラウマ神経症」の問題が熱心に論じられ、フロイト、ジャネ、シャルコーらが時代を画することになる著作を発表した。[28] 米国の医師たちはトラウマに起因する疾患の「発見」には加わっていないが、最新のヨーロッパの知見を熱心に自分たちの精神医学の発展に取り入れようとはしていた。多くの論者が、トラウマが精神症状を、とりわけ身体化症状を引き起こすという考えを受け入れていたが、この種の精神疾患の分類と体系化は非常に混乱していた。ヨーロッパと同じように米国の研究も「トラウマ神経症」という多彩で幅広い病態と「トラウマ性ヒステリー」「トラウマ性神経衰弱」といった個別の疾患とを扱っていた。ごく稀にはトラウマ神経症を独立した診断カテゴリーと見なすこともあった。[29] 当初の用語法はあいまいで矛盾していたが、一八九〇年代には米国の医学界はこれらのカテゴリーの相互の関係についてほぼ合意に達した。一九世紀末には、用語の不可避的な流動性はある程度残っていたものの、トラウマによって誘発された精神疾患は独立した概念ではあり、そのほとんどはトラウマ神経症として分類されるということでほぼ医師たちの同意が得られていた。[30] 一八九五年にこの領域の最新の知見を展望したフィリップ・クナップによれば、「トラウマ神経症」という診断の導入によって「定義のあいまいなさまざまなトラウマ性の精神疾患に果たして違いがあるのかということが議論されるようになり、混乱を生じる個別の診断にかえてトラウマ神経症という一般的な用語が使われるようになった」。さらに「ヒステリー、神経衰弱、舞踏病、神経痛、てんかん、はすべてトラウマを原因とする神経症に分類することもできるが、診断にあたっては、可能なかぎり、正確な術語を用いる方がよい」とも記している。[31]本章で扱っている時期のすべてを通じて、米国の医師たちは当時のヨーロッパの医師たちと同じく、旅行中の事故をトラウマ神経症の中核的な前駆型であると考えていた。ポール・デュボワの著した「神経疾患の精神的治療」は広く引用されている論文であるが、そこでは「さまざまなトラウマは、特に鉄道事故は、「トラウマ神経症」と呼ばれてきた神経症を生じることが多い」と書かれている。[32]アーチボールド・チャーチとフレデリック・ピーターソンは、こうした出来事が病因として作用するのはそれらが本質的に恐怖という性格を持っているためだと考えた。「鉄道事故では恐怖という要素が極限にまで増大し、その結果として被害者には精神衰弱とヒステリー、またはその組み合わせが生じやすい」。[33]この当時の米国の医師たちが熱心に論じたのは、事故がどのようにして神経疾患を生じるのかであった。

トラウマ後症状の発生をめぐって、さまざまな身体的、精神的要素の役割が論じられた。一九世紀の米国医師たちは問題となった出来事による神経疾患への影響を考えていたが、必ずしも直接の因果関係を想定していたわけではなく、やがて心理的な要素にも関心を向けるようになった。かといって身体への外的な障害とトラウマとの関連が論じられなくなったわけでは決してない。心理的要因を考慮しているか否かに関わらず、事故とその結果についてのこの時期の医学的議論の中では、トラウマ神経症は心理以外の状況との関連で論じられることがほとんどであった。トラウマ的出来事それ自体とその影響を区別することは重要である。医師たちは感情的要因だけを持った体験がトラウマとなることはなかなか認めようとしなかったが、身体的外傷が心理的な衝撃を与える可能性は早い時期から広く認めていた。つまり、苦痛な体験が引き起こす恐怖の程度によって症状が形成されると考えられていた。ここでもまた鉄道事故は、トラウマを引き起こす出来事の範例となった。

一九世紀後半と二〇世紀初頭の米国医学の全体的な傾向は、程度の差こそあれ、身体と心理に影響を与える出来事のいずれもがトラウマを引き起こすことを認めていた。神経科医のチャールズ・ダナはトラウマ後の状態を記述するために普通に使われていた「ショック」という用語に対する自分自身の定義として「身体的ショックでは暴力的外傷や突然の失血によって生気抑うつが引き起こされる」「精神的ショックでは感情によってうつ病が引き起こされる」と述べ、「ショックにはこの両方の要素が含まれることが」多いと考えた[34]。同様にW・B・アウテンは「神経衰弱とヒステリーはトラウマによって生じる。負傷による影響は身体と心理に作用する」[35]「さらに身体的ショックが精神的ショックと結びつく場合もある。そうした事例は特に鉄道脊髄症に多い」と断言した[36]。医師たちは身体的、心理的な影響の両方によって症状を生じることは認めていたが、両者の比重をどのように推測するのかは諸家によって異なっていた。トラウマ的出来事の代表は身体的負傷であった。これに対してトラウマ神経症は、身体的トラウマが精神的な形を取ったものだと定義された。ダナはこの事情についてこう述べている。「神経症や精神病を引き起こすのは身体的負傷ではなく、精神的な印象、衝撃である」[37]。フランク・エリィの補足的な展望を読むと、こうした考え方がさらに発展したことがわかる。「何らかのトラウマ神経症がまったく身体的負傷を伴わない、単なる恐怖や戦慄から生じるという事例は多い。その場合でも症状は複雑で慢性化し、器質的な障害が強く疑われる出来事に遭遇した場合と同じように、重症化する」[38]。一九世紀末にモートン・プリンス医師はこうした解釈の潮流を整理した。「初期の議論においては身体的要素に重点を置く傾向があったが、後にはそれが逆転し、感情的、心理的要因が重視されるようになった」[39]

ここまでの記述で明らかなように、米国のトラウマ神経症理論家たちは、患者が男女のいずれであっても、この神経症の発症において性的トラウマが病因的役割を果たす可能性については検討しなかった。彼らがジェンダーやセクシュアリティを完全に無視していたというわけではない。しかしこうした主題が浮かび上がった場合には、うやむやにはされなかったとしても、周辺的な出来事だと見なされることがほとんどであった。トラウマに関する初期の論考にみられる症例記録の圧倒的多数は、労働か旅行中の負傷に関するものである。こうした事例は近代化によって生じたという一般的な見解と、近代の急激な変化の影響を受ける活動に従事するのは相変わらず男性が多いという事実とをあわせて考えると、症例記録が男性だけを扱っていることは不思議ではない。トラウマによる神経疾患は女性においてもしばしば見いだされたが、ビクトリア朝後期の医学にとっての典型的な患者は男性であった。[40] ある観察者の言葉を借りれば、この疾患にかかるのは、女性よりも男性の方が「はるかに多かった」。[41] 女性の神経疾患と生殖器官との関係を自明のこととする歴史的な考えが決して終わっていなかったにも関わらず、[訳注1] 女性の神経疾患をトラウマ性のものとして理解する必要があるとは信じられていなかった。

医師たちが性的トラウマに直接取り組むようになったのは二〇世紀になってからのことであるが、それでもなお継続した研究はなされなかった。この主題は、不規則な、まるで楕円周期を描いて近づいたり遠ざかったりするような仕方で言及された。そのことは一九一五年のスミス・エリィ・ジェリフィーとウィリアム・A・ホワイトの『神経系の疾患 *Diseases of the Nervous System*』という教科書によく示されている。彼らはトラウマへの反復的暴露が病因として影響する可能性を論じながらこう述べている。「相当の期間にわたって性的なトラウマの被害を受け続けた者でも神経症を発症しない場合があることは容易に理解できる。しかし身体的負傷や持続的な過労によって抵抗力が減弱した場合には神経症が出現すると考えてよい」。[42] 性的トラウマという概念を文献に初めて登場させる良識は示されているものの、この記述から得られる具体的情報は非常に少ない。この教科書の著者たちはトラウマ神経症を詳しく論じたが、主に男性のトラウマ体験に関心を抱いていた。彼らは「性的トラウマ」を定義していないが、事故や過労によって神経疾患に対して脆弱になった人々を主題としていたのであって、本章の冒頭で私が記載した報告によって示唆されるような経験を想定していたとは思われない。ジェリフィーとホワイトがそれとなく述べているのは過剰な性的行為の影響であり、それは通常は自慰行為、節度のない性交、または「不自然な」性行為を指していた。それを裏づけるかのように、彼らはトラウマ的出来事による刺激に抵抗する個人の能力ないし意志を、精神健康への影響にとって重要であると考えている。彼らがこの例を挙げたときに何を想定していたとしても、この記述を見るかぎり、性的トラウマを正面から取り上げた情報はきわめて乏しいといわざるを得ない。[43]

トラウマについての「公式」な理論家が性的トラウマの研究に熱心でなかったとはいえ、当時の米国の精神科医たちがこの問題をまったく無視していたわけではない。精神鑑定医、精神科医、その他の医師や科学者は当時のヨーロッパの性科学の成果によく親しんでおり、特にリヒャルト・フォン・クラフト・エービングやハーブロック・エリスの著作を熟知し、この領域の研究は加速しつつあった。[44]とはいえヨーロッパでも米国でも、性的虐待が犠牲者の人生に与える影響を扱った研究は比較的少数であった。早期にみられた例外的な文献は一九世紀パリのレイプについてアンブロワーズ・タルデューが行った、よく引用されている研究であり、そこでは性被害者の深刻な身体的、心理的な影響についての詳しい臨床記録が収められている。[45]しかもそこでは性的暴力の加害者は被害者を熱心に看病していたことも明らかになっている。[46]性的負傷に関する文献は次第に増加したが、その中にあって、一九世紀後半と二〇世紀前半の米国で医学的理解の進展がきわめて遅かった性被害の主題がふたつある。性器虐待 genital abuse とレイプ、特に婚姻内レイプ marital rape がそれである。[47]

このふたつの研究領域を検討すると、当時の精神医学の研究者たちがどのような疑問に取り組み、時間とともにどのような進歩を遂げたのかについての重要な情報が得られる。トラウマ化されたセクシュアリティについての当時の概念について研究者が何を語っていたかという点が貴重であるだけではなく、彼らが何を語らなかったかということからも豊富な示唆が得られる。レイプと性器虐待についての医師たちの著述をこのふたつの視点から検討することによって、そのような著述がなされた文化的文脈を洞察し、ジェンダー間の関係、性的規範、社会習慣、ジェンダーに関する医学的な専門分野の発達において何が重要な契機となったのかを理解することができる。

冒頭の記述が意味していたように、女性の性器虐待についての医学心理学的な議論は、科学的な言説としての性的トラウマがどのような背景で出現したのかを独自の観点から示している。この主題についての個別の症例記録と一般的な説明とを並べてみると、その範囲、概念、そして議論の進め方が驚くほど酷似していることがわかる。類似の程度は一定しないが、以下に紹介する研究のうちで他とは異なった独自の説明をしているものは一件だけであり、その論文では精神分析的な心理学者によって、同じ職業の大多数の同僚とは異なった問題設定がなされている。[48]

その他の性器虐待についての論文の顕著な特徴は、表面的な分析しかなされていないことである。出版された症例記録が短く、しばしば当惑した様子で記載がなされていることに加え、こうした記録が明らかにしている背景的な仮定、提起している疑問、到達した結論のいずれもが表面的でしかない。報告された症例数が少ないだけではなく、その記述は事実についても解釈についても一般的に簡素である。[49] 専門家としての職業的習慣に従って、個々の患者は偽名ないし多くの場合にはイニシャルによって、個人が特定されないように表現が修正されている。背景となる情報もある程度は変更されていたと思われるが、特に記載がないことも多い。背景情報が提供されていた場合でも、通常は年齢、社会階層、職業などに限られている。二〇世紀の転換期の医療に見られた決定論的な論調と軌を一にして、多くの記録には、患者が遺伝的に精神疾患への素因を持っていた可能性が簡単に記されている。[50] その背景として当時の研究者たちは、説得力のあるエビデンスの有無にかかわらず女性に見られる障害の多くは自ら招いたものであると推測しがちであった。このような結論を疑う余地のない症例も多く存在していたが、加害者の有無がまったくわからない場合もあった。フィラデルフィアの医師であったセオフィラス・パルヴィンは、きわめて不完全な二次的報告に基づいて、鉤編み針から金属コップ、陶器の人形といった驚くほどさまざまな物体が「意図的にせよ、過失にせよ、本人自身の意志によって」膣の中に挿入された症例を報告した。[51] 当時の論文の一般的傾向に従って、外部から強要された可能性はまったく考慮されなかった。[52]

生殖泌尿器への異物の挿入に関するこうした報告の多くでは、著者たちの一見無関心な態度と、彼らが目にした物体の大きさ、形、組成、数について興味が釘づけになっている様子との対比が際立っている。こうした観察者の中でもっとも慎重だったパルヴィンは「膣は他のどのような生体の凹みよりも異物が入れられることが多く、またその種類も多彩である」と述べている。[53] 医師たちが物体の量について変わらぬ関心を抱き続けたことを示すかのように、彼は「体内の異物がもっとも多かったのは、閉じた針箱が膣の中に入れられ、中で開いて針が飛び出した場合であった」[54]。この行為にどのような性的な意味があるのか、どのような苦悩がこの行為をもたらしたのかは論じられていない。重要なのは針の数であった。

同様に注目すべきは、研究者は決まりきった作業として、時には誇らしげに、自分たちが発見した物体や、それが発見された状況を数え上げていたことである。特に変わった異物を報告したトーマス・カザック医師はこう述べている。「私はこの患者には子宮癌があると思っていたのだが、その代わりに私の指が触れたのはきわめてぶよぶよとした、もろい塊だった。私が取りだしたのは、病歴から考えると七、八カ月近くは子宮にあったと思われる、次のような物体であった」[55]。彼は患者の子宮から取りだした物体を注意深く検査した。そこにあったのは、南京錠がひとつ、魚の背骨が二本、ガス管が一本、ナッツの殻がひとつ、ネジが四個、ゴム管が一本、電球のかけら（彼曰く、挿入されたときには壊れていなかったはずである）、中程度の大きさの果物の種が二個、大きな砂岩が一個、多くの結石であり、「すべてが泥や綿、チーズ、もつれた髪の毛と絡み合っていた」[56]。W・E・ジンキンスは同様に多くの物体が見られた症例を報告した。カザックと同じように、彼もまた発見した物体の詳しい記述を残している。ワイヤー式ホッチキスが二本、靴紐の留め金が一つ、画鋲が五個（うち二個のサイズは四であり、他の三個のサイズは三）、真鍮のボタンが一四個、真鍮のねじが一本、靴のボタンが三個、真珠と骨でできたボタンが一七個、金属製の注射器キャップが一個、真鍮のワッシャーが一六個、ライスボタンが二八個、安全ピンが一個、真鍮のスティックピンが一一個、一〇セント硬貨が一枚、ブリキでできた煙草缶のタグが一二個、壊れた宝石が一個、鉛筆が一本（長さは一インチ四分の三）、鉄のリベットが一個、鋳鉄のかけらが一個（重さは六〇グラム）、裁縫の指ぬきが五個、コルク栓が二個、ゴムの注射器が一個、止め釘が一本、ブリキの小さなかけらが一個。[57]「これらすべての物は、古い靴下をほどいた二オンスほどの糸で結び合わされ、三×一四インチの漂白されていないリネンのタオルで包まれ、独特の円筒状の塊になっていた」[58]。「異物」の文献の至るところに見られる、細部にわたるこうした詳しい記述には、何かを賞賛しているかのような響きさえある。その尊敬がこうした行為を成し遂げた患者に向けられているのか、それとも探索をしている医師に向けられているのかは判断の難しいところである。その記述の多くに見られるタブロイド紙のような文体は、こうした光景の再現に内在する罪深い快楽を指し示していると思われる。

　このような症例に直面した医師たちは、ある程度のユーモアを交えて同僚に報告しようと努めていた。こうした態度にはいくつかの理由が考えられる。ひどく憂うつな状況のストレスや不快感を何とか取り除きたいという罪のない願望。または女性の「いまわしさ」をあざけり笑うことに喜びを感じる医師を許容する、たちの悪い職業的女性恐怖症など。こうした恐怖症の存在はそれ自体が示唆的である。ジンキンスは探索の途中で一〇セント硬貨を見つけたときに「仕事の代金を手に入れた」と自嘲した[59]。もちろん彼の冗談は、このような面倒な症例に出会ったことへのごくもっともな反応だったであろう。しかし彼が内心でどのように考えていたのかはわからない。その一方で、彼の症例報告には患者の福利を心配する言葉はどこにも見られていない。その書きぶりからは、彼も同僚もこの症例をいくぶん滑稽なものと考えていたようである。ジンキンスの報告は不完全なものであるが、彼は自分の方法からは決して離れようとせず、性器虐待の気楽な側面だけを記述している。「この女性は自分の膣を裁縫仕事のゴミ箱として使い、指ぬきや布きれ、糸、針、押しピンやボタンを入れていただけではなく、虫にも食われないし泥棒に入られることもないセーフティボックスとして、〝大切な宝石や、くすねた小銭〟を入れていた」[60]。女性が自分の性器を意図的に巧みに使用することに対して、こうした皮肉な見方をしたのは彼だけではない。一八九八年にW・P・マントンは「ずるがしこい患者」が「解剖学的構造を利用して、見つかる心配がない場所として膣を便利な〝ゴミ箱〟にしていた」と書いている[61]。彼はいくぶん気楽な調子で当時の回想を続け、「彼女のずるい習慣というか、人をからかうような作業は、検査にあたった者たちを非常にうんざりさせた」[62]。

こうした報告のいくつかを見ると、医師たちが極端な性器虐待の事例報告を競っていたことは明らかである。カザックはこのような誇大的な記述をしている。

医学の文献を探せばどこかに同じような報告は見つかると思うが、私の知るかぎり、これから報告する症例に匹敵するものはなかった。ヘアピンなどの単独の異物が見つかった事例は時々見いだされているが、もしその数を問題にするのなら、私が診た症例は稀ではないとしても、独特のものである。[63]

すでにおわかりのようにカザックは間違っている。彼は少なくともジンキンスという先行研究者には「抜かれていた」。ジンキンスもまた、自分の症例がどれほど他の報告と違っているのかを細かく報告することに夢中であった。「開業医でさえ、膣への異物の挿入を見ることは稀ではない。多くの場合は低い社会階層の妊婦であり、言うまでもなく精神疾患を持っている女性に多い。しかしこれほど多くの多様な物体が、一人の女性から、一回の診察で取り出された報告はない[64]」

興味深いことに、こうした性器虐待のために考え出された説明はどれも限定的なものであった。[65] 公表された論文からわかるかぎりの情報から何らかの定型的な精神医学診断を推測するなら、今日では妄想型の統合失調症に分類されるような精神病が考えられる。[66] ジェームズ・C・ホーデンが報告したきわめて重症の妄想を持った四八歳の女性は、彼女は最後の入院の三日目に「自分の膣に手を挿入して激しくかきむしり、ひどい出血を生じた[67]」。しかし以下に述べるL・ユージーン・エマーソン以外には、当時の誰一人として、患者の精神状態について考えられる選択肢を並べたり、まして分析の努力を続けた者はいなかった。これらの症例の病因の考察は、診断を付けるというだけで終わっている。「異常な症候群」の出現と虐待歴とがどのように結びついているのかは、探索されないままである。[68] これに対してパルヴィンは性器虐待の背後にある原因をもう少し広汎に展望し、精神疾患以外の説明も考えようとした。彼があり得るものとして認めた説明には、隠し場所、避妊、堕胎、治療的機材

（ペッサリーなど）の事故による破損、経血を停止または誘発しようとした誤った努力、などである。[69] しかしパルヴィンの考え方では「事故による膣内への異物の挿入のもっとも多い原因は自分自身が不適切な目的でその場所を利用したことである。身体は外敵の手から逃れる手段として用いられ、誰もそこに手を伸ばして取り出すことはできないからである」。[70]

パルヴィンは極度の外的な暴力が女性の性器損傷の原因であることに言及した、数少ない世紀末アメリカの観察者の一人でもあった。「外的な異物は男性によって無分別に、あるいは残酷な計画によって挿入されたのである」。[71] 彼は「数年間にわたって［…］ポマードの容器を入れたままになっていた田舎の少女」についての気の滅入る報告をしている。その容器は数名の兵士が彼女をレイプした際に体内に入れたものであった。[72] 一九一二年にウィリアム・ロビンソンは主に自分自身が臨床の中で取り出した物体についてもう少し詳しい検討を加えている。

ある種の悪意を持った男性が交際相手の女性の膣に異物を挿入することは決して稀ではない。この行為は女性たちが眠っていたり酒などを飲まされて酩酊しているあいだに、つまり被害者の知らないあいだに行われることが普通である。女性たちは何か原因のわからない症状に悩まされながらも、炎症や潰瘍が生じて危険な状態になるまで、そのままで過ごしていたのである。膣の内診をして始めて犯罪の物証が発見され、女性たちは悲哀と羞恥に打ちひしがれるのであった。[73]

ロビンソンはとりわけ痛ましい少女の事例を報告している。彼女は若い男性との何度かの性交に応じたが、その後では彼が要求するときには常に性交に応じることを強要された。彼女はひどく重い膣炎にかかり、母親に連れられてロビンソンの治療を受けた。

私は内視鏡で内診をした後、いとも簡単に大きなクルミを取り出した。クルミは次々に見つかった。それに三個のヘーゼルナッツとスポンジのかけら［…］彼女はスポンジのことは覚えていた。何カ月か前に女性の友人にそそのかされて自分で入れたのだった。しかしクルミやナッツのことは覚えていなかった。寝ているあいだに、あの「乱暴者」によって入れられたに違いなかった。[74]

多くの同僚とは異なり、ロビンソンは「道徳的に高みから威嚇するような態度」は取らなかった。そのようなことをしても患者のためにはならないし、結局のところは生命の危険を増すだけだからである。[75]

J・マックスウェル・ロスが詳しく報告した症例はもっともおぞましい性器暴力のひとつである。彼はエジンバラの王立診療所に勤務し、一八八二年のニューイングランド・メディカル・マンスリー誌にこの事例を寄稿した。[76]ロスの関心の中心は、女性の外性器にさまざまな損傷が加えられるその方法であった。特に鑑定医の関心を引きそうなものが取り上げられた。論考の中で彼はそれまでに報告されていた症例の病歴の検討に加えて、自分が初めて診察をした五症例の病歴を記載した。なかでも悲惨であったのは夫や愛人によって性器の中まで蹴られてしまった女性たちである。その中の一人、二一歳の〝E・M〟は口論の最中に乱暴な被害を受けた。彼女は負傷して大量に出血し、妊娠中の胎児を流産した。「入院時には恥丘が変色し、腫脹していた。恥骨突起の左側に斜めに四分の三インチほどの傷が付けられ、その傷口からゾンデ[訳注2]をいれるとむき出しの骨にぶつかった」。[77]この傷がどのようにして付けられたのかを評価した後で、彼は「蹴られたことによって軟組織が恥骨突起に押しつけられ、皮膚などの組織が切断された」という結論に達した。[78]こうした記述からはロスの主要な関心はトラウマを受けた患者の福利であると思われるかもしれない。しかし事実は違った。彼がその運命を最も気にかけていたのは加害者の方である。性器への暴力による負傷のために女性が大量出血で死亡した場合に、加害者が誤って意図的な殺人の罪に問われることをロスは心配した。彼にしてみればそれはとんでもないことであった。[79]あたかもナイフやカミソリで付けられたように思われた（つまり殺害の意図を示唆する）傷の多くは、実際には蹴ったこと（殺害の衝動によってなされたとは決して見なされない行為）が原因であった。「つい昨年も無知な二人の医師のために、高等裁判所で男性があやうく死刑判決を受けるところであった」と彼は仰天して記している。[80] 多くのアメリカの同僚医師と同じように、ロビンソンは暴行が被害者に与える精神的、感情的な影響についてはまったく関心を向けなかった。

しかし少なくとも一人の例外があった。彼の報告は他の医師とは違っていた。ボストン精神科病院のスタッフであり、精神分析的な考えをしていた心理学者のエマーソンは、[81] 一九一三年に〝ミスA〟と呼ばれた若い女性のきわめて深い症例考察を執筆した。自傷行為への持続的な強迫行為のために彼女の治療は困難であった。[82] エマーソンの研究はサイコアナリティック・レビュー誌の創刊号に掲載され、〝ミスA〟の表面的な症状ではなく、背後にある心理的コンプレックスを論じた。彼は自分の貢献を控えめに語っている。「もしこの論文に何かしら目新しいものがあるとしたら、それは精神分析の理論を、自傷行為という具体的な症例に対して治療のために応用したということにすぎない」[83]。このことでさえ大きな進歩である。エマーソンの共感的、分析的な接し方と、当時のほとんどの臨床家の態度との違いは、最初から明らかである。伝統的な精神科医のほとんどが、〝ミスA〟を自傷傾向のある気の触れた女性だとして簡単に切り捨てていたのに対して、エマーソンは彼女が本質的には理性的であることを熱心に主張した。「彼女は精神異常ではない」[84]。彼に残された課題は、正常な精神の持ち主だとされた患者が自分を苦しめる行為を意図的かつ自発的に行う理由を、説得力のある仕方で説明することであった。

エマーソンが最初にAに会ったのは、彼女が二三歳で左手への自傷によって初めて入院したときであった。彼女の体のいたるところに切り傷があり、これまでも何度となく自傷を繰り返してきたことをあっさりと認めた。しかしもっともエマーソンの注意を引いたのは、左のふくらはぎに付けられたWという形の傷であった。[85]「二つの疑問があった。なぜこんなことをしたのか。どうやったらこんな傷が付けられるのか」[86]。エマーソンは分析の才能を発揮してこの症例の詳しい報告を行った。

患者から何とか聞き取ったのはこのような事実である。これが客観的な真実かと言われれば確証はないが、心理学的な意味では客観的な事実は重要ではない。彼女の説明が主観的な重要性を持っていることは、一ヵ月にもわたる毎日の診察を通じての彼女の話し方や態度によって間違いないと確信できる。患者は自分が語ったことをすべて真実だと考えていた。[87]

彼女のどのような話にも、エマーソンは患者自身がそれを信じているのと同様に、自ら進んで信じようとした。治療が進むにつれて〝ミスA〟は子供の頃から性的トラウマを受けてきた荒れすさんだ生活を話すようになった。八歳のときに叔父から受けたわいせつ行為に始まり、父親、兄、やがては友人や恋人からも、彼女は繰り返し性的な暴行または強要を受けてきた。

その当時の米国で性器虐待を扱った男性医師のほとんどは、患者の精神状態について大雑把な記載しかしなかったが、エマーソンは違っていた。当たり前のように下されていた侮蔑的な診断は患者の状態を描き出すどころか隠してしまうことが多かった。彼はそのような診断を下すことを注意深く避け、彼女の症状の原因を臨床経験に基づいて明らかにすることにこだわり続けた。「この患者にとっては分類よりも原因が重要である」。[88]彼はこの立場から〝ミスA〟の語るトラウマに満ちた生活史とそれに続く精神症状とのあいだに明確な関係を見いだそうとした。エマーソンは性急あるいは極端な解釈をすることを注意深く避けていたが、彼女が兄の剃刀を取り出して自分の胸を傷つけるに及んでようやく「彼女の行為に性的な意味があることはあきらかである」と勇気を奮い起こして述べた。[89]彼女の過去が自分を結婚に「ふさわしくない」人間にしたという考えが耐えがたかったので、彼女は自分の苦しみの象徴となっていた身体の部分を激しく痛めつけたのである。「私には感情がありました。でも何を感じているのかは言えませんでした。［…］それには耐えられなかったからです。剃刀を手に取ると、ちょっと考えた後で、服をはだけて左胸に剃刀を当てて、できるかぎり深く切りました。そして声を上げて笑いました[90]」。その後の数知れない自傷行為のエピソードは、エマーソンの分析が妥当であったことを強く示している。ある夜、これまでにない急激な苦痛が襲ってきたときに、彼女は膣にナイフを差し込んだ。「私はそれまでの八カ月間ほど、自分を傷つけていませんでした。また切り始めたとき、自分の内側を切ろうと思ったんです。ナイフを入れて、何というか、傷を付けてみました[91]」。精神的痛みよりも身体的痛みの方が耐えやすかった。また当時の彼女にはそれ以外の選択はなかった[92]。

エマーソンは〝ミスA〟の問題についての自分の評価に非常に自信を持っていた。「児童期の心理的、性的トラウマがなければ、この患者にその後の自傷行為が生じなかったことには疑問の余地はない[93]」。彼のこの自信は当時の米国の同僚医師たちによるあやふやな解釈とは大きく異なっていた。彼の治療もまた独特のものであった。その中心となったのはフロイトの「談話療法」を独自に修正したもので、治療者の役割は関心を持って患者の話しに傾聴することであった。他の治療者は回復過程における患者の役割をなかなか認めようとしなかったが、エマーソンにとっては患者が治療に関わることも治療の手段であった。患者にはかなりの精神的能力が備わっており、ただそれが内側に向かっているだけだと考えられた。患者は自分の能力を信じるように励まされた。エマーソンは治療的分析のひとつひとつの段階を彼女に説明し、話し合った。

いくつかの理論を彼女に紹介するたびに、彼女自身の感情や考えに照らしてその理論に納得できるかどうかをたずねた。もし納得できない場合には、彼女にとっての事実に合うように理論を改訂した。このようにして彼女は自分のコンプレックスを分析し、自分をよりよくコントロールできるようになった。そしてもっとも重要なこととして、彼女は自分の体験を昇華させる機会を得ることができた[94]。

振り返ってみると、エマーソンの〝ミスA〟の症例報告は米国における性的トラウマ理論にとって重要な契機となっている。しかし精神医学界全体としてのこの問題への取り組みをみると、この症例報告が重要な展開点になったとはいえない。むしろエマーソンや同じような考え方をする医師たちは医学界の例外であった。その後の数十年にわたって、多くの医師たちは女性のトラウマ後症状を治療する際に精神力動も起源となった経験も考慮することはなかった。

米国の精神医学は、レイプを受けた女性のトラウマについて、特に刑法の対象となっていない婚姻内レイプについて、あいまいにではあるにせよ論じてはいた。一九世紀後半から二〇世紀初頭にかけて、医師たちは、時には女医であっても、適切な性的表現の境界を定めるための幅広い文化的対話に参加していた。その過程の中で、どちらの性についてもさまざまなかたちでの性的境界の侵犯に関しては、専門家もそうでない者も熱心に目を光らせていた。精神鑑定医、心理学者、精神科医、産婦人科医、家庭医、そして司法の専門家はジェンダーの問題と異性間の性関係に関してさまざまな見解を表明した。この議論にとってとりわけ重要だったのは多くの臨床医の貢献である。彼らは何十もの一般向けの医学の文章を書き出していた。彼らの文章の多くは一般読者を意識しており、急激に成長した夫婦への入門書という分野の例になった。[95] 通常は著者たちは片方の性のためだけに書いており、同じ著者が男性と女性向けの文章を別の機会に書き分けることもあった。こうした文献は明確な規範という特徴を持っていたが、注意深く検討してみると、やはり当時の中流、上流の読者の共通の関心に対する重要な洞察を提供している。[96] 加えてこの文献には、当時の医師たちが見聞していた婚姻内レイプに関する率直な議論が取り入れられているという意義もある。

当時の結婚生活指南書でもっともよく考察されていた話題のなかで、ひときわ目立っていたのは結婚初夜の身体的、感情的な緊急事態であった。医師も一般人も、こうした出来事が起きるのは何としても危険なことであると考えており、そうなってしまう理由は花婿というよりは花嫁の方が、過去に性体験がないので初夜を重荷に感じているためであると推測していた。[97] この文献の大部分では男性らしい雄々しさと女性らしい従順さという「自然の」状態が強調され、新婚夫婦のあいだに存在する生まれながらの違いを乗り越えることを目標としていた。夫たる者は新婦につきものの不安をやわらげ、結婚生活における性的な優位性を発揮する際には自制心を示すべきであるとされた。

うち震えている女性が味わうのが新婚の喜びなのか、悲しみなのか、その運命はあなたが握っている。あなたが落ち着いて平静を保つことができる人間なのか、そして夫として父としての尊厳を保つことができるのか、ということは今のこの決定にかかっている。目の前の神秘的な道は注意深く進まなくてはならない。この非常事態にはできるかぎりの忍耐と自制心を呼び起こしてその助けを借りなくてはならない。あなたは自然の本能について話してもよい。ただしこの本能はあなたの中では猛々しくなっているが、彼女の中では人工的に抑制されている。あなたは自分の本能を抑え、彼女の本能をかき立てるという二重の課題をこなさなくてはならない。[98]

この文章が示唆しているように、性についての男性の無能力と鈍感さへの懸念は、長期的な結婚の安定についての社会的不安と結びついていた。[99] 夫婦が、異性間の理想的な親密さを反映した絆を作り上げていくうえで、幸先のよい性的関係のスタートを切ることは絶対的に重要であった。[100]

ことがスムーズに進むように、夫婦は結婚式に先立ってこれからの性的同盟について何度も話し合っておくように勧められた。適切な性的知識を得る機会のなかった女性が結婚生活を迎えるに当たって、極度の不安と狼狽を感じるであろうと言われていることは、きわめて理に適っている。[101] これを受けて男性に対しては、伴侶の安らぎのために誠意を傾けることと、双方が合意をするまでは決して結婚生活の仕上げの行為に及ばないという固い決意が求められた。ニコラス・クックによれば「何よりも新婦に対して、結婚生活の仕上げとなる行為が行われる場合には、それがいつであっても決して暴力や苦痛を伴うことはないと告げる必要がある」[102]。

ほんのわずかな痛みや恐怖でもそれを警告だと思って行為を中断すべきであり、どのような場合であっても、明らかに必要であったり共有されている程度を越えた暴力には訴えないという決意を固めるべきである。ひとことで言えば、神が汝に伴侶として与えたもうた女性に対して、心の底から憤るなどということのないように注意をしなくてはならない。私たちが学び得るかぎりの多くの事例を検討して得た結論は、初夜の営みはほとんどの場合、合法的なレイプと何ら変わらないということである。[103]

この記述が異性との初めての性行為についての一世紀以上も前の女性たちの経験とどれほど対応しているのかは、ほとんどわからない。とはいえ初夜をレイプになぞらえることのできる事例の多さを考えると、この記述に現れている女性たちの苦痛が決して大げさな誇張ではなかったことをかなり正確に表していると思われる。高名な女医であったアリス・ストックハムはこの状態を、妻の性生活に対する財産権を保証するという男性の半永久的な特権に由来していると解釈した。「夫は結婚が自分に特殊なライセンスを与えるという、当時の頑丈な信念に染まっており、その認可のもとに、売春宿の娼婦でさえ赤面するような行為に及ぶことが実にしばしばであった[104]」

互いの意思に基づかない新婚の夜のもたらす破壊的な影響について同じく強い口調で述べた評論家は他にもいた。「残念ながらそれまで存在していた愛情の甘い花は［…］永久に枯らされてしまう[105]」。エリザベス・ブラックウェルは他の者ほどの強い口調ではなかったが、こう語った。「夫婦どちらの側であれ、恐怖や痛みが身体的快楽を損なうことはよく知られた事実である。結婚生活においては、出産による負傷や乱暴で不器用な初夜の営みのために、性行為に尻込みをするようになる。多くの場合、このことは性欲の欠如であると誤解されてしまう[106]」。妻たちは「押しつぶされておびえた」ままであり、夫が妻の欲求に無頓着であることに「この上なく嫌気がさしている」。

傷つき、「ああ、結婚なんかしなければ」という心の叫びがその後の人生の基調となってしまった女性からは、愛情はおろか、日常的な親密ささえ、失われている。憂うつな長い夜のあいだ、彼女はすぐ横にいる図体の大きな伴侶の大きな寝息を聞きながら、その体が少しでも動くと恐怖にすくんでしまう。何も被害を受けずに「新婚のベッド」から離れることができれば幸運というものである。そして翌日はいつものように次の夜への不吉な予感に満たされて過ごす。結婚した後にこのような生活が一日続いただけで、すべての求愛期間の思い出が台なしとなり、強い苦しみを与えたとしても何ら不思議ではない。[107]

こうした印象に基いて考えると、女性のいわゆる「精神的不感症」は夫が性的な責任を果たさなかったためであると考える医師の多かったことは驚くことではない。[108]「結婚が身体を消耗させることへの気持ちの準備ができていなければ、若い花嫁は神経症や精神的不感症、配偶者への感情的忌避、そして身体的負傷のリスクに乱暴に曝されることになる」[109]。人気を博した多くの医学的著作家は、夫が性的行為の導入を適切に導くことができないことを、それが無関心、無視、または故意によるにせよ、大まじめに論じていた。こうした著作がしばしば適切さを欠いた文体を取っていたことは、その内容の重要性を低めるものではない。そのレトリックの下には、数知れぬ女性の（そして男性の）痛みや苦悩を見て取ることができる。彼らの結婚生活を知る手立ては他には存在していない。

結婚における性的トラウマへの女性の脆さは新婚初夜に限ったことではなかった。家庭医学書は男性の無関心が、あるいはそれよりも悪い出来事が、変わらずに続いていたことを示している。男性読者のために書かれた人気のあるマニュアルの中で、ホラティオ・ストーラーはこうした夫を軽蔑している。「極めつけの好色漢、色情魔、気の触れた男」は、「これだけ忠告され、懇願され、涙まで流されているのに」、喜んで「つかの間の快楽だけを、そして妻から拒絶された場合には、もっとも利己的で、低劣な快楽を求めることにこだわり続ける」[110]。批評家の多くは、結婚の身体的影響になれていない女性たちのことも案じていた。彼女たちは医学の専門家たちが、過剰な性行為による疲弊とみなしている行為に対して抵抗する術がなかったからである。ジョン・ウェストは「教会で式を挙げた花嫁」のことを書いている。彼女は新婚旅行から、「以前の自分を失い、やつれた弱々しい影のようになって、これからの辛い生活への宣告を受けて」帰ってきた。結婚生活の一部だと考えられていた、売春のような行為のためである[111]。彼はこうした何千人もの花嫁のことを嘆いている。「彼女たちは今や、歯止めのない欲望の犠牲者である。彼女たちの人生は悲惨である。夫たちは、節度を守るように自制して欲しいという妻たちの訴えを荒々しく退けてしまう」[112]。ロビンソンはこのような結婚による犯罪行為について次のように述べている。

妻を拷問のように苦しめて、字義通りではなく比喩的な意味において「殺して」しまう夫もいる。このような夫は、この問題について妻には何の権利もない、体は彼女自身のものではない、夫の異常な欲望に常に身を捧げなくてはならない、という世間一般の見解を信じているので、妻の身体の状態や精神的な感情を考慮することなく、結婚の権利を行使するのである[113]。

このように虐待をされている妻の比喩的な死が指摘されたということは、米国医学界の中に結婚という概念と女性の性的トラウマにとっての危機的な状況であると考える者がいたことの証左でもある。こうした違背行為をレイプというカテゴリーに入れたかどうかは別として、医師たちはやがて強制的な性的出会いの深刻な破壊的影響は、決して結婚の絆によって打ち消せるものではないことに気がつくようになった[114]。

と同時に、こうした議論が記されているのは、女性の性的トラウマではなく、主として結婚のルールをよりよい形で再考するための文献の中であったことも重要である。こうした文献ははっきりとした教示を与えることはほとんどなかったが、批評の仕方を通じて、男性読者に対して、幸福で健康で、安定した夫婦の絆を作り上げるために、性的配偶者には繊細に接する必要があるということを印象づけていた。医師の懸念が時代とともに変遷したことは事実である。たとえば一九世紀後半のこの種の文献に多く書かれていたのは性的な不節制であった。その後は性的な過敏さと不感症の主題が多く見られるようになった。前者の場合は結婚におけるレイプは医師たちがたしなめようとしていた、抑制の効かない性行為の現れであると考えられていた。後者は女性の性的な無関心の主要な原因であるとして描かれることが多かった。性的な無気力と過剰に関する議論のどちらの場合であっても、妻のトラウマは安定した結婚のための障害であると思われていた。この種の文献は基本的な目的を反映して、女性が性的トラウマを心理的、感情的、そして身体的にどのように体験しているのかについてはそれ以上の検討はしていない。トラウマの主題は近代にふさわしい異性間の結びつきの明確な規範を作り上げるための方法として間接的に触れられていたにすぎない。

当時レイプ被害についての一貫した文献は存在していなかったが、二本の論文がこの種の性的暴行の加害者を扱っており、それらは互いに関連していた。最初のものは現時点でもっとも包括的なものであり、レイプをされたという虚偽の訴えがはびこっていることに悩まされていることを述べている。もうひとつは、ある種の状況ではレイプの訴えが信用できないことを簡潔に記している。女性が体験もしていないレイプの訴えを作り出すという神話は決して最近のものではない。少なくともマシュー・ヘイル卿の時代以来[115]、レイプによる告発は簡単に行うことができ、反論が難しいものと受けとめられてきた[116]。性的暴行の力動についての最近の研究成果を踏まえていない虚説というべきであるが、一九世紀後半から二〇世紀前半にかけての米国の医学的権威者たちは、この考えの普及に大きく貢献したのである[117]。この数十年間の時期を通じて、虚言症による訴えという問題はグロテスクなほどに誇張をされていた。批判者によって程度の差はあったが、本当のレイプの事例を一件とすると、虚偽の事例の割合はほぼ一ダースになると広く推測されていた[118]。女性は成人であれ少女であれ、見かけだけの訴えをすることと決まっているものとして非難された。ロビンソンは女性があたかも習慣のようにして虚偽の訴えをすることを「女性の中には特有の倒錯がある」ためだとした[119]。同じようにレイプの訴えに対して嘲笑するかのような立場を取っていたグーニー・ウィリアムズは自分が診察した「被害者」はしばしば「モルヒネを手に入れようとする中毒者のように簡単に嘘をつく」と冷笑した[120]。女性というものはレイプをされたと思わせるために性器を傷つけることもあるのだと主張した法医学者もいる[121]。女性たちが確信犯的な嘘つきであるということがもっとも強く主張されたのは、医師自身をレイプの加害者とみなした場合である。そのような医師は虚偽の汚名を着せられているのだという考えには説得力があり、法医学的な審判において何らかの形でそのような主張がなされないことは稀であった[122]。ジョージ・バトラーはこう述べている。「医師たちはよく知っていることだが、このような訴えはしばしば起こされている。伝統的な専門教育を受けた者であれば、医師に対する女性からの不貞行為の訴えは、病気のなせるわざであると考えざるを得ない」[123]

はっきりとは述べられなかったものの、医師たちが暗黙のうちに同じように主張していたのは、ある種の状況ではレイプは不可能であるということである。暴行だと訴えている行為の最中にオーガズムを感じた「正常な」女性にはレイプは成立しないし、六歳そこそこの少女をレイプすることなどできない。ロビンソンは言う。「女性は抵抗することができる。彼女たちが本当に抵抗した場合、成人でも少女でも、男性が実際にレイプをすることはできない。それが専門家のほぼ一致した見解である」[124]。レイプをしようとしている加害者を阻止するためには必要とされていた抵抗は、ほんのわずかなものでもよいとされた。「覚えておいていただきたいのだが、単に膝を閉じるだけでも性器の挿入を完全に阻止することができる。骨盤筋と大腿部の外転筋の力を考えると、貞節を守ろうと力を振り絞っている女性の性器に男性がどれほど挿入を試みたところで絶望的である」[125]。バーナード・タルミー医師も同様の見解を表明した。「実際、女性が暴行を受けることはある。けれども、もし女性が完全なオーガズムを感じたとすると、彼女は道徳的にはその不適切な行為に抵抗をしたとしていながら生理的には同意をしたことになる」[126]。女性が強い恐怖と嫌悪感に圧倒されていながらも、身体への刺激に対して快楽を思わせる仕方で反応することがあるというのは、とうてい考えられないことであった。最後に医師たちは口を揃えてこのように主張した。ある一定年齢以下の子どもは性器が未発達なため、レイプをすることはできない。しかしその一定年齢というのは恣意的に決められたものである。L・トワノは一九一九年に「六歳以下の子どもをレイプすることはできない。男性器が女性の内性器に入ることはできないからである」と述べている。そしておそらく同じ理由から「一〇歳までのレイプはきわめて例外的である」とした[127]。年少の子どものレイプはきわめて残酷な暴力や、ペニス以外の器物を用いて行われることもある、という事実はまったく顧みられていない。ここにもまた、ある被害者の一群が科学的記録から事実上削除されている。

これを併せて考えると、虚偽告訴と、訴えられているようなレイプがカテゴリーとして不可能であることを巡る言説は、性的トラウマとしてのレイプに関する穏当な評論を最初から覆い隠していたと言える。暴行が生じたと信じられる状況であっても、通常、注目されるのは身体的な外傷であって精神的な合併症ではなかった[128]。婚姻内レイプにみられたように、性的暴行に関する専門家の議論はトラウマの被害者という側面には注目しないことが通例であった。それに代わって共感に溢れる意見が向けられたのは、「悪意に満ちたヒステリー的な[129]」女性によって虚偽の告発を受けた、または告発されているような暴行において、性器の挿入など身体的に不可能であった男性の方であった。こうした初期のレイプの言説の中にもトラウマの心理についての洞察は散見されるが、その著者たちはトラウマによる負傷の理論化の作業に主として関わっていたわけではない。女性の性的トラウマの中心的な方向としてレイプが体系的に研究されるようになったのは、当時から数十年をへて近代のフェミニズムが出現してからのことである。

これまでの頁で著者が提示しようと考えたのは一九世紀から二〇世紀への転換期の米国における女性の性的トラウマの概念が、予見できない、また一貫していない、さまざまな源泉から生じていたことである。トラウマ後の影響についての研究はヨーロッパと同様に米国においても盛んになったが、トラウマについての理論家を自称する人々は性的暴行、暴力、脅迫の持つ重大な病因的意味についてほとんど注意を払わなかった。こうした問題が除外されたことは、トラウマ後の障害に対する当初の理解の一部を物語っている。後期ビクトリア時代の男性医師のほとんどはトラウマ後の病状を基本的には身体性のものであり、少なくとも部分的には何らかの外的衝撃による力によって誘発されたものだと考えていた。疾病産出における感情的要因の役割は徐々にしか知られなかった。と同時に、仕事や旅行中の被害のように、身体的ショックを医師たちが強調したということは、強い男性主義的なバイアスを生じることになった。女性たちは家庭の外での活動にますます従事するようになったが、外部で生じる鉄道などの事故についての公共の論調は男性的視点に立ったものであった。実際、一九世紀後半と二〇世紀初頭の米国医学においてはこうした事故の文脈で「女性的な」特有の経験が分析されることはなかった。出産や流産のように生物学的に条件づけられた出来事は、トラウマをもたらす可能性があると合理的に考えられる代わりに、新たに立ち現れてきたトラウマ理論のパラダイムの彼岸に生じるものと思われていた。かといって女性がトラウマ後の条件に免疫があったと見なされていたというわけではなく、医師たちはこの種のショックに対しては男性も女性も敏感であることは認めていた。しかしながらこの時代を通じて白人男性が広く持っていた権力と特権を考えると、このコホートから抜き出した女性たちの例は、この問題の概念化がまだ早期の段階にあった時期の彼女たちの仲間の経験を浮き彫りにしているといえよう。

この時期の米国精神医学界にとって性的トラウマはほとんど関心を持たれておらず、臨床家たちもこの主題には注意を向けなかった。時には医師や医療関係の専門家が性と神経症の発達に純粋な関心を示したことはある。こうした探求への最初のきっかけの多くはフロイトの初期のヒステリー研究に由来していた。ただしフロイト自身が、児童期の性的トラウマの長期的影響についての刺激的な発見の探求を中止し、それを否定したために、確かな科学的な探求への勢いは不可避的に失われてしまった。[130] その影響は精神分析が名声を博し、フロイトの同僚たちが彼の見解に異議を唱えることがますます難しくなるのにつれて、一層顕著になった。とはいえ、精神分析的方法とそれが前提としている「談話療法」という意味で広く考えられているフロイト主義は、結局のところは女性や少女の性的トラウマの問題への洗練された精神力動的な取り組みを促すことになった。エマーソンの仕事はこの点からも重要である。同時代の多くの医師たちが採用していた方法論と比較して、〝ミスA〟に対する彼の治療は性的トラウマの表現と思われる症状に沿ったものであった。しかしエマーソンが彼の研究のほとんどを行っていたボストン精神科病院のようなかなり進歩的な病院でも、医師たちは患者の性的虐待歴の意味を探求することには及び腰であった。

それ以外には性的トラウマの影響についての医師たちの自覚はごくゆっくりとしか深まらなかった。行われた研究も体系を欠いており、得られた結果はほぼ常に散漫であり、根拠に乏しかった。すでに見てきたように、トラウマについて当時得られていた穏当な進歩は、トラウマの「公的な」専門家によってなされたものではなかった。米国の精神医学における女性の性的被害の「発見」の歴史を再構成するためには、精神医学以外の分野を見なくてはならない。すでに指摘したように、性器虐待と婚姻内レイプの言説は、今では大きな文化的な対話に成長した、文脈を掘り起こすためのふたつの生産的な方向性を構成していた。その両方の領域において、多くの女性患者が示していたトラウマ後症状は以前の性的被害にさかのぼることができる。過去の出来事を知ったからといって被害者自身がそれをどのように感じたのかを知ることはできないが、性的トラウマについての近年の心理学的、社会学的研究から得られた洞察を踏まえれば、より有意義な解釈をすることができる。世紀の変わり目の治療における症状や意味づけが、そのまま現在のわれわれの目に正しく映っているわけではない。症状や疾患の構成の時代を超えた一貫性については、単に推測するのではなく、歴史的立場から考えることが必要である。最終的に推測に頼らなくてはならない部分があるとはいえ、さほど遠くない過去の被害者の苦悩は、今日の私たちによく知られている被害者の苦悩にきわめて似通っており、これを無視することはできない。

私の分析によれば、女性の性的トラウマという概念は、一八七〇年代からＤＳＭ－Ⅳに至るまでの精神医学において常に着実に形作られてきたとは言いがたい[131]。私が描写したふたつの科学的言説は、世紀末において性に基盤をおいた女性のトラウマ後症状を社会的、学術的に構成する上で重要な役割を果たした。今日の歴史研究においては、トラウマと記憶の重要性はさまざまな文脈においてますます認識されるようになってきているが、上記の言説はそうした文脈の一部にすぎない。さらにこの問題が臨床においてどのように扱われたのかも検討しなくてはならない。臨床家が出版した著作をもとにした研究によれば、医科学のエリートが女性のトラウマ後の病状を真剣かつ効果的に治療するようになったのは、精神分析が盛んになり、治療の手段として対話が重要であるという根本的な信念が広まってからのことである。こうした病状の考察と治療は、本章で論じた症例からもわかるように、圧倒的にジェンダーに関わる主題である。と同時に人種と社会階層に関わってもいることも確かである。どのような被害者が研究されたのか、誰の話を聞き、それを信用し、出版したのか、病状を改善するためにどのような方法が取られたのか、ということはこれらの要因に強く影響されている。公式の診断学の発展に加えて性的トラウマに関する概念の変遷をみることによって、健康と病気、精神と身体、正常と病理に関する社会のイメージの変化と、その変化が近代の女性または男性に対して持つ意味とをよりよく探求することができる。

第四部　第一次大戦におけるショック、トラウマ、精神医学

第九章　「なぜ彼らは治らないのか?」第一次大戦における英国のシェルショック治療

ピーター・リーズ

第一次世界大戦による精神疾患への関心が現在のように高まったのは、画期的な、しかも互いに非常に異なった三編の研究が一九七〇年代に出版されて以降のことである。その第一はポール・ファッセルによる『第一次世界大戦と近代の記憶』、第二はジョン・キーガンによる『戦闘の様相』。そして第三はエリック・リードによる、戦闘とアイデンティティに関する『無人地帯』[1]。これらの作品が扱ったのは、個人が第一次世界大戦などの戦争をどのように体験したのか、戦争をどのように推測し理解していたのか、そして戦争によってどのような損傷と喪失がもたらされたのかということである。一九八〇年代の半ばから後半にかけては、英国軍の経験に関する二つの広汎な研究[2]に加えて専門的な精神医学研究やフェミニズム的議論といった第二世代の研究が登場した。それ以来、本書の最終部で示されているように、戦後史に関する比較研究は雪だるまのように増加した。しかし精神疾患を持つ退役軍人の戦争経験や、より広い主題としては第一次世界大戦という近代文明の病理としての心理的トラウマは、なお今後の研究課題である。

こうした潮流の出発点となったのは第一次世界大戦における英国兵士の経験である。現在の議論が繰り広げられている概念枠を呈示したのも、この主題に関する一九七〇年代の研究であった。私が英国兵士の経験を展望しようと考えているのもそのためである。特にシェルショックの治療方法と入院施設も含めた日常診療の現実とを詳しく紹介する。次にパット・バーカーの小説やファッセル、エレイン・ショーウォルターらの学術論文において印象的に喧伝されてきたシェルショックの説明が特殊な事例を過剰に一般化したものであり、兵士自身の証言によれば実際に受けた治療はかなり異なっていたことを示したい。英国兵士のシェルショックを有名な「論文化された」症例だけに基づいて考えることは誤りである。ファラデー療法（電気ショック治療）は必ずしも強い電流を流したわけではなく、懲罰的でもなかった。戦争神経症について語られてきたことのかなりの部分は現実の臨床ではなく理論的考察によって作られたものである。そして個々の症例を調べてみると、治療にも転帰にも大きな幅があったことがわかる。

実際の戦闘における砲弾の破裂は、身体的、心理的、さらには道徳的な破滅の象徴であったが、このような世間の注目を集めやすいイメージが最初に用いられたのは一九一四年と一九一五年早々に新聞に表れた、士官用特別病院の設立を求めるナッツフォード卿の声明においてであった。[3] 一九一七年になると再びその要求が高まったが、いずれの場合にも一般社会からの共感を得た。[4] この要求を支持した人々は「砲弾震盪症 shell concussion」を、後には「戦争神経症 war-shattered nerves」を、正真正銘の戦争時の傷病だと見なしていた。この疾患に苦しんでいる人々は社会から同情された。それはこの病態に対して社会から潜在的なスティグマが向けられていたことの裏返しでもあり、と同時に、手足の切断よりは精神的疲弊を考える方が心が痛まなくてすむためでもあった。この事情は今でも同じである。おそらく心理的苦悩は象徴的な意味での深い共鳴を呼びやすいのであろう。

戦争が終わると軍務の記憶とともに記念碑的な偶像が作り上げられ、戦争は集団的記憶となる。そのプロセスによってシェルショックには事後的な意味が付け加えられた。この意味の由来はジークフリート・サスーンとウィルフレッド・オーエンによる戦争の物語である。この両名は詩作を通じて、またクレイグロックハートの士官用シェルショック治療病院での一九一七年の二人の対話を通じて、今日に至る戦争理解をきわめて強力に形作った。その対話は二〇世紀初頭の英国文学史において、もっとも繰り返して語られてきた物語のひとつである。そのためにシェルショックは、戦争詩人たちの知的な幻滅と誤って結びつけられた。意図的であったにせよそうではなかったにせよ、この物語は今でもシェルショックとその治療についての、さらに重要なことには戦争の苦痛についての世間一般の考え方を形成している。[5] その理由のひとつは、英国文学がこの二〇世紀初頭の産業戦争については範例的ともいえる記述をしたのに対して、その後の第二次世界大戦などの戦争については、ごく少ない散漫な記述しかしなかったこともあろう。[6] いずれにしても、パット・ベイカーの小説『再生』三部作（一九九一―九五）の成功はシェルショックが第一次大戦についてのもっとも強力で想像をかき立てる象徴であり続けていることを強く示している。この小説のほぼすべては、オーエンとサスーンのクレイグロックハートでの出会いを描いたものである。この出会いは何度も語られ、思い出され、解釈され、前線から退いた老兵の思い出話のように長い時間をかけて磨き上げられ、洗練されてきた。しかしそのために真実は歪められてしまった。[7]

一般社会と専門家の記憶の中で馴染み深いものとなったシェルショックとその治療例は、たとえばW・H・R・リヴァースが精神分析を用いて行ったサスーンの治療のように、何らかの点で例外的なものである。一九一七年にサスーンが戦争行為への批判を公然と行ったところ、彼は法廷に召喚されるか病院で治療を受けるように求められ、渋々後者を選択した。[8] サスーンが戦争による精神症状を持っていたことは明らかであるが、具体的な症状の種類はわからない。さらに後述するように、リヴァースの方法は非軍事訓練的な治療を模索していたこの病院の中にあっても、さらにリベラルなものであった。[9]

シェルショックの治療としては、ロンドンのクイーンズスクエアの国立病院で働いていたL・R・イェーランドによるものもよく引用される。ベン・シェファードの言葉を借りれば彼は「未熟な医師であった。経験の乏しい若いカナダ人であり［…］ヒステリーの治療には才能があった。伝道者のような熱意と電気ショックによって、無言無動症の患者の身体から悪魔を追い出した」。[10] リヴァースと比べるとイェーランドの人物像はあまりわかっていない。リードの見るところでは、この両名が重要であるのは彼らがシェルショックの治療の対極にあるものとして、つまり分析的な治療と懲罰訓練的な治療として位置づけられやすいためである。[11] 彼らは兵士を前線に戻すという同じ目的のために異なる方法を用いていた。このことから次の疑問が生じる。この二つの治療方法はシェルショックの治療の十分な例示となっているのだろうか。また専門家が治療を行う高度な医療機関に入院しなかった者たちは、どのように治療されたのだろうか。

身体的負傷にせよ精神的負傷にせよ、多くの傷病兵はサスーンやオーエンのような士官ではなく低い階級の者であったことを念頭におかねばならない。軍隊の階級では士官とそれ以下の者とが明確に区別されており、大多数の兵士たちは、医薬品や専門的治療者の診察もほとんど得られない中で短い治療を受けた。士官たちが恵まれていたというわけではないが、たとえば彼らは上に描かれたような存在として社会から温かな目を向けられていた。戦場での臆病さが非難されたり、精神科病院への入院や前線での処刑が行われるような事例では、議論が沸騰して士官たちに厳しい視線が向けられたが、その場合でも新聞や議会での議論のほとんどは士官たちのおかれた状況に向けられていた。[12] 社会的な懸案となったのは、次のタイムズ紙への寄稿に認められるような、年金担当大臣への批判であった。

八月二二日付けの貴紙に掲載されたトーマス・ラムズデン医師からの手紙の第一節にはこのように記されている。「われわれの社会の中では何千人もの退役兵士がシェルショックや神経衰弱などの疾病に苦しんでいるが、それらは純粋に機能的で治癒可能なものである」。これは年金の医学判定委員としての立場からなされた権威ある意見であり、私はそれを読んで兵士たちの治療の責任を負っている官庁に対して厳しい質問を向けたいと思う。なぜ彼らは治らないのか？　と。[13]

「なぜ彼らは治らないのか？」という問いかけに対しては、シェルショックの治療が不適切であり、治療を施すための時間も資金も不足しているということが部分的な答えになっている。シェルショックを治療する医師の多くは専門的な訓練を受けておらず、目立った症状がなくなれば治ったと考えがちであった。多くの患者が治療を受けていた戦時総合病院では、たとえ医師たちがシェルショックに関心を抱いたとしても、明らかな身体的負傷へのニーズの方が優先されるという事情もあった。戦時の困難な状況のもとでは、シェルショックを治療したとしても本当に効果があるのか、せめて多少なりとも役に立つのかさえわからなかった。

戦時の経験は階級によって厳密な制約を受けており、負傷や医療も例外ではなかった。誰がもっとも傷ついているのか、心理的な負傷者に対して腰痛の治療から始めるのか、それとも専門の精神科病院に送るのかといった判断は階級によって決定された。階級は兵士の症状形成や障害に関する自己認識と同僚の反応に影響を与え、治療を決定したもっとも重要な要因であった。[14] 社会的スティグマが向けられるのか同僚からの支持が集まるのかも、階級によって違いがあった。

病院では（兵士たちが直面していた問題のための）医療センターへの寄付を募り、患者と病院職員の共同体意識を高め、友人や親族を安心させるために院内小冊子が編集された。こうした雑誌の編集が心理的な負傷者への治療と見なされることもあった。シェルショックの兵士がこうした雑誌に寄稿した多くの文章をみると、集団的忠誠心、当局者への憤怒、戦争の目的への信頼などは階級を問わずほぼ共通して認められている。大多数の兵士たちは一般大衆よりもシェルショックという病状に対しては同情的であったが、個別の兵士の治療に対しては必ずしもそうではなく、兵士用の病院においては「神経を病んだ兵士のための素敵な夜」「シェルショック――夜のお相手は誰?」などと題された娯楽漫画が掲載されたこともあった。[15] 寄稿された文章には詩や散文が多かったが、もっとも多く繰り返された主題は軍隊と医学的権威者への敵意、無能な役人と病院担当者による治療の混乱と遅れ、不公平さへの苛立ちであった。次に示すのはシェルショックの兵士と戦闘に従事していない軍医との架空の対話である。

突然、大きな銃撃戦のような音が聞こえた。そこには私を診察するためにやってきた主治医がいるだけだった。「そうさな」彼はのろのろと口を開いた。「おまえを治療するのはわしだ。だが実際のところ、どこにも悪いところはなさそうだな、自分でもわかっていようが。よしよし、跳ねまわるな。びくびくするんじゃない。ふらふらするな。震えるのをやめろ。しっかりしろ。おまえの場合は（言い聞かせるような口調で）ただ病気だと想像しているだけだ。純粋な想像だ。怪我などしていない。自分が病気だと想像しているのだ。おまえは……いや、わしはふざけているのではない。おまえの足を引っ張ってもいない。煙草をもう一本持っているかな。よしよし。持っていない？　いるのか？　どちらなんだ。さてもう「前線」のことなど忘れてもかまわないが、そのつけがまわってくるぞ。お前をずっと入院させようとは思わん。考えてみろ、新しい軍服が支給されて……どのみち戦場に出されるのだ。頭を働かせて症状をひねり出してきたのだろうが……」[16]

次の例はもう少し深刻な調子で書かれており、社会や年金査定委員会においてシェルショック以外の負傷兵と同じような扱いを求めている。

シェルショックと呼ばれるだけ

もちろんお聞きでしょう、シェルショックのことは
けれども考えたことはないでしょう
元気だった仲間が
まだ任務を続けている
仲間のことを思うときに

どれほどの苦しみと痛みに
私たちが耐えているのか。
思っても見てください、
話しもできず耳も聞こえないほど
戦って倒れたのに
金の階級章はもらえない。
うちのめされ、身体も動かず
記憶もなくなってしまった、
しかし証拠が示せないから
シェルショックと呼ばれて終わり。
私の話しを終える前に
ぜひ皆様にお願いしたい
金色の階級には上がれなかったが
私たちは負傷したのだとわかってほしい。[17]

傷病兵は、自分たちのことを病気がちのだめな英国兵だとあえて冗談に紛らすこともあった。不適切な治療、年金の権利、社会的認知、そして精神と身体の負傷を同列にあつかうべきこと、などが強調されている。兵士の記録には士官の記録にしばしば見られた後悔や内省はあまりみられないが、工夫されたユーモアのセンスがうかがわれる。

賢明な医師

優しい医師の顔が
困って眉をしかめた
彼の前に立っていたのは
今までで最悪の患者

食事ができない
水も飲めない、眠れない
自分の鼓動を聞くのも怖い
本当の痛みを深く感じている

医師は賢い人物であったが
この患者には弱り切った
ふとよい考えを思いついた
顔中に笑みがこぼれた

医師は患者に告げた
もう苦しまなくてもよい
「看護師が薬を持ってくる
おなじみの九番だ」

残念なことに彼女は叫んだ
「もう品切れです
九番のほかに
使える薬はないでしょうか？」

医師はうめいた。「何たること！」
（しかしまだ「諦めない」）
「では四番を二錠与えてくれ。
なるべくきれいなやつを」[18]

別の階級の兵士が書いた文章から最後にもうひとつ例を取り出したい。この例が貴重なのは、幻滅による反戦意識との結びつきが見え隠れしているからである。

シェルショック

ああ、シェルショック！　なんといまいましい、あの道化の王子め！
残酷で、俺たちをせせら笑ってやがる
あんな野郎に負けるものか
おまえのこんな冗談にはつきあえない
こんな衝撃なんぞ「過去」のものだ

なあ、おまえたち、これが誰のせいなのか
わからないほどの馬鹿じゃあるまい
次々に砲弾を爆発させ
地獄のような轟音を響かせ
そうやって人間の信頼を粉々にしているのは、あのウィリーだ

何てこった、あのベルリンの豚どもは
たくさんのご婦人方といちゃつきながら
いかす服を見せびらかしている
塹壕で起こっていることなど考えようともしない
あんな連中は地獄行きに決まっている

持ち物すべてを、自分のシャツまで差し出して
おまえたちが手に入れるのはシェルショックだけだ
なぜってベルリンの軍隊が退却するときには
食べられるものはすべて持ち帰っちまう
あのウィリーは、うずくまった雌鶏の卵までむしりとるんだ[19]

このような表現の仕方は独特であるとしても、この詩の兵士が本当に苦しんでおり深刻な影響がもたらされていることには議論の余地がない。

とはいえ、どれほどの社会的共感が政治家や大衆から示されたとしても、サスーンのような士官は彼らの症状

に社会的なスティグマが向けられかねないことをよく承知していた。サスーンはクレイグロックハートに到着した直後の一九一六年の七月に早くも親友にあてて、自分の抗議活動と病院が広く喧伝されることとについて「私の社会的立場について君が心配をしていないとよいのだが」と書き送っている。[20] シャーストン日報では士官たちの互いへの態度についてこのように明言している。「お互いを尊敬していないのかと思うと不愉快だった。自分たちはみな敗北者であると思っているかのようだった。私は彼らとは違う、と自分に言い聞かせたくなった」。[21] この敗北と恥の感覚はクレイグロックハート病院の雑誌として一九一七年四月から一九一八年六月にかけて刊行されたヒドラ誌の中にも見て取れる。この雑誌はクレイグ病院年鑑のような総合病院雑誌よりも真面目なものであったが、一九一七年の夏と秋にウィルフレッド・オーエンが編集した号は気楽で陽気な文体となっていた。医師や軍の官僚組織への批判は少なかったが、自尊心と社会的立場を喪失した落伍者であるという感覚は隠しようもなかった。

見つめられている

プリンセス通を歩くとき
出会った友人に微笑むとき
冗談を言って笑うとき
私は見つめられている。

腕には青いベルトが巻かれている
害がないのはわかっている

お守りのような白タグがついている
私は見つめられている。

ドライブに出たとしよう
アダムの店で飲んだとしよう
ほろ酔い気分になったとしよう
私は見つめられている。

クレイグロックハートの記憶は悲しい
その名前を聞けば苦しい
昔の自尊心はもはやない
誰もが思う、あいつらはおかしいと。

この詩を書いている私のことが「誰か」に知られたら
慎ましい生活も台なしになる、
きっと墓石までもが呪われて
「見つめられる」のだろう。[22]

この作者が自分を脅かしていると感じているのは、エジンバラの地域社会や、より重要なことには身近な「誰か」（家族か軍の上層部であろうか）である。この詩からわかるように、士官のための「特別な病院」を作ろうとする社会の善意があったとしても、その同じ士官たちが社会の悪意に満ちた好奇心の対象となっており、その背景には精神疾患に対して多くの人々が普通に抱いていた偏見があった。士官たちはさまざまな異なる規則に縛られており、それだけにこうした圧力には弱かった。

ヒドラ誌の中には、とりわけオーエンの文章には、ユーモアのある表現も認められる。オーエンは社会的には慎ましい階層の出身であったので「社会的立場」について悩むことは少なかった。とはいえクレイグロックハートについての「気の触れた者たちの館」「すばらしい強制収容所」といった表現や、敵に向かって絹のストッキングを発射するという自嘲的な夢の記述には、シェルショックに関連した社会や上官の眼差しに対する憤りがうかがえる。[23] スコットランドのコールドストリームにあった士官のための民間回復センターであるレンネル病院の記録にも、社会の目に対する敏感さが表れている。多くの士官がクレメンティーヌ・ウェアリング夫人に宛てた手紙には、たとえば戦争前に週末をすごした旅館の女主人にあてた紳士からの手紙という以上の、感謝と当惑が入り交じった気持ちが常に表現されていた。[24]

階級の次に兵士たちのシェルショックの経験に影響を与えたのは、英国における治療ネットワークの構造であった。[25] それは三層からなっていた。もっとも重要なセンターはロンドンのスプリングフィールドとクイーンズクエア、リバプール近くのマグル病院、そしてクレイグロックハートであった。こうした大規模センターは少なくとも専門の職員と設備を持っており、重症兵士のために例外的とも言える高い水準のケアを提供する大規模治療センターとして、最高水準の層を形成していた。これらの施設では患者と職員の比率にも恵まれていることが多く、精神医学の専門家やイェーランドやリヴァースのような医学文筆家を惹きつけた。これらの病院の大きさはさまざまであり、主として将校向けの小規模の病院も多かった。すでに言及したレンネル病院や、ワイト島のオスボーン宮、ナッツフォード卿が設立した士官専門病院、ロンドンのゴールダーズ・グリーンの病院などである。第二層を構成していたのは二三の一般的な軍事病院の神経科部門であったが、そこでの専門家の人数や設備は非常に限られたものであった。その中でも重要だったのは、フランスからのすべての傷病兵を受け入れていた英国中央部の受け入れ病院であり、特にロンドンのネットリーにあった「D」部門であった。戦争中にそこで勤務していた医師によれば、入院時あるいはその後の数日間に精神疾患があると診断された兵士の多くは、さらに治療を受けるために二次医療センターに移送された。少なくとも一九一七年まではこのセンターではフランスの戦地よりは正確な診断を下すことができていたが、それ以降は入院する兵士が増加し、移送するか否かの処遇を決定すべき事例が過剰となったために、診断は表面的になり、治療も不適切で不十分なものとなった。[26]

治療の質や設備がもっとも劣っていた医療階層としては、英国のいたるところに設立された一般的な戦時病院における、専門家のいない約八〇の病棟がある。たとえばバーミンガムの第一南部総合病院やニュートンアボットのシールヘイン[訳注1]などである。[27]ほとんどの兵士はこうした病院の総合病棟で小グループあるいは個人ごとの治療を受けていた。ただし精神医学の専門家たちはすぐに気がついていたのだが、このように精神的負傷者を身体的負傷者や戦争以外の原因による精神疾患の患者と一緒に治療することには弊害があった。兵士の方も「陽気な連中」と一緒にすれば良い効果が得られる、という年金省の気軽な理論には不快感を覚えていた。そもそも「陽気な連中」などは神話的な想像にすぎない。[28]この階層の病院で勤務をした医師たちに多少の専門知識があったとしても、その多くは医療保健上の詐病に関するものであった。たとえばバースのレウェルリン・J・レウェルリン医師は『詐病または疾病の症状模倣』（一九一七）という書物の共著者である。[29]

要約すると、治療ネットワークの下層になると精神的負傷に関して費やされる時間も労力も減少した。医師たちは専門家ではなく、したがって専門的治療はできなかった。資金も設備も常に乏しく、ないに等しかったといってもよい。と同時に治療についての軍の統制は増加した。後に見るようにこうした軍からの統制はクレイグロックハートにおいては戦争の初期に、またマグルや、クレイグレイスのような大規模な軍事総合病院の多くにおいては常に存在した。軍の判断はこれらすべての病院における治療体制やときには医師の診断にも影響を与えた。

これらすべての治療システムの詳細を記すことは不可能であるが、以下ではクレイグロックハート、マグル、クイーンズスクエアという三つの例を紹介したい。これらはすべて高機能病院であるが、それぞれ士官、兵士、全階級を対象としており、さまざまな治療のスペクトラムを代表しているからである。

まずクレイグロックハートを見てみよう。この病院での治療体制は戦争詩人を通じてよく知られている。サスーンの事例は精神疾患と知的な幻滅とを混同しているという点で例外的であったが、その治療が行われたクレイグロックハート自体も治療施設の規範からは例外であったといえる。この病院では苦労の末にシェルショックについての脱軍事的な治療が主流を占めるようになり、一九一六年から一九一九年までのあいだに一五六〇人の患者が治療された。[30] その意味ではいくぶん排他的ではあるが落ち着いた避難所でもあった。当初は厳密な指揮系統に従って運営されていたが、戦争が継続されると、たとえ「安静治療」であっても自由な治療体制を取る方が効果的であることを当局者は認めざるを得なかった。あるいは少なくともそれに耐えるようになった。しかしこの状況においてさえリヴァースの分析的治療は例外であった。彼はマグルで数年間勤務した後、一九一六年にクレイグロックハートに赴任した。翌年の夏までにはこの病院の体制は弾力的なものに変わっており、RAMC[訳注2]高官とのあいだに軋轢はあったものの、分析的治療のような非正統的な医療も柔軟に受け入れられるようになった。あるときには院長のブライスが軍の規律を軽んじたとして、彼に辞職勧告が出された。しかしすべての職員がそれに抗議して辞職しようとしたために当局はその決定を覆した。[31] あまり言及されることがないが、クレイグロックハートなどの施設で行われたシェルショック治療の代表者はA・J・ブロックであり、オーエンを治療したのも彼である。[32] 活動が感情エネルギーを生み出して回復をもたらすというブロックの理論から、クレイグロックハートにおける幅広い治療が生み出された。このような立場からオーエンはヒドラ誌の編集委員長となることを勧められ、サスーンはほとんどの時間をゴルフ場ですごしたのであった。

リバプールのマグル病院は士官以外の階級のための赤十字病院のひとつであり、多くの患者が短い在院期間で入れ替わっていたという点において特徴的である。この病院では一九一四年から一九一八年のあいだに三六三八名の患者が治療を受けた。[33]戦争中のマグル病院の記録からは、物資と職員の不足、職員の規律の問題、治療対象となった患者の多様さがわかる。戦時に入院したすべての患者のうち二一九名は一九一八年半ば以降も長期に渡って在院したが、彼らは戦争による心理的負傷を受けた者か、戦前から精神の変調を来していたのに誤って軍に入れられた者であった。退院患者のうち三八五名は軍務に復帰し、一〇七名は慢性的な精神疾患と診断され、一八名は身体疾患の治療のために転院となり、別の一八名はてんかんの診断を受け、七名は脱走し、四名は死亡した。これらの数字が興味深い理由は二つある。まず戦時における精神疾患の入院基準は不適切であり、精神疾患がてんかんの一種と診断されることもあったことである。[34]

リヴァースのような精神分析的な先進治療も行われてはいたが、マグルは戦争の全期間を通じて職員と施設の問題に苦しめられた。開戦から最初の数ヵ月のあいだに多くの病棟勤務兵が軍役に戻った。新たに入院した兵士たちは粗野で乱暴であったので、離職した職員もいた。一九一五年の半ばには赤十字の女性職員がRAMCの男性職員によって置き換えられた。一名の兵曹長、三名の下士官、一三名の兵士である。前線からの要請が優先されたので、質の良い職員を引き留めたり見つけようとする努力はうまくいかなかった。[35]一九一七年の四月になると職員の有給休暇は年に七日にまで減少した。一九一九年にインフルエンザが流行して病院職員が感染したときには、残って義務を果たしていた少数の兵士の助手を務めたのはまったく訓練を受けていない兵士であった。マグル病院は四肢麻痺の治療については優秀な治療記録を残しているが、専門治療のために作られた施設は劣悪というほかはなかった。

> きわめて汚く、手入れも悪かった。病棟のトイレは不潔であちこちに蠅が群がっていた。病棟には洗濯をした男性患者の衣服が干してあった。壁もひどく傷んでいた。[36]

精神的負傷者はまだ戦地に行ったことのない患者と同じ病棟に入れられ、生活状況はしばしば惨めなものであった。ほとんどの患者は戦争が進んでからの入院であったため、病院の菜園の収穫があったとしても食事は不十分だった。こうした状況のなかでマグル病院の運営が成功したことは奇跡といってもよい。

英国での治療の第三の例はロンドンのクイーンズスクエアにあった国立病院である。大戦中のシェルショックの治療に関する単一病院からの治療記録としてはクイーンズスクエアのものがもっとも詳しい。その記録は今ではクイーンズスクエアの神経研究所に保管されている。記録には不完全なところもあり、特に当時の悪名高い医師であったイェーランド医師の患者については独立したファイルが存在しない。[37] にも関わらずこの記録からは、英国の主要な専門治療センターにおいて実に多彩な戦争関連の患者がさまざまな医師によってどのように治療され、その病因がどのように解釈されたのかがわかる。一九一五年から一九二四年にかけて九名の職員が心理的な負傷の治療にあたり、一四巻の治療記録を残した。この期間を通じて医師たちは六一五名の「神経衰弱 neurasthenic」を治療し、そのうち一一七名が戦争に関連していた。この診断カテゴリーに当てはまらない少数の心理的負傷者は症状によって分類された。これらの患者を戦争による「神経衰弱」の患者に加えると、全体で二〇〇名の兵士がこの国立病院で治療を受けたことになる。その診断は、緘黙が五名、ヒステリー性緘黙が八名、身体的な震盪という意味でのシェルショックが三七名、ヒステリー性の単麻痺が一三名、トラウマ性神経衰弱が二〇名、そして神経衰弱が一一七名であった。

国から要請された患者のほとんどは、英国内の第二層、第三層の病院で数週間から数カ月の治療を受けて効果がなかったために転院となった者であった。言い換えればクイーンズスクエアは慢性期と急性期の症例の両方に特化した病院であった。非軍事的な専門病院として、数日や数週間ではなく数週間から数カ月にわたって患者を治療するという贅沢さにも恵まれていた。[38] 職員の態度や治療方法にはかなりの多様性があった。イェーランドはファラデーの発案した電磁気を用いたが、テイラーのような同僚は単に情熱的な態度で接するという治療を行った。いずれにせよ記録によればクイーンズスクエアの二〇〇名の入院患者のうち、こうした治療を受けた者は三三名だけであり、その対象となった症状は通常は緘黙、ヒステリー性緘黙、ヒステリー性単麻痺などであった。

シェルショックについての戦時医学の論争は膨大であるが、そこには大きく分けて三つの考え方があった。軍医や年金省の職員（両者を兼ねていることが多かった）を含む多数派の医師は、身体的ショックと震盪、遺伝的素因を重視した。この説明が当てはまらない症例に関しては、道徳的変質のためであると考えられた[39]。心理学的説明に関しても意見は二つに分かれていた。精神分析に影響された少数の人々と、進歩主義から規律を重んじる立場までを含んだ、実用的な考えをとる多数の人々がいた[40]。治療を巡る議論も同じくさまざまであったが、現実の治療は必ずしもその理論の通りにはいかなかった。電気ショック療法と電磁気療法は、進歩主義的な医師にとっても規律を重んじる医師にとっても可能性を秘めた技術であると思われたが、その用いられ方は異なっていた。イェーランドの規律主義的な治療法も決して他に例がなかったわけではない。たとえば主にフランス前線で勤務をしたC・S・マイアーズ[訳注3]は兵士の権利の熱心な擁護者であったが、彼によれば兵士たちは「神経科医が無分別に電気を用いて拷問をしたり、愚かな治療をしたことによって苦しめられた」[41]。しかし逆の立場からなされた重要な議論もあった。

リハビリテーションの雑誌である「再生」とその後継誌である「めざめ」によれば、弱い電気ショック治療はある種の四肢麻痺にとって唯一の効果的治療であった[42]。さらに有効な治療についての意見の不一致は、A・F・ハーストが一九一八年に述べたように多くの医師が心理的な負傷を目の前にしてもそれに気づかないという事実によって、いっそう込み入ったものとなった。

けいれんによって病院に送られてくる兵士の圧倒的多数の病因はヒステリーであり、本当のてんかん発作ではない。この事実が広く認識されていないことは残念である。その結果として多くの兵士がてんかんを持っていると思われて年金を受けとり、毎日三回ブロミドを服用している。実はたった一回の精神療法で治るかもしれないのに……多くの兵士が腕や手が動かなくなって軍務につけなくなった。この障害の本質が認識されないかぎり、彼らの手や腕は一生動くことがない。[43]

この議論で推奨されていたのはフロイト派の精神分析ではなく、分析的な技法と電気療法を同時に用いることであった。ハーストは人道的な処遇が基本であると述べたうえで、年金省がこうした治療を用いて国家にとっての持続的な財政的負担を減らすことを望んでいた。彼と考えを同じくする医師たちは、この方法こそが当時政府の公認のもとに広まっていた温浴やブロミド（軽度の鎮静剤）、マッサージ、理学療法、治療的工芸活動に代わる唯一の治療法であると考えていた。

イェーランドが推奨した集中治療は何よりも時間と意欲のある治療者を必要としていたが、それでも完全にうまくいくとは限らなかった。彼の診療録と「戦時ヒステリー障害雑誌」[44]に記載された報告とを比較するとこの事情がよくわかる。後者においてイェーランドは専門家としての公平な態度、能力、成功を示す症例を選んで報告しているので、出版記録を見るかぎり失敗例はないが、病院の記録にはいくつかの失敗例が認められる。イェーランドたちは失敗例について、患者が治ることへの自信を持てなかったためであると述べている。広く用いられていた電気療法に対しては懲罰的な治療ではないかという異論もあったが、多くの医師は、精神疾患が説得という技法に反応するとは考えなかった。彼らにすれば遺伝、身体的震盪、そして神経学的損傷があるというのに、説得などが役に立つはずがなかった。[45]

これらを踏まえて全体としての治療ネットワークはどのように考えられるのだろうか。明らかにシェルショックの治療は、個々の兵士に対して十分な時間をかけて分析的治療や電気療法を行うというものではなかった。それには理論だけではなく実際的な理由があった。専門病院とエリート専門家を例外として、心理的負傷への集団的治療はコストのかからない、最小限の専門家しか必要としない方法によって行われた。ただしそうした方法には部分的な効果しかなかった。大多数の兵士が受けた治療は、毎日の温浴、田園での一カ月の滞在、「元気を出し、元気よく見せること」であった。[46]

ここで治療の多様さを知るために、国立病院の三名の症例記録を検討したい。[47] 最初の患者は二七歳の兵士である。クイーンズスクエアに到着してすぐに「シェルショック」の診断を受け、一九一六年の五月から七月まで治療を受けた。彼は一九一五年の九月にフランスに派兵され、一九一六年の四月に彼のいた塹壕から百ヤードのところで砲弾が爆発した。彼は二時間生き埋めとなり、その後二時間、気を失ったままだった。記録によれば「彼は眠りに落ちた」。この患者にはマッサージとブロミドの治療が推奨された。国立病院で約五週間の治療を受けた後、この兵士は軍務に戻った。次の症例は二三歳の兵士で、クイーンランドに一九一六年の一月から三月にかけて入院し、イェーランドの指導による治療を受けた。頭痛、無力感、背部痛があり、水を飲むこともできず、シェルショックの診断を受けた。診療録によればこの状態は「慢性化していた」。一九一五年の一一月に彼は渋々医師の診察を受けた。前線の医師はリウマチと目まいという診断を下し、軍務を軽減した。「クリスマスの日にはまた塹壕に戻され、そこで一日中、震えて過ごした。除隊したときには歩くこともできなかった」。報告されていた症状は「下肢と踵の知覚過敏＋両膝より下位の感覚麻痺」であり、治療は「高頻度の……週に三回の」マッサージとブロミドであった。三カ月の治療の後でも「何の変化もなかった」ので、退院すると恩賜休暇が与えられた。三番目の症例は一九一七年の一〇月から一九一八年の一月まで治療を受けた一九歳の兵士である。症状は緘黙、麻痺、「両手の使用不能」、健忘、重度の頭痛、そして振戦であった。入院までの数カ月間、これらの症状はまったく変わっていなかった。フランスで失神したあと、発声と聴力を失ったが、これはクイーンズスクエアに入院する数日前に回復した。突然の騒音に恐怖を抱き、自力で食事をとることができなかった。記録からは次のような治療が行われていたことがわかる。「電気療法による発声の治療によって、まず吃りながら話すようになった。同じ方法によって五分以内で話すように再教育が行われた。両手に電気療法を行い、力が入るようになった。次に両下肢に電気療法を行い、歩けるようになった」。すなわち彼は「治った」のである。

こうした症例を詳しく記載したのは、シェルショックがまずどのように治療をされたのかをわかっていただきたいからである。最先端の病院でこうした患者の治療をしていた医師でさえさまざまな問題を抱えていた。最初の症例ではさほどの治療がなくても症状は消失した。二つ目の症例では治療は完全に失敗であった。三番目の症例では強力な電気ショックによって症状はほとんどただちに改善した。これらすべてから浮かび上がるのは、クイーンズスクエアが英国におけるシェルショック治療の重要なセンターであったということである。治療を受けた患者の数は少なかったが、治療の質は通常の平均を上回っていた。現代の治療者から見ると当惑せざるを得ない治療が用いられることはあったが、そうした治療が、特に懲罰的な電気治療が、どれほど一般的に行われていたのかについては疑問符を付けなくてはならない。筆者は治療の欠点を過小評価するつもりはないが、どのような欠点があったとしてもクイーンズスクエアの国立病院が「オーウェルが描いたような洗脳」センターであったというショーウォルターの見解は明らかに一面的である。[48]

第一次世界大戦の遺物を論じたファッセルは、「英国の生活のすべてがまだこの戦争を思い起こさせる」[49]と述べた。「シェルショック」という用語が日常的に使われており、感情的にひどく動揺する経験による苦痛や、異常に高揚した感情や身体的疲労を意味していたことがその例である。シェルショックという用語はまた、英国社会が集団として第一次大戦の心理的トラウマを記憶し、それにとらわれ続けていたことをも示している。こうした用語法は精神的苦悩と戦争詩人との交流に、とりわけオーエンの死後一九二〇年の詩選集の出版にまでさかのぼる。彼の詩集の出版以来シェルショックは戦争についての戦争詩人の知的幻滅だけではなく、終戦の七日前に死去したオーエンが描き出した工業化された近代戦争の広範な悲劇とも結びつくようになった。英国文学では他の国では見られないほどにシェルショックが戦争の悲劇と同一視されてきた。このような状況では第一次大戦の一般的な兵士の経験が文学上の偉人の経験によって覆い隠されることはむしろ当然である。ある批評家が一九二〇年にオーエンの詩集を評論したように「収められた二三の詩作を読んだ後では、それ以外の見方をすることは不可能といってよい[50]」。

第一〇章　第一次世界大戦期イタリアにおける精神科医、兵士、士官

ブルーナ・ビアンキ

第一次世界大戦のすべての参戦国において、戦争のトラウマ、感情的な苦痛、日常的な暴力、そして死への直面は予想を遥かに超えた精神的負担をもたらした。兵士の診察と選別、治療のために招集された各国の精神科医は、戦争経験という観点から精神疾患の再検討を迫られた。戦争中のイタリアでは、一九一五年の参戦以来こうした活動に積極的であり続けた精神科医たちが、軍と社会における権威者となった。[1] 精神医学会の会長であったアウグスト・タンブリーニは軍の精神神経部門の責任者である。ナポリ大学の精神科教授であったレオナルド・ビアンキは戦時医療を担当するための無任所大臣であった。またエンリコ・モルセッリはイタリア国防医師会の重鎮であった。[2]

戦争神経症を巡るイタリアでの議論は、国家総動員における精神医学の役割によって、また精神医学の思考や臨床を支配した当時の風潮によって、さらには戦争のもたらした政治的、社会的な緊張から直接の影響を受けていた。いうまでもなくイタリアは社会の総意なくして参戦した唯一の西欧国家である。イタリアが一九一七年の終戦まで絶えず勇敢に闘ったことは確かであるが、国民は一貫して戦争に敵意を抱いており、戦争を支持することはなかった。イタリアの参戦を実際に決定したのは、経済的、領土的発展と国内の権威の復活を願う少数の政

治エリートである。支配階級は民意を得ないまま服従を要求した。そのためにイタリアでは他の西欧諸国よりもはるかに抑圧的な立法が行われ、軍事力が日常生活へと拡大した。

軍の内部では過酷な抑圧が行われ、それが人間関係における恐怖、不確実さ、自信喪失をもたらした。[3] 精神科医の主要な関心事は戦争に対する兵士の反対と抗議であり、兵士が反乱を起こすことに恐怖を抱いていた。イタリア精神医学では変質学説や素因論はもはや一時期の勢いを失っていたが、戦時の生活への不適応は概して劣等的資質の表れであると見なされていた。さらにイタリアは同盟国に比べて小規模の軍隊しか持たないという不利な立場にあった。戦争以前に国内の不満が沸騰していた時期に、九〇〇万人ものイタリア人が海外に移住しており、その結果として軍に動員すべき若い人員が不足していたからである。そこで軍の上層部は医師たちに可能なかぎりの人材を動員するように圧力をかけた。特に精神科医は、ろうあ者、てんかん患者、いわゆる意志薄弱な者についても、軍人としての有用性を判断するように求められた。イタリア軍の創設以来、軍における精神疾患の頻度と特徴、精神科軍医の役割が研究され、議論されてきたが、戦争が始まるとこれらの主題は医療にとっても国家にとっても強い関心の的となった。

戦前の軍の生活と精神医学

一八六〇年の国軍の創設はイタリアの市民と軍の関係を大きく変容させた。シシリアへの徴兵制度の拡大（一八六一年までには免除されたが）に加えて、強制的な軍役によって若い働き手が数年間連れ去られてしまうことへの農家の反発が、徴兵登録への広汎な拒否と略奪行為の増加を招いた。続く一〇年間には徴兵制度が男性全体へと拡大し、国家レベルで兵士募集制度が作られた。新兵はしばしば故郷から遠く離れた地域に送られることとなり、軍の厳しい規律のために兵士が兵舎での生活に適応することはますます困難になった。

軍隊生活への適応困難、規律の不足、脱走、そして反乱は、一般的に集団生活自体への精神的な不適応、未熟さ、または性格と道徳の欠陥であると解釈された。軍の精神科医のほとんどはチェーザレ・ロンブローゾの隔世遺伝説と、犯罪行為は生物学的先祖返りであるとの説を受け入れていたのである。[訳注1]「犯罪と狂気を区別するのは社会的な偏見にすぎない。両方とも遺伝の法則によって大きく運命づけられている点は変わらない」[4]。ロンブローゾが軍医としての勤務の傍ら、若い兵士についての最初の人類学的観察を出版したのは一八五九年であったが、彼はその後も軍医の世界では非常に尊敬されていた。隔世遺伝説に従えば軍での生活は先天的な犯罪素因を解き放つことになる。軍隊での精神科医の任務は「異常者」を見つけて取り除くことであった。軍における不服従の大規模な増加、[5]兵舎での自殺の多さは、[6]軍の監獄につながれた兵士についての多くの人類学的な研究を促した。[7]罪を犯す兵士は反抗的で怠惰であり、衝動的で教育が乏しく、復讐の本能が強い南部の出身者であるという固定観念が作られた。実際、イタリアの実証的文化人類学においては挑戦的態度と地域主義はしばしば同一に論じられていた。[8]

一八八〇年代と九〇年代において軍隊での精神障害と犯罪はイタリアの精神科医の関心事であり、上官や同僚に危害を加えた兵士（サルヴァトーレ・ミズディーア、ピエトロ・ラディーチェ、ルイジ・マーグリ）の裁判においては多くの精神科医が専門家として証言に立った。精神医学の専門家たちは被告の中に明らかな変質の兆候を見て取ったが、被告全員に死刑か終身禁固刑が言い渡されたので、この判決は精神科医のあいだに不満を呼び起こした。一八九四年のラディーチェへの死刑判決に対して精神科医のエンリコ・モルセッリは憤激をあらわにして翌年に論文を書き、「兵士の意志力の多様性を打ち消そうとする」軍の野蛮さを非難した。精神科医たちも司法に対しては無力であり、本来ならば精神的な理性を失っているという理由で精神科病院に収容されるべき被告に対する判決にほとんど関心を示していなかった。モルセッリはそのことについて精神科医の責任を問うた。「今日、軍事法廷に専門家として呼ばれることは、あらゆるつらさと失望を与えられることを意味する。精神科医はよく務めを果たしたのであり、良心の呵責を感じる必要はないと言う者もいる。そう考えることで、私自身もその名誉ある一員である医師という集団の名誉は保たれるかもしれない。しかしこのような事態は科学への冒瀆であり、司法の恥である」[9]

精神医学がイタリア社会での影響力と声望を高めていたこの時期、その影響力を軍と軍事法廷においても高めようとする試みがなされていた。逃亡、不服従、自傷行為は劣等性の徴候であると考えられた。精神科医はこれらの行為を精神医学的症状として扱うことを希望していた。変調を来した兵士の選別と治療という精神科医の役割の重要性と困難さは、二〇世紀初頭の植民地戦争を通じて一層浮き彫りにされた。

日露戦争において精神神経疾患を発症した兵士が観察されたあと、軍の当局者は効率的な精神医療の必要性を認めるようになった。イタリア・トルコ戦争では精神医療は主として軍医によって提供されていた。プラシド・コンシリオはトリポリの病院長としての、また逃亡と不服従に関するいくつかの法廷での経験を広く出版した。[10]民間の精神科医が軍における精神科専門医としての重要な役割を引き受けるようになったのは、ようやく第一次大戦が始まってからのことである。イタリアが参戦したときには、すでに参戦していた他国の経験から、精神神経疾患を発症する何千人もの兵士に対処するためにはすべての専門家を動員することが必要であることがわかっていた。

戦時の精神医療

戦時精神医療制度の基礎は一九一五年九月に築かれた。その指導者は当時もっとも高名であった精神科医のアウグスト・タンブリーニ、レオナルド・ビアンキ、そしてエンリコ・モルセッリである。精神医学会長であったタンブリーニの指導のもとで、各兵団に一名の熟練した指導医が割り当てられることになった。[11]この制度では医学的、軍事的な規則に基づいた要請に応える必要があった。軽症の者ができるだけ早く回復するように配慮され、前線近くに専門の病棟が作られた。慢性化した重症の患者は、診察のために前線から遠く離れた精神科病院に一時的に入院させられた。三ヵ月の診察が終わっても回復しない場合には、正式な入院となった。この制度の第一の目的は、戦時精神医学のもっとも重大な問題であった詐病と症状誇張を減少させることであった。戦争の進行とともにこの制度は拡大し、フランスをモデルとして九ヵ所の診療所が作られ、その質も向上し、地域拠点を核として精神神経医療が組織された。タンブリーニはこれらの診療所は財政的な見地からも国家にとって必要だと考えた。というのも未治療の兵士たちからの補償金や年金請求が避けられたからである。[12]

この制度作りに取り組んだ者たちが最初に直面した問題は精神科医の少なさであった。前線付近に四〇名、後方のセンターには一〇〇名の精神科医しかいなかった。これを受けて一九一六年には精神科医の訓練がウディーネ近くのサン・ジョルジョ・ディ・ノガーロの軍事大学において始められた。[13]

医療サービスは、軍が民間人を取り入れた唯一の専門分野であった。しかし精神医学の権威者といえども、最初のうちは軍の権威者や医師からの敵意に迎えられた。彼らは精神疾患は単なる詐病であり、軍の規律を厳しく押し付けて抑圧するしかないと考え続けていたのである。

すべての軍医が精神医学について現実的な考えをしているわけではないことはわかっていた。たとえばある医学の権威者は現在の戦争によって精神神経疾患が産み出されていることを否定した。おそらく彼は官僚的な手続きにとらわれすぎており、自分自身で兵士を診察したことも前線に赴いたこともなかったためであろう。[14]

イタリアの精神医学は国家的レベルで重要な役割を果たそうと努めていた。開戦直前には精神科病院の増設はそのピークを迎えていた（六九県中四七県が精神科病院を有していた）。精神医学は一般医学と矯正司法の中での地位を確立していた。しかしこの成長期に最初の危機が現れた。それまでの一〇年間、社会的、道徳的な関わりを含む愛他的活動への熱意と平行して、脳器質論が台頭し、精神疾患を神経疾患へと再分類する試みが生じていた。精神医学をパターンと法則の観察による科学として認知させようとする努力は、この専門分野の活動を平板なものにした。[15] 体質論と変質論への信念は薄れていたとはいえ、消えたわけではなく、神経生理学に基づいた新しい疾患分類学の中に取り入れられていた。進化論と神経学研究が複雑に絡み合ったこの理論は、その後も長いあいだ命脈を保っていた。[16] 全体としてのイタリア精神医学はロンブローゾの学説への態度を留保していたが変質概念は受け入れており、犯罪行為の理解には欠くことができないと考えていた。戦争は精神医学の診断評価の手段を洗練しただけではない。今や社会的役割を拡大して治療を推進しようとしていた精神医学にとって、戦争は精神科病院という狭すぎる場所から解き放たれるまたとない機会であり、その意味でおおむね歓迎された。[17] 開戦直後にモルセッリはこう述べている。「精神科病院の精神科医は、今やその建物で生じることだけが精神医学であるという信念を捨て去るべきである。入院患者の病気だけを見ていたのでは、精神医学に対してどれほど広い活躍の場が開かれているのかは理解できない。そのことをよくわかっているのは、精神の変調を抱えて社会の中で生きている人々を数多く見た者だけである」[18]

前線病院と精神科診療所での診断と治療

戦争の最初の年のイタリア精神医学会には、新たな患者を観察して研究できることへの楽観論がみなぎっていた。イタリア第四軍の顧問医は一九一五年の一二月にこう記している。

今般の戦争で観察された精神神経症と驚愕神経症の症例についての臨床記録を収集することは、これらの病態研究を向上させるためのまたとない機会である。［…］私は神経科医としてこれまでの臨床でもこうした症例を多く診てきたが、理論的には不十分な知識しかなかった。これらすべての種類の患者を観察できることは非常に興味深い。[19]

業務の過密さと、患者の変化と転帰が観察できないことによって、こうした希望は徐々に薄れていった。実際、前線の病院には毎日平均して四人から六人の兵士が入院した。ところが病院の入院病床は、通常二〇ないし二五であった（一九一六年には五〇ないし一〇〇に増加した）。入院した兵士は二週間を超えて病院に留まることはできなかった。軍医総監の査察によれば、一九一六年の五月と六月には二万人以上の兵士が精神神経疾患によって入院した。[20] これらは主に錯乱、振戦とけいれん、機能的な言語ないし運動障害であり、アメンチア、てんかん、ヒステリー、ヒステリー性精神病などと診断された。診察された兵士があまりに多かったので、しばしば診断は表面的であり、治療は不適切であった。前線病院の医師たちは診療録には単に患者の症状を列挙し、診断は次の病院に委ねることも多かった。

アンジェロ・アルベルティは一九一九年にこのように述べた。「極端な速さで仕事を進めなくてはならないので、興味深い症例への熱意も科学的な要求もくじかれてしまい、本質を徹底的に探求することはできない」[21]。二名の精神科医が、アルマータ・デル・グラッパ・エ・デグリ・アルティピアーニの精神神経センターでの兵士の治療が自分たちにとっていかに困難であったのかを述べている。

数カ月の前線勤務の後で、精神疾患を発症した兵士を診察する任務についてみると、落ち着かなくなり、途方にくれた。精神科病院での患者には慣れていたが、そこで得た経験に照らして兵士を分類することは難しく、この困難のためにしばらくのあいだ不安と当惑が続いた。[22]

戦時のヒステリーは平時に観察されるものとは異なっていた。主要症状は演技性と空想ではなく、感情の抑圧と恐怖であった。混迷が持続し、失見当識に悲哀と苦痛が伴っていた。

軍医たちは、できるだけ多くの兵士を軍務に戻そうとする軍当局者との絶えざる葛藤に悩まされていた。アルベルティ、ジュゼッペ・アントニーニなどの多くの医師は、もし彼らが純粋に医学的信念に基づいて判断を下していればずっと多くの兵士を前線に戻さずにすんだであろうと述べている。明らかに同じ事情のために、医師たちは正確な医学的、法的な評価を行うことをためらった。そのために、兵士が軍務には不適であるとか、特にその病気が戦争によって生じたものであるという判断は、後方の別の病院に委ねられることになった。一九二〇年にアルベルティはこう記している。

私たちはあえて「軍務による疾病」という言い方や、さらに注意をかき立てるような「戦争状態において悪化したと思われる疾病」という表現を診療録に書かないようにしていた。実際、今までに深刻な災害（地震や暴風雨など）の生存者の治療をしたことのない医師にとっては、私たちが見た精神症状はまったく目新しいものであった。こうした病状は、疑いもなく症状模倣の素因に影響されたものである。[23]

迅速に診察をする必要があったので正確な病歴の聴取は不可能であり、医師たちは兵士に素因があると仮定することが一般的であった。一九二〇年にジョルジョ・ベナッシはそのことを認めている。「実際のところ素因という概念は、それがしばしば不正確であり不適切に用いられているとしても、私たちの考えや精神的習慣を支配しており、その概念なしに仕事をすることは考えられない」[24]。にも関わらず、戦争は精神科医に素因概念の再考をもたらした。不安、窮乏、感情、生活の急変、そして飲酒なども、すべて素因の要素として考えるべきだと主張した医師もいた。トリノの精神科病院で勤務をしていたアンセルモ・サチェルドーテは「身体的、精神的な意味での業務の過剰が、病的な行動を決定したり促進する場合がある」と考えた。[25]

戦争中には、精神機能障害の主要な原因を爆発や衝撃、負傷などのトラウマ的出来事とする考えから、トラウマ的要素の複合によるという考えへの移行がみられた。トラウマ的要素というのは持続的な緊張、過酷な状況、望郷の念などであり、こうした長いトラウマ的エピソードの末にトラウマ的出来事が触媒的な瞬間として作用すると考えられるようになった。戦争は誰にとっても耐え難い状況であり、あまりにも強い感情、ストレス、不安は病的な反応としてしか表現されないのだと考えた者もいる。[26]

変質学説は軍隊内での犯罪を説明するために相変わらず用いられていた。軍隊規律への適応の拒否、症状模倣、自傷行為、脱走といった行為はすべて変質と道徳性の欠如を示していると考えられた。実際、タンブリーニは「変質者である異常な兵士」を戦闘地域に送り込んで塹壕を掘る作業員の代わりに働かせ、「犯罪者」を軍隊から追放するようにと何度も要請した。[27]第四軍団の顧問医は「兵役についている精神的変質者」の問題を解決するためには「この問題をロンブローゾの犯罪人類学の確固とした基盤の上に移し替えなくてはならない」と述べた。[28]

戦争という状況では遺伝と素因があらわになり、増悪すると考えられた。素因と変質を仮定する背景には、精神神経疾患の徴候を示した兵士への差別、猜疑、軽蔑といった感情があった。彼らは詐病者であり、異常で、弱く、原始的な人間であるとされた。こうした侮蔑と差別は部隊に対する軍上層部の態度を映してもいる。実際、指揮官は常に兵士の反乱と不服従を恐れていた。兵士たちは「いらだっている労働者の群れ[29]」であり、彼らにとって「祖国は何の意味もなかった[30]」。

この辛辣な見方には階級間の不和が反映していた。これは交戦中の他国にはみられなかったことである。特に英国では、通常の解釈に従えば、葛藤が生じたのは恐怖と義務のあいだであった。こうした見方の下で、戦争で精神を病んだ者についても社会的に許容されるイメージが形成された。英国兵士の多くは志願兵であり、社会からの多大な共感を受けており、愛国心が疑われることはなかった。[31]

前線近くの基地にある小規模の病院ではヒステリー症状を示した多くの兵士が治療を受けていたが、この治療はもっとも驚くべき、予想外の発展を見せた。医師はこの症状が出現するとすぐに対応することができたので、自分たちがその場で作り上げた、あるいは発明した治療の効果を観察することができた。電気療法、催眠、乱暴な暗示的技法が、兵士たちに麻痺、筋肉の振戦、難聴、発話不能といった単純で本能的な防衛機制を断念させるために易々と導入された。その結果、兵士は六日から八日のあいだに再び前線に送り返された[32]。軍隊での生活と、戦争の辛さと恐怖は、兵士を自ずと服従的にした。消耗と休息への渇望のために、彼らは催眠的暗示に対して著しく敏感であった。戦争までの何年ものあいだ、医師たちにみられていた催眠への抵抗とそれを用いることへのためらい[33]はいまや姿を消し、催眠は兵士に安易に導入された。

士官たちも兵士たちが催眠によって簡単に入眠することに気づいており、時には睡眠を用いて兵士にいっそうの苦痛を与え、本来の緊張と攻撃性を発散させた。一九一六年にひとりの兵士が重度のうつ病のためにトレヴィーゾの精神科病院に入院した。彼は中尉の意思に支配されていると泣きながら訴えた。院長が診察をしたところ、彼は前線で危険な任務を与えられていたことがわかった。ある夜、その任務が失敗すると、指揮官は次の夜にもう一度同じ任務をさせると告げて彼を怯えさせた。このために彼は不安になり、錯乱した。部隊の中尉は同僚からうまくいくと請け合われ、この兵士に催眠をかけて指揮官の前に立たせたのであった[34]。

精神科医であったデリージとフォスカリーニの言葉からは、こうした治療の成功に驚き、熱狂した様子が窺える。

> 急ぐことの多かった私たちの仕事において、感情ではなく科学の分類に基づいた診断がつけられたのは、多くの場合は患者が良くなってからのことであった。その頃には有能な人材に兵士としての能力を無理にでも再び取り戻させるという医療の主要な目的は達成されており、診断はもはや不必要な個人的な判断にすぎなかった[35]。

精神医学が科学であろうとする要求と熱意の基礎となっていたのは、診断と治療との対応関係を考察することである。しかしあえて確実な診断を下したり患者の精神生活を探索しなくてもよいという考えのために、やがて精神科医たちはそうした考察を断念した。イタリアで一八九六年の神経学会の設立以来盛んになっていた身体医学的な概念が確かな治療法をもたらさなかったことは確かである。とはいえ一九世紀の終わりには精神科医はこの不確かな科学の将来に自信を深めていた。[36]しかし戦争中に精神科医の影響力は非常に拡大し、その業務の緊急性は患者の経過を見ることを許さなかった。その当時の診断と治療との乖離は大きく、この明らかな矛盾を隠すために多くの精神科医が愛国心の高揚に訴えようとした。フェレーラの神経クリニックの院長であったガエターノ・ボッシは一九三一年にこう述べている。「求められているものは、妥協のない学問としての印象を広めることであった。臨床判断は要領よくまとめる必要があった。どの医師も、兵士の精神についての自分の考えを厳密な知識と科学に高めることが求められた」[37]

顧問医は戦争省に送られる報告書が、精神医療を規律の上でも治療の上でも効果的であると記すように注意をした。軍務への実際の復帰、あるいは復帰可能性が高率であることが強調された（四一から五八パーセント）。[38]さらに報告書では、病院の入退院率を上げるような治療（エーテル麻酔、電気療法、催眠、集団暗示）を導入したことも述べられていた。そのなかにあって懲罰的な治療を拒む精神科医もいた。「彼らは医師であることを忘れて軍人のように振る舞っている」[39]

電気療法は必ずしも懲罰的で苦痛な治療ではなかったが、強制的に「意志を鍛え」「感情的に威嚇する」治療は拡大し、神経科のクリニックでも用いられるようになった。さらに苦痛な治療や法廷で裁かれるという威嚇の後で症状が消失したことが、ヒステリー症状は詐病と反逆に近いものであり、兵士の弱さと恐怖を口実とした一種の脱走であるという信念を強めることとなった。ヒステリーは読み書きのできない農民や労働者のあいだで広まっていたが、下士官や、特に高位の士官のあいだでは稀だとされていた。[40]

イタリアの精神科医はヒステリー障害の特徴と治療に関する諸外国の、特にフランスでの議論にはかなりの注意を払っていた。[41]戦前にはヒステリーは主として女性の疾患であると思われており、劣った、反社会的な、そして本能的な傾向を持った、特殊な体質によると見なされていた。男性ヒステリー患者は「非男性的な」特徴を持っており、ヒステリーが独立心の旺盛な青年、兵士、若者に生じることは稀であると信じられた。[42] つまりヒステリーは自分の社会的役割を受け入れることのできない者が、従属的な人間関係に対して起こす反応だとされたのである。

しかし多くのシェルショックの兵士が聞くことも話すこともできないほどに震え、筋肉の麻痺と拘縮を呈する状態で前線の病院に担ぎ込まれるに至って、従来の考え方は根本的に変更されることになり、イタリアの精神科医はこうした臨床症状の原因を熱心に論じ始めた。トラウマをもたらす戦争への抵抗は正常な者にも認められる本質的な特徴なのだろうか。感情だけでも精神の変調は引き起こされるのか、それとも素因が必要なのだろうか。こうした症状はストレスと不安によってもたらされたのだろうか。

これらの疑問への回答には多くの議論があり、確実な結論には至らなかった。繰り広げられた議論はあいまいで矛盾に満ちており、それをたどることは容易ではない。精神神経症の発症には戦争というトラウマが重要であることは指摘されていた。一般的にイタリアの精神科医は、自分たちの戦争体験から考えるとオッペンハイムのトラウマ神経症理論は否定されると考えていた。[43] 戦争という暴力のなかでは精神的トラウマの示す臨床病像は感情優位なものであった。特に女性に多いとされていた体質的ヒステリーと、トラウマ的出来事によって触発されたヒステリーが区別され、後者は男性に多いとされた。一般論として多くの部隊の顧問医たちはこの病態の起源が感情にあることについては意見が一致していた。たとえばビンセンツォ・ビアンキ、アンジェロ・アルベルティ、アルトゥーロ・モルセッリたちである。しかしながら彼らは個人的な素因を排除したわけではなく、症状の経過を決定する上で暗示の役割も強調していた。素因の徴候がまったく認められない兵士にもヒステリーが生じ得ると主張したのはビアンキのみである。

軍隊においてヒステリーは非常に多い。感情的な男性だけがこれを発症するというわけではない。［…］この神経症の病因に関しては、何年も繰り返されてきた重要な質問を発しなくてはならない。［…］事実の観察から自然に導かれた原理に勝るものはない。つまり軍隊では極度の感情がヒステリーの原因である。[44]

ビアンキによれば前線において、あるいは戦闘中に、またはシェルショックの後で、男性に発症するヒステリー性疾患には本人の価値を否定するような意味はない。暴力的な感情の体験なしにヒステリーを発症する者に関してのみ、素因が考慮され得る。したがって医師たちは、前線において強い感情とともに発症するヒステリーと、後方において暗示によって発症するヒステリーとを区別していた。さらに医師たちは兵士の機能障害と性的文脈における機能障害との関係は一貫して否定していた。

神経学の訓練を受けた精神科医は身体論的な考えを持っていた。ジャコモ・ピニーニは一九一六年に述べている。「私が兵士の診断を下すときにはできるだけヒステリーを除外し、生理学的な異常のなかから、器質的過程によって説明される症状を明らかにしようとした」。[45] ただし彼は回復しつつある兵士が「生き生きとした意志力」を欠いているときには暗示を用いて治療を行った。[46] フランスの神経科医であるジョゼフ・バビンスキーは、ヒステリーの症状は暗示によってもたらされ自発的に再生産されているとしたが、この解釈はほとんどの精神科医にとってはあまりに単純化されているように思われた。この説は感情の原因的役割を過小評価しただけではなく、ヒステリーにおいてしばしば認められる、軽度で二次的であるとはいえ器質的損傷の可能性をも排除していたからである。バビンスキーの新しい考えは「ヒステリーという臨床単位の定義を、症状の組み合わせから回復を重視したものへと移行させた」と考えられた。[47]

臨床の立場から賛同しかねる部分が多かったとはいえ、ほとんどの精神科医はバビンスキーの説が軍人のヒステリーにおいて有用であることは認めていた。もしヒステリーが被暗示性の亢進を意味しているのなら、軍務の拒絶、休暇、疾病、負傷をもたらす暗示の力に対しては、どのような病気があろうと結局は塹壕から逃れることはできないという強い暗示によって対抗できるかもしれなかった。理論的、臨床的な警鐘が発せられてはいたものの、電気療法と暗示によって兵士の人格を冒し、意志を阻害することによって症状を強制的に消失させるという治療が用いられるようになった。サンテ・デ・サンクティスはこう述べている。

> 職場や戦場で負傷した者たちのすべてのヒステリーを迅速に、真剣に、誠実に治療をしているデジュリンやバビンスキーなど多くの人々の方法に厳密にしたがって、人為的に作られたどのようなヒステリーに対しても治療に取り組む必要がある。専門家の誰一人として、兵士を弱らせることによって自分の仕事の厳粛さを危うくしようなどとは思っていない。神経質的な弱さを持たない強靭な人々を作り出すことこそがわれわれの使命である。[48]

意志力と自制心の欠如はすでにヒステリーに対して文化的に作られた画一的な見方の一部であったが、その見方は戦争中に著しく拡大し、ヒステリーは自己中心的な悪意が表に出たものだと見なされた。他国の医師はヒステリーを複雑な精神生活という観点から解釈したが、イタリアの精神科医はこの精神的反応を道徳的な強さと弱さの問題に単純化して考えた。[49] この見解は、軍における災厄ともいうべきカポレットの敗戦の後で都市部の中産階級の愛国心が再び燃え上がると、いっそう強化された。

エンリコ・モルセッリはジェノヴァの精神神経科医院の院長であり、国防イタリア医師会のリグーラ支部長であったが、一九一七年に市民に呼びかけた。暗示療法による意志力強化を通じて兵士のヒステリーの治療が成功したことを紹介したあと、モルセッリはこう嘆いてみせた。「自分たちを意志薄弱だと思うことは悲しいことである。自分自身の弱さや不適切さに対しては強力な精神的治療を行おうではないか。道徳的な人格に足りないところがあれば、それを埋めようではないか。そして〝戦争魂〟と言うべきものを作り上げよう」[50] 医師たちは、優しく理解のある態度を取らないことを自分の義務だと考えた。そのような態度は兵士を治癒に導くどころか障害を誇張させ、長引かせると思われたからである。兵士の脱走や不服従への不安は強迫的なものとなり、兵士がそのような妄想に屈しないようにできるのは断固とした治療のみであった。精神療法は回避された。この治療は精神内界の探索というよりは、医師による許されざる（そして有害な）道楽であると見なされたのである。医師たちが言いたかったのはこのようなことである。神経科のクリニックにおいて「意図的にあるいは暗示によって再生産されることのない客観的症状が存在しない場合には、遊びのような治療をしても無意味である。兵士たちの言うことを信じるよりは罰する方がよい」[51]。

ある種の精神医学的な仮定が徐々に脇に追いやられたことは事実である。特にヒステリーの症状模倣が無意識的であるという考えはそうであった。「徐々にではあるが、反射的異常は［…］直接的、間接的に、意志によって条件づけられているという考えが、ますます普通のことになった」[52]。意志の力によって持続的障害が生じるという考えは、戦争がもたらした唯一かつ真正の新しい知見であると考えられた[53]。

役に立つ治療が必要とされるあまり、診断は単純化された。かくして戦争が提供した事例観察と研究の豊富な機会は失われた。臨床研究が進歩するという楽観主義も同様である。全面的に受け入れられた現実的な進歩としては、症状が現れるや否やただちに行動を起こして兵士の暗示性と受動性を消滅させるようになったことしかない。それは症状の急速な消失だけを目的とした狭い考えであり、そこで得られた回復は表面的なものでしかなかった。「さほど重症ではない人々は、いわゆる感情発作からほとんど治ることがなく、前線に送り返され、まったく行方がわからなくなった」[54]

精神科病院の内側——兵士

基地の病院はヒステリー以外にも重症かつ慢性の精神疾患を持つ兵士であふれており、彼らは国内の他地域の精神科病院に移送された。そうした病院で診察された病状のほとんどは精神錯乱とうつ病であり、それらに対して精神医学は何ら有効な治療法を持たなかった。[訳注2] 精神科病院では、伝統的な休養、勤労、催眠といった治療法でさえ、戦争の進展とともに次第に行われなくなった。

精神錯乱は戦争神経症の典型的病像であると思われた。兵士に見られた若干の倦怠感は正常であり、むしろ希望が持てる兆しであった。進行性の解離症状、過去の生活や家族からの離人感は戦争生活に適応するための必要な途中段階であろう。国防省における集団心理学の顧問であったアゴスティーノ・ゲメッリによれば、近代の戦争は良き兵士と英雄の姿を変容させた。新しい英雄とは心理的な防衛を作り出し、たとえ論理的ではないとしても、恐怖と自己保存の本能を抑えつけ、意識野を狭くする能力を持つ者であった。よき兵士とは苦痛を感じずに己の人格を抑圧する者であった。したがって軍の規律は個性を奪い、抑制するためのものである。「士官と規律の果たした役割には、兵士の精神生活を抑制し、無気力で無関心な人間にするという否定的な価値があった」[55]

反戦運動が拡大したために、国民が一致して戦争への意欲をかき立てられることは期待すべくもなかった。兵士を動かすことができるのは、彼らが精神的に麻痺をし、軽度の錯乱をした状態で自動的に行動し、盲目的な服従が保証されているときだけである、という確信が広がっていった。次の一文はベネツィア・ジュリア地区で精神科医として勤務したパオロ・スタンガネッリの言葉である。「精神に変調を来した兵士の大多数においては[…]人格や意志が否定されることから生じる否定的な側面、たとえば自動的な行動、上官への尊敬、無感情は、ある種の任務を遂行する上では好都合である。特にそれが危険な任務である場合には」[56]

一九一六年、第一軍の顧問であったビンセンツォ・ビアンキもまた兵士の心理的反応に言及した。「戦うことの避けられない必要性」「死への平和的な順応」は暗示、宿命論、魅惑によってのみ達成できるという。[57]

すべての兵士が戦争に熱狂しているわけではない。敵についての理解は抽象的であり、祖国よりは家族に結びつけられている。［…］戦いに反応するように乱暴に強制する直接的刺激が必要である。過去を忘れ去り、戦争という意識を持たなくてはならない。めまぐるしい混乱の中で亡霊のように行き来する軍用車、トラック、士官たちはあたかも運命に駆り立てられているようである。［…］軍用物資は前線に届けられ、負傷兵は帰還する。このような状況の中で、もともとの職業、家族と子どもたち、自分の興味への結びつきは次第に失われる。いわば混乱した人々によって、また新しいおぞましい出来事によって、麻痺してしまうのである。それらに魅了されてしまうといってもよい。そうなるためには時間がかかる。破壊と死に囲まれて何日も暮らさなくてはならない[58]。

ビアンキはこの麻痺こそが兵士を戦闘へと導くのだと付け加えている。「そうなればもはや戦争という運命を避けることはできない[59]」

現存する診療録からは、精神的に麻痺した状態で従軍した兵士がいたことがわかっている。たとえばローマから来た若い兵士は「ロボットのように」常に危険に曝され続け、ある日突然、前線を放棄して目的もなくさまよい始めた。彼は父親に手紙を書いた。「私は何をされるのでしょうか。私は誰なのでしょうか。金銭や、財産、友人、家族、権利、義務、そうしたものが私にはあるのでしょうか。私が裏切りをしたのか、それとも裏切られたのか、それすらもわからないのです[60]」

権威者に無限の権限があり、至るところに死が存在する状況のなかで、何千人もの兵士が不可逆的で広範な空虚感と失見当識を生じ、医師たちはしばしば抑うつ－嗜眠性－アメンチア depressive-soporose-amentia の診断を下した。ある軍の顧問医の診察によれば「抑うつ－嗜眠性－アメンチアは以前には臨床よりは理論のなかで知られていたが、今日では精神科病棟にありふれており、暴力と持続的戦闘に関連している[61]」。

伝統的な診断カテゴリーを手放すことはためらわれたが、この病気の原因は心理的なものであるという考えが徐々に根づいていった。この病態を独立した臨床診断として一八九〇年に初めて記載したセオドア・マイネルトによれば、[62] アメンチアは心理的トラウマによってのみもたらされる。マイネルトは素因の役割は小さいと信じており、治療では解剖的、生理的な理論に基づくことを避け、家族環境の治療的利益を強調した。それに続くクレペリンは錯乱とせん妄を早発痴呆の症状だと考えており、アメンチアは症状のひとつにすぎないとした。しかしアメンチアは戦争中に感情的トラウマとの関連によって再び取り上げられた。トレヴィーゾ精神科病院長のツェノン・ダルボーのように、[63] アメンチアの診断を多く下していた医師は家庭を離れたことが特に重要な要因であると考えた。[64]

アメンチアと診断された兵士は夢幻様状態 dream-like state（ipnosi delli battaglia）だけではなく、幻覚と見当識障害を生じるのが普通であったが、何よりも戦争体験に引き続く現実感の破綻が特徴であった。戦争の初期にもっとも多く見られたのは軽度の精神錯乱であったが、一九一七年から一九一八年にかけてはさらに重症の事例が現れるようになり、完全な健忘と見当識の喪失が認められた。

> こうした患者を記述することは簡単ではない。彼らは顔かたちは違っていても、驚くほど似通っている。外見の特徴はきわめて明確であり、救急車から降りてきた様子をみるだけで診断ができる。白昼夢を見ているように自動的に歩き、従順で何が起きているのかもわからずに導かれるままになっている。［…］臨床症状としては混迷 stupor である。［…］彼らが抱えている肖像（写真）と見比べても、本人だとはわからない。夢から目覚めるとまったく記憶を失っている。[65]

この医師は戦争の前にはメランコリーの症状を持った若者を一人も診察したことはなかった。[66] 診察は忙しく行われたが、軍の顧問医たちは完全な回復が不可能であることは確信していた。実際こうした錯乱は決まって原発性の認知症へと進行した。[67] 診療録ではこのような兵士を「悲しいロボット」と記載している。彼らは感情を表さず、現実感がなく、幼稚な表情をうかべ、かごの中の鳥のように周囲を見回し、目が見えないかのように当てずっぽうで動き回り、両手をぶらりと垂らして歩き、声を出さずに泣いていた。医師から質問されたときには自分たちの苦しみをなんとか表現しようとした。


――気分はどうかね。

――息がつまり、同時に魂まで悲しくなるような沈黙を感じます。[68]

……

――どうして話さないのかね。

――私の苦しみが大きくなり、永久に続くような気がして、話すことができないのです。[69]

質問はゆっくり行われたが、それでも難しかった。答えはぼんやりとしており、ためらいがちで、質問を否定することが多かった。


――家に帰りたいかな。

――いいえ。

――なぜ？

――別に。

――どうやって生活をするのかね。

――どうでもよいのです。

――今、戦争をしているね。

――わかりません。[70]

医師たちは彼らを話させようと繰り返し試みたが、ただ顔を手でおおうばかりであった。「寒い。一人にしてください」[71]。「わかりません。生きるのに疲れました」[72]。ある患者は質問に答えられないことをこのように表現した。「兵士になってどれくらいになるのかわかりません。あちこちに派遣されました。もう疲れて弱ってしまいました。［…］頭が働きません。いろいろなことを忘れてしまうのです」[73]。自分を失ったという感覚と生きて反応するという意欲の喪失はきわめて明確に表現され，医師たちもこれほどの深い病の前には匙を投げた。

こうした兵士のつかみどころのなさからは，彼らがすっかり意気消沈していることが見て取れた。生きることからの深刻で絶望的な隔絶が言葉で表現されることは稀であった。しかし口を開くと，彼らの多くは素朴で教養がなかったにも関わらず，その表現力は驚くべきものであった。「声が聞こえます。暑さと寒さを感じています。食欲はありません。楽しいとか何かをしたいという気持ちもありません。自然界のものに気持ちを惹かれることもありません」[74]

恐怖と痛みに対処するために，兵士は自分たちの考えを押さえつけていた。彼らは聞くこと，見ること，話すこと，思い出すことを拒んでいた。彼らは執拗に，強迫的に自殺を考え，人生には価値がないと思いつめていた。「私はこのいまわしい戦争で破壊されてしまいました。［…］そのために強烈な痛みが続いています。生きるべきか死ぬべきかと自分に問いかけていますが，よくない答えしか出てきません」[75]

どうすることもできない悲しみは，回復した兵士が家族に書き送った多くの手紙の中にも認められる。自分の惨めな状態を書き綴った後で，家族を不安にして心配をかけたことへの謝罪が記されている。アンジェロという名の兵士は一九一七年の一月にパドゥアの精神科病院から母親にこのように書き送った。

何を話したらよいのか。毎日同じように悲しい気持ちで，これが永遠に続くかのようです。早く時間が過ぎ去って，何も存在しない場所，唯一の平和な場所へと行ければよいのですが。そこに行けば勇気を取り戻して，ずっと勇気を持っていることができると思います。消すことのできない悲しみは重荷のようです。そんな人生を背負って生きることは辛すぎます。許してください。ああ，いったい私は何を言っているのか。どうぞお体をいたわってください。私も体の方は元気ですから。[76]

宗教でも慰めは得られなかった。信仰の喪失は兵士と民間人を隔てる多くの特徴のひとつであった。アンジェロは従姉妹にこう書いている。「君の言うことはもっともだ。その通りだと思う。けれども残念なことに私はもう天国を見上げることができない。私の心は神からの安らぎを得ることができなくなってしまった。地上のことは怖すぎて見るに堪えない。あまりにも長く見すぎてしまったから」[77]

多くの事例では患者の感情、記憶、人格は戦争体験の中で凍りついた。実際、彼らを揺り動かして夢から目覚めさせ、トラウマを再体験し続ける状態から覚醒させることはできなかった。


——君の仕事は何かね？

——彼らは銃を撃っていました。私は誰のことも見ることができなくて、皆死んでしまいました。数え切れないくらい。本当にひどい！

——どの連隊から来たのかね？

——死体の収集に出かけたら、やつらが私たちを撃ってきたのです！[78]

この種の幻覚は普通はごく短いあいだしか続かなかったが、記憶に関する症状、集中困難、抑うつ、トラウマ的出来事の急激で強迫的な想起は長引いた。兵士たちは普通に会話をしているときでも急に頭を振り、苦痛な映像を振り払おうとした。静かに読書をしているときでも頁の上におぞましい死体の映像が浮かび上がり、それ以上読むことができなかった。彼らの言動が子ども時代への退行を示していたこともあった。この長く続く病気の原因がまさしく戦争体験の苦痛にあることを、医師たちは認めないわけにはいかなかった。[79]

せん妄を伴う自動症は夢遊病のかたちを取ることもあった。混乱と死の光景から逃れるために、彼らは無意識のうちに脱走し、行く当てもなく歩き回った。圧倒的で不合理かつ破壊的な力に翻弄された男たちの絶望的な行動であった。銃剣を装着したまま雪の中で行き倒れたり、線路に沿って泥まみれで歩き続ける者もいた。

医師たちはこうした患者のリハビリという課題に直面して明らかに不安を感じており、その不安や既存の治療への不信感を公式の医療記録に隠すことなく書き記した。さらに医師たちの発言からは、陰惨な戦争の苦しみは終戦を迎えても終わらないことに気がついていたことがわかる。「これほど重症化した精神症状や暴力的な意志が、何の痕跡も残さず水がひくように消え去るとは考えられない。その症状のために人格が台なしになったり、一時的にせよなくなってしまうことさえあったのだから」[80]

精神科診療録は、終戦後数年して初めて精神疾患を発症した兵士も多かったことを裏づけている。家庭に戻ってみると、多くの兵士は見知った人々や場所に不思議な感じを抱いた。彼らは自分を現実から切り離し、閉じられた、恐怖に満ちた、誰からも知られることのない、幽霊と悲しい記憶しかない世界で生き続けた。誰かを襲ったり物を壊すこともあった。塹壕にいるときにはそうした人々や物が、当たり前の平和や幸福の象徴に思えていたのだが。家族には兵士の心情もむき出しの怒りも理解できず、またそのことを世間から責められたので、兵士と社会のあいだの大きな隔たりを個人的な問題であると受け止めた。

トレヴィーゾ精神科病院を退院した兵士と院長のダルボーとのあいだの書簡は、この疾患がどれほど頑固に続くのか、また兵士が民間人の生活に戻ることがどれほど難しいかを描き出している。一九一八年にリミニから帰還した二二歳の兵士はこう記した。

> 家族と暮らすようになれば、また以前のように元気に幸福になれるものだと思っていました。家庭に戻った最初の日はよかったのです。しかし翌日にはまた悲しく憂鬱な気持ちに戻ってしまいました……こんなふうに生き

ていても何の意味もありません。私は家族の重荷です。何の希望もないし……夜もほとんど眠れないのです。少しでも眠れたかと思うととても悲しい夢ばかり見てしまいます。[81]

兵士の見当識障害は戦争の恐怖だけからではなく、軍の過酷な規律によってももたらされた。それは理解しがたい暴力のように感じられた。休暇の申し出の唐突な拒絶、侮辱、士官からの理不尽な仕打ちなどはすべて、兵士の抑圧感、家族への懸念、望郷、怒りをかき立てた。同僚の処刑を見たりその銃殺隊に参加するという体験はトラウマとなって多くの兵士を動揺させた。[82] 自分が屈服した暴力を思い出しては出血するまで手を噛むこともあった。復讐するぞ、と叫ぶ者もおり、上官から脅された言葉を休みなく繰り返す者もいた。

兵士の幻覚や抑うつの核心は家族への不安、経済的困窮、畑を耕している妻や老いた両親の苦労であることが多く、ひどいメランコリーや絶望的な不安を生じた。故郷の家や町が焼かれてしまったとか家族が殺されたという強迫観念を抱く者も多かった。「三四カ月半の軍隊生活のあいだ、私は何の問題も感じませんでした。とても健康でした。除隊して、たった一枚の毛布を分け合っている貧しい家族の惨めな姿を見て以来、私は連隊中からほめられていた明るい笑顔を失ったのです」[83]

イタリアの農業は農繁期の兵役免除、除隊の制度がなかったために、慢性的な労働力不足に苦しんでいた。家族の困窮は兵士への手紙にも書かれていたので、多くの兵士が短い期間だけ軍を脱走し、畑に種をまき、薪を集め、家族の貧困を救うために家に戻った。[84] トレヴィーゾ精神科病院に入院していた兵士は医師にこう告げた。「私は十分に兵役を務めました。もうこれ以上はやりたくありません。軍にいるあいだに何もしなかったことは幸いでした。家には目の見えない老いた父親と、妻と三人の子どもがいます。私には家に戻って彼らを支える権利があります。もうこんなことは終わりにします。私は病気でも、頭がおかしいのでもありません」[85]

フランスや英国の軍隊では兵士は定期的に休憩と回復のために軍を離れることができたが、イタリア軍の兵士はしばしば一〇カ月以上も塹壕にとどめられ、家庭に戻されるまでに何年もかかることもあった。イタリア南部からの兵士にとっては、故郷の町や家族からの距離の遠さが不安と望郷の念をいっそうかき立てた。

カポレットでの戦いに敗れてオーストリアに侵攻されてからは、その地域出身のイタリア兵の多くが、家族の運命への不安のあまり幻覚や錯乱を来して精神科病院に入院した。[86] オーストリアの侵攻の最中にはベニート地区出身の多くの兵士が脱走しようとした。精神科病院ではコネグリアーノ出身の二〇歳の兵士は上官を罵って「臆病者のくず」と呼んだ。家族の安否を知っているかもしれないオーストリア軍の方に向かおうとしたのを止められたからである。[87]

家族への心配や兄弟や友人を失った痛みを感じることは弱さだと思われており、精神科医たちはこうした兵士たちに屈辱感を植え付けた。カルニック地方の顧問医は戦争大臣に書き送った。「この患者たちは家族や負傷した友人を思い出すだけで子どものように取り乱して泣いてしまいます。こうした感情が馬鹿げていることや、自分たちがみっともないと思われることは承知しているのですが」[88]。兵士の精神的混乱が、休息の必要と侮辱に堪えるしかない毎日の抑圧から生じていることをよくわかっている医師もいた。しかし彼らも治療方針を変えることはなかった。

戦時下の精神神経科クリニックでは、錯乱した患者に対してさえ、無気力と拒絶症 negativism から叩き起こそうとする暴力的治療への誘惑に屈する医師がいた。両親を失ってうつ病になった兵士が「回復した」様子はこのようなものである。

私たちは電気療法を用いる。最初の数分、彼は苦しそうな様子になるだろうが、まだ受け身的な態度を変えようとはしない。しかし次第に現実への注意力がよみがえり、耐えられないほどに強くなってきた刺激を避けるために、ついには何とか抵抗しようとする。この能動的な反応が強まると、生き生きとした感情が表れる。大泣きをし、顔が真っ赤になり、ついには叫び声を挙げるだろう。「何てことだ！　何てことだ！」。私たちは繰り返し彼に質問し、ついに彼はそれに答える。彼は自分が誰なのか、どこにいるのかを知っていたのだ。そこで治療が終わるのである。[89]

士官

他の国の場合と同様に、イタリア軍の士官も精神科診療所や病院において特別な待遇を受けていた。[90] 兵士の場合は多少の抑うつや錯乱があっても塹壕の中や前線にとどめ置かれたのに対して、士官の場合には緊張や不眠、集中力低下の徴候があっただけでもただちに軍務にはふさわしくないと診断された。[91]

戦争中には多くの精神科医が、一般の兵士と士官の症状を比較した。兵士のヒステリーは彼らのおかれた環境への不適応を反映していたが、士官の不安神経症は理想とする個人の行動と結びついていた。士官は高い自尊心、知性、教育を有しており、義務感が強く、しばしば責任感と抑圧された恐怖によって苦しめられた。彼らの病状は環境のせいだと見なされ、ひどく重症化した場合であっても精神疾患や精神衰弱の診断を受けることはなかった。前線近くの精神科病院では家庭に戻されたり除隊される士官が多かった。[92] 精神科医も士官も同じ社会階層の出身であり、その意識が診断に影響していた。

私たちは繊細な素因を持った精神衰弱の患者を診察した……感性が豊かで教養があり、きわめて知的である。彼らは情熱的に戦争に向かったが、塹壕の中で多くの命が失われるのを目の当たりにして、また部隊に対する深刻な義務と責任を果たすにつれて、自分からすっかり力が抜けてしまったと感じ、義務感と敵への恐れとの対比がますます辛くなるのである。[93]

しかしながら前線近くの精神科病院（パドゥア、ベネツィア、トレヴィーゾ、そしてブレシア）での診療記録からは別の姿が浮かび上がる。南部出身の士官は特有の困難に直面していた。精神科病院における彼らの割合はイタリア軍全体における出身地の比率と同様であった。[94] 南部出身者の多くは法学部や人文学部などの大学を中退したり、社会的に満足すべき地位を得ることができなかったので、士官への任命を社会での出世であると考えていた。しかし後に精神科病院でわかったことであるが、南部出身であるために、また兵士に服従と尊敬を命じることができなかったために、彼らの多くはからかわれたり「無視された」と感じていた。[95]

士官にとって戦争における期待に応えられなかったことは個人的な失敗であり、自分は無価値で銃殺を宣告されるしかないと思うようになった。恐怖と痛みに屈したことは士官として卑しむべき弱さの証であると思われた。指揮官としての立場に由来する罪悪感は、かくあるべきと胸に抱いていた自分の行動のあり方と現実の自分自身について疑念を生じさせた。

これほど多くの士官が個人的に力量がないと感じたり、兵士や上官に対する、また戦闘での役割についての自信を持てなかった背景には、イタリア軍内部での人間関係がある。カポレットでの敗戦に関する査問委員会によれば、下級士官への訓練方法は指揮権を取り上げるという威嚇に基づいていた。[96] ほとんどの場合、こうした威嚇の理由となったのは、ひとつの塹壕区画を失ったり攻撃について質問したりといった軽微な失敗であった。失敗は人格の欠陥であると見なされた。「目的と実施可能な手段との不釣り合いを示唆したり、時と場所がよくないと報告したりすることは［…］自分の弱さについての叱責に身を委ねるに等しかった」[97]

委員会はまた、上位と下位の士官のあいだに不信感、距離、気兼ねがあったことも指摘している。最高司令部はすべての士官に対して部下に厳格な規律を適用するように命じた。一九一五年九月にはこのような記録がある。「大規模部隊の指揮官が必要な状況において強制的に部下を服従させることをためらえば、最高司令部はその責任を問うであろう」[98]

ごく軽微な違反行為についても必ず犯人をみつけなくてはならなかった。下級士官を罷免したり兵士を処刑すれば高い評価が得られると思われた。もちろんどのような軍隊でも士官が兵士を暴力的に扱うことはあり得る。しかしフランス軍やイギリス軍とは異なり、イタリア軍には士官の権限を制限する規則がなかった。[99]真の尊敬につながるような行動規範が存在しなかったので、士官の中には傲慢でうぬぼれた者が多かった。昇進したばかりの士官は目覚ましい功績を挙げたいという欲望を持ち、上官への服従と尊敬を表すために兵士を拷問のように苦しめ、兵士を憤らせた。大戦中に法廷で裁かれた二六八〇人の士官のうち二一二人が権威を乱用した罪を問われた。しかしその半数は士官の勝訴に終わっている。ほとんどの裁判官は、規律を保つ必要性があれば暴力や野蛮さも許容されるとの見解を示した。兵士を殴ったり侮辱した士官は神経衰弱だったと見なされたが、その行為自体は士官の社会的地位を考慮して正当化されることが多かった。[100]

カルーソ地区でのイタリア軍の物資の不足と不利な陣形（防御を固めた丘の上の敵を見上げて攻撃をした）は、戦争の進行とともにいっそう悪化した。将軍たちは攻撃とは兵士の数と規律で決まるのだという信念を捨てようとせず、隊列を密集させた部隊を援護もつけずに繰り返し突撃させては、おびただしい犠牲者を出した。前進部隊は必然的に混成部隊となり、その指揮はきわめて困難であった。[101]訓練されていない士官が攻撃に送り出されて知らない部隊の指揮をした。若い士官の多くは戦死し、あるいは自分たちは生け贄として送り込まれたのだと感じて戦いから逃れようとし、身を隠したり、病気を装ったり、脱走したり、兵士を見捨てた。前線からの脱走や降伏、部隊の解散は士官による犯罪の一二パーセントを占めた。[102]

職業軍人の士官でさえ、規律や戦いの進め方にはうんざりしていた者が多かった。リビア侵攻作戦にも従軍したことがある部隊長はパドゥアの精神科病院に入院となったが、前線に長くとどまるうちに「この生活をこれ以上続けることに耐えられないとの思いが日ごとに強くなり、孤独、自由、自立を望むようになった」。その何カ月か前に、この部隊長は何人かの若い士官の前で話すように頼まれ、自分の軍務拒否をこのように正当化していた。「できることであれば、できるかぎり、そうしなければならないかぎり、従う。私の場合は、今回の戦争ではずっとそうだが、受動的に、不活発に、不完全に任務を果たしてきた。活発に完全に行うことはできない。いうなれば私は沈黙という宗教を信じているのだ」[103]

適応できないことは自分個人の問題であると考える士官があまりにも多かったので、行動規範が道徳的に受け入れがたいものであることや、それに適合することの困難はかえってわかりにくくなった。士官たちは行動規範がそのように変質したことには気づいていても、できるだけそのことは考えないようにしていた。彼らは自分たちの役割について落ち着かなさを感じていたが、その理由として社会的に受け入れやすい状態、すなわち疲弊と精神的破綻を考えようとした。

精神科医たちは診療録に明確な診断や法医学的判断を記載しようとしなかったが、それは軍務不履行という見解には同意せず、そのような判断に関わりたくないという意思表示でもあった。士官たちは道徳的葛藤を弱さと考えるように教育されており、それに屈することは一人前の男子たる士官にとっては恥ずべきことであった。そのために自殺を試みた士官は多い。おそらくは抑圧された内面的葛藤のためであろう。フランチェスコ大尉は妻に書き送っている。

どうすれば自分が病気だということを、そしてなぜそうなったのかをわかってもらえるのだろう。人々の顔には、私が病気を大げさに言っているとか、戦争に行くのが嫌で嘘を言っているのだろうと書いてある。[…] わかってくれる人は誰もいない。もうすっかり人間嫌いになってしまった。いや、嫌いというわけではなく、人間という野蛮な存在を軽蔑しているのだ。[…] 連中は私の頭にピストルを突きつけて、感情の上でも理屈の上でも、また現実にもできるわけがないことをするように強制する。その命令に従うのは多くの人にとっては単純なことかもしれないが、私にとっては殉教と同じだ。そんなことをするくらいなら死んだ方がましだ。[104]

うつ病に屈してしまった者への士官たちの軽蔑は、二〇歳の士官であったエマニュエルの事例に示されている。彼の部隊長はこう記している。「彼にはまともに任務を果たそうという気持ちがない。自分が任務を果たしているときも部隊を指揮してるときにも、手際が悪く、技術がない。思いつきで行動し、考えが浅く、うぬぼれている。頭も悪く、道徳心が足りないのは性格的なものだ。それが行動にも表れている」[105]。この若い士官は五日ものあいだ銃撃戦に巻き込まれ、友人と彼の部隊のほぼ全員が殺されるのを見ていた。

一九歳の士官の事例は、若い士官たちにとって部下を過酷に扱うことがどれほどの重圧であったのかを示している。彼は一九一七年四月二五日に士官候補生の養成訓練を終了して、五月初めに前線に送られた。五月一一日の夜、予備隊の兵士を率いて塹壕に入ろうとしたときに、二名の兵士がそれ以上進むことを拒んだ。その後で生じた忌まわしい出来事についてこの若い士官がトレヴィーゾの精神科病院の医師に語ったところによれば、その数時間後に特別軍法会議が開かれ、彼は部下についての起訴状を提出させられ、ただちに有罪による死刑宣告が下された。彼は部下に対する銃撃隊を指揮するように命令され、撃てと叫んだ瞬間に気を失い、目覚めたときには郡の病院に収容されていた。後悔にかられて憔悴し、絶え間なく体を震わせ、悪夢に苦しめられていた。「夜になると処刑された二人の兵士の名前を呼び、彼らの叫びと嘆きを思い出した」[106]

部隊を殺戮の現場へと率いたことの罪悪感、無意味な戦争の責任をこれ以上引き受けることへの拒否感は、士官たちの精神科診療録に繰り返し現れた主題である。多くの者はそのためにモルヒネ依存になったり、自殺を試みたりした。懲罰されるという意識にとらわれていたため、この病院を牢獄だと思っている者も多く、また上官に激しい敵意を抱く者もいた。ある記録によれば「ミケランジェロ大尉はクッコ山での戦闘においてふたつの銃撃隊を率いたが、その多くを失った。彼は混乱し、死体にキスをした後で意識を失った。[…] 言葉を失い、おぞましい悪夢をみるようになった」[107]。

ある士官は、同僚の手足が切断されて血を流している姿や絶え間ない騒音といった、戦争の光景を強迫的に思い出すことによる精神的、身体的苦痛を描写している。

気を失いかねないほどの強い感情がこみ上げ、頭がぼんやりとし、心臓の鼓動が激しくなり、胃が締め付けられ、目がかすんだ。突然目が覚めると心臓が乱暴に高鳴り、耳を突き刺す警笛のような音が聞こえ、脳が激しくけいれんし、引き裂かれ、押しつぶされるようだった。大声で叫び、壁に拳を打ち付けずにはいられなかった。空気と光が必要だった。[108]

塹壕での体験によって目覚めた多くの士官は、それまでの戦争への熱狂が若気の至りであったことを怒りとともに告発するようになった。若い大尉は一九一七年三月に友人にこう書き送っている。「ルイージ、君の愛国心は素晴らしいと思う。しかしうらやましくはない。戦争の前に僕がもっていたささやかな情熱（愚かな情熱！）はまったくなくなってしまった。［…］もし僕と同じように君も兄弟を失ったら、「この愛する偉大なイタリアのために何千人もの命をひとりずつ犠牲にしたい」などとは思わないだろう」[109]

終戦の年における精神医療

精神医学の文献からは戦争によって精神医療がどのように変化したのかを明確に指摘することは難しい。専門雑誌の論文や報告には多くの食い違い、仮定による推測、判断の留保、あいまいさがある。器質論が信奉されていた傍らで心理学的研究への関心も認められた。ただし精神疾患に感情的原因があるというエビデンスは、本人の素因を仮定することによって修正されることが多かった。確かな診断を下すことはできなかったが、治療は有効であると考えられていた。精神疾患の性質と起源について、また軍における自らの役割についての精神科医の疑問や落ち着かなさは、行間からそれとわかるかごく稀に記されているにすぎない。兵士を甘やかし、症状誇張と模倣を引き起こし、伝統的診断学を疑っているといった非難をおそれるあまり、精神科医は新しい洞察や解釈を作り上げることができなかった。彼らの抱いていた疑問は日常医療のなかでどのように解決されていたのだろうか。それを理解するためには前線近くの精神科病院の臨床記録を分析するしかない。

戦地の一般病院や精神科病院の医師たちは、ある程度長期間の診療をしたあとで軍務に適合しないことが確認された重症の兵士や士官については、長期の療養を認めていた。パドゥアとトレヴィーゾの精神科病院では一九一五年から一九一七年（この年にカポレットの敗戦があり、これらの精神科病院は移転した）にかけて三千人の兵士を入院させたが、その期間中に三カ月以上の入院は一七から五八パーセント（パドゥア）または三二から五二パーセント（トレヴィーゾ）に増加した。同じ時期にパドゥアの精神科病院では軍務不能の判断は二八から七七パーセントに増加し、回復率は四〇から二〇パーセントに減少している。[110] ヴィチェンツァの精神科病院では一九一五年から一九一八年にかけて部隊に戻された兵士の割合は一一から二一パーセントのあいだを揺れ動いていた。[111] 一九一八年には、ヴィンセンツォ・ビアンキの計算によれば、前線から遠く離れた精神科病院に送り返された兵士の三八パーセントは退院できなかった。[112] 軍務からの離脱ともっとも高率に関連していたのはアメンチアとメランコリーであった（パドゥアの病院でそれぞれ六八パーセントと七五・五パーセント）。さらにブレシア、パドゥア、またとりわけトレヴィーゾの精神科病院では院長はしばしば故郷への送還を命じた。というのも回復には精神状態を悪化させている「感情的原因 moral cause」を除去することが必要だと信じていたからである。休暇と除隊を保証したのは、院長が短期間の回復に疑念を抱いていたことと、兵士の苦痛を軽減したいと真摯に望んでいたためであろう。それを証明するかのように、兵士たちは隊を離れたあともトレヴィーゾ精神科病院長のダルボーと密接に連絡を取っており、その中ではダルボーに対する感謝と信頼は示されたものの、不満や不安は一切みられていなかった。

法医学ないし症状の解釈における当時の潮流と逆行するかのように、一九一七年になると軍務に不適合と判断された兵士の人数は増加した。この状況は、特にカポレットの敗戦以降は、軍の上層部と一部の指導的精神科医の憂慮するところとなった。たとえば軍の精神科医であったプラシド・コンシリオは一九一九年にこう記している。「最近、特に一九一七年の終わり頃から、つまり軍と国家に深刻な道徳的危機が広がった頃から、社会改良とか休暇とかいったものが熱心に求められるようになった」[113]

コンシリオはロンブローゾの弟子であり、軍隊での犯罪について多くの論文を発表した。彼は常に戦時の精神疾患は原始的特質と未熟な発達が現れたものだと主張し、戦時には「異常者」は器質的な運命のために失敗を犯すのだと信じていた。一九一六年に彼は「異常者」のための特別病棟を設置するように提案し、「運命という点からみて有益な選択」をするために、そうした者をもっとも危険な地域に配属するようにと述べた。[114]

コンシリオはパドゥアの精神科病院で働いたことがあった。一九一七年の一〇月から一二月にかけて法医学的手続きの標準化のためのセンターが設立された。その計画は軍医総監によって承認されていたが、提案したのは中央保健委員会の委員でもあったコンシリオ自身であった。コンシリオの活動は精神科病院長であったエルネスト・ベルモンドを不快にしたが、[115] というのもコンシリオの動機と専門性を疑っていたからであるが、軍の上層部はコンシリオに信頼を寄せており、特にカポレットの敗戦以降は彼に精神医療の高い地位を与えた。彼は常に法医学的決定には厳密さが必要であり、単一の「検問所」すなわちセンターによって統一的に行うべきだと主張していた。

ベニート地方の多くの精神科病院がカポレットの敗戦の後で移転したので、新しいセンターをレッジョ・エミリアに開設することになり、コンシリオがその責任者となった。一九一八年には（千人以上の兵士の）六八パーセントが軍務に適合しているとされ、軍務を免除されたのは一八パーセントにすぎなかった。[116]「精神的変質 psychodegeneration」という診断は症例の三五パーセントに下されたが、それは「軍務に適格である」という意味であった。

センターのある医師はこう記した。「自分の診察した兵士のなかには、たとえ精神疾患ではなく症状模倣にすぎないとされた者であっても、家族に精神疾患のないごく普通の人間は存在しなかった」[117]。センターのもう一人の医師であるエミリオ・リーヴァはさらに断定的な意見を述べている。「私たちはまたもや、心因性精神疾患は常に変質の徴候であるという考えの正しさを示すことができた」[118]。それゆえ家族のもとへの帰郷は有害であるとされ、否定された。回復期の兵士はセンターに留めおかれた。

困難な職務に疲弊していたセンターの医師たちはついに、精神疾患のために免除されていた脱走罪による裁判を開くように求めた。この要求が却下されたことについてのコンシリオの見解はこうである。

> 私たちは社会にとって本当に危険な者たちを取り除く機会を永久に失った。銃殺されるべき精神変質者たちはそれを逃れてしまった。さらに多くの者たちが、精神状態の不適切な評価のために、軍務に不適格であるとされたり、数カ月もの休暇を与えられたりしている。[119]

事実、精神異常抗弁[訳注3]によって無罪とされた脱走兵は、重度の錯乱によってあてもなくさまよっているところを捉えられたごく少数の兵士に限られていた。[120]

犯罪と精神異常との密接な関係が、人類学的な見地から再び主張された。「変質者」が刑事犯罪をおかすことは避けられないと考えられたのだが、かといって彼らが精神異常を理由として処罰を免れたわけではなかった。一八九〇年代から精神科医たちが強く主張してきた、精神異常者を罰すべきではないという考えは、許容範囲が広すぎると思われていた。トマソ・ゼニーゼは任務を放棄した兵士についてこう述べている。「戦時には略式裁判についてある種の方法を用いることが妥当である。自由意志は幻想にすぎない。[…]人間の行動について決定論を用いたとしても、彼らを裁判にかけ、どのような刑がふさわしいかを決定する権利をわれわれから奪うことにはならない。処刑は、社会にとって有害でしかない者たちを根絶するという論理にしたがって行われるのである」[121]

カポレットの戦以後、イタリア中に広がった愛国心のなかで変質学説は政治目的のために合法化され、活用された。レッジョ・エミリアでみられた厳格主義は道徳の再建であり、多くの精神科医の態度保留に決着をつけるものであった。さらにこのセンターでの厳しい治療は、戦後の戦争年金に関する議論にも影響を与えた。

一九一八年の一二月一六日から二〇日、傷痍軍人を支援し、年金受給資格の基準を定めるための国の会議がミラノで開かれた。[122] この会議では戦時の精神神経症の性質と回復可能性、戦争体験と用いられた治療法の評価が討議された。戦争神経症の精神医療に従事してきた多くの精神科医とならんでコンシリオも出席していた。出席した医師たちは戦時の精神的、心理的疾患には素因が決定的役割を果たしていることに同意した。特殊な戦争神経症の存在を提示したと信じていたダルボーのような医師でさえ、この意見についての懐疑や懸念を表明することはなかった。[123]

さらに、機能的障害は治癒できると信じられていたので、戦争年金を受ける権利のある兵士の数はさらに少なかった。実際、戦争中に神経精神疾患に罹病した兵士の数は四万人を超えていたが、[124] 年金を受け取った者はごくわずかであった。[125] ところが治癒したと思われた兵士の多くは戦後になって再発した。その他にも市民生活に適応できない者や記憶の重荷のために精神疾患を初めて発症した者もいた。終戦直後の精神科の記録は陰鬱な不安に満ちている。かくして数千人の兵士の精神健康とともにイタリア精神医学の楽観主義も大戦によって傷ついたのである。

第一一章　神経との闘い
——第一次世界大戦期フランスにおけるヒステリーとその治療

マーク・ルドブッシュ

一九一八年にフランス軍医療局から出版された公式記録によれば、一九一四年から一八年のフランス軍において心理的トラウマ（または戦争ヒステリー）はごく稀な現象であった。[1]「科学と兵役」と題されたその報告書では、フランス軍兵士の精神についての善悪二元論的な見方が記されている。全体を通じてフランス軍は英雄的に振舞ったとされた。「今般の戦争は精神的な疲弊をもたらすさまざまな状況が重なったという点で例のないものであった。われらが同胞世代は真に驚嘆すべき精神的、神経的な回復力（抵抗力）を示した」。[2]と同時に報告書は「戦争ヒステリーは精神神経学的な中枢の痛みである」ことは認めており、[3]戦争によって「ヒステリー患者を生じるような多くの偶発事」が生じることも認めていたが、ヒステリーというカテゴリーは人工的であり倒錯的であるとして、疾患としては認めなかった。戦争の負傷者が英雄として承認された一方で、ヒステリーは頑健なフランス兵という存在へのアンチテーゼとしてのスケープゴートであった。[4]ヒステリー症状は「虚偽疾患、人工産物、作話、神話（作り話）」などと呼ばれた。彼らは犠牲者ではなく「虚言者 mythomaniacs」であり、「虚栄、臆病、性愛などのさまざまな動機」の影響を受けていると考えられた。[5]

フランスの医療局は愛国心を鼓舞する文章の中でトラウマを矮小化したが、その存在を否定することまではできなかった。「ヒステリー」「トラウマ性ヒステリー」「機能的」症状によって神経医療センターに送られてくる兵士はフランスのどの地域でも一〇パーセントを超えており、地域によっては五〇ないし六〇パーセントに達した。[6] 他の交戦国におけるのと同じくフランス兵の神経も傷ついていたことは明白であった。[7] 今日のトラウマ研究者が第一次大戦の戦闘状況を考えるとき、双方の交戦国にトラウマ症状が高率にみられたことは驚くべきことではない。私たちが関心を抱くのは第一次世界大戦におけるトラウマの出現ではなく、それがどのように現れたのか、また解釈され、医学的に治療をされたのか、言い換えれば大戦という特定の文化、制度、歴史的文脈においてトラウマがどのように現れたのかということである。医療局の公式見解には、これらの質問への簡単な答えが書かれている。トラウマはヒステリーと同義だとして矮小化されたが、同時に多くの疑問も生じている。「頑丈な」人間とヒステリー患者に分かれるのはなぜか。男性兵士はトラウマを体験することが多いが、それをヒステリーの視点から解釈することは何を意味するのか。患者と主治医のあいだには規律の上で、および／または医療の上で、どのような関係が存在したのか。トラウマを受けた患者は、なぜ精神神経科病医院にとっての「苦痛の種」だったのか。

男性ヒステリーという流行病

一九一四年から一八年にかけてのフランスでのトラウマへの医学的対応には二つの特徴があった。第一に、「戦争神経症」「機能的障害」などの議論は、ヒステリーに関する当時のフランスでの議論にすぐさま吸収された。[8]「シェルショック」という用語を生み出した英国の医師たちとは異なり、フランスの医師たちはヒステリーと関連疾患の文献をただちに参照した（ヒステリー性トラウマ hystéro-traumatism、被暗示症 pithiatism など）。第二に、フランスの医師たちは兵士にトラウマ症状が高頻度に認められたことを流行病であると考え、軍の強さと道徳にとっての純粋な脅威であると感じた。トラウマのような「機能的」「神経症的」疾患は伝染すると考えられ、公衆衛生の原則にしたがって患者を囲い込む必要があるとされた。

第一次世界大戦におけるフランス兵のヒステリーの治療は、さまざまな意味で「神経との戦い」だったといえる。医療と軍の権威者は、軍の活力を保ち、意識下での詐病の「伝染」力を封じ込め、フランス兵の神経を敵よりも長く持ちこたえさせるために戦っていた。しかし疾患と規律の乱れとの中間に位置するヒステリーという現象をどのように解釈し、治療すればよいのかについては、権威者のあいだでも激しい論争があった。神経科医は軍の上層部や自分たちの同僚を相手に、ヒステリーの医学的、司法的位置づけを巡って議論をした。患者は大挙して「神経医療センター」に押し寄せ、通常の医学的除隊には合致しないあいまいで頑固な症状を訴えた。ついにはヒステリーは医師と患者のあいだに神経をめぐる戦いを引き起こした。これは著者にとっての大きな関心事である。この戦いは第一次世界大戦の特殊な状況の中で生まれたものであるが、そこには医師とヒステリー患者(そして軍事的メタファーに満ちていたヒステリーの治療)との歴史的不和も反映されていた。[9]

西洋医学におけるヒステリーと女性との関係（ヒステリーが「動揺する子宮」という意味であること）を知る者にとっては、フランスの医師がこれほど多くの男性に、しかも兵士に、かくも容易にこの診断を下したことは驚くべきことであった。しかし一九世紀末にジャン＝マルタン・シャルコーがサルペトリエール病院部長の任にあったときに確立したヒステリー診断の特徴は「単性 unisex」にあった。マーク・ミカーリが示したように、シャルコーのクリニックでの医師患者関係においてジェンダーの果たした役割は医学的にも社会学的にも確かに大きかった。しかしシャルコーが懸命に確立しようとしたのは階級や性別を超えた「普遍的な」ヒステリーの定義である。[10] この見解に同意した医師たちは、一九一四年から一九一八年にかけて流行したヒステリーの患者が主に男性であったことについて、驚くべきことにほとんど発言をしていない。しかし臨床においては、ジェンダーは後述するようにヒステリーの定義と治療に関して重要かつ逆説的な役割を果たし続けていた。

世紀の変わり目のフランスにおいて神経学はきわめて有力な医学分野であり、戦争トラウマの治療方針を提言する立場にあった。[11] しかし神経学が最盛期を迎えていた一八八〇年代と九〇年代においてすら、ヒステリーに対する神経学者の態度は分かれていた。一方では、それは長いあいだの迷信の支配から科学が新たに獲得した研究分野であった。他方では道徳的な弱さと不品行との境界があいまいであり、近代科学の対象とすることはためらわれた。シャルコー自身は晩年の著作において信仰による治癒について記し、彼が一貫して信じていた「心理的」概念を用いた解釈の方向に完全に踏み出した。[12] 一八九三年にシャルコーが亡くなると、ヒステリーは神経科学の主要な主題としての地位を急速に失った。フロイトとブロイアーは精神分析の礎石のひとつとなった『ヒステリー研究』を一八九五年に出版したが、フランスの多くの神経科医は（後にみるようにすべてとは言わないが）ヒステリー問題からは手を引いた。[13]

ヒステリーで生じる身体症状が変幻自在であったことは、そもそも心理的問題を神経学の物質的立場から把握することの限界を浮き彫りにしていた。ヒステリーが身体疾患を思わせる症状を示したり、てんかんやパーキンソン病などの確立された疾患の症状を模倣した場合であっても、身体医学的な検査からは何も得られなかった。もっともフロイトやジャネのような心理学の先駆者にとっては、こうした症状こそが探求のための絶好の手段であった。彼らは心理学的生活についての理論が必要であると考え、医師と患者関係を力動的に考える方向に進んだ。しかし世紀末に優勢であった神経学パラダイムの中では、ヒステリーは次のような矛盾する反応を引き起こした。一方ではやはり物理的説明の正しさを証明していると考えられ、他方では道徳的な弱さとして定義すべきであると見られたのである。いずれの場合も医師患者関係は固定的で権威的であった。父性的な「知者」が患者の医学的、道徳的な問題を指摘し、患者は治療や学問という筋書きのなかで従順な役割を演じたのである。[14]

ヒステリーには不道徳や社会的秩序の破綻の隠喩としての側面もあったことは重要である。歴史家のスザンナ・バロウズによれば、集団心理学、犯罪心理学、社会学、そして精神医学といった人間の行動を扱う学問は、不安と社会的混乱を研究対象とすることによって大きく発展した。[15] バロウズの見るところ、この時期の科学は「社会的混乱を見る窓として、また不安に対する防壁としての役割を同時に果たしていた」。[16] この二つの機能がもっともよく表れていたのは、ヒステリーとその関連現象としての催眠の研究である。ヒステリーの激しい発作に対するシャルコーの輝かしい勝利は、単なる科学的な証明というにとどまらず、人間の下層の本能に対する秩序と理性の勝利の象徴的な例示でもあった（そのような本能に対して女性は男性よりも脆いと思われていた）。

社会的疾患としてのヒステリーに関する言説は、単なる学問的現象ではなかった。その事情は、神経学のシャルコーのパリ学派とイポリット・ベルンハイムのナンシー学派とのあいだで、ヒステリーをめぐって交わされた有名な論争においても色濃く現れている。[17] この論争ではベルンハイムに触発されて、シャルコーの一八八〇年代のヒステリー解釈への反論が公にされた。たとえばガブリエル・ボンパールによる殺人事件の公判では両学派からの専門家が被告人の精神状態の鑑定のために法廷に呼び出された。被告人が犯行当時に催眠状態、ヒステリー、または完全な責任能力のある状態だったのかが公開の場で論じられ、一般メディアはこの件についての多くの論評を掲載した。[18] 暗示はヒステリーと催眠を結びつける共通の糸であるが、それは個人の自律と責任にとっての脅威であったのみならず、発足したばかりの第三共和政にとっての政治的脅威でもあった。ブーランジェ将軍のクーデターが失敗に終わった後でベルンハイムはこのように述べている。

落ち着いて分別のあるムルト・エ・モゼル県に、昨年ブーランジェ主義が流行病のようにはびこったのは暗示の力による。素朴な民衆の目にはブーランジェの姿が映り、彼らの耳には彼が鼓舞する声が響いていた。この愚かな状況がはびこっていくことを理性が食い止めることなどできはしない。[19]

一九世紀末になると、父性的指導者のいない文明は危険であるという信念が急速に高まった。ヒステリーについての議論の文脈を考えると、そうした時代状況がよく理解できる。[20] シャルコーの指導によって神経学は影響力のある地位を築き、宗教と「形而上学」に科学が取って代わるという実証主義の理想を具現した。精神医学、社会心理学、司法心理学といった隣接科学は、神経学に科学的基礎を求めた。神経学者は自らを第三共和政の最高の理想を代表していると見なし、積極的に人々の生活に影響を与えようとした。自らの新しい専門性を打ち立てる戦いの最中にあった彼らは、[21]野心的で組織化され、教育のあるフランスのエリートの範例であった。ロイ・ポーターが記しているように、世紀の変わり目においてヨーロッパの医師たちは、

新時代の科学的政策立案者になろうとした。彼らが取り組んだ課題は、公衆衛生、効率化、衛生、人種、性別、道徳、犯罪性向などであり、必然的に道徳的意味を帯びていた。多くの医師は、医学こそが社会道徳の礎石であると主張していた。かくして医師たちはかつてないほどの支配的役割を背負い、国家と司法、そして家庭の仲介者ないし調停者として活動したのである。[22]

第一次大戦前夜の神経科医は、社会的役割についての高貴な自覚を有していた。ヒステリーを厳密な身体疾患だと考える「生理主義者」でさえ、自分たちを道徳の導き手であると考えていた。本章の中心人物であるポール・ソリエは一八八〇年代にシャルコーと共に修業を積み、公的施設での勤務の傍ら自分の診療所も開業した医師である。一九一四年までには彼はヒステリーについての二冊の書籍を出版して名声を博し、戦争中にリヨン大学の神経センター長となった。ソリエはジョゼフ・バビンスキーの「道徳的」治療法を強く批判したが、同時に実証主義と父性主義の融合にも努めていた。講義においては厳密な物質主義者であったが、患者の前では戦争前にも（主に女性患者を対象として）戦争中にも（もっぱら男性患者だけを対象として）告解師のような役割を果たしてもいた。彼はヒステリーの心理的、感情的症状は脳の麻痺 engourdissement による周辺症状であると考えた。「私の方法によれば暗示を用いる必要もなく、観念や感情を切り出してくる必要もない。私は大脳皮質の感受性を高める努力だけをしており、それは厳密に機械的な方法で行うこともできる[23]」。しかしソリエは道徳的リハビリが

治療上不可欠だと考えており、患者に「医師の権威を感じさせる」ことが重要だと主張した。[24]

一九〇一年に書かれたヒステリーと治療に関する論文で、ソリエは典型的な患者を次のように一般化した。「少女として眠りに落ち［…］女性として目覚めた。そして自分の考え、感情、欲望に驚いている」。患者の回復は集中的な成長の経験であり、「正常な」養育と同じ文化的な制約が必要である。このときに［…］信頼できる道徳的な導きが必要である。［…］医師は患者のカウンセラーであると同時に指導者でもある」。[25] ソリエの役割は、秩序を与える断固とした父親であった。彼は結婚という主題までも扱おうとした。ソリエは結婚がヒステリーを解決するだろうかという質問にこのように答えた。この件について彼は、家庭医の助言を仰ぐべきであるとしている。「家庭医こそが、患者を取り巻く人間関係や事実関係を熟知しており、患者の性格を知っている。その上で、時には将来の伴侶の性格も見通しており、結婚という絆を打ち立てるのにふさわしい時機を決断できるのである」[26]

ソリエの治療方法には、彼がそれを考え出した治療状況が表れている。フロイトの場合と同じように、彼がこの方法を用いた患者の多くは家族の指示で連れてこられた上流階級の若い女性であった。この治療法はどのようにして、戦争中に彼の神経センターに押し寄せたヒステリー兵士の集団に適用されたのだろうか。道徳的側面に関わる治療として彼が描き出した、父親と娘の関係に基づいたモデルはどのように用いられたのだろうか。ソリエは兵士でも民間人でも、ヒステリーの性質には変わりはないと述べた。両者の相違は症状の程度だけである。兵士では「限局性のヒステリー症状」が多く、平時の民間人では「限局性の症状は例外的であり［…］全般的な症状に出会うことが多い」。[27] ソリエはこの相違はジェンダーではなく時間的な問題だと考えた。「兵士の場合は最初の出来事のすぐ後に発症する」[28]

兵士のヒステリーでは限局性の症状が優位であったことを受けて、開戦後のソリエは「機械療法 mecano-therapy」という治療法を用いた。そこでは再社会化を伴った成熟した人格ではなく、個別の手足を動かすことが重視された。しかし終戦の頃には隔離や道徳療法などのあらゆる治療法を用いるようになり、自分が「二〇年前に」初めて発表した治療の正しさが戦争で証明されたと述べた。道徳療法では兵士と士官の関係を以前の治療における父親と娘の関係に重ね合わせた。開業したクリニックでの個人的な治療の場合と同様に、患者と個別に向かい合い（en tête à tête）、「医者の優位を患者に感じさせること」が何よりも重要であるとの考えは変わらなかった。[29]

一九一四年のフランスには、すでにヒステリーについての豊富な文献が存在していた。ソリエを始めとする医師たちはそれらを参照し、ヒステリーの意味、先例、概念を引き合いに出しながら、すでに知られていた立場への賛成あるいは反対を明らかにした。ソリエの理論は一九一四年における神経学の専門家の中でももっとも「生理学的」なものであった。このような見解はソリエのように個人で開業して患者の診察をする者にとっては魅力的であった。この立場はヒステリーを客観化して治療を純粋に医学的なものにしたので、患者に自分の症状についての責任を負わせることがなく、神経科医の専門家としての経験の価値を高めたからである。神経学の専門家の中でのもっとも「道徳的な」見方をする人々は、これと対立する考え方をしていたが、そこには一般社会と精神科病院でのヒステリーの経験が反映されていた。シャルコーの弟子の中でも野心的で論争的であったバビンスキーによって擁護されたこの立場は、男性的で「矯正的な」方向を向いていた。この立場の支持者たちは回復や治療よりも司法と懲罰に関心があった。神経科医の中で少数の異端にすぎなかったバビンスキーの方法が、戦時のヒステリー治療の主流となったことは、彼ら自身も驚いたことである。以下ではその経緯を述べるとともに、戦時のヒステリー治療において規律と治療、道徳と医療の境界が決して明確にならなかったことも示したい。[30]

道徳的問題としてのヒステリー

バビンスキーの名は今日では彼の名を冠した反射[訳注1]によって知られているが、シャルコーの弟子であり、師の没後は神経学の実証主義の潮流を守りつつ（その点では彼の意図はソリエに似ている）ヒステリー問題の解決に尽力した。ヒステリーの定義をさらに包括的なものにする代わりに、彼はシャルコーの定義を「解体する」ことに専念し、その代わりに新しい定義を提唱した。バビンスキーがシャルコーの定義を仔細に調べたところ、一つの定義以外のすべては神経学的には他の疾患カテゴリーに属することがわかったという。定義として残った症状は暗示によって喚起されるものであった。

バビンスキーは暗示を病的な影響であると考え、その概念を用いてヒステリーを虚偽の症状を呈する疾患として定義した。「私が思うに暗示による症状と模倣による症状を区別する基準は存在しない。医師が症状模倣ではないという決断を下す際には道徳的な考察によるしかない」[31]。彼は暗示による「否定的で病的な」影響と説得による「肯定的で治療的な」影響を明確に区別していた。

> 合理的な観念を受け入れる者の精神状態は、仮にその観念を十分に考えていなかったとしても、たとえばサルペトリエール病院のヒステリー患者のように、ノートルダム寺院の塔が病院の真ん中に移設されたなどと信じさせられている者の精神状態とはまったく異なっている。このことに議論の余地はない。説得と暗示というふたつの用語を用いて、異なった行為、きわめて異なった精神状態を区別することはきわめて重要である。説得はどのような正常な人間に対しても行い得るが、暗示を受け入れるのは病的な者だけである。[32]

バビンスキーにとって暗示は不合理なだけではなく邪悪なものであり、その対極にある説得は正統的な修正の方法だとされた。ヒステリーには身体的な負傷や病気がないので、このような「修正」の前に立ちはだかるのは患者自身の意志だけであった。必要なのは患者を説得して不合理な観念を放棄させることである。このためにバビンスキーはヒステリーを「被暗示症」と命名しなおすことを提案したが、それは「説得によって治療可能」という意味であった。

バビンスキーはすでに戦争の以前から、ヒステリーについての彼の「現代的」理論を同僚に広めようとしていた。彼の期待が高まったのは一九〇八年と一九〇九年に、パリ神経学協会が「解体された」古いヒステリー概念に替えて被暗示症の概念を用いることについて議論をした時期である。[33] しかし議論の結論は出なかった。さまざまな神経症状に対してヒステリーというひとつの診断を当てはめすぎることには批判的であったものの、バビンスキーの同僚たちは被暗示症という概念を受け入れる準備はできていなかった。

バビンスキーの考え方が日の目を見たのは一九一四年になって戦争の圧力が高まり、ヒステリーについて単純で愛国心に適う定義が求められるようになってからである。局面を変えたもっとも重要な要素は症状模倣と詐病であった。この問題は戦争以前にも保険金詐欺と労働者の補償との関連で論じられており（実際、戦時の症状模倣はしばしば労働者の補償問題の枠組みで論じられた）、ヒステリー全般に必然的に伴う問題として論じられてきた長い歴史もある。[34] ヒステリー患者には常に詐病の疑いがあった。しかし、第一次大戦中の明らかな兵士の疾病利得は新たな症状摸倣の脅威をもたらした。[35]「被暗示症」理論は少なくともこの問題を理論的に簡便に解決した。「純粋な」ヒステリーは、詐病や症状模倣の患者と同じように治療できることが約束されたからである。

バビンスキーの治療はヒステリー患者の心理的防衛に直接的、系統的な打撃を加えるものであった。

暗示の影響を受けている患者は舞台の上の役者のようなものだと思えばよい。［…］予期しない事故によって、またそれまでの考えが変更されたことによって生じた道徳的衝撃、恐怖、単純な驚きが、自分の役割を一時的に忘却させるのである。そこでたとえばヒステリー性の麻痺を生じた患者を、続けざまの質問や、次々に与えられる指示や検査、いわくありげな医学的儀式などで緊張し、混乱させると、しばし自分の役割である麻痺を忘れてしまい、動かなかったはずの手足を何度か動かすことがある。この瞬間をよく見ておくことが重要である。私たちは即座に患者に対して、自分がもう障害を持つことを止めていることを納得させる。患者は呆然としたり、当惑するかもしれない。しかしやがて患者は先ほどの動作を、まるで偶然のように行ってしまったあの動作を、繰り返すことに同意する。このときに重要なのは、その場で完全な治癒をもたらすように手を緩めずに努力することである。少なくとも、それまでの予測や約束を確実なものとするような、明確な結果を得ることである。[36]

バビンスキーの方法の顕著な特徴は演劇性であった。医学的権威、威嚇、魔術的効果、不意打ちといったすべての要素が、病的な暗示の呪文を打ち破るために用いられた。バビンスキーは、患者を自分の「役割」から引き離すためには医師は自らの役割を誤りなく一貫して演じなくてはならないと明言している。ヒステリーの治療とはよい影響（説得）を悪い影響（暗示）に対抗させることであるという理論は、さまざまな治療の筋書きを生み出した。医師は反論を受け付けない権威者として、自分の治療方法を権威づけることができた。バビンスキーは名声と権威が効果的な治療の条件であることを強調した。

神経科医は患者の利益のために、誤ることのない治療者という評判を自分の病院において作り上げなくてはならない。彼の精神療法の威力は、診断の確実さと予後を始めとするあらゆる見立ての正確さを患者が得心したその瞬間に増大する。[37]

バビンスキーの理論では神経科医は治療者というペルソナを用い、医学的権威を具現して自分の病棟に効果的な影響を与えるように促されていた。この方法の利点は医師にヒステリーという、苛立つことの多い慢性の問題に取り組む上でさまざまな工夫をする自由を与えたことである。しかし医師は患者と直接対峙をすることになり、ヒステリー患者が作り上げた言葉を相手に戦わねばならないというリスクがあった。患者の病人としての役割に対して自分を治療者の役割に据えることで、神経科医は自分自身を劇の舞台の上に載せるはめになった。戦争のあいだ、医師とヒステリー患者がどのように直面し合ったのかということは、本章のこれからの主題である。以下では、最初に暗示に基礎を置いたヒステリーの治療法を紹介し、次いでこの治療法が神経医学会の内側と外側から受けた抵抗について記したいと思う。

戦時フランスのジェンダーをめぐる様相

暗示に基づいたそれぞれの治療は、医師の好き嫌いや専門的訓練などの多くの個別の要素の影響を受けながら発達したが、ヒステリーについての規範的な判断を定義する上で重要だったのはジェンダーであり、次いで人種と社会階級であった。私は本章の目的のために、中心的なカテゴリーとしてのジェンダー[38]について論じることとしたい。「女性的な影響」は多くの神経学者によるヒステリーの定義の中で、もっとも重要な病因として位置づけられた。アンドレ・レリは前線近くとそこからはるかに遠い地域の両方で勤務をした神経科医であるが、前線と故郷でのヒステリー患者の相違を記している。故郷での様子はこのようなものである。

病舎の内側は［…］快適で自由だった。規律は穏やかで軍隊とは思えないほどだった。とりわけ神経症の患者たちは、他の者たちからの熱心な関心と、不釣り合いなほどの共感を呼び起こした。負傷者も病人も長期の治療を受けていた。つまり症状模倣の題材には事欠かなかった。彼らはお互いに盛んに教え合っていた。兵士たちは素直に、意識的であろうとなかろうと、助言をしたりそれに従ったりしていた。

これに対して前線では、

環境はまったく異なっており、軍隊的で、規律が厳しく、活気にあふれ、女性的な要素やその他の要素に影響されることは少ない。[…] 病人は、神経症患者も含めて、長く滞在することはない。こうした病気で入院した患者は、自分たちが（英雄的な犠牲者のような）重大な病気としては扱われていないと感じ、いつまでも軍務を免除されるわけにはいかないことを悟っている。[39]

レリが記した戦時フランスでのジェンダー地政学には、フランス社会の多くの市民が抽象的な理念や義務を考える上での鍵となった、もっとも深層の思考が反映されている。神聖同盟 union sacrée という神話は、階級や宗教、世代間の断絶がなくなった統一された社会を想定していた。しかしこの神話はジェンダーについては明確な境界を設定しており、戦時中は男女の区別なく非正統的な労働へと駆り出されていたにもかかわらず、[40] 男女の伝統的な区分をかえって強化した。戦時社会では良き女性とは母親であり忠実な妻であるとされ、それまで以上に男性との関係によって定義されるようになった。他方で良き男性とは国家の大義のためには命を犠牲にする兵士や市民であるとますます考えられるようになった。こうしたジェンダーのあり方の定義は、この時期のフランスに強くつきまとっていた、退廃的で堕落しているというイメージから派生した面もある。[41] このイメージのために、ドイツに攻め込まれる脅威は人口減少への脅威と結びつき、アルザス・ロレーヌ地方の奪還は、性的名誉の再建と道徳的に正しい大家族の復活にかかっていると思われた。神聖同盟の重要な特徴は、まさにその表現に表れているように、男性と女性の伝統的な関係を再建して保護することであり、それは戦争の重要な特徴でもあった。[42]

この連想から勇敢な兵士と臆病な兵士の、[訳注2] また母性的女性と近代的女性の画一的なイメージが生まれた。勇敢な兵士とは忠誠心があり、地の塩として働く者たちであった。陽気で率直で賢く（しかし知的すぎるというわけではなく）、安全な故郷や家庭に戻ることを夢見てはいるが、前線の仲間を見捨てようなどとは夢にも思わない。これに対して臆病な兵士とは、勇気がなく、女たらしで利益をかすめ取ろうとするような人間であった。ずるく、冷たい心の持ち主である。軍務について平気で嘘をつき、仲間の兵士の妻を寝取ろうとする。いつも利己的な行動の言い訳を見つけ出す。母性的女性とは勇敢な兵士の伴侶としての忠実で勤勉な妻であり、家庭を保つためにはどのような犠牲もいとわない母親であり、前線にいる夫の英雄的な苦しみは片時も忘れることがない。これに対して近代的女性とは、抜け目がなく、利己的で恥を知らない。タバコを吸い、車を運転し、髪を短く切り、一人で外出をし、夫が前線にいるあいだに浮気をし、夫が帰還してもその面倒を見ようとしない。[43]

このような両極端の象徴的イメージは、戦時における男女の良い役割と悪い役割の選択を明確にした。このような状況下で、負傷兵と詐病者とのイメージも同じく極端に対比されたのであり、その点を踏まえないとこの話題がなぜあれほどまでに重要視され、軍隊医学のいたるところで論じられてきたのかは理解できない。負傷兵は勇敢な兵士の美徳を体現しており、困難に耐えようとする意志を持っていると思われた。これに対して詐病者は臆病者の悪徳を体現していた。意思が弱く、抜け目がなく、その一方で自分の利己的な目的を果たすために狡猾な策略を巡らすことはできるのである。こうした画一的なモデルは、明らかに神経科医がヒステリー患者を除隊させなくなった理由のひとつであった。[44] ヒステリーが症状模倣かもしれないと思われたことは、この問題にイデオロギー的な価値を持ち込み、ヒステリーによる除隊は裏切りと同等に扱われるようになった。真実の疾患と想像上の病気とを鑑別する専門家として、神経科医は勇敢な兵士と臆病者との境界および前線と後方の境界を守るゲートキーパーになった。「意図的であるにせよそうではないにせよ」心理的な逃亡をして臆病者の立場に陥ってしまった者たちの高潔さを回復させることが神経科医の責任であった。バビンスキーの解釈にもあったように、医師は彼らを臆病者としての役割から立ち上がらせ、男性としての社会性を再活性化するような治療状況を作り出し、弱気になった彼らを勇敢な兵士に作り直していた。

マクシム・ライネル＝ラヴァスティーヌとポール・クルボンは、このような象徴的意義をもった人物像を用いて、戦時の神経科医のあいだで優勢だった見解を巧みに描き出した。[45] 彼らは負傷兵と保険金を得た労働者の状態を比較した。後者の場合は負傷を長引かせようとする誘惑を避けることは難しい。負傷兵も「約束された後方の地」への道中において、甘やかす看護師や讃えて集まってくる人々から、退廃的な影響を受けるようになる。自分で問題を解決しようとはしなくなり、同情と慰めと補償金を受けとることを当然だと思いはじめる。「詐病 sinistrosis」という用語は、労働者のあいだに新たに出現した保険金詐欺の現象を指すためにブリソーが世紀の変わり目に名づけた用語であるが、回復を長引かせようとする兵士にも同様に当てはめられた。[46]

ラヴァスティーヌとクルボンはさらに「戦争詐病 war sinistrosis」が高率に生じるのは、兵士と市民の「集団的心性」の相違にあるとした。戦闘者は役者のようなものである。歴史の舞台の上で演じるように訓練をされ、観客の評価を気にしている。これに対して市民は、役者に見とれては簡単に感動したり幻滅したりする観客である。このふたつの世界の境界を踏み越えることは兵士にとって危険である。「内地の病院に入院した兵士は根無し草のようなものである。彼は観客の中に迎えられ、身に余る称賛と休息のために戦闘への熱意を失う」。[47] 兵士は「自分が属していた部隊」から遠ざかったと感じる。負傷によって個人としてのアイデンティティを取り戻したのである。個人的関心を意識することで彼の精神的均衡は脅かされる。個人としての意識を取り戻すや否や、反社会的行動への種がまかれ、戦闘への義務を避けるようになる。

ラヴァスティーヌとクルボンはこのような兵士の治療のあり方をジェンダーの観点からも明確に述べている。とりわけ精神神経症の治療に女性を登場させることは勧められないとした。なぜなら患者は「勇敢な性格を取り戻す」必要があるのにそれが妨げられるからである。[48] 彼らの見解に従って、一九一六年一一月五日に保健医療省から指定神経病院への女性の立ち入りを禁止する指示が出された。[49] 看護師が退廃的で自堕落な影響を与えるという思い込みは、一般に広まっていた忍耐強く慈悲深い天使という女性像とはまったく対照的であった。戦時にはこのような両極端なジェンダー像が見られ、女性の描写はこの両極のどちらかに向かい、またそのあいだで動揺した[50]（両者を統合するのではなく）。

兵士の勇敢さを取り戻すための治療の第一歩は皮肉なことに（というのは一九世紀に多くの医師が女性のヒステリー治療に用いた方法と同じく）隔離であった。外部との連絡を絶たれた患者は市民生活と自分の関心へのアイデンティティの支柱を失い始める。隔離による治療の時期を通じて患者は、軍隊生活への復帰を媒介する医師とのあいだに独特の関係を築く。そうなるためには「医師への患者の信頼が、軍の権威と国家への義務による規律を伴わなくてはならない」[51]。著者たちが比喩的に述べたところによれば、医師と患者の関係はついには闘牛のようになり、医師は闘牛士の役割を演じることになった。

説得、暗示、激励、約束、威嚇、脅迫といった方法が、闘牛のケープのようにひるがえされ、ついに患者は当惑し、混乱し、抵抗の足場を失って治療に屈服し、医師の意志を受け入れ、戦場へと戻る回復の道をたどることに同意する。その戦場での悲惨さから自分を守るために彼は病気になったのであったが[52]。

医師対ヒステリー患者

暗示に基礎をおいた治療の核心にあったのはヒステリー患者に道徳が勝利するという幻想であった。しかしこの方法は当然のことながら患者の抵抗に遭うことが多く、医師には医療の名においてどの程度までの強制力を発揮する資格があるのかという疑問が生じた。この問題を扱う神経科医たちは、患者の悪しき信念の程度に応じて強制力を用いることが許されるという原則に従うことが普通であった。ギュスターヴ・カリエールは自分の勤務する医療センターに隔離病棟を作るように軍当局に要請した際に、症例を提示してこの原則を説明した。

マリー、ルシー、シカール、クロード、レリといった神経科病院の多くの院長たちと同じく、私も症状模倣や誇張を行う患者には隔離病棟が必要と考えております。彼らは治癒可能な感情的症状から回復する努力をまったくせず、または善き意志が抑制されているのです。[53]

カリエールは「このような方法を用いるのは、もちろん、詳しい診察によって症状の誇張や模倣、忠誠心の欠如が確定し、また穏やかな暗示的な治療を試した上でのことである」という条件をつけた。[54] また英雄的な勇敢な兵士の名誉を貶めるのではないことを明確にするために、「任務を果たし、重度のまたは栄光ある負傷をし、勲章を与えられた患者」たちには隔離は行われないことを付け加えた。[55] 同じ前提の上に立って、セスタンは「抑圧的な精神療法」を行うのは臆病な兵士だけであるとしている。「兵士としての義務を果たさない精神神経病質患者 psychoneuropaths が［…］いまだに見られることは嘆かわしい[56]」

戦争中にヒステリー患者に加えられた苛酷な治療の背景には、ヒステリーになった兵士は臆病者であるとの考えがあった。なかでももっとも有名だったのはクローヴィス・ヴァンサンの「集中的再教育法」である。彼は自分の師であり第九区の神経科主任でもあったラヴァスティーヌよりもさらに苛酷であり、フランスでもっとも容赦のない神経医学的闘牛士であるとの名声を得た。彼はバビンスキーの弟子であり、彼の治療法は師の「乱暴な治療法 méthode brusqué」から直接に由来したものである。ヴァンサンは自分を行動する人間であると見なしていた。彼は一九一五年の一一月にトゥールのセンター長になるとヒステリーに対して攻撃的な治療法を導入した。ラヴァスティーヌと同様、彼もまたヒステリーの治療には頑健な身体とカリスマ的活力が必要であると考えていた。成功するためには医師は「単に優れた神経科医」であるだけではなく「強い自信を持ち、活力に満ち、いわばしっかりと武装していなくてはならない[57]」。

ヴァンサンは正確な診断と個人の権威、そして高電圧電気ショックの利用をためらわないことによって、即座に結果をもたらすことを誇りに思っていた。「電気うなぎ療法 torpillage」（電気うなぎを指す torpille に由来）と呼ばれた電気ショックの利用はヴァンサンの治療の中でもっとも議論を呼ぶところである。彼は両手に電極を持ち、強いガルヴァーニ電流を患者の身体に流して運動を誘発し、患者を驚愕させ、麻痺（などの病気）は「幻想」にすぎないことを証明した。同僚たちと同じようにヴァンサンも事前の診察によって正確な診断を下すという原則を強調しており、この「電気治療」を「器質的な（身体的に根拠のある）」疾患に用いることは「危険を生じかねない……少なくとも残酷で不当な治療ということになる」と注意を喚起している。[58]

しばらくのあいだ、ヴァンサンのトゥールの病院は他の地域の神経科医が治療困難な患者を送り込むための「特別治療センター」として機能した。ジョゼフ・グラッセは「治らなかった精神神経症患者を他のセンターに転院させること」には強行に反対したが、ヴァンサンのセンターに送る場合は例外であるとした。通常の治療に反応しない患者は「われわれの仲間のヴァンサンが行っているような特殊な治療のできるセンターに送ることが有益であろう」。[59] グラッセは自分の患者をトゥールに移送することを一九一六年の八月に公表した。「われわれの同僚であり友人であるヴァンサンの協力を得て、私たちは通常の治療に反応しない精神神経症の患者を大なり小なりのグループにして定期的に彼のセンターに移送することにした」。[60] このことはヴァンサンの名声を雄弁に物語っている。モンペリエからトゥールまで七百キロの道を、「服従しない」集団を率いて戦争中に旅行することは大事業だったからである。[61]

ヴァンサンの方法のもっとも熱心な擁護者であったアンドレ・ジルはセーヌ精神科病院の若いインターンであり、電気療法で三〇人の患者を治療したと言っていた。ヴァンサンの治療を拒絶して彼を殴ったジャン－バティスト・ドゥシャンの裁判をめぐる論争を受けて、ジルは「拷問」と「効果的治療」の区別について論文を書き、その中でヴァンサンを弁護した。[62] ジルは「電気うなぎ療法」というヴァンサンの命名が、劇的効果を持つ治療法の恐ろしい側面をことさらに強調していること、また治療の効果は「精神療法」の一部としてもたらされていることを指摘した。電流は「矯正するための道具」ではなく「説得のための有力な手段」であった。[63] この治療を恐れるのは症状模倣の患者だけである。彼らは治ることを恐れているのだから。

バビンスキーの被暗示症の教義に従って、ジルはヒステリーと症状模倣とのあいだにも、文字通りではないとしても仮想的な類似があると主張した。ヒステリーの感情は「何ら実体的なものではない」。徹底的な医学的診察を行っても「このような乱暴で強い感情を出現させるような、合理的な身体症状は何ひとつ見つからない」。[64,65] この状態から症状模倣が生じるのは、もしまだそうなっていないとしても、時間の問題である。重要なことは、診断が下されたなら、「この誤りに固定されてしまう時間を患者に与えないために」素早く、情熱的に対応することである。[66] 電気療法には二つの要素があった。患者の苦しみが誤ったものであることの提示と、患者の意志の「模倣」である。ジルはこの考えを、警句のようにして簡明に説明した。「声が、腕が、脚が、あたかも動かなくなっているのは、本当は意志が動いていないのである。医師の役割は患者に成り代わって意志を発揮することである」。[67] 患者は最終的に「自分の神経を監督する」ことを教えられる。[68]

ジルの立場の強みは、ヒステリー患者の「意志の障害」という概念をごくあいまいに用いていることである。意志の障害は世紀の変わり目においてもっともらしい臨床診断であると思われたが、実際には神聖なる神経学的権威に投げかけられた暗雲であった。[69] あるいはそれは、常に自分の卑怯さを合理化しようとする臆病者の心性を婉曲に、しかしはっきりと意味していると思われた。臆病な兵士の症状模倣とヒステリーはヴァンサンにとっての切り札であった。自説を擁護したいときには、彼はできるかぎりこの切り札を用いた。「なるほど、この内地にいれば神経質だとしても問題はありません。個人の権利を主張することも結構です。では前線の兵士の人権はどうなるのでしょうか……決して前線に行こうとしないことが英雄の美徳だと思いますか」。[70] ヴァンサンは戦争中の両極化したジェンダー同一性を巧みに利用した。男性はその中間に位置するという選択肢を持たなかった。

男性であるかぎりは、彼らには臆病者か英雄かの選択しかなかった。ヴァンサンは電気療法の部屋において、患者に治療的な「銃火の試練」をくぐり抜けることで自分の意志を証明する機会に直面させたのである。ヴァンサンの電気療法は、ナポレオン時代以来の大学や医学校におけるいじめと同じような通過儀礼であった。ヒステリー患者は、集団の文化的価値を高めるという義務へのイニシエーションをやり直させられた[71]。その意味でジルがヴァンサンの治療の神髄は意味づけにあり、強制力ではないと述べたことは正しい。しかし、裏切り、臆病、合法性、男らしさといった本能的な概念にそった意味づけは、やはり非常に強制的なものであった。

異議と不服従

被暗示症の概念がヒステリーと症状模倣を同一視していることに反対する神経学者も少数ながら存在した。ジョゼフ・グラッセはモンペリエ医学校の高名な教授であったが、一九一五年にこのように嘆いている。

「意識的ないし無意識的な症状模倣」について述べた論文の中に混乱が見られるのは嘆かわしいことである。あらゆる神経症者（精神病質者）が症状模倣だとでも言わないかぎり、無意識的症状模倣などはあり得ない。しかもそのような言い方は、結局のところ無意味である[72]。

これらの少数派の医師たちは「無意識的症状模倣」という概念が不当で非論理的であり、明確な区別をすることは医師の責任であると考えていた。ソリエはこう述べている。「ヒステリーが患者の作り上げた病気であってまともに取り上げる必要がなく、むしろ患者を罰するべきであるのか、それとも明確な症状を持った神経の病気であって、客観的に診断し、治療すべきなのか[73]」。この点に関してストラスブルグ大学医学部の教授で症状模倣を専門としていたポール・シャヴィニィは、不十分なエビデンスに基づいて症状模倣を非難する医師の道義的責任を強調した。[74]「詐病であるとして誤って患者を非難する医師はおぞましい行為をしたことになり、軍からも医学界からも厳しく非難されるべきである」。[75] 戦後に彼が記した症状模倣のマニュアルでは、さらに自分の立場を明確にしている。

> ヒステリー患者が症状模倣をすることは言うまでもない［…］しかし他の患者に比べてそれが巧みだというわけではない。彼らが自分の神経病についての通常の症状を示すときでも［…］その障害は純粋に機能的なものであるが、まったく現実的のものである。というのも患者はそれが本当の障害であると信じ込んでいるからである。[76]

シャヴィニィはさらに、症状模倣もまたひとつの症状であると述べ、[77]「人はすでに持っている症状の模倣しかできない」とした。[78] さらに興味深いことに、ヒステリー患者は医師が見いだしたいと思っているものを提示する傾向にある。「シャルコーの前では症状は可塑的であり、ジャネの前では多彩であり、バビンスキーの前では拒絶的であった。彼らの症状は可塑的なので、医師が症状模倣と考えれば、患者は症状模倣によってそれに答えるのである」。[79] シャヴィニィはこのように論じながら同僚であったアンジェロ・エナールの説を借りていた。彼はバビンスキーの理論の信奉者であったが、次のことは認めていた。

> 神経症候群の場合には症状模倣と確定する前によほど注意をしなくてはならない。若い医師は至るところに症状模倣を見いだすであろう。［…］しかし臨床経験を積むうちに、古典的症状には無数のばらつきがあることを学び、良心の呵責を覚えるようになる。患者のことを主観的に判断することほど誤りやすいものはない。つまり症状を患者の心性によって説明しようとするのだが、その心性はほかならぬわれわれのものである。このような判断は医師の側からの一種の人間中心主義 Anthropocentrism[訳注3] であり、原始的で反科学的な精神の習慣というべきで

ある。[80]

ポール・ソリエは「被暗示症」とその意義についての容赦のない批判者であった。機能的な障害に対して一定期間内の回復を求めるなどとは、平時には誰も考えたことがなく、偽善にほかならないと彼は非難した。[81] 治療において「道徳的影響、威嚇、除隊の禁止、隔離」が有効だということは、この病気が心理的なものである、もしくは「自己暗示的」であることの証明であろう。彼のこの考えには多くの同僚が賛同した。さらに彼は断固として「圧倒的多数の患者は善意と確固とした持続的な決意をもって治療を受けている」と主張した。[82]

ソリエは軍の権威者が巧妙にバビンスキーの理論を取り入れていることに苛立っていた。一九一五年の秋に新しい退院基準（廃兵退院基準）が出版されると、彼は戦争大臣に反対の意見を具申した。[83] ソリエは国家が結論の出ていない理論的論争の片方の側に立ち、「被暗示症という、議論の渦中にある疑義の多い教義を一般原理の地位にまで高めてしまう」ことに異議を唱えた。彼によれば戦争によって提供されたエビデンスは、バビンスキーが「捨て去ろう」とした「シャルコーの伝統的ヒステリー概念」の名誉を回復し、「活き活きとよみがえらせた」。ソリエにとって「伝統的臨床概念」はヒステリーが具体的な事実であることを認めていた。バビンスキーの方法はヒステリーを「意志薄弱 sinistrosis」[訳注4] になぞらえ、「フランスのために血を流した戦士に侮辱的で不当な疑念を投げかけ」るものであった。[84]

懲罰的な治療には患者も家族も反対した。戦争中に患者が治療に反対した事例としてもっとも影響力があり、（神経科医のあいだで）悪評を高めた事例はバティスト・ドゥシャンである。主治医であったヴァンサンによって電流を流されそうになると、彼はそれを止めるために主治医と殴り合いを演じ、一九一六年の八月に命令への反抗と上官への暴行によって法廷に召喚された。この裁判は一般のメディアによって大きく報じられ、戦時のフランスでトラウマの治療が公開で議論された唯一の例となった。検察側はドゥシャンが反逆者で詐病者であり、命令不服従によって罰を受けるべきだと主張し、弁護側は彼は勤勉な家庭人であり、負傷して勲章ももらっており、傲慢な医学エリートによって虐待されたのだと反論した。患者が治療を拒む権利とヴァンサンの方法の科学的信頼性とが法廷で公に論じられた（弁護側はヴァンサンの方法を悪意に満ちており、「実験」だとした）。[85]

ドゥシャンの公判は戦争医学史の展開点となった。ヴァンサンの周囲には同僚や先輩たちが集結したが、公判では彼の名声を危うくするような不利な報道や法的な議論がなされ、神経学者は自分たちの方法を和らげるようになった。一九一七年の反乱を収束させたペタン将軍の方法を予見するかのように、ドゥシャンは一九一六年に赦免され、神経科医は怒りと反感を募らせる患者集団を前に、徹底攻勢 offensive à outrance（容赦なく攻撃をし続ける作戦）[訳注5]から退却することになった。[86] トゥールでのヴァンサンのセンターは「常習的な」ヒステリー患者に対応する国の施設としての役割を終え、一九一七年一月までにはサランの第七地区の「精神神経症センター」がそれに代わった。そのセンター長であったルシーは、ドゥシャンの反論によって地位を追われたヴァンサンとは異なり、優しく、穏やかな施設としての開所を宣言した。

この種の患者の特別の治療が、私たちの同僚であり友人でもあるヴァンサンによってトゥールで作り上げられてきました。彼が素晴らしい成果を上げたこと、多くの精神神経症の患者の治療のために献身的に働いてきたことは誰もが知っています。残念なことに報道による破壊的なキャンペーンのために、責任者としての権威が失われてしまい、治療は十分に機能しなくなり、彼はついにあの尊敬すべき努力を続けることができなくなったのです。[87]

医学的権威の失墜

ヴァンサン以外にも、患者からの敵意を受けて凋落した神経科医はいた。アンドレ・レリは開戦当初は楽観主義者だったが、一九一五年の半ばになると「要求がましい」患者集団にこのような苛立ちを表していた。

（神経病質や症状模倣者の）絶対的人数が増えているわけではないが、どのような威嚇にも制約にも屈したくないという彼らの頑固さと偏った決意とが増大しているのである。彼らはよく学んでおり、そのおかげで非常に上手に、ひとつの症状模倣から次の模倣へと移行できるようになった。拘縮を伴った浮腫だったかと思うと、次には難聴を伴った麻痺、といった具合である。そうした症状を出せば自分たちの身の安全を保つことができる。というのも多くの場合、そうした症状の完全な証明はできないからであるし、またそのような証明を試みることが社会的な重大問題となり、内地でそれを行うことはできなかったからである。[88]

レリは明らかに、自分の治療に患者が立腹するのは、自分ではなく彼らの考えが偏っているためであると考えていた。彼は皮肉を込めてこう述べた。「私たちの努力が第一にもたらしたものは、歩けなかった患者が立ち上がって仕切りを打ち破り、一言もまともに発声できなかった患者が声を取り戻して不平を大声で手厳しく言えるようにしたことである」[89]。レリはこうした反論に答えるためにさらなる力を用いようとした。「隔離するという治療は、男性の看護師さえいればうまくいくというものではない。幸いなことに、活力に溢れた軍曹がこの治療のために私たちに配属されたところである」[90]

アンリ・クロードもまた、精神神経症患者は症状を誇張したり模倣していると考えており、神経科センターにおける権威の失墜に直面した。「彼らには気力と忠義がなく、自分たちの治療に尽くした人々をおとしめている。彼らは正当な患者よりもさらに症状を誇張し、模倣しているとしか考えられない」[91]。このような状況下で、クロードはまもなく、センターの医師たちの権威が「非常に薄いものになった」と述べることになった。[92]レリと同様に、クロードは力（患者たちの頑固さ）に対して力で応えようとした。

こうした精神神経病質者は通常の方法による説得には反応せず、軍が身体的、心理的な活性化を行うことによってのみ回復する。そのためにはある種の劇的効果が必要である。そのことを推奨したヴァンサンの勇気あるリーダーシップは高く賞賛されるべきである。[93]

しかしヴァンサンと同じく、クロードもまた自分の方法がしばしば治療関係を完全に破壊することに気がついた。患者から彼に寄せられた苦情に対する意見には憤りが現れているが、同時に無力さも見て取れる。「患者は自分が侮辱され、症状模倣者と呼ばれたことで私を非難している。［…］しかし私たちの言葉や仕草で彼らを活性化させることができないとしたら、神経病質者に対してはまったくのお手上げということになってしまう」[94] 神経科医がヒステリー患者の治療をする上での大きな問題のひとつは患者が治療を拒否する権利であった。グラッセはフランスを縦断して自分の患者をヴァンサンのセンターのあるトゥールまで送った際に、この問題が生じたことを述べている。

われわれの患者の悪しき意志と、あらゆる治療に抵抗する頑迷さとが、この事例に大きく現れたことは実に嘆かわしい。私たちは原則としてヴァンサン医師のもとに患者を送っていたが、最初の患者の劇的な成功にも関わらず、あとの九人は治療を受けることを拒み、どのように説得しても無駄であった。[95]

自分の病院ではグラッセは「患者の中に紛れ込んでいる、あらゆる治療手続きを拒否する者たち、つまり兵役拒否という小さいがまぎれもない流行病の原因となっている者たち」を追い出す権利を求めていた。[96] 神経科医たちは無反応あるいは「頑固な」患者という問題に加えて、累犯的な患者にも頻繁に遭遇した。彼らは「いつまでも同じ悪循環を繰り返している。［…］神経科センターから兵站部へ、兵站部から病院へ、病院からまた神経科センターへと」[97]。神経科センターの外でのこの移送の悪循環は、センターの中で神経科医が遭遇していた、加速度的な反感の悪循環と対をなしていた。この問題がこじれたのは、ヒステリー患者を軍務から解放すればよいという可能性を神経科医が認めようとしなかったためである[98]。一九一七年一二月、神経科医のアレクサンドル・スーク、クロード、ジュール・フロマンが主宰する政府の特別委員会は、患者の除隊を決して認めないという方針が困難の主要な原因であることを渋々認めるに至った。

もし神経学会ならびに神経科センター長たちがあえて述べてきたように［…］ヒステリー性の被暗示症の患者を除隊させることが［…］不合理であり［…］こうした患者はどのような犠牲を払っても治さなくてはならないのだとしても、臨床の場においてその原則に従うことは困難であり、現在神経科医たちが行っている治療法を考えるならば、彼らにとってきわめて大きな負担になることは認めなくてはならない[99]。

この答申の著者たちは「ヒステリーとの闘い」を押し進めるために、「神経学的監視」の緊密なネットワークが必要であると主張した[100]。「神経学的監視」を免れた患者の相当数は「環境を変え、あらゆる反精神療法的な影響から引き離せば治るであろう」[101]と。委員会はそれぞれの部門の「主任」が緊密な連携システムを形成し、責任を持って「継続的な神経学的監視」を続けることを推奨した[102]。

結論――神経学的パラダイムの限界

神経学的監視という野心は、ヒステリーに対する道徳的勝利という幻想と同じように、成功しないことがわかった。患者の全身に作用している力は個々の医師のコントロールを超えており、そのことが神経学による支配という夢想を打ち砕いた。何人かの医師は彼らが直面している問題が慢性的なものであることに気づいていた。一九一七年の七月にモーリス・シレーはバビンスキーの治療的楽観主義の再考を求め、常習性の患者のことが報告されていないと指摘した。前線であれ兵站部であれ、患者がヒステリーを再発すると、常習性の患者は「内地の神経科センターに送り返されるが、以前のセンターとは別の場所に送られることが多かった。いくつもの治癒例が報告され、自分たちが観察するかぎり被暗示症の治療可能性が証明されたと信じ続けていたのは、以前のセンターのほうである」[103]。シレーの観察によれば、神経科センターはヒステリー患者を治したと主張していたが、実際には別のセンターに送っていたにすぎなかった。

システム理論の基本的主張は、特にこの理論が社会現象に当てはめられたときには、個別の動作主は常に論理的に自分自身の展望と利益に従って行動しているが、障害や困難に遭遇したときにそれを自分の影響の範囲外だと感じるということである[104]。シレーもこの原則の例外ではなかった。彼はヒステリー問題の慢性的、系統的な性質を認め、ヒステリー患者を非難すべきではないと考えたが、それでもなお外的な力に責任があると考えていた。「見過ごされがちであるが、ヒステリーはわれわれが根絶やしにすることのできない強大な力によって決定されており、治療が終了して患者が回復するとただちにその影響を取り戻すのである」[105]

シレーの主張するように、誰もが神経科医の直面した困難を戦争状況に帰せしめたいと願うであろう。このような説明を受け入れる前に、神経科医の遭遇した困難の特徴を検討してみたい。ヒステリーとの闘いを鋭く観察していたジョゼフ・グラッセは自分の苛立ちを記している。

こうした戦争による精神神経症者をどうすればよいのか。彼らは何の身体的負傷の症状もなく、したがって除隊させることもできない。長いあいだ最善の治療をしてもよくならない。[…] 家族のもとにも、兵站部隊にも、別の医療機関にも送ることができず、かといって自分の施設に長く置きすぎれば、上位の当局者から厳しく非難されてしまう。106

グラッセの嘆きの中には見事に戦時の「ヒステリー治療システム」の重要な要素が要約されており、特にこのシステムを動かすとともにその機能不全を引き起こしていた二つの要因が特定されている。すなわち（1）ヒステリー患者の除隊の禁止、（2）一箇所での長期の「収容」の禁止。この制約の中での唯一の合理的な治療成果は症状の迅速な「矯正」であった。患者が素早く治るのであればこれには何の問題もなかった。しかしそうはならないことが多かったので、このシステムは常に崩壊の危機にあった。まもなく患者の善意が疑われるようになり、医師がより強大な力を用いることが正当化された。治療関係は劣悪になり、医師は「誤ることのない治療者」から厳格な規律家になった。治療関係が壊れた以上、ただひとつ残った選択は新しい場所で治療をやり直すことであった。このために患者は他の施設に再び送られ、患者の堆積が生じた。このシステムには出口がなく、主要な目的はヒステリー患者を互いに、また他の兵士から隔離することであったので、控えめに言ってもきわめて不安定な状況が作り出されていた。

もしヒステリー患者の除隊と「収容」の禁止が不安定で非機能的な治療環境を作り出していたのなら、なぜこうした制約はあれほど固く現場において守られていたのだろうか。ここでもまた、戦争を非難しておけばよいという誘惑が生じる。ヒステリー患者の除隊の禁止の理由は、そのような機会が与えられればヒステリー症状の模倣という手段を使って兵士たちが大挙して脱走することが危惧されたためである。収容の禁止は、道徳が維持されるのはただ規律と階級的環境によってのみであり、行いの悪いものは分離して支配するという伝統的な軍の信念のためである。加えて、新たな戦争の被害者を治療するためには病院のベッドがただちに必要であった。このように議論をすることは容易である。

しかし同時に、本章で提示した根拠に基づけば、戦前のヒステリーの理論と治療を形作った神経学的パラダイムが、戦時の治療システムを構成する要素を強力に支えたと見ることができる。[107] このシステムは急速な治癒を目標とし、それに vs わる選択肢を、すなわち長期に渡る治療や除隊を認めようとしなかった。このことは少なくとも部分的には、神経学のパラダイムにおいて道徳以外の心理的生活を考えることができなかった結果である。このパラダイムでは疾患は生理学でなければ道徳に、あるいは不道徳に基づくものと考えられた。ヒステリーという診断が下されれば、治療的な「矯正」が速やかに容赦なく行われる必要があり、さもなければ医師は患者と共謀的な関係に陥ってしまい、疾患を助長することになると考えられた。バビンスキーの理論はこうした精神モデルの反映であって原因ではない。それはシャルコーのヒステリー概念が生理学的基礎をもたなかったために引き起こされた、神経学パラダイムの危機への反応であった。[108]

フランスでの神経学的パラダイムの影響力の強さは、フランス軍において暗示が特殊な地位を占めていたことからもわかる。英国とは異なり、フランスでは戦争神経症の治療に催眠を使うことはまったくなかった。催眠は世紀末に用いられていたが、神秘的で非科学的な治療を連想させたために、軍ではその使用が禁じられた。しかし戦争中の主要な治療は暗示であり、バビンスキーが好んだ言葉を借りれば「説得」であった。バビンスキーは説得療法を「修正」的行為と定義し、神経科医たちが暗示を道徳的な方法として用いることを正当化した。

しかし神経学的な考えにとっては皮肉なことに、ヒステリーが身体的疾患であるという理論の側からは、寛容で忍耐強い治療法が支持された。現代ではトラウマとトラウマ的ストレス後の症状について精緻な診断基準が存在している。その診断の枠組みはトラウマという現象を「理解する」方法が正当であることを明確にしている。今日ではソリエのように「祖国のために血を流した兵士に不当な疑惑を向けて侮辱しない」ために複雑な身体的理論を組み立てる医師はいない。しかし神経学パラダイムが優勢な時代にあってはソリエのような作業が必要であった。脳の中枢の麻痺という新シャルコー主義的な理論を提示したソリエが大戦中のヒステリーの最大の功労者となったことは必然の結果であった。

この論理に絡めとられた人々にとって、神経学的なパラダイムは自己強化的、自己確証的な価値観であったといえる。たとえばソリエもバビンスキーも、それぞれ生理学的、道徳的な信念を確証するような結果しか見ていなかった。両名とも、この二項対立を乗り越えようとも、心理的現象を客観化しようともしなかった。自己確証的な思考はとりわけ若い神経科医のあいだで顕著であった。ヴァンサンやジルのような積極的な指導者はヒステリーについての新たな見方を生み出したのではなく、良き兵士と頑固で意図的なヒステリー患者という断絶を深めただけである。この見方は本章の冒頭で引用した善悪二元論的、もしくは還元主義的な公式見解によく反映されている。ここで、この時代にはほとんど見られなかった客観的で自己批判的な見解を引用しておきたい。パリの喧噪から遠く離れたモンペリエの医学校の教授であったグラッセは、長年にわたって人間の「意志」の生理学と道徳的側面を統合しようと試みてきた。彼は六七歳になってもなお、この問題への解答を見いだしていなかったが、神経学的な見方はかなり和らげられ、ヒステリー問題に対して穏やかで開放的な問いかけをするようになっていた。

私のように四〇年にもわたって神経症患者を診てきた者であっても、この戦争が始まってからは多くのことを学び、多くの点で見解を修正してきた。二年前には私は同僚のモーリス・ヴィヤーレとともに、心理神経症の報告書を書き、それは「速やかに、かつ絶対的に治療可能である」という結論を述べた。まもなく私たちは「速やかに」という表現を削除し、次いで「絶対的に」とも言わなくなり、今では「治らないとは言えないようである」と書くだけで満足している。若い神経科医たちが神経症患者ないし精神神経症患者を戦争が終わるまで、いやその後も診療を続けたとして、彼らが何を見いだすのか、誰にわかるだろうか。私たちは慎重に、控えめであらねばならない。結論は実際的で、きわめて暫定的なものにしておくのがよい。[109]

第一二章　見えない傷
——一九一二—一四年のアメリカ在郷軍人会、シェルショックを持つ退役軍人、アメリカ社会

キャロライン・コックス

第一次世界大戦が終わった一九一八年に、当時二九歳だったアメリカの脚本家のユージーン・オニール[訳注1]は、マサチューセッツ州郊外で行われた脚本家の夏合宿に参加した。そこでは毎年参加者の一部が「田園の俳優」と称して一幕物の演劇を上演することになっており、オニールも自作を上演したことがあった。今回彼が準備したのは「シェルショック」と題された劇である。シェルショックについてのニュースを見て、それを劇として作り直したのだった。オニールはどの仲間よりもこの主題にふさわしかった。自殺未遂をしたことがあり、何人かの親友は実際に自殺をし、モルヒネ依存の母親の症状に向き合ってきたので、心理的な問題のことはよく知っていたからである。[1]

しかしこの劇への挑戦は失敗に終わった。演技は大げさで台本は強引だった。主人公のアーノルドは戦争の英雄だとされていたが、英雄というのは誤解であり、本当は尊敬にも名誉にも値しないと思い込んでいた。大虐殺を目撃して罪悪感にさいなまれ、不安で落ち込んでいた。医師はこの英雄に対して「恐怖は戦いにつきものだから忘れるように」という助言しかできなかった。あるとき医師はアーノルドが本当に英雄らしい活躍をした証拠を持ち出した。すると彼の抑うつと不安はただちに消え去ったのである。この劇は二度と上演されることはなく、

オニールの生涯を通じて脚本の出版もされなかった。[2]

シェルショックは戦争神経症の一般的な名称となっていたが、オニールはこれを演劇の中で十分に描き出すことができなかった。脚本家としての経験が浅かったからではなく、この症状が生まれた状況について混乱し、誤解をしていたためである。オニールはまだブロードウェイで成功を収めていなかったが、それでも当時の戦争状況を扱った「狙撃者」という劇はすでに上演されていた。その彼がシェルショックの劇で失敗した理由は、一九一五年以来メディアや学術雑誌で何度も紹介されていたこの病気については多くの憶測が混じっており、実態がよくわかっていなかったからである。戦争神経症の原因と治癒についての理解が不明確であったので、この病気は劇中の単なる仕掛けとして扱われたにすぎなかった。彼がこの病気を十分に理解し、劇的な効果を産み出したのはずいぶん後になってからのことである。[3]

第一次世界大戦の後、数多くの戦争神経症の患者を前にして改めて精神疾患を理解する必要に迫られたのは、脚本家だけではなかった。多くの退役軍人が戦争神経症になったことをきっかけとして、一般社会は精神疾患に対して共感的な見方をするようになり、精神異常についての古い考えを見直した。テッド・ボガッツが記したように戦争神経症は「正常と異常の明確な区別に慣れていた社会にとって、法的にも医学的にも両者の中間に位置していた」。一九一八年一一月の終戦以後、米国では一般社会でも学者のあいだでも、退役軍人のシェルショックのケアと治療をめぐって激しい議論が起きた。このことは米国での精神医学に対する一般社会の見方を変えただけではなく、精神医学そのものをも変化させた。[4]

戦争神経症を持つ退役軍人についての議論の中心となったのは米国の在郷軍人会である。在郷軍人会は退役軍人組織として一九一九年に設立され、戦争神経症患者の福利と治療の策定に中心的な役割を果たした。退役軍人のためのロビー活動を通じて一般社会の精神疾患への態度を変え、退役軍人が合衆国政府の退役軍人局から精神医療が受けられるようにした。同会は戦闘で期待される行動についての当時の考え方にはあえて異を唱えず、戦争神経症を受けた退役軍人は戦闘での負傷者であり、祖国からの感謝と援助を受けるべきだと言い続けてこの目的を達成した。このキャンペーンは指導的立場の精神科医からも支持された。彼らは在郷軍人会とともに精神神経症患者のケアの向上という目標に取り組んだが、精神医学の方も在郷軍人会と連携することによって精神異常者の収容から一般社会に認められる活動へと進化した。

在郷軍人会は二〇人の士官によって設立され、一年間で八四万人の会員を集めた。一九一八年の終戦以後、多くの退役軍人のグループが作られたが、そのほとんどが在郷軍人会に加盟した。憲章に「生粋のアメリカ人精神を作り上げる」と書かれているように、在郷軍人会は移民を阻止するために積極的に活動し、国防の強化と国内外での反共産主義的政策を求める主張をした。在郷軍人会週報の設立創刊号には、戦時の軍務は軍人の愛国心の試金石であり、彼らを「この国の運命を担う資格のある真のアメリカ人に作り上げた」と書かれている。同会は退役軍人が地域社会に影響を与えることができるように、会員募集、高校生の市民活動コンテスト、教師に愛国の誓いをさせ教科書を検定するためのロビー活動などに資金を提供した。このようにして在郷軍人会は若い世代にアメリカ主義を伝えようとしたのである。[5]

在郷軍人会はアメリカの戦果を強く誇りに思っており、兵士の栄誉が社会に認められるようにと活動を行った。アメリカの社会があるのは退役軍人のおかげであり、特に傷病軍人に対しては、社会として保障、共感、尊敬をする義務があるというのが彼らの信念であった。同会の創始者たちは憲章の中で「相互に献身的に助け合うことを通じてわれわれの同志愛を神聖かつ浄化されたものにする」ための活動を行うことを宣言していた。歴史家のウィリアム・ペンカックが見いだしたように「成立させた法律と獲得した資金をみれば、在郷軍人会は歴史上最大のロビー団体だといえる」。同会の活動の節目となったのは、一九二一年の退役軍人局の設立であった。その年に退役軍人局は五億ドルの年間予算を獲得した。これはあらゆる政府機関の中でもっとも高額であった。ニューディール政策が実施される前年には、退役軍人局の予算は「年間の合衆国政府予算の五分の一」を占めていた。

在郷軍人会に属していた退役軍人とその代理人たちの政治力の強さがわかろうというものである。[6]

在郷軍人会はさまざまな戦争経験を持つ退役軍人を結びつけた。第一次世界大戦にアメリカが参戦した期間は一九一七年の四月六日から翌年の一一月までと短く、四七〇万人の兵士のうち海外で軍務についたのは二〇〇万人にすぎなかった。戦闘を目撃した者はさらに少なく、一二〇万人である。しかし戦闘員の犠牲は高率であった。わずか数カ月の戦闘によって四万九千人が死亡し、二三万人が負傷した。さらに数千人が結核に罹患したり、戦争関連の心理的問題に苦しんだ。戦争の後でインフルエンザのような病気が流行し、さらに五万七千人の命を奪った。しかし在郷軍人会はこのような戦争体験の多様さを強調することは避け、退役軍人たちの共通のアイデンティティを育てようとした。会の中で階級や称号を用いなかったのは、アメリカの愛国心の「縮図」となろうとしたからである。友愛こそがこの組織の要であった。会員は「互いに固く結びつけられており、家族以外にはこれほど固い情愛で結びつけられたことはなかった」。初期の会員は自分たちの「同胞」を探し出す義務を負っていた。作家でもあった会員が記したところでは「戦場や甲板の苦役の中で培われた相互扶助の規律は、これ以上ない天の恵みであり、豊かな財産である。この規律が堕落し、失われ、錆びついて、会員が助け合わなくなることなどあり得ない」[7]。

在郷軍人会の政治力の主な基盤は会員とその家族であったが、それ以前の戦争の退役軍人たちからの支援も仰いでいた。特に南北戦争（一八六一―六五）の後に作られた軍人会である「グランド・アーミー・リパブリック（GAR）」、「ユニオン・アーミー退役軍人会」などの協力を取り付けた。米国はすでに南北戦争において、ヨーロッパ諸国が一九一四年になるまで気づかなかった戦争のあり方を体験していた。つまり国家の産業と人力のすべてが動員され、兵器のために新しい技術の発明が惜しげもなくつぎ込まれたのである。しかし米国の精神科医は、南北戦争のもたらした精神疾患にほとんど気がついていなかった。第一次世界大戦が始まり、また終わった後でも、同様であった。これに対して在郷軍人会の方は、退役軍人のための運動のなかにシェルショックの兵士を含めていた。これは同会がＧＡＲのあらゆる教訓を踏まえ、ＧＡＲの組織の名声と功績の上に立って活動を発展させたためである。[8]

ＧＡＲは退役軍人のために寛大な年金の権利などの、多くの利益を勝ち取っていた。その成果はあまりにも目覚ましかったので、ある歴史家はその利益を退役軍人の「福祉国家」の創設になぞらえたほどである。ＧＡＲの活動は会員の経済問題を越えてさらに広がり、戦争の偉業と英雄の栄光を喧伝するための十字軍となった。しかしペンカックが調べたところによれば「公式活動の記録からは、これほどの影響力を持つようになった理由はわからない」。愛国的な友愛協会や一九世紀後半の都市部の政党、ＹＭＣＡによる体育活動、そして二〇世紀初頭にはボーイスカウトとの緊密な関係を通じて、ＧＡＲは一般社会の人々に影響を与えた。その中には第一次世界大戦で実際に戦うことになる世代が含まれていた。[9]

米国退役軍人局はＧＡＲが開始した事業の多くを受け継いだ。地域教育、パレード、儀式、大会、そしてロビー活動である。初期の頃には南北戦争の退役軍人から、ＧＡＲのプログラムや政策の何を受け継ぐべきかを聞き取り、あらゆる機会を捉えて自分たちを「傑出した先人たち」に関連づけようとしていた。しかし在郷軍人会はある重要な点でＧＡＲとは決定的に異なっていた。ＧＡＲが南北戦争のときに結成された北部アメリカの地域団体であったのに対し、在郷軍人会は真の意味での国家組織であり、ＧＡＲの会員のみならず南軍の退役軍人の孫たちまで迎え入れていたからである。[10]

米国在郷軍人会は政治家たちとも独自の関係を築いた。第一次世界大戦では多くの政治家が徴兵年齢にあり、従軍した。その中には三人の連邦議会議員と何人かの州議会議員、そして高名な政治家一族の多くの若い子息が含まれていた。後のセオドア・ルーズベルト大統領は在郷軍人会の創立メンバーの一人であり、会の立ち上げのときには海軍長官であった。他の創立メンバーのベネット・チャンプ・クラークは下院議長の息子であり、自身も下院議員であった。フランクリン・ドリエは紡績工場経営者の億万長者であり、オグデン・ミルズは後にフーヴァー大統領の下で財務長官を務めた。一九二四年には、政府の退役軍人局の二一名の委員のうち一四名を在郷軍人会の会員が占めるようになるのである。[11]

在郷軍人会は発足当初から政治的影響力を行使することに力を入れていた。一九二〇年一月には退役軍人の傷病を扱う戦争保健局 War Risk Bureau[訳注2] が十分に機能していないことに立腹し、政府関係者を大会に呼んで批判した。在郷軍人会週報は誇らしげに「在郷軍人会の反乱に議会と戦争保健局が屈する」と報じた。その年の九月に開かれた年次総会では、各州の在郷軍人会支部から数百もの傷痍軍人の治療システムの改善案が提出された。一九二一年一月にウォレン・ハーディングが大統領に選出されると、在郷軍人会は、退役軍人局を設立して中央政府が包括的なケアと治療システムを統括すべきだとのキャンペーンを始めた。会の指導者であるフレデリック・ガルブレイスは「政治家のような遊説を始めた。[…]彼は軍人会の週報とプレス活動を自由に用い、新聞の紙面を監獄や救貧院の床に横たわる傷痍軍人の写真で埋め尽くした[12][…]」。

一九二一年には精神疾患や結核を患っている退役軍人への支援を始めた。これらの病気は除隊した後で発症することが多く、長期の治療を必要とした点で似通っていた。在郷軍人会はトーマス・サーモンのような高名な精神科医の助言を得ることによって退役軍人局に働きかけ、精神医学的な傷痍軍人の専門病院を建設して標準的な治療を保証しようとした。終戦直後には戦争中に「神経精神疾患」のために入院した九千人の軍人を治療するためのロビー活動を行った。そのうちで「精神神経症」と診断されたのは二千人弱であり、それ以外の者は精神病、てんかん、特定不能の多様な「精神疾患」と診断されていた。これらの九千人は本来なら合衆国パブリックヘルスサービス（USPHS）の病院に入るはずであった。しかしこれらの病院が満床であったために、州立あるいは民間の精神科ないし総合病院で劣悪な環境に置かれていたのである。在郷軍人会週報に掲載されたある記事では、退役軍人のための政府支出法案を審議する政府委員会でのサーモンの証言が紹介されており、見出しには大きく「契約病院はなぜ廃止すべきか」と書かれている。サーモンは初期の週報で契約病院にこうした兵士を打ち捨てておくことを「公的義務の露骨な放棄」であると述べ、標準的な治療を連邦政府が保証し、適切なケアが提供されていることを監督する唯一の方法は、退役軍人局による病院の設立であるとした。[13]

サーモンは戦争神経症を持つ退役軍人のケアのための闘争の中心人物であった。開戦時に四一歳であった彼は、精神衛生運動の指導者として精神疾患の治療施設の改善と治療可能性を力説した。彼は大学での学部教育を飛ばして一九歳のときからメディカルスクールに三年間通い、医師となった。ニューヨークの精神科病院に勤務して微生物の専門家となった後で、精神医学に関わるようになった。彼はＵＳＰＨＳに雇われ、エリス島で海外からの移民の精神医学的スクリーニングに従事し、そこで熱心に働くうちに、こうした人々が国の限られた資源を浪費させることを確信した。一九一二年に精神衛生の国家委員会の医学部門長に任命されると、彼は精神科病院でみじめな入院生活を送っていた先住民のために熱心な社会活動を始めた。一九一七年にはヨーロッパの国々で戦争による精神的負傷者が生じていることを知り、米国も参戦することが予想されたので、ニューヨーク神経研究所所長のピアース・ベイリー、プリンストン大学のスチュアート・パットンとともに軍医総監に面会し、その指揮下に神経精神医療を行う計画を説明して採用された。[14]

米国の参戦後は少佐となって英国への視察旅行に出かけ、現地の精神科医と会談して病院を見学した。夏までには軍医総監に報告書と計画を提出したが、ある精神科医はその報告書を「軍隊神経精神医学年報の古典」と讃えている。それほど彼の計画は詳細かつ実際的であった。米国兵士が英国兵士と同じように神経精神的な負傷を受けることを想定し、「スクリーニングと治療優先順位の決定」部門から、前線近くの小規模病院、退避地域での精神科病院、後方移送施設までを含んだ専門的な病院システムを提唱した。サーモン自身も前線に出向いてこの新しい組織の設立を指導した。サーモンは前線で戦争の実情を知り、戦争による兵士の心身の苦痛を目の当たりにしてひどく心を動かされた。精神疾患を抱えた兵士の治療は戦争が終わっても続けるべきであった。「こうした兵士は平時の精神疾患よりも社会の人々の心に訴えかけ」たからである。一九一九年に除隊した後で、こうした兵士が適切な治療を受けていないことを知り、そのために自分が戦うべきだと考えた。「見えない傷のために精神に影響を受けた兵士が、仮にも監獄や養老院に収容されていたり、どのような理由であれ現代の最善の精神医療を受けていないことは、国家の不名誉である」[15]

戦争直後の数年間、サーモンは神経精神疾患を患った軍人の治療の必要性を主張する重要な医学的スポークスマンであった。彼は在郷軍人会の会員として、また神経精神疾患についての助言者として、議会で証言したり在郷軍人会の機関誌に何本もの論文を投稿したり、退役軍人の精神症状と必要な対応を説明した。サーモンは一度も戦闘に直面していない兵士でも神経症になることは承知していたが、公のロビー活動や在郷軍人会の機関誌ではそのことに触れなかった。彼が決まって例に挙げたのは、並外れて勇敢に戦った結果として苦しんでいる兵士であった。一九二一年初めの米国在郷軍人会週報で彼が紹介した二名の兵士はきわめて勇敢に戦い、うち一名は勲章を受けたほどであったが、「自分には価値がないという妄想に苦しんでいた」。彼らは戦闘で非常な勇気を発揮したが、それに対して不安と恥辱を感じていたのである。サーモンは「この偉大な国において、祖国を守った人々に」適切な治療がなされていないことに憤慨した。[16]

精神疾患を持つ退役軍人を治療する必要があるということは、特に新しい話題ではなかった。精神疾患（精神病）は第一次世界大戦のはるか以前から、戦闘の副産物であると思われていた。しかし第一次世界大戦で増加したのは精神病ではなく神経症を患う兵士であり、これは驚くべきことであった。現在では、神経症は苦痛ではあるものの不安への対処と合理的な思考が可能な精神疾患であると考えられており、これに対して精神病では現実との接点がなくなり、不合理な観念と歪んだ知覚が生じるとされる。しかし戦中と終戦直後には両者の区別はあいまいであり流動的であった。一九二一年にサーモンは「精神神経的」という用語が「ずっと使われてきたありふれた用語のように、気軽に安易に使われている」ことに不満を述べている。彼はこの用語を在郷軍人会の週報で明確に解説した。彼によれば「シェルショック」という用語はあまりにあいまいであり、神経の損傷を連想させてしまう。実際の戦争のストレスを主要な原因として生じる多様な「精神疾患」に対しては、精神神経症 psycho-neurosis という用語を用いるべきである。[17]

サーモンと在郷軍人会は、戦争神経症を語るときには「ヒステリー」という用語は用いないようにしていた。エレイン・ショーウォルターなどの歴史家によればヒステリーは主として女性と関係づけられており、一九世紀末には多くの女性ヒステリー患者が精神科病院に入院するようになっていた。当時のジークムント・フロイトが作り上げた精神分析理論の対象も、こうした女性である。ただし近年の研究はヒステリーが女性に見られるというショーウォルターの説を疑問視し、女性のヒステリー患者の入院数のエビデンスもあいまいであるとしている。しかしアンドリュー・スカルなどの歴史家によれば、ヒステリーに対する社会の反応は「性とジェンダーという主題によって大なり小なり影響された[18]」。

第一次世界大戦が始まると、米国では学者も一般人も、兵士の精神症状に対しては女性や民間人男性とは違う用語を用いるようになった。戦争前には精神症状を遺伝や道徳的な弱さと結びつける意見もあったが、いざ戦争が始まると社会のあらゆる階級の兵士に精神症状が出現したので、そうした主張は影を潜めた。本書の別の章でルドブッシュとビアンキが示したところでは、ヒステリーの議論に関する世界の中心はフランスとドイツであり、米国ではこの用語は医学文献から速やかに消え去った。米国の参戦以降、この用語が兵士に用いられた例は見いだせない。サーモンは賞賛を集めた一九一七年の報告書で「戦争神経症」という章を設けているが、七頁に及ぶ説明の中で「ヒステリー」という用語は一度も使っていない。やがて米国の医学文献では精神神経症という用語が標準となった。それでも新聞などでは「戦争神経症」や「シェルショック」が普通に用いられており、一般にはシェルショックが好まれた。これらの用語によって人々は、この状態が間違いなく戦場に根ざしたものであると考えるようになった。[19]

開戦時には、戦争神経症に見られる錯乱や麻痺などの症状は砲弾（シェル shell）の爆発への暴露による生理学的症状であると考える医師や兵士がいた。初期のこうした誤解をもたらしたのは、前線での生活では常に砲弾が爆発する騒音が聞こえており、神経症になった兵士は治療中にその騒音について話すことが多かったという偶発的な事情である。しかし一九一五年頃には、多くの医師はこの症状は生理学的なものではなく心理学的なものであると考えるようになった。ただし一般社会では「シェルショック」というわかりやすい用語が人々の関心をとらえており、使われ続けた。[20]

ほとんどの医師と社会の人々にとって戦争神経症は新しい現象であった。一九一五年以降、西部戦線でも国内でも病院には精神神経症の兵士があふれたが、この疾患の歴史的背景を考える者はほとんどいなかった。一九一七年のサーモンの報告書は、シェルショックが新しい現象ではないことを指摘した初期の論考のひとつである。彼は第二次南アフリカ戦争（一八九九―一九〇二）と米西戦争（一八九八―九九）で見られた多数の精神疾患のなかに重症の神経症がいたと推測した。ピアース・ベイリーは一九一八年の論文のなかで、「ノスタルジア」として知られていた南北戦争の精神疾患（ホームシックによると思われていた慢性疲労と不安）が戦争神経症だったかもしれないと述べた。彼は六〇万人もの兵士が連邦軍から逃避しようとしたのはこのためではなかったかと推測している。当時の英国でもっとも高名な精神科医であったW・H・R・リヴァースはベイリーとともに一九〇四年から一九〇五年の日露戦争においてロシア軍に多数の戦争神経症が発症したことに注目し、連合国はこの経験に基づいて準備をすべきだと考えた。[21]

ほとんどの精神科医は戦時の精神神経症が平時の民間人の神経症と同じであることに気づいていた。錯乱、せん妄、健忘、幻覚、悪夢、発汗、機能性心機能異常（兵隊心臓症 soldier's heart）、嘔吐、下痢、麻痺、混迷、緘黙、聴覚障害、発話障害といった症状が単独で、あるいは複合して生じた。医学雑誌にはすぐさま詳細な症例報告があふれた。ある男性兵士の症例は「まったく話せなくなり、ごく小さな声を出すことも、口笛を吹くことも吐息を出すこともできなかった」。別の症例は「吃りがきつくなり、何を言っているのかわからなかった」。あるいは

「砲弾が爆発して肩掛けの雑嚢が引き裂かれ、それ以来、視力検査では何の障害もないのに、何も見えなくなった」。別の兵士は一八時間生き埋めになった後で不眠となり、視力が障害され、戦争体験をほとんど思い出せなくなった。多くの兵士は腕、脚、背部に麻痺やけいれんが生じた。ある兵士は砲弾の爆発で空中に吹き飛ばされ、身体的負傷はなかったが自分の体が「前方右方向に曲がってしまい」、その姿勢のままであった。[22]

戦争の中盤までには、ほとんどの医師はこうした症状の原因は外的、生理学的なものではないと考えるようになった。一九一八年になってもまだ「兵隊心臓症」の原因は靴が合わないことだと考えるシルヴェスター・フェアウェザーのような者がいたが、大多数の医師は、その原因は堪え難い状況に陥って脱出する希望がないことであり、平時の精神神経症と何ら変わりがないと考えていた。南北戦争の兵士を観察したサーモンやリヴァースらは、兵士は恐怖に曝されても義務感や愛国心、名誉のために逃避できなかったのだという結論に達した。リヴァースが、自己保存の本能はフロイトのいう性欲動よりも基本的で強力であると述べたことは注目される。逃走本能と義務の要請とのあいだに立たされた兵士は、無意識的に葛藤を解決しようとする。神経症は逃避の手段を提供したのだと考えられた。[23]

一九一六年以降の指導的立場の精神科医が考えた戦争神経症の理想的治療とは、自分が本当に病気だという考えを強化させないために身体的負傷者から隔離し、「心理的分析と説得による治療」や「ファラデーの電気療法」[訳注3]もしくは水療法を行うか、かご編みのような軽作業をさせることであった。英国の精神科医であったC・S・マイアーズは患者に少量の麻酔薬を与えて夢幻様状態を作り出し、記憶を刺激するような暗示的な語句を聞かせた。反応が不良であった若い兵士を治療したときは耳もとで「ドイツの砲弾」と叫んだ。すると兵士は「五人がかりでも押さえつけられないような」激しい反応を示した。このことをマイアーズは英国の医学誌であるランセットに投稿したが、この兵士が治ったのかどうかには触れていない。[24]

一九一七年には多くの医師はシェルショックは治療可能であり、軍務に復帰できる者もいると考えるようになった。直接にであれ催眠によってであれ、精神療法すなわち患者の問題と感情を語り尽くすことは回復を促進したが、十分な技能を持った治療者が不足していたのでこの方法の実施は困難であった。まもなく精神科医たちは、犠牲者を病人として扱うことは自分が病気であるとの考えを植え付けて、回復を遅らせることに気がついた。何人かの精神科医は「治療抵抗性で再発を繰り返す」兵士への「懲罰」を始めた。多くの「治療抵抗性」の患者に「ガルバニー電流[訳注4]による電気ショック」が実施された。この治療にはほとんど時間がかからず、専門の人員も必要としないという利点があった。ピアース・ベイリーの説明では「この装置は単純で、電源につなぐだけでよく、電極としては空中に張られた電線と長い接続ケーブルがあるだけだった。ケーブルが部屋中に張り巡らされていたので兵士は逃げることができなかった」。電流は「聞こえなかった兵士が聞こえるようになるまで、話せなかった兵士が話せるようになるまで、体の筋肉が動かないと信じていた者が自由に動けるようになるまで」流され続けた。ベイリーは誇らしげに「一回の治療で十分である」と述べた。[25]

精神神経症の兵士は身体を負傷した兵士から隔離されて治療を受けたが、診断のためには詐病の兵士からも隔離する必要があった。シェルショックが本当の障害なのか詐病なのか、それとも臆病なのかをめぐっては開戦当初より混乱があった。軍と医学会の権威者たちは常に詐病者を見つけだそうとしていた。伝統的な軍の理念と人員の必要性による圧力を受けて、前線の医者は一人一人の神経症患者について詐病を疑ってかかった。マイアーズは、詐病を疑った場合にはピンで刺すことによる「穏やかな拷問」を用いながら説得することで診断を確定した。英国では一九二二年にシェルショックに関する政府委員会が発足したが、臆病さの問題をめぐって常に議論が紛糾した。結局は玉虫色の結論となり、臆病さに対する軍の取り扱い方は正当だと認められたものの、「臆病に見える」ことは個人のコントロールの範囲外であるとされた。委員会の報告書によれば戦争の初期にはまだ神経症のことが理解されていなかったので、軍法会議にかけられた神経症の兵士が臆病さのために不当に処刑された可能性がある。ランセット誌は一九二二年の巻頭言でこの委員会の煮え切らない態度を激しく非難した。同誌は臆病さもシェルショックも「恐怖こそが主要な原因である」と断言し、サーモンが数年前に提出した定義を提示した。臆病と詐病は恐怖に意図的に屈した結果であるが、戦争神経症では「自分が意識もしていなければコントロールもできないメカニズムのために」恐怖に屈してしまうのだと述べられた。[26]

英国と同様に、合衆国でも軍の幹部はシェルショックと臆病さとの区別はあいまいだと感じていた。しかし在郷軍人会はそうではなく、この問題を明確にするために素早い行動を起こした。同会が描き出した戦争神経症の退役軍人はごく普通の人間であり、国を守る義務を果たした結果として苦しんでいる人々であった。在郷軍人会は社会に対して、シェルショックの兵士は戦争のとてつもない恐怖に呑み込まれた神聖で尊敬すべき人物だという見解を植え付けた。

戦争経験の前後の在郷軍人会の文化的状況をみると、こうした対応の理由がある程度は理解できる。現実の戦闘を知っているのか単に想像しているのかに関わらず、一般社会の思い描く戦争は英雄的で栄光に満ちたものであった。在郷軍人会報、新聞、書籍、そして当時人気を集めるようになった映画において、恐怖は戦争という冒険の一部として描かれていた。英雄的というのは恐怖の中でも行動し、恐怖に対して勝利を収めることであり、臆病とは恐怖に圧倒されることであった。シェルショックは常に恐怖に満ちた状況での軍務と結びつけられて紹介された。精神科医はシェルショックと臆病さとが近いことに気がついていたであろう。軍当局者はこの二つの区別に悩んでいたかもしれない。しかし大衆文化の中ではこうした混乱はまったく生じなかった。シェルショックは戦争の恐怖と結びつけられて思いやりをこめて取り上げられ、臆病さは非難された。

在郷軍人会は戦争に伴う恐怖を否定したことはなかった。恐怖について証言をする兵士には事欠かなかった。一九二〇年の在郷軍人会週報に掲載された論文には（おそらく架空の）兵士たちの言葉が引用されている。「恐怖を感じないで戦った者などいるだろうか。戦争では恐怖が過ぎ去ったかと思うとまた別の恐怖がやってくるのだ」。ある兵士は「恐怖と臆病は違う」と力説した。彼らは皆、自分たちには「弱点」があることを認めていた。

確かに前線で怖じ気づいたことはある。その体験を軽妙に語りながら、彼らはぞっとする瞬間のことを、そしてどのようにそれを乗り越えて後日の笑い話にしたのかを語った。[27]

このような逸話は米国文化の至るところに見られた「戦争を肯定して戦意を高揚させる潮流」の一環であった。一九一四年の第一次世界大戦の開戦以来、近代戦争のおぞましい側面が語られていたにも関わらず、米西戦争の英雄であったルーズベルトのような人物によって戦争についての肯定的でロマン的な見方が広められていた。作家であり戦時特派員であったリチャード・ハーディング・デイヴィス、アラン・シーゲルやロバート・サービスのような詩人も然りである。ポール・ファッセルの書物である『大戦と近代の記憶 *The Great War and Modern Memory*』にはラドヤード・キップリングやウォルター・スコット卿のような作家によるロマン主義的で勇ましい物語が、文学の領域でのこのような見方のモデルないし暗示となり、英国の兵士がそれに従って前線を理解していたことが記されている。ただしファッセルによれば一九一六年頃には戦闘が莫大な経費のかかる果てしのない消耗戦となったために、英国での論調は変化していた。文体もまた、右に紹介したような文学的伝統を踏まえたものから皮肉を込めたものに変化した。デイヴィッド・ケネディはこの移行を「アメリカらしからぬ」という。英国とは異なって米国が体験した戦争は短く、人々は戦争に対して屈託がなかった。当時の米国人の記述をみると、「わくわくする驚きとロマンス」という主題を手放したり、それに代わって「みじめなあきらめ」を取り上げたりすることは決してなかった。米国人は英国のロマン主義文学に魅了されていたとは言えないが、「星条旗」誌の最初のページには英国作家のキップリングの詩が掲げられていた。ケネディは、作家のウォルター・スコット卿が米国兵士に「強烈で持続的な」影響を与えたという。前線でトラックを運転していたある兵士は自分が「古代の冒険者になったような気がした。腰に剣を吊るし、聖書に誓いの言葉をつぶやきながら、月光に照らされた道を疾走しているかのようだった」。別の若い兵士は自分の経験を「アイヴァンホー[訳注5]をしのぐ」と記した。[28]

米国には独自のロマン主義文学の伝統があった。デイヴィスのような小説家や、人気を博したアンクルサムの連作の著者であるハリー・アービング・ハンコック、またオリバー・オプティック、ハリー・キャッスルモンのような冒険小説家の作品には、当時の大方の人々が思い描いていたような戦争の栄光が描かれており、若い読者はそれに夢中になった。フランクリン・アダムスはキャッスルモンの書いた「砲艦」シリーズの若い海軍士官であったフランク・ネルソンの冒険に心が躍ったと記している。フランクが連合軍のために家を離れるときに、彼の母親はこう告げた。「お別れね、坊や。もう会えないと思うわ。でも怖じ気づいて戦えなかったなんて言われないようにしてね」。アダムスは「自分も早く大人になって戦争に行きたい、そして母親から同じ台詞を言われたい」と思った。[29]

詩人のロバート・サービスは自分の目で西部戦線を目撃した最中でさえ、戦闘を偉大な冒険であると記した。彼がサービスというペンネームを用いたのは一八九八年のユーコンのゴールドラッシュについて叙事詩的な冒険詩を書くためであったが、第一次世界大戦のときには救急部隊に所属していた。彼は辛い現実をあえて読者から隠したわけではなかったが、兵士が苦痛を感じていることには触れなかった。たとえば彼の詩に登場する英雄に炎が降りかかった場面はこうである。「腕にも、脚にも、肝臓にも、肺にも、胆のうにも火がついた。残念ながら体にはこれ以上燃えるところがなかった」。彼は感極まって言った。「人生の絶頂だ。戦争は素晴らしい」。サービスはキップリングから「最初のインスピレーション」を得たと公言し、一九一六年に出版された『赤十字の男の詩』は九カ月間にわたってブックマン社のベストセラーとなった。[30]

リチャード・ハーディング・デイヴィスは戦時特派員であると同時に小説家でもあったが、すべての作品において軍隊生活を賞賛した。彼は南北戦争から第一次世界大戦までの戦時特派員にとっての「黄金時代」を通じて、ハースト&パズラー新聞社に寄稿した。ジョルジオ・マリアーニの観察では、デイヴィスの『幸運な兵士』（一八九七）の一部は彼の書いたキューバ戦争の報告書と似通っている。この報告書のなかで、死亡した兵士を見たデイヴィスは「彼は生きているときも偉大であり、死してもなお偉大であり続ける。［…］彼は亡くなったが敗北はしなかった」と述べた。[31]

第一次世界大戦の報告は、米国の大衆に栄光と勇気の物語を与え続けた。高齢になっていたデイヴィスは、なおそうした報告を書いていた。第一次大戦はかつてないほど破壊的な戦争であったが、それについて書いているときでも戦争特派員たちは高揚するような逸話を見つけ出していた。一九一六年七月のソンムの戦いの報告をする際に、サンフランシスコ・エグザミナー紙は一面の見出しに「同盟国、陽気に進軍パレード」と書いた。特派員は英国の大隊が「キッチナー将軍の募集[訳注6]に志願した後、本拠地の練兵場で習った歌を歌いながら」進軍していたと記している。シカゴ・デイリィ・トリビューン紙は読者に同盟軍の兵団が「花に飾られて戦った」と述べた。ある特派員は「かくも多数の人間と機械」「陰鬱だが重要な光景」に畏敬の念を抱いた。紙面では負傷した英国兵士の言葉が引用された。彼はロンドンに帰還するなり、こう言った。「戦っているあいだは、わくわくした」[32]

こうした報告では恐怖は乗り越えられるものとして語られた。ある報告書はソンムの攻撃に加わった兵士の言葉を伝えている。戦闘に加わった兵士たちは恐ろしい任務が待っていることはわかっていたが、ある若い英国人兵士によれば「それは契約の一部」であり、「予測したことであった」。ニューヨークタイムズによれば、あるフランスの陸軍中尉は戦闘前の緊張に満ちた瞬間を「未知の崇高な力に捉えられた」と語った。彼は攻撃の最中には「崇高な陶酔感にひたっていた」[33]。

戦争小説でも恐怖はよく取り上げられたが、戦闘を通じた成長によって乗り越えられるのが普通であった。アンブローズ・ビアスの短編集『兵士と市民の物語』[訳注7]（一八九一）もそのひとつであり、後にはスティーブン・クレインの『赤い武功章』（一八九五）もそうである。クレインの主人公は「功を立てるためには血を流して危険に飛び込まなくてはならない」とわかっていたが、自分にはできそうもなかった。人々が戦いについて勇ましく語るのを聞いても「嘘をついているのではないかと思っていた」。彼が「赤い武功章（負傷のこと）」を得たのは、とても英雄とは言えないような滑稽な行為の中であった。しかし最後には勇ましく戦って名誉を回復したのである。[34]

当時の映画でも恐怖は常に行動によって乗り越えられていた。「向こう側」（一九一七）「頂上の向こう」（一九一八）では恐怖に対する勇気の勝利が描かれている。「向こう側」ではヒーローは徴兵を恐れていた。彼は婚約者から婚約破棄を言い渡された後になって、ようやく戦地に赴く決心をし、赤十字に加わってフランスに渡った。主人公の恐怖は「向こう側」にたどり着くと消えてしまった。彼は雄々しく戦い、多くの仲間の命を救った。「頂上の向こう」の主人公はパニックになって任務を放棄したために死刑を言い渡される。しかしそのすぐ後で彼の部隊が敵に襲われると、彼の働きによって部隊は救われ、彼は英雄として亡くなった。[35]

文化のなかで臆病さが描かれるときは、恐怖は平和主義やドイツびいきと関係づけられた。「いくじなし」と題された一九一七年の映画では主人公は自分は平和主義者だと宣言した。彼の家族は嘆き悲しみ、婚約者は婚約を破棄した。彼はドイツのスパイにそそのかされていた。しかしドイツの潜水艦の攻撃によって父親と妹が負傷すると、彼は戦争の支持者になり、無理やりに国旗にキスをさせることでスパイの正体を暴いた。彼の勇敢さは証明され、婚約者は戻ってきた。[36]

シェルショックが映画に登場したのは戦争も終盤に近づいてからのことであり、多くの場合は戦争と関係のない物語の劇的効果を高めるための仕掛けとして扱われた。一九一八年になると、シェルショックで記憶を失い、恋人と離れ離れになり、似つかわしくない行動をし、自分が誰かもわからなくなった兵士が英雄として好意的に描かれた。こうした兵士は「戦慄の時」「愛のために撃つ」といった殺人ミステリーや西部劇にも登場した。「戦慄の時」では、シェルショックになった退役軍人が激しい雷をきっかけとして友人に理不尽な怒りを向けた。「愛のために撃つ」では主人公はシェルショックのために銃声に過敏になって父親の農場に戻ってきた。父親は息子は臆病なのだと思いこみ、この病気を受け入れることができなかった。親子のあいだで口論が始まり、ついには銃の撃ち合いになったが、そのおかげで父親は息子の苦しみを理解し、息子は自分の問題を乗り越えることができた。[37]

物語作家たちはシェルショックという主題を深めるのではなく、他の主題を描き出す手段としてこれを用いた。その例は英国の女流作家のレベッカ・ウェストである。一九一八年の『兵士の帰還』という作品は英国と米国でベストセラーになった。そこではシェルショックで記憶を失った兵士のことが思いやり深く描かれているが、この病気自体は友情と結婚を描き出すための道具でしかなかった。一九二〇年代になってようやく、シェルショックを受けた士官の感情的な苦痛が文学の中心主題になった。こうした人物像はさまざまな作品のなかで詳しく描かれるようになった。ドロシー・L・セイヤーズは米国で人気を博した英国のミステリー小説家であったが、一九二八年の『ベローナ・クラブの不愉快な事件』で殺人の犯人と目されたのはシェルショックを受けた士官である。彼は愛想のよい性格の人間ではあったが、精神状態は不安定であり、それが小説の道具立ての一部となっていた。彼が紳士たちの社交クラブの平和をかき乱す言動をしたとき、年配の会員は眉をひそめたが、若い会員すなわち戦争を経験した軍人たちはそうではなかった。「彼らはこの精神状態をよくわかっていた」。この作家の作り出した探偵であるピーター・ウィムジイ卿自身もシェルショックを持つ退役軍人であり、彼は容疑者とされた若い軍人の精神状態を考えた上で、犯人ではないと思うようになった。セイヤーズは物語の中に、容疑者の精神状態が妻を追い詰めていたことも含めている。彼女は夫を心から愛していたが、それを癒やすことができなかった。[38]

作家も映画制作者も、戦中戦後を通じてシェルショックのもたらす劇的な効果を理解して利用しようとしていた。読者はたえず多くの新聞雑誌でシェルショックの報告とさまざまな医学的解釈を読むことになった。米国では一九一六年以降、新聞に戦争神経症の情報が載るようになった。米国が参戦した直後、ニューヨークタイムズは日曜版[訳注8]に「前線で生じた驚くべきヒステリー」と題する長文の記事を掲載した。作者は高名な神経科医のW・R・ヒューストンであり、彼はこの症状は生理学的なものとヒステリーの両方の原因の複合から生じると信じていた。彼はフランスを旅行して砲弾の爆発に直面した恐怖によって「青春の若々しさを失ってよぼよぼになり、動くこともできない敗残兵」を見たときのつらさを記している。「戦争での多くの犠牲者を描いた絵画よりも、彼らの姿を見る方が戦争の恐怖が実感できた」。ピアース・ベイリーはハーパーズ・マンスリー・マガジン誌の一九一七年号に寄稿し、この病状は「これ以上は耐えられないことを兵士が表現するための方法」だとした。一九一八年にはシェルショックはタイムズ紙の巻頭論文の主題となり、ベイリーとサーモンの論文が引用された。一九一九年の巻頭論文では、精神神経症を持った退役軍人のことが「普通の勇気を持っていたが戦闘の予期しないストレスに神経が耐えられなかった」と説明された。[39]

米国在郷軍人会週報には、精神神経症の苦痛を説明する巻頭言や記事が定期的に掲載された。事例報告ではストレスと砲弾の破裂との関係が強調された。「Y大尉は［…］急なドリルの音によってパニックになった」。週報の記事が作り出した架空の人物であるハロルド・ウォーカーは勇敢な兵士であったが、「砲弾が近くで破裂し」てからは別人になってしまった。戦争が終わってからは仕事を続けることができず、「めそめそと泣く」ようになり、もし経験のある医師が彼に治療を申し出なかったら、危うく納屋で首を吊るところであった。[40]

こうした論文によって、在郷軍人会員はシェルショックに苦しむ退役軍人のための地域活動に立ち上がり、「砲弾が仲間の神経を破壊したこと」を絶えず意識するようになった。ある著者はこう述べている。「たとえばあなたが在郷軍人会支部の集会で座っているあいだにも、一九一八年の戦いの兵士が声を上げることもできず、みすぼらしい身なりで、単なるヒステリーから不治の精神障害へと転落しているのです」。この論文はシェルショックになった士官が月刊アトランティックに寄稿した文章を紹介している。その著者は政府に対して、自分よりも不運な者たちへの支援を請願するためにこの文章を書いたのであった。彼は中佐であり、危険な前線には一度しか行ったことがなかったが、すぐそばにいた兵士が砲弾で粉々に吹き飛ばされるのを見た。彼の話は、戦争の恐怖によって「神経が疲弊し、打ち砕かれる」という考えをさらに強化した。週報はこの中佐のことを取り上げ、そこには「シェルショックの苦痛が見事に表れて」いるとし、政府がシェルショックの退役軍人に無関心でいることを痛烈に批判し、そうした無関心はドイツや社会主義を支持する者たちの影響ではないかと政府を攻撃した。[41]

戦争への感情的反応が遅れて現れることも強調された。ある会員が言うことには「戦争の緊張は至るところにある。アメリカ遠征軍（AEF）の兵士たちはフランスから意気揚々と引き上げてきたが、戦争の傷は一日で消え去ったりはしない」。「勇敢な」チャールズ・ホイットルセー大佐が自殺すると、それを機に地域の在郷軍人会雑誌では会員にこの問題を周知し、各地でロビー活動をするように求めた。北カリフォルニアの米国在郷軍人会報は、戦争の英雄の死は「戦争の毒は戦闘が終わっても長く影響を残していることを衝撃とともに思い出させた」と述べた。在郷軍人会の司法委員長であったジョン・トーマス・テイラーは、ホイットルセーの死は「祖国を守って傷ついた人々を手遅れになる前に救うことを国家に命じている」と発言した。[42]

在郷軍人会員は精神神経症を持った退役軍人のことを、自分たちと同じように、また身体を負傷した兵士と同じように任務を果たした「普通の勇敢な」男たちだとみなしていた。ある在郷軍人会報の表紙に載った詩が、その関連を明らかに示している。「生者に尽くした死者を讃える」という詩の題名は在郷軍人会女性支部の標語でもあったが、匿名の詩人はこのように続けている。

英雄の眠るヒナゲシ[訳注9]の地に
無念の旗を掲げたりはしない
彼らへの義務はこの国に
生きている者をまさに助けること
不運に見舞われ
耳も聞こえず　目も見えず
シェルショックで心の乱れた者たち

われらの自由のかくも高い代償[43]

映画、書籍、雑誌、新聞は、なぜ在郷軍人会が精神神経症の退役軍人を支えたのかについて、あいまいな説明しか与えていない。実際の軍役に就いた兵士は少数であったが、彼らが他の兵士と交流して従軍体験の栄光を強調し、在郷軍人会が軍人の友情を重視したことによって、従軍していない兵士たちも彼らに強く共感するようになった。在郷軍人会の新聞は、たとえ米国を離れたことのない兵士であっても全員が等しく戦争の一部に参加しており、恐怖や不安を味わっていたのだと述べた。ほとんどの兵士は下痢、悪心、麻痺、失語健忘などの神経症状を一度は体験していた。こうした症状は不安反応のスペクトラムを形成していた。どのような兵士も、このスペクトラムのいずれかに位置づけられた。この問題について在郷軍人会が医学や軍の権威者とは異なる独自の対応をしたのは、会員が戦争体験を共有していたことと、会員たちも退役軍人の戦争神経症と似た症状を持っていたためであろう。[44]

在郷軍人会は会員に対して、シェルショックを受けた退役軍人とその家族には、友愛と相互扶助の精神で思いやりをもって接するように呼びかけた。他方で軍人会はこうした軍人のために熱心なロビー活動を行った。この努力の結果はすぐに表れた。一九二一年の秋に連邦議会は退役軍人局設立の法案を可決し、精神神経科病院の建設資金として八〇〇万ドルの支出を決めた。しかし精神神経症の治療という問題が解決したわけではない。従軍中の負傷者以外にも治療を必要とする者がいたからである。ロバート・グレイヴズが記したように「従軍中に何とか精神が持ちこたえた者も、一九二一年か二二年あたりにはひどく参ってしまった」。「神経が不安定になった」退役軍人たちは社会の中でまともに生活することができなかった。一九二一年の立法がこうした退役軍人の増大するニーズに応えられないことは、最初から明らかであった。在郷軍人会では、シカゴの実業家で退役准将であったA・A・スプラークが委員長を務めていた全米リハビリ委員会が、サーモンが委員長となっていた精神神経科指導医委員会と共同で作業をして新しい病院の計画を立てた。彼らが計画したのは、外来クリニックを併設した退役軍人のための精神科専門病院であった。いくつもの小規模のクリニックを軍人たちの家の近くに設置すれば、入院を未然に防ぐことができるのではないだろうか。在郷軍人会はここでも力強く世論に訴えた。精神科病院の勤務医たちも外来を訪れる退役軍人患者の増加に気づいており、この計画を強力に支援した。[45]

戦中戦後に精神神経疾患のために除隊された軍人は七万二千人にのぼった。このうち、一九二二年までに精神神経疾患による補償を求めたのは四万人である。精神疾患で入院した退役軍人は九千人であり、精神神経症と診断された者はその二割程度だったが、外来で補償を求めていた患者のなかでは精神神経症が大多数を占めた。ガイ・アイルランドのような医師たちは、精神神経症の人数は今後数年間にわたって増加すると予測した。[46]

議会は一九二二年五月に二つ目の予算案を通し、新しい病院と外来通院システムへの一七〇〇万ドルの支出を決めた。この立法化は在郷軍人会の活動によってもたらされた。同会の週報によれば、予算案が通過したのは「在郷軍人会が作り出した世論の結果であり、在郷軍人会が議会に事実をつきつけたことによる」。同会は予算案が「大戦で精神や神経が破綻した退役軍人への精神的救いを」もたらしたと述べ、「政府にこの義務を果たさせるための三年にわたる戦い」の勝利を宣言した。[47]

在郷軍人会の勝利宣言は早すぎた。ハーディング大統領の政府の中には、連邦上院評議会の議長と大統領の個人的主治医を兼ねていたチャールズ・ソーヤーに率いられた保守勢力が存在しており、彼らは退役軍人の神経症のために他とは違った専門病院の必要を認めず、病院建設予算の執行を遅らせた。ソーヤーは「入院患者数は峠を越しており」新たな病院建設の必要はないと考えた。在郷軍人会は再び強力に世論に働きかけた。一九二四年の夏、議会はついにリード・ジョンソン法案を通過させた。この法案では一九二五年までに診断された精神神経疾患は戦争に関連したものと認められ、治療と補償が受けられることになった。在郷軍人会は当然のごとく「傷痍軍人の勝利」という見出しを掲げた。[48]

在郷軍人会は政府を説得して「目に見えない傷」への治療を提供させることに軸足を移した。傷痍軍人の治療への熱意は、共感、思いやり、敬意だけではなく、愛国心、アメリカ主義、政治的力学とも結びついていた。こうした在郷軍人会の共感と政治的関心は戦争神経症による退役軍人の苦痛へと拡大された。というのも精神疾患は往々にして道徳的弱さと結びつけられ、社会の最下層の人々の中に精神疾患が見いだされたからである。在郷軍人会は「戦争経験によっていくぶん神経質になったり取り乱したりした」仲間たちを精神科病院から退院させ、「あらゆる精神病の」入院患者から引き離そうと決意した。[49]

当時の精神医学と精神疾患の先進的な権威者はジークムント・フロイトの学説の衝撃に注目していたが、この学説は在郷軍人会にはほとんど影響を与えなかった。フロイトの学説はまだあまり発達していなかった個人開業医による精神医療と結びついており、他方で精神疾患についての上記の議論は精神科病院の現実を踏まえていたので、この両者には大きな断絶があった。在郷軍人会の関心があったのは現実的な治療であった。この組織の目標は、十分に回復して活躍する見込みのある神経症の退役軍人が「生ける屍」として精神科病院に送り込まれないようにすることであった。[50]

当時の知識人や精神科医に広まっていた心理学理論は、在郷軍人会の新聞には決して登場しなかった。知識人は心理学理論の発展を追いかけることに熱心であり、一九〇八年にフロイトの著作が米国で出版されてからはなおさらであった。フロイド・デルが述べたように「グリニッチヴィレッジにいれば、そうした知識は山のように入ってくる」。フロイトの学説は精神疾患の理解と人間精神の研究が大きく変化した後に登場し、人々を魅了した。一九世紀後半には、催眠の力を借りてでも苦悩について語ることが有効であるという見方が、「新たな心理学」から生まれてきた。それとともに催眠、信仰による治療 faith healing、ウィリアム・ジェイムズによる「隠された自己」を明らかにする心霊術への関心が高まった。フロイトなどの心理学への関心が精神医学の垣根を越えて高まっていたことは、一九一五年にピアース・ベイリーが医学雑誌ではなくニューリパブリック誌に新しい心理学の総説を寄稿したことからも明らかである。この雑誌はジョン・バーナムによれば「先進的な知識人のための政治的機関誌」であった。ニューヨークタイムズいわく「ヒステリーという社交界にデビューした人々」、つまり治療を求める知識人や富裕な女性は、精神科医が患者の人生と感情を探索する長い面接を楽しんだ。一九一九年のニューヨークタイムズは、精神科医の待合室は混み合っており、「暇をもてあました新たな富裕層のサナトリウムとなっている」と記した。[51]

公立精神科病院の入院患者は、これ以上失うものがないほどの経験をしていた。ジェラルド・グロブは一九世紀初頭に精神科病院が建設されたときには、「ある程度の成功を収め、社会に受け入れられていた」と記している。第一世代の院長たちは少数の入院患者の治療をし、精神病は治癒できると楽観していた。ところが一八八〇年以降、治療を必要とする患者の数が急増し、精神科病院の対応能力を遥かに超えるようになると、治療の質は低下した。一九〇〇年以降は高齢患者や触法患者の割合が急激に増加し、病院は治療よりは収容に重きを置かざるを得なくなった。[52]

当時の社会ダーウィニズム、すなわちダーウィンの生物学的進化論に立って、人種的、社会的に適応できない者を除外することが社会の利益であるとする考えは、患者に対しても向けられていた。早発痴呆、精神病、意志薄弱、精神遅滞などの精神疾患は、本人または両親の道徳的弱さの徴候であった。禁酒、勤勉、自己規律が精神を守るのと同じく、色欲と放縦は精神健康を損なうと思われた。犯罪を犯す精神障害者に対しては、道徳的な脆さがあるというスティグマが向けられた。つまり精神疾患があるために正義と悪の区別がつかないのだと考えられたのである。[訳注10] このカテゴリーには薬物とアルコール依存も含まれていた。多くの州ではアルコール依存症に伴う振戦せん妄と幻覚は精神異常であると考えられた。「堕落した性格、有意義な習慣の放棄、異常で残虐な犯罪」は精神異常の直接の証明ではないとしても、それに関連していると見なされた。精神異常と司法が問題となったある症例報告では、若い男性（兵士）が性倒錯（小児性愛）で有罪とされたが、刑務所で「精神疾患」に罹患していることが発見された。著者はこの兵士は残りの生涯を病院で終えるべきだと述べた。「隠された自己」のような洗練された謎解きとは違って、精神科病院の長期入院患者が持っている精神疾患には道徳的な問題があると思われていた。多くの患者にこのようなスティグマが向けられた結果として「精神科病院への一般社会の印象は急激に悪化した」[53]。

在郷軍人会の下士官や兵卒がフロイトや社会ダーウィニズムのことを知っていたとは思えないが、自分の地元で精神科病院がどのように受け止められているのかはわかっていた。二〇世紀の初頭には急進的な社会改良論者が病院改革のために慈善事業を州や地域で行おうとした。しかし出版されたのはおぞましい物語の方だった。クリフォード・ビアーズが一九〇八年に出版した自伝『わが魂に出会うまで』は、公立、私立の精神科病院での長年の入院経験を記している。売り上げを伸ばしたこの書物は「精神科病院の制度的欠陥を雄弁に物語って」いた。サーモンが一九一七年に書いた「貧しい州立農場の精神異常者」についての文章にも、同じく当時のすさんだ様子が記されている。

暗闇に目が慣れると、このグレイソン郡の農場に隠されていたものに気がつく。[…] 部屋の中央から奥にかけて一四の鉄の檻が並んでいる。[…] それぞれの檻には鉄製の粗末なベッドがひとつかふたつ、天井からつり下げられているか、今にも壊れそうなベッドが床に置かれている。鉄の檻の中には […] 精神病の患者たちが入っている。快適で、豊かで、発展しているアメリカという国の恩恵は何ひとつ受けていない。[…] 朝になると男女の患者たちに光がさし、食事が運ばれる […] 家畜小屋の牛のような食事が。気遣いのあるケアなどは望むべくもない。そしてほとんどの者には、鉄のフェンスに囲まれたこの敷地の外に出るつかの間の自由さえないのだ。[54]

在郷軍人会は神経症になった退役軍人が劣悪な農場や州立精神科病院へと追いやられるべきではないと考えていた。サーモンの調査は精神衛生に関する連邦委員会による調査の一環であったが、彼の見るところ、精神科患者の不適切な治療は決して氷山の一角ではなかった。上記の状況が見られたのはテキサス州のグレイソン郡だけではない。都市部においても事情はほとんど変わらなかった。サーモンの調査によれば、ニューヨーク州では二八〇〇の入院病床に対して三万四〇〇〇人の患者が入院していた。彼はロックフェラー財団の助成を受けて調査を行い、改革を期待して精神科医のために報告書を書いた。彼の報告書は近代社会に生きる読者の目に、郡の貧しい農場や大多数の公立病院での患者と、私立のサナトリウムで治療を受けているグリニッチヴィレッジの裕福なご婦人方との経験の落差を明らかにした。一九〇〇年頃のイリノイ州カンカキー郡の病院では二二〇〇人の入院患者に対して六名の医師しかいなかった。三六六対一である。一九一八年の州立病院での医師の対患者比の平均は一対二四三であった。一九二〇年には平均値は少し改善し、一対二一九になっていたが、多くの施設ではまだ一対三〇〇であった。[55]

在郷軍人会の雑誌は精神科病院と患者の実態を報じた。米国在郷軍人会月報は精神疾患を持つ退役軍人の入院状況についての記事のなかで、病床の不足に言及した。「米国全土の医療状況を知っている者であれば誰でもわかるように、政府が提供しようとしている精神医療は［…］決してこのような劣悪なものであってはならない」。この記事は連邦委員会でのサーモンの証言にも触れている。彼はシェルショックなどの戦争による神経症に苦しんでいる退役軍人が、「精神病的犯罪者や、薬物依存者、悪質な道徳的退廃者」と一緒に病院に収容されていると指摘した。精神疾患を持つ退役軍人たちは「人間らしい居住環境」について連邦政府の監督もないままに、各地の精神科病院に収容されていた。別の記者は退役軍人が「州立や私立の精神科病院に、困窮して罪を犯すような精神病患者や人格の異常者とともに入院させられている」と述べ、「読者がこのような場所に閉じ込められたなら、いつまで持ちこたえられるだろうか」と問いかけた。[56]

サーモンのような指導的精神科医と在郷軍人会は、精神神経症を持つ退役軍人は別の精神科病院や外来で治療を受けるべきであり、彼らが標準的治療を受けられるように連邦政府が監督すべきであると考えた。戦場の精神科医たちもこの計画に賛同した。彼らはこうした兵士は治療によって改善し、多くは退院できると保証した。フィラデルフィアの精神科病院に付属した外来クリニックのひとつでは、一五八〇人の精神神経症を持った退役軍人が八カ月にわたって治療を受けたが、そのうち入院を必要としたのは三五人にすぎなかった。この治療の成功は「一人一人の患者が訓練を受けた有能な精神神経科医によって診察を受けた」ためだとされた。残念なことに熟練した医師は不足していた。クリニックの精神科医たちは「最大のニーズは熟練した医師である」と述べた。[57]

在郷軍人会の外来治療計画は多くの精神科医と精神科ソーシャルワーカーを必要としたが、その要請はこれらから発展しようとしていたこれらの職業の動きと呼応していた。精神科医は他の診療科と同様に専門分野としての地位を確立しようとしており、精神科ソーシャルワーカーは大戦前に誕生していたが、在郷軍人会が勝ち取った退役軍人のためのニーズに応えて人材を供給したことによって、この二つの職業の活躍分野は劇的に広がった。在郷軍人会の政治的キャンペーンによって、一般社会もますます神経症を受け入れるようになった。まもなく、「新しく金持ちになって暇をもてあましている人々」が地元の精神科医にかかるようになった。

精神科医は初期には病院での医療を目指していたが、一九世紀の終わりには病院の外に出ようとし始めていた。個人開業医が行うことのできる治療の開発と患者層の変化によって、患者の収容はさほど重視されなくなり、精神科医は病院の壁の外に意識を向けるようになった。こうした移行をもたらしたもうひとつの要因は、他の診療科が専門科学としての発展を遂げ、新しい教育と専門医としての認定制度を発達させていたのに対して、精神医学が孤立を深めていたことである。精神科医は自分たち自身のためにも、この職業を認めさせたいと願った。そのためには収容的な入院から離れて、精神疾患の治療可能性を強調する必要があった。二〇世紀初頭の精神科医は、まるで徒弟制度のような修行をした後で精神科病院で働いた。一九二〇年代になると米国精神衛生委員会は、精神医学に新たな専門職としての要件を課すためのロビー活動を行った。同委員会は専門的な卒後教育プログラムと米国精神医学会の後援による認証を推進し、一九三四年にそれが認められた。[58]

一九〇九年にビアーズによって設立された米国精神衛生委員会は治療の質を改善し、治療可能性を高め、精神科医の教育を向上させることを目的としていた。時を同じくして、軽症精神科病院が設立された。この病院は「病初期の、急性期の、治療可能な精神疾患に対して、短期の集中的治療を」行おうとしていた。治療不能な精神疾患の場合には、患者は伝統的な精神科病院に移送された。軽症精神科病院は大学に付属していることが多く、専門教育を提供する場ともなった。こうした病院の数は不足していたので、外来クリニックとの積極的な連携が始められた。患者の病状は単なる個人の問題としてではなく、置かれた環境を踏まえて検討された。外来クリニックのソーシャルワーカーは家族と面接をし、家庭でのケアを促進し、退院とその後の治療を促進した。まもなくクリニックは治療と再発防止の重要な役割を果たすようになった。やがて軽症精神科病院はソーシャルワーカーの訓練を始めた（この職種は一八七〇年代に専門職として組織されたばかりであった）。一九一八年には米国精神衛生委員会は軍の精神医学の必要性を唱え、精神科医とソーシャルワーカーを訓練する課程を始め、そのすぐ後でスミス大学にそのための大学院が設けられると他の大学もこれに追随した。[59]

在郷軍人会の政治的キャンペーンによって精神神経疾患は一般社会に受け入れられるようになった。同会は退役軍人の精神神経症の治療のためのロビー活動のために、精神神経症についての米国の代表的精神科医の意見を何年間も報道し続けた。一九二八年の在郷軍人会週報の特集記事では、恐怖と不安は正常であり、精神科医をただちに受診することで「健康が保たれ、最後には幸福と収入が得られる」とまで述べている。[60]

在郷軍人会の政治的キャンペーンを通じて、米国人は神経疾患に苦しむ人々は自分たちと同じ人間であると考えるようになった。これは「平均的な市民が精神疾患を他の病気と同じように考えるようになる」という精神衛生運動の目的とも合致している。軍人以外の精神科入院患者はまだ社会から疎外されていたが、一緒に入院していた退役軍人患者の多くは地域の外来クリニックで治療されるようになった。彼らは精神疾患というスティグマとは無縁であり、それどころか愛国心による犠牲者として尊敬された。

社会の見方がこのように変化したのは、戦争神経症の退役軍人たちの差し迫ったニーズを代弁した在郷軍人会のロビー活動のおかげである。在郷軍人会は恐怖、勇気、義務、英雄主義についての文化的表現を活用することによって、シェルショックを受けた退役軍人の臆病さは決して不名誉ではないという考え方を確立した。彼らは名誉ある軍人であり、国家は彼らに対して名誉ある義務を負っている。そのニーズに応えるための医療機関を設立したことで既存の精神疾患の治療のあり方も見直され、必要な援助職員の標準的な訓練も始められた。在郷軍人会による退役軍人のための活動は、サーモンのような精神衛生運動の熱心な指導者からの支援にも助けられて、精神医学と精神医学的ソーシャルワークという職業にも影響を与えた。フロイトやジェイムズのような心理学研究者の著作は「隠された自己」への興味を引き起こしたが、退役軍人の戦争神経症と在郷軍人会の積極的な活動は、グリニッチヴィレッジを越えた米国の一般社会に精神疾患への関心を抱かせたのである。

訳者あとがき

本書は *Traumatic Pasts: History, Psychiatry and Trauma in The Modern Age, 1870–1930* の全訳である。

本書が取り扱っているのは産業革命から第一次世界大戦前後にかけての欧米で、事故、戦争、災害、犯罪などのトラウマ体験の後で生じる精神的変化が、社会や医学によってどのように取り扱われ、論じられてきたのかという歴史的経緯である。この議論をそのまま現在に当てはめることはできないが、この主題についての論考が時代の精神に翻弄されやすく、トラウマに対する共感と反感が紙一重のところに存在しているという事情は今も変わらない。

トラウマに関する関心が精神医学や心理学に留まらず、社会のさまざまな領域に広がったきっかけとなったのは、一九八〇年に米国精神医学会の診断基準（ＤＳＭ‐Ⅲ）のなかにＰＴＳＤ（外傷後ストレス障害）という診断基準が登場したことである。この診断基準はそれまでの伝統的精神医学に馴染んでいた者にとってきわめて唐突であると受け止められ、また退役軍人への補償を行う根拠として用いるという政治的意図も透けて見えたために、多くの精神科医がこれに当惑することとなった。加えて日本においては、ＰＴＳＤが一般の精神科医のあいだに浸透する以前に、この診断を事由として高額の賠償金を獲得したという訴訟がいくつか報じられ、そのためにＰＴＳＤを賠償神経症とみなして明確な反感を抱く精神科医、法律家も現れた。交通事故で保険会社がＰＴＳＤによる賠償金を請求されることが増加すると、特定の精神科医、法律家が賠償の根拠としてＰＴＳＤ診断を用いることへの批判を繰り返すようになった。この状況は本書で紹介されている約一〇〇年前の欧米におけるものとほぼ変わらない。

日本においてトラウマへの社会の関心が高まったのは、一九九五年の阪神淡路大震災を初めとするいくつかの災害や犯罪事件、最近では二〇一一年の東日本大震災津波災害を通じてであった。訳者が本書の翻訳に着手したのは二〇一一年の震災の前であったが、震災後に本務である国立精神・神経医療研究センターを通じての支援業務が増加し、また新たに内部センターとして発足した災害時こころの情報支援センターの職務も兼任することとなり、災害後のトラウマ対応の向上のために大部の専門家向け教科書の監訳もすることになった。そのために本書の翻訳には予想外の期間を要することになったが、こうした実務に追われる経験のなかで、本書で扱われている歴史的議論の価値をますます強く認識するようになった。

訳者はもともと精神病理学を専門とし、「精神分裂病」という用語が患者にとってのスティグマの源泉となっていることを批判し、学術的にも誤訳に近いことを指摘して、「統合失調症」への病名変更への取り組みに参加した。トラウマの領域に関わるようになったのは、在ペルー日本大使公邸占拠事件が解決した日に、当時厚生省に属していた勤務先の研究所を通じて、政府から追加派遣された医療チームに加わるように指示をされてからのことである。その後、災害への精神保健医療対応やPTSD治療に関する業務が続くことになったが、精神病理学を専攻していた者にとって常に物足りなく思われていたのは、トラウマ概念の歴史性の欠如であった。うつ病やてんかんについてはギリシアのヒポクラテスにまで遡る文献的背景があり、統合失調症の記録は中世以降に遅れるとしても、少なくとも近代以降は、さまざまな精神疾患の概念がどのように発達し、患者がどのように処遇や治療をされてきたのかについては繰り返し議論をされ、文献的にも跡づけられている。しかしPTSDは一九八〇年にカーディナーの戦争神経症を主なひな形として、米国退役軍人局に関係する精神科医たちによって作成された診断基準であり、先行するさまざまなトラウマや災害、事故関連の診断概念との異同や連続性が明らかではなかった。精神医学史についての国内外の優れた書籍を参照しても、ＰＴＳＤの歴史に関する記述はいかにも貧弱である。また皮肉なことに一九八〇年のＤＳＭ－Ⅲでは、精神医学が歴史的に重視していた神経症、心因反応という概念が放棄され、原因についての心理的な推測を止めて、ただ目の前の横断的な症状と経過だけを見て診断することになっていた。そのなかで、先行するトラウマ体験の存在を必要とするＰＴＳＤに対しては、純粋に診断手続の整合性の上からも疑問の声があがっていた。神経症や心因反応についての豊富な先行研究といわば断絶した形でＰＴＳＤが導入されたことは、こうした先人の研究を参照しながらＰＴＳＤを論じることもまた、困難にした。本書はこうした歴史的記述の空白を満たす貴重な文献であり、これを翻訳して読者に届けることはＰＴＳＤとトラウマに関する議論の質を高め、トラウマ論を歴史的文脈のなかに位置づける上で有益であると確信している。

本書を通じて改めて強く感じたことは、近代の精神医学が時代の精神の影響を大きく受けており、そもそも患者と遭遇する状況それ自体が制度的に規定されてきたということである。たとえば精神医学は、フランス革命後の監獄、モラルトリートメントの人道主義的な病棟、あるいは長期収容型の精神科病院などで患者に出会ってきた。こうした状況は精神疾患の理解と治療法にも必然的に多くの影響を与え、治療可能性あるいは長期的な不良の予後などが注目されることになった。モラルトリートメントはフランス革命の博愛精神の影響を受け、長期収容型病院が、精神疾患を進化の袋小路と考える宿命論的な進化論の影響を受けている。畏友・梅原秀元氏の教示によれば、当時のドイツ各州の精神科病院は設立されてまもなく長期入院患者で満床となったために、回復可能性の高い急性期の患者を入院させる余力がなく、「精神病は脳病である」という決定論的なテーゼを出したグリージンガーは、そうした急性期の患者の観察を断念した上で、彼の所論を発展させたという。

近代医学がトラウマに出会った状況はそれとはまったく異なっており、鉄道事故、戦争、賠償をめぐる法廷、犯罪などである。しかも出会った医師は精神科医ではなく、初期の主要な報告者は外科医のエリクゼン、神経科医のシャルコー、同じく神経科医のオッペンハイムらであった。精神科医がこの領域に呼び入れられたのはやや遅れてのことであるが、本書で紹介されるその役割は、訴訟による経済的な、あるいは兵役からの解放による実際的な疾病利得の否定であった。当時の大学精神科医は、患者の長期収容や刑事責任の二者択一的な判断を行う役割を担っていたが、トラウマの領域においては賠償や兵役に関して制度防衛的な役割を担わされていた。前者の判断のためには精神病と非精神病の区別が重視され、ヤスパースによって了解不能性という概念が提唱されたが、後者の判断のために重視されたのがヒステリー概念であったともいえよう。換言すればトラウマという出来事は被害者の側にのみ心理的反応を引き起こすのではなく、それを取り巻く社会、システム、あるいは精神医学の専門家、その学説にさえ、ある種の集団的反応を引き起こしてきた。本書はそうした集団的反応あるいは受容についての文化的事例検討集でもあると同時に、私たち自身がどのような集団的反応に巻き込まれているのかを批判的に検討するための思考モデルを提供してもいる。ただしトラウマ概念についての包括的、網羅的な大系を目指したものではないので、シェルショックやダ・コスタ症候群の紹介がなく、また当時のドイツ精神医学で公認されていた驚愕神経症が今日のPTSDの症状論をほぼ先取りしていたことなどには触れられていない。

本書が扱っている時代の精神医学の限界として、いまひとつ挙げられるのは心身二元論の呪縛である。エリクゼン、オッペンハイムのトラウマ論の根底は、心理的衝撃が脳神経的な変化をもたらすということであった。脳神経学的な病変を仮定することで症状を実体化しようとしたとも考えられるが、当時の神経科学ではそのような所見は証明されなかった。彼らの主張は精神医学の暗黙のテーゼであった、器質的異常から心理的症状が生じることはあってもその逆はないという前提にも反していたため、ひどく攻撃されたのだが、現在の研究知見に照らして考えると、必ずしもその考えを否定することはできない。PTSD研究では脳の青斑核という領域から多量のノルエピネフリンが放出され、それが海馬、扁桃体の機能異常をもたらし、この領域の脳部位の体積の減少、神経連絡の異常などをもたらす。また脳下垂体、副腎皮質を介したストレス応答ホルモンの制御にも持続的な異常が生じ、ストレス関連遺伝子発現や細胞免疫の機能異常などの変化も実証されている。幼児期の虐待はストレス応答ホルモンであるコルチゾールの生成に関わるＤＮＡの異常をもたらすという知見もある。いみじくもファン・デア・コルクが述べたようにトラウマは身体に記録されるのである。詐病、症状誇張が前景に立つ患者のいることは確かであるが、少なくともトラウマ関連の心理的反応に身体医学的な実態がないなどという議論はもはや受けいれられない。

最後になるが、トラウマに関する言説が心理学、精神医学の領域を超えて強い訴求力を持つ一因は、その言説を通じてトラウマ的出来事あるいはその被害が現前するように感じられるためであろう。この現前化との距離の取り方によってトラウマの言説にはさまざまなスタイルが生じ得る。本書のリサ・カーディンによる章は性的虐待被害者のトラウマと当時の医療社会における無関心を現前化させる力が最も強く、これに対して戦争のトラウマを扱ったいくつかの章では兵士の断片的な症状は記されているものの、その存在自体を浮かび上がらせる力は弱い。通常の学術研究は個人の存在を捨象して一般知識の形成を目指すが、その場合にはトラウマ研究は多くの精神疾患や脳内物質の研究と変わらないものになるのかもしれない。こうした異なったスタイルの言説が、トラウマという同じ主題に関してどのような共通認識を形成していくのかについては、今後、関心が持たれるところである。

本書の原題には、トラウマという概念についての過去の歴史という意味と、トラウマが社会の関心を集めた過去の時代という意味の両方が込められている。原著の編者とも協議をしたがこれを適切に訳出することは困難であった。『トラウマの過去』という書名は少し不思議に響くかもしれないが、むしろそのことが読者の関心を惹きつけ、トラウマの重層的な歴史へ足を踏み入れるきっかけになることを期待している。先にも述べたようにさまざまな事情のために本書の翻訳には予想外の時間を要し、その間、みすず書房には大変なご迷惑をおかけすることになった。本書の刊行まで変わらず支援をいただき、行き届かない表記を指摘していただいた編集部の田所氏にはこの場を借りて厚く御礼を申し上げたい。

二〇一七年七月

金　吉晴

執筆者一覧

略歴はいずれも本書の底本が刊行された2001年時点のものである.

ブルーナ・ビアンキ（Bruna Bianchi）
パドゥア大学で大学院教育を受け，現在はヴェニス大学講師．第一次世界大戦中の労働，イタリア軍，そして社会に関する著作を続けており，*Crescere in tempo di guerra. Il lavoro e la protesta dei ragazzi in Italia (1915–1918)*（Cafoscarina, 1995），“La guerra, lapace, l'organizzazione militare” in Bruna Bianchi et al., *Economia, guerra e societá nel pensiero di Friedrich Engels*（Unicopli, 1997）などの著作がある．加えて近代イタリアの精神医学的側面についての多くの論文を執筆している．現在は第一次世界大戦中のイタリア軍の士官部隊について法廷と医療記録をもとに著作活動を行っている．

エリック・カプラン（Eric Caplan）
1994年にミシガン大学で歴史学の学位を取得し，現在はファイザー・リサーチ大学顧問．それまではシカゴ大学で社会理論と医学史の講義を受け持ち，社会科学のウィリアム・レイニィ・ハーパー記念教官でもあった．*Mind Games: American Culture and the Birth of Psychotherapy*（University of California Press, 1998）などの複数の学術著作においてアメリカの医学と文化の関係を検討している．

リサ・カーディン（Lisa Cardyn）
イェール大学で法務博士を取得し，現在は同大アメリカ研究所博士課程在籍．準備中の学位論文のタイトルは“Engendering Traumatic Experience: Legal, Medical, and Psychological Conceptions of Sexual Trauma in American Culture, 1865–1950.”．本書の著作を発展させ，初期のクー・クラックス・クランにおける性的テロリズムを扱った著作である *Sexualized Racism/Gendered Violence: Outraging the Body Politic in the Reconstruction South* が出版準備中である．

キャロライン・コックス（Caroline Cox）
カリフォルニア大学バークレイ校で博士号を取得し，カリフォルニア，ストックトンのパシフィック大学の歴史学准教授である．彼女の学位論文である“‘A Proper Sense of Honor’: The Rank and Status of Soldiers and Officers of the Continental Army, 1775–1783”は改訂を経てノースカロライナ大学出版より出版予定である．

グレグ・エイジアン（Greg A. Eghigian）
ペンシルバニア州立大学歴史学准教授として20世紀ドイツ史と人文科学史を専門

としている. 1993年にシカゴ大学で学位を取得し, *Making Security Social: Disability, Insurance, and the Birth of the Social Entitlement State in Germany*（University of Michigan Press, 2000）の著者でもある. 現在はドイツにおける自己概念の文化史を研究し，東西ドイツの心理学と精神医学の理論と実践を検討している.

ラルフ・ハリントン（Ralph Harrington）
英国ヨーク大学史学部およびヨーク鉄道研究所講師. 1999年にオックスフォード大学の博士課程を修了し，"The Neuroses of the Railway:Trains,Travel, and Trauma in Britain, c. 1860-1914" と題された学位論文では「鉄道脊髄症」という医学的疾患をビクトリア朝英国における，鉄道が引き起こした文化的な不安反応であると論じた. "The 'Railway Spine' Diagnosis and Victorian Responses to PTSD" *Journal of Psychosomatic Research*, 40（1996）を初めとして，19世紀ヨーロッパの鉄道，医学，文化に関する多くの論文を出版している. 現在の主要な研究の関心は，移動と通信に関する者を中心とした技術の文化史である.

ピーター・リーズ（Peter Leese）
ハートフォードシャーとワーウィック大学で教育を受け，1989年に英国オープン大学で学位取得. 現在はポーランドのクラクフにあるヤギェウォ大学でヨーロッパの社会史と文化史を教えている. 代表的な著作には次のような論文がある. "Problems Returning Home: The British Psychological Casualties of the Great War" in *The History Journal*, 40（1997）, 1055-67, 1055-67 and "The Memory and Mythology of the Great War in Contemporary Britain" in *The Role of Britain in the Modern World*, eds., Krystyna Kajawinska-Courtney and Ryszard M. Machnikowski（Lodz, 1999）. 彼は現在，*Shellshock: Traumatic Neuroses and the British Soldiers of the First World War* と題された大部の著作を執筆中であり，まもなくマクミラン社から出版予定である.

ポール・レルナー（Paul Lerner）
南カリフォルニア大学歴史学准教授. 現在，コロンビア大学の学位論文（1996年）を改訂した *Hysterical Men: War, Memory and German Mental Medicine, 1890-1932* と題した書籍を完成しつつある. ドイツ精神医学と19世紀および20世紀の文化について，"Hysterical Cures: Hypnosis, Gender and Performance in World War I and Weimar Germany," *History Workshop Journal* 45（March x Contributors, 1998）, "An Economy of Memory: Psychiatrists, Veterans and Traumatic Narratives in Weimar Germany," in *Modern Pasts: The Social Practices of Memory in Germany*, eds., Peter Fritzsche and Alon Confino（University of Illinois Press, forthcoming）などの数多くの著作がある.

マーク・ミカーリ（Mark S. Micale）
イェール大学と英国のマンチェスター大学で教え，現在はアーバナ・シャンペイン

のイリノイ大学の歴史学准教授. *Approaching Hysteria: Disease and Its Interpretations*（Princeton University Press, 1995）の著者であり, *Beyond the Unconscious: Essays of Henri F. Ellenberger in the History of Psychiatry*（Princeton University Press, 1993）の翻訳者でもある. また *Discovering the History of Psychiatry*（Oxford University Press, 1994）および *Enlightenment, Passion, Modernity: Historical Essays in European Thought and Culture*（Stanford University Press, 2000）の共同編集者でもある. 現在は *Hysterical Males: Medicine and Masculinity from the Renaissance to Freud* を執筆中である.

マーク・ルドブッシュ（Marc Roudebush）
カリフォルニア大学バークレイ校の1995年の学位論文である "A Battle of Nerves: Hysteria and Its Treatment in France during World War I" および, "A Patient Fights Back: Neurology in the Court of Public Opinion in France during the First World War," *Journal of Contemporary History* 35（January, 2000）の著者である. 現在はマサチューセッツ州, ケンブリッジのサピエント社を率いている.

ヴォルフガング・シェフナー（Wolfgang Schäffner）
ミュンヘン大学で文学博士を取得し, 現在はベルリンのフンボルト大学のハイムホルツ・文化技術センターの常勤研究フェローである. 現在の関心は科学, 文学, 医学技術の歴史の相互関係である. 以下のような著作がある. *Die Ordnung des Wahns. Zur Poetologie psychiatrischen Wissens bei Alfred Döblin*（Wilhelm Fink Verlag, 1995), "Technologiedes Unbewussten" in eds., Friedrich Balke and Joseph Vogl, *Gilles Deleuze. Fluchtlinien der Philosophie*（Wilhelm Fink Verlag, 1996), "From Psychiatry to the History of Madness: Michael Foucault's Analysis of Power Technologies" in *Power and Knowledge: Perspectives in the History of Psychiatry*, eds., Eric Engstrom, Matthias M.Weber, and Paul Hoff（Verlag für Wissenschaft und Bildung, 1999). また *Laokoon-Paradigma. Zeichenregime im 18. Jahrhundert*（Akademie Verlag, 2000）の共編者である.

索　引

あ

か

さ

た

な

は

133-4, 260-1
フランス革命　90, 132
プリンス，モートン Prince, Morton　56, 175
プリンストン大学　292
ブルイエ，アンドレ Brouillet, Andre　121
ブレシア　247, 252
ブロイアー，ヨーゼフ Breuer, Josef　13, 29, 113, 130, 259
フロイト，ジークムント Freud, Sigmund　4, 11-3, 21, 25, 29, 79-81, 86, 113, 119, 121-2, 124-5, 130-1, 136, 142-3, 173, 186, 195-6, 218, 259, 262, 294, 296, 308, 310, 314；狼男症例　81；反復強迫　81, 86；『ヒステリー研究』　13, 29, 124, 130, 259；誘惑説　4, 131
プロシア　90-1, 94, 133, 156
ブロック，A. J. Brock, A. J.　214
ブロディ，ベンジャミン Brodie, Benjamin 112
フロマン，ジュール Froment, Jules　127, 281
ブロミド　218-9
米国在郷軍人会　17, 286-91, 293-4, 298, 304-8, 310-4
『米国在郷軍人会月報』　311
『米国在郷軍人会週報』　288, 291, 293, 298, 304, 307, 313
米国精神医学会（APA）　1, 312
米国精神衛生委員会　292, 310, 312-3
米国退役軍人局　2, 287-92, 306
ペイジ，ハーバート Page, Herbert　11, 47-53, 58-62, 64-5, 112-3
米西戦争　24, 295, 299
兵隊心臓症　15, 23, 295-6
ベイリー，ピアース Bailey, Pearce　292, 295, 297, 304, 308
ペタン将軍 General Petain, Henri　278
ベトナム戦争　2, 4, 21, 25, 117
ベナッシ，ジョルジョ Benassi, George　229
ペーニッツ，カール Pönitz, Karl　155
ベネツィア　247
ベネツィア・ジュリア地区　237
ベル，クラーク Bell, Clark　67-8
ヘルパッハ，ウィリー Hellpach, Willy　149
ベルモンド，エルネスト Belmondo, Ernesto 253
ベルリン　78, 136-7, 139-40, 142-3, 145, 147, 149, 159, 165, 167, 209
ベルンハイム，イポリット Bernheim, Hippolyte　11, 69-72, 126, 260
ベルンハルト，ルートヴィヒ Bernhard, Ludwig 102
ペンカック，ウィリアム Pencak, William　288, 290
変質　16, 20-1, 52, 128, 223-4, 227, 230, 249, 254-5　→「精神的変質」の項も参照
ベンヤミン，ヴァルター Benjamin, Walter 81-2
ボーイスカウト　290
ホイットルセー，チャールズ・コロネル Whittlesey, Charles Colonel　305
ボイルストン賞　58
保険　健康保険　76, 96；事故保険　77, 79, 84-5, 89, 96, 99, 101, 103, 105, 146, 151；社会保険　87-9, 94, 99, 102, 106-7, 166；生命保険　93-4；帝国保険法（ドイツ）　77；保険金詐欺　265, 270
ポーター，ロイ Porter, Roy　261
ホーデン，ジェームズ Howden, James C.　181
ボードレール，シャルル Baudelaire, Charles 81
ホール，ジョン・チャールズ Hall, John Charles 34
ボガッツ，テッド Bogacz, Ted　287
ボストン　14, 56, 58, 61
ボストン精神科病院　184, 196
ボッシ，ガエターノ Boschi, Gaetano　231
ホッジス，リチャード・マニング Hodges, Richard Manning　58-9
ホッヘ，アルフレート Hoche, Alfred　146-7, 149-50, 167
ホフマン，アルビン Hoffmann, Albin　85
ホロコースト　3-4, 25
ホワイト，ウィリアム White, William A.　176
ボワソ，J. Boisseau, J.　126
香港　99
ボンパール，ガブリエル Bompard, Gabriele 260

ボンヘッファー，カール Bonhoeffer, Karl 149, 152-4, 158-9, 167

ま

マイアー，エルンスト Meyer, Ernst 159
マイアーズ，チャールズ Myers, Charles S. 128, 217, 296-7
マイネルト，セオドア Meynert, Theodor 238
マイヤー，ゲオルグ・フォン Mayr, Georg von 92
マカーディ，ジョン MacCurdy, John 128
マグル病院（リバプール） 212
マリアーニ，ジョルジオ Mariani, Giorgio 300
マルクス主義 116
マルコビッツ，ジェラルド Markowitz, Gerald 66
マントン，W. P. Manton, W. P. 180
ミズーリ州太平洋鉄道会社 70
ミッチェル，サイラス・ウィアー Mitchell, Silas Weir 19, 73
ミュンヘン 80, 153, 159, 164-5
ミラノ 255
ミルズ，オグデン Mills, Ogden 290
民間クリニック 142-3, 307, 312-3
無意識 45, 59, 87, 120, 123-5, 131, 236, 243, 275, 296
夢遊病 120, 243
ムルト・エ・モゼル県 260
メキシコ戦争（フランス） 117
メッツ捕虜収容所
メランコリー 113, 239, 244, 252,
メリ，カール Moeli, Karl 159
妄想型統合失調症 181
モッソ，アンジェロ Mosso, Angelo 119
模倣 33, 59, 77-81, 86-7, 112, 119, 141, 148, 163, 229-30, 236, 252, 254, 259, 264-5, 267, 269, 272, 274-6, 279-80, 283 →「詐病」の項も参照
模倣神経症 11, 59-60, 112
モルシュバッハ，エルフリーデ Morsbach, Elfriede 103
モルセッリ，アルトゥーロ Morselli, Arturo 233
モルセッリ，エンリコ Morselli, Enrico 222, 224-5, 227, 235
モルヒネ 168-9, 193, 250, 286
モルヘン，フリードリヒ Mörchen, Friedrich 160
モンペリエ医学校 275, 285

や

優生学 16, 150
ユダヤ人 3, 25, 138-9, 142-3, 165, 167
腰痛 204
抑圧 4, 13, 77, 81, 122, 124, 223, 226, 228, 237, 249, 272
ヨーロッパ 3, 8, 11-2, 14-7, 20-1, 58, 77, 84, 88, 90-3, 112, 114, 122, 133, 143, 173-4, 177, 195, 261, 289, 292

ら

ライネル-ラヴァスティーヌ，マクシム Laignel-Lavastine, Maxime 270, 272
ライプツィヒ 160
ラカン，ジャック Lacan, Jacques 82
ラディーチェ，ピエトロ Radice, Pietro 224
『ランセット』 32, 34-9, 49, 296-7
リーヴァ，エミリオ Riva, Emilio 254
リヴァース，W. H. R. Rivers, W. H. R. 16, 202, 212, 214-5, 295-6
力動的精神医学 9, 128, 130
リスク 12, 83-6, 89, 93-6, 106-7, 144, 190, 267
リッシェ，ポール Richer, Paul 121
リード・ジョンソン法案 307
リード，ハーヴェイ Reed, Harvey R. 65
リビア侵攻作戦 248
リヒト，ウォルター Licht, Walter 55
リヨン大学神経センター 261
ルイス，ウォーラー Lewis, Waller 37
ルシィ，ギュスターヴ Roussy, Gustave 126
ルーズベルト，セオドア Roosevelt, Theodore 299

ルーズベルト Jr.，セオドア Roosevelt Jr., Theodore 292
ルワンドウスキ，マックス Lewandowsky, Max 155
レイノルズ，ラッセル Reynolds, Russell 112
レイプ 14, 19, 125, 177, 182, 187, 189, 191-4, 196；婚姻内レイプ 177, 187, 194, 196 →「性的虐待」の項も参照
レウェルリン，レウェルリン Llewellyn, Llewellyn J. 213
レッジォ・エミーリア 253
レーベンシュタイン，エドゥアルド Lewinstein, Eduard 139
レリ，アンドレ Leri, Andre 267-8, 272, 279
労働者への補償 11, 265
ロス，ジョージ Ross, George 71
ロス，マックスウェル Ross, J. Maxwell 183
ロズナー，デイヴィッド Rosner, David 66
ロックフェラー財団 311
ロビンソン，ウィリアム Robinson, William 182-4, 191, 193
ロンドンおよび西部鉄道会社 11
ロンドンおよび北西鉄道会社 58
ロンドン大学病院 10, 39
ロンブローゾ，チェーザレ Lombroso, Cesare 16, 20, 224, 227, 230, 253

わ・A-Z

ワインドリング，ポール Weindling, Paul 90
ワグナー－ヤウレッグ，ユリウス・フォン Wagner-Jauregg, Julius von 79
湾岸戦争症候群 3
YMCA 290

原　注

第 1 章　トラウマ，精神医学，歴史

1　American Psychiatric Association, *Diagnostic and Statistical Manual of Mental Disorders*, 3rd ed. (Washington, DC: American Psychiatric Association, 1980), 236-39. 以下も参照. *Diagnostic and Statistical Manual of Mental Disorders*, 4th ed. (Washington, DC: American Psychiatric Association, 1994), 424-29. PTSD は不安障害の大分類中に収載.

2　American Psychiatric Association, *Diagnostic and Statistical Manual of Mental Disorders*, 3rd ed., rev. (Washington, DC: American Psychiatric Association, 1987), 250.

3　ベトナム戦争のトラウマ記憶という主題についての主要書籍は以下の通り：Marita Sturken, *Tangled Memories: The Vietnam War, the Aids Epidemic and the Politics of Remembering* (Berkeley: University of California Press, 1997); Robert Jay Lifton, *Home from the War: Learning from Vietnam Veterans* (Boston: Beacon Press, [1973] 1992); Charles R. Figley, ed., *Stress Disorders among Vietnam Veterans: Theory, Research, and Treatment* (New York: Brunner/Mazel, 1978); A. Egendorf et al., eds., *Legacies of Vietnam: Comparative Adjustment of Veterans and Their Peers*, 3 vols. (Washington DC: Government Printing Office, 1981); Shirley Dicks, *From Vietnam to Hell: Interviews with Victims of Post-Traumatic Stress Disorder* (Jefferson, NC: McFarland, 1990); Richard A. Kulka et al., *Trauma and the Vietnam War Generation* (New York: Brunner/Mazel, 1990); Herbert Hendin and Ann P. Haas, *Wounds of War: The Psychological Aftermath of Combat in Vietnam* (New York: Basic Books, 1984); and Jonathan Shay, Achilles in Vietnam: Combat Trauma and the Undoing of Character (New York: Atheneum, 1994).

4　サンプリングについては以下を参照. Richard B. Ulman and Doris Brothers, *The Shattered Self: A Psychoanalytic Study of Trauma* (Hillsdale, NJ: Analytic Press, 1988); John P.Wilson, Zev Harel, and Boaz Kahana, *Human Adaption to Extreme Stress: From the Holocaust to Vietnam* (New York: Plenum, 1988); George S. Everly, *A Clinical Guide to the Treatment of Human Stress Response* (New York: Plenum, 1989); K. C. Peterson, M. F. Prout, and R. A Schwartz, *Post-Traumatic Stress Disorder* (New York: Plenum, 1991); Jonathan R. T. Davidson and Edna B. Foa, eds., *Posttraumatic Stress Disorder: DSM-IV and Beyond* (Washington DC, American Psychiatric Press, 1993); Ronnie Janoff-Bulman, *Shattered Assumptions: Towards a New Psychology of Trauma* (New York: Free Press, 1992); Diana Everstine, *The Trauma Response: Treatment for Emotional Injury* (New York: W.W. Norton, 1993); John P.Wilson and Beverly Raphael, eds., *International Handbook of Traumatic Stress Syndromes* (New York: Plenum Press, 1993); John R. Freedy and Stevan E. Hobfall, eds., *Traumatic Stress: From Theory to Practice* (New York: Plenum Press, 1995); Bessel A. van der Kolk, Alexander C. McFarlane, and Lars Weisaeth, eds., *Traumatic Stress: The Effects of Overwhelming Experience on Mind, Body, and Society* (New York and London: Guilford Press, 1996); Donald Kalsched, *The Inner World of Trauma: Archetypal Defenses of the Personal Spirit* (New York: Routledge, 1997); and Mary Beth Williams, ed., *The Handbook of Posttraumatic Therapies* (Westport, CT: Greenwood Press, 1994).

5　George S. Everly Jr. and Jeffrey M. Lating, *Psychotraumatology: Key Papers and Core Concepts in PostTraumatic Stress* (New York: Plenum Press, 1995). 以下も参照. Denis M. Donovan, "Trauma-

tology: A Field Whose Time Has Come," *Journal of Traumatic Stress* 4 (1991), 433-46.

6 Claude Barrois, *Les névroses traumatiques: Le psychothérapeute face aux détresses des chocs psychiques* (Paris: Dunod, 1988); *Journal de la psychanalyse de l'enfant*, 9 (1991), special issue, "Traumatismes;" Michèle Bertrand, *La pensée et le trauma: Entre psychanalyt philosophie* (Paris: L'Harmattan, 1990); Hans Stoffels, *Terrorlandschaften der le: Beiträge zur Theorie und Therapie von Extremtraumatisierungen* (Regensburg: Roderer, 1994).

7 たとえば以下を参照. Earl L. Giller, Jr., *Biological Assessment and Treatment of Posttraumatic Stress Disorder* (Washington DC: American Psychiatric Press, 1990); and van der Kolk, McFarlane, Weisaeth, *Traumatic Stress* (1996), chap. 10.

8 たとえば以下を参照. Raymond B. Flannery Jr., *Post-Traumatic Stress Disorder: The Victim's Guide to Healing and Recovery* (New York: Crossroad, 1992); N. Duncan Sinclair, *Horrific Traumata: A Pastoral Response to the Post-Traumatic Stress Disorder* (New York: Haworth Pastoral Press, 1993); and Ron Zaczek, *Farewell, Darkness: A Veteran's Triumph over Combat Trauma* (Annapolis, MD.: Naval Institute, 1994). "サバイバーの文学" についての議論は以下を参照. Mark Pendergrast, *Victims of Memory: Incest Accusations and Shattered Lives* (London: Haper Collins, 1996), esp. chap. 1.

9 以下の書籍では「湾岸戦争症候群」を近代の男性ヒステリーとして扱っており, 論議を呼んだ. エレイン・ショーウォルターの *Hystories: Hysterical Epidemics and Modern Culture* (London: Picador, 1997); ケネス・ハイアムズも参照. "War Sydromes and their Evaluation: From the U.S. Civil War to the Persian Gulf War," *Annals of Internal Medicine* 125 (September 1996), 398-404.

10 トラウマ, 記憶, ホロコーストについての膨大な文献の入門書としては以下を参照. Lawrence L. Langer, *Holocaust Testimonies: The Ruins of Memory* (New Haven: Yale University Press, 1991); James E. Young, *The Texture of Memory: Holocaust Memorials and Meaning* (New Haven, Yale University Press, 1993); Dominick LaCapra, *Representing the Holocaust: History, Theory, Trauma* (Ithaca: Cornell University Press, 1994); idem, History and Memory after Auschwitz (Ithaca: Cornell University Press, 1998); Saul Friedlander, *Memory, History and the Extermination of the Jews of Europe* (Bloomington: Indiana University Press, 1993).

11 この種の書籍としては以下のものがよく知られている. Mark Roseman, *The Past in Hiding* (London: Allen Lane, 2000) and Donald Niewyk ed., *Fresh Wounds: Early Narratives of Holocaust Survival* (Chapel Hill: University of North Carolina Press, 1998). トラウマ記憶に関しては以下を参照. Paul Connerton, *How Societies Remember* (Cambridge: Cambridge University Press, 1989); Richard Terdiman, *Present Past: Modernity and the Memory Crisis* (Ithaca: Cornell University Press, 1994); van der Kolk, McFarlane, Weisaeth, *Traumatic Stress*, chap. 12; Michael Roth, *The Ironist's Cage: Memory, Trauma, and the Construction of History* (New York: Columbia University Press, 1995); Elizabeth A. Waites, *Memory Quest: Trauma and the Search for Personal History* (New York: Norton, 1997); and Marita Sturken, "The Remembering of Forgetting: Recovered Memory and the Question of Experience," *Social Text* (Winter 1998), 103-25.

12 たとえば以下を参照. Henry Krystal, ed., *Massive Psychic Trauma* (New York: International Universities Press, 1968). 最近では極度にトラウマ的な出来事がサバイバーの子孫に影響を与えることを記述するために精神科医たちは「多世代トラウマ」という概念を作り出した. Yael Danieli, *International Handbook of Multigenerational Legacies of Trauma* (New York and London: Plenum Press, 1998), には戦争, 大量虐殺, 抑圧的政治体制, 植民地支配, ドメスティックバイオレンス, 致命的疾病のサバイバーの子どもたちについての章がある.

13 以下を参照. Arthur Kleinman, Joan Kleinman, "Suffering and Its Professional Transformation: Toward an Ethnography of Interpersonal Experience," *Culture, Medicine and Psychiatry* 15 (Sep-

tember 1991), 275-302; and Chris Feudtner, " 'Minds the Dead Have Ravished': Shell Shock, History, and the Ecology of Disease-Systems," *History of Science* 31 (1993), 377-420, esp. p. 409.

14 Elizabeth A. Waites, *Trauma and Survival: Posttraumatic and Dissociative Disorders in Women* (New York: Norton, 1993); van der Kolk, McFarlane, Weisaeth, *Traumatic Stress* (1996), chap. 13; Ian Hacking, *Rewriting the Soul: Multiple Personality and the Sciences of Memory* (Princeton: Princeton University Press, 1995).

15 とりわけジュディス・ルイス・ハーマンを参照. *Trauma and Recovery: The Aftermath of Violence–From Domestic Abuse to Political Terror* (New York: Basic Books, 1992). Additional readings include: Diane E. Russell, *The Secret Trauma: Incest in the Lives of Girls and Women* (New York: Basic Books, 1986); Lenore Terr, *Too Scared to Cry: Psychic Trauma in Childhood* (New York: Harper & Row, 1990); Terr, *Unchained Memories: True Stories of Traumatic Memories, Lost and Found* (New York, Basic Books, 1994); Shanti Shapiro and George M. Dominiak, *Sexual Trauma and Psychopathology: Clinical Intervention with Adult Survivors* (New York: Lexington, 1992); Conway F. Saylor, *Children and Disasters* (New York: Plenum Press, 1993); Alan Sugerman, *Victims of Abuse: The Emotional Impact of Child and Adult Trauma* (Madison, CN: International Universities Press, 1994); Martha Fineman and Roxanne Mykitiuk, eds., *The Public Nature of Private Violence: The Discovery of Domestic Abuse* (New York: Routledge, 1994); Judith L. Alpert, ed., *Sexual Abuse Recalled: Treating Trauma in the Era of the Recovered Memory Debate* (Northvale, NJ: Jason Aronson, 1995); and Janice Haaken, "The Recovery of Memory, Fantasy, and Desire: Feminist Approaches to Sexual Abuse and Psychic Trauma," *Signs* 21 (1996), 1069-94.

16 Alan A. Stone's "Post-Traumatic Stress Disorder and the Law: Critical Review of the New Frontier" in *Bulletin of the American Academy of Psychiatry and the Law* 21 (1993), 23-36, provides a thoughtful overview of this topic. 以下も参照. Ralph Slovenko, "Legal Aspects of Post-Traumatic Stress Disorder," *Psychiatric Clinics of North America* 17 (1994), 439-46; van der Kolk, McFarlane, and Weisath, *Traumatic Stress* (1996), chap. 16; Robert I. Simon, *Posttraumatic Stress Disorder in Litigation: Guidelines for Forensic Assessment* (Washington, DC: American Psychiatric Press, 1995).

17 Elizabeth F. Loftus and Katherine Ketcham, *The Myth of Repressed Memory: False Memories and Allegations of Sexual Abuse* (New York: St. Martin's Griffin, 1994); Michael D.Yapko, *Suggestions of Abuse: True and False Memories of Childhood Sexual Trauma* (New York: Simon Schuster, 1994); Richard Ofshe and Ethan Watters, *Making Monsters: False Memories, Psychotherapy, and Sexual Hysteria* (New York: Schribner's, 1994); Jennifer Manlowe, *Faith Born of Seduction: Sexual Trauma, Body Image, and Religion* (New York: New York University Press, 1995). Frederick Crews, *The Memory Wars: Freud's Legacy in Disrepute* (New York: New York Review of Books, 1995); Pendergrast, *Victims of Memory* (1996).

18 以下を参照. Jeffrey M. Masson, *The Assault on Truth: Freud's Suppression of the Seduction Theory* (New York: Harper, 1992); Elaine Westerlund, "Freud on Sexual Trauma: An Historical Review of Seduction and Betrayal," *Psychology of Women Quarterly* 10 (1986), 297-310; and Hans Israëls and Morton Schatzman, "The Seduction Theory," *History of Psychiatry* 4 (1993), 23-59.

19 Esther Fischer-Homberger, *Die traumatische Neurose: vom somatischen zum sozialen Leiden* (Bern: Hans Huber, 1975). 本書の準備中にルース・レイによる次の重要な研究が出版された. *Trauma: A Genealogy* (Chicago and London: University of Chicago Press, 2000)

20 たとえば以下を参照, Michael Trimble, *Post-Traumatic Neurosis: From Railway Spine to Whiplash* (New York: Wiley & Sons, 1981); idem, "Post-Traumatic Stress Disorder: History of a Concept," in *Trauma and Its Wake: The Study and Treatment of Post-Traumatic Stress Disorder*, ed., Charles

R. Rigley (New York: Brunner/Mazel, 1985), 5–14; David Healy, *Images of Trauma: From Hysteria to Post-Traumatic Stress Disorder* (London: Faber and Faber, 1993)

21 Trimble, *Post-Traumatic Neurosis* (1981); R. J. Daly, "Samuel Pepys and Post-Traumatic Stress Disorder," *British Journal of Psychiatry* 143 (1983), 64–68; Berthold Gersons and Ingrid Carlier, "PostTraumatic Stress Disorder: The History of a Recent Concept," *British Journal of Psychiatry* 161 (1992), 742–48; Bessel A. van der Kolk, Lars Weisaeth, and Onno van der Hart, "History of Trauma in Psychiatry," in van der Kolk, McFarlane, Weisaeth, *Traumatic Stress* (1990), chap. 3; Brenda ParryJones and William L. Parry-Jones, "Post-Traumatic Stress Disorder: Supportive Evidence from an Eighteenth Century National Disaster," *Psychological Medicine* 24 (1994), 15–27; John P. Wilson, "The Historical Evolution of PTSD Diagnostic Criteria: From Freud to *DSM-IV*," in Everly and Lating, *Psychotraumatology* (1995), chap. 2.

22 まずは以下を参照. Allan Young, *The Harmony of Illusions: Inventing Post-Traumatic Stress Disorder* (Princeton: Princeton University Press, 1995). (p. 5). ヤングによれば「この障害は時代の制約を受けており，固有の統一的な性質はない．それは診断や研究，治療，表現といった実践，技術，言説の寄せ集めであり，またそうした努力や資源を動かしてきたさまざまな利害，制度，価値的な議論の寄せ集めであった」.

23 全体の概要としては以下を参照. Roy Porter, Mark S. Micale, "Psychiatry and Its Histories," in *Discovering the History of Psychiatry*, Mark S. Micale and Roy Porter, eds. (New York: Oxford University Press, 1994), chap. 1.

24 John Cruickshank, *Variations on Catastrophe: Some French Responses to the Great War* (New York: Oxford University Press, 1982); Bernd Huppauf, *Ansichten vom Krieg: vergleichende Studien zum Ersten Weltkrieg in Literatur und Gesellschaft* (Königstein: Forum Academicus, 1984); Hans-Harry Mueller, *Der Krieg und die Schriftsteller. Der Kriegsroman der Weimarer Republik* (Stuttgart: J. B. Metzlersche Verlagsbuchhandlung, 1986); Stuart Sillars, *Art and Survival in First World War Britain* (Houndmills, Hampshire: Macmillan Press, 1987); Richard Cork, *A Bitter Truth: Avant-Garde Art and the Great War* (New Haven and London: Yale University Press, 1994); Trudi Tate, *Modernism, History and the First World War* (Manchester: Manchester University Press, 1998); Matthias Eberle, *World War I and the Weimar Artists* (New Haven and London: Yale University Press, 1985); Brigid Doherty, "Berlin Dada: Montage and the Embodiment of Modernity" (Ph.D. Dissertation: University of California at Berkeley, 1996); Jay Winter, "Céline and the Cultivation of Hatred," in Mark S. Micale and Robert Dietle, eds., *Enlightenment, Passion, Modernity: Historical Essays in European Thought and Culture* (Stanford: Stanford University Press, 2000 chap. 11. 近年の理論家たちによれば映画はトラウマ的ショックを再現すると同時に無害化する手段であり，そのようなものとして，トラウマ的な苦悩の表現としての（ときには治療としての）とりわけ重要な役割を果たした．たとえば以下を参照. Paul Virilio, *War and Cinema: The Logistics of Perception* (London: Verso, 1989); Anton Kaes, *From Hitler to Heimat: The Return of History as Film* (Cambridge, MA: Harvard University Press, 1989); Kaes, *Shell Shock: Film, Trauma, and Weimar Germany* (Princeton: Princeton University Press, forthcoming); Kaja Silverman, *Male Subjectivity at the Margins* (New York and London: Routledge, 1992); Bernd Hüppauf, "Kriegsfotografie und die Erfahrung des Ersten Weltkrieges," in Barbara Naumann, ed., *Vom Doppelleben der Bilder: Bildmedien und ihre Texte* (Munich: Fink Verlag 1993), 29–50; idem, "Experiences of Modern Warfare and the Crisis of Representation," *New German Critique* 59 (Spring/Summer 1993), 41–76; Anton Kaes, "The Cold Gaze: Mobilization and Modernity," *New German Critique* 59 (Spring/Summer 1993), 105–17; "Le Chock Traumatique et l'histoire culturelle de la Grande Guerre," conference held at the Historial de la Grande Guerre, Péronne, France, Jule Becker, "The Avant-garde, Modernism

and the Great War," in *Journal of Contemporary History*, "Shell Shock," special issue, 35 (January 2000), 7-11, 71-84.

25　David Aberbach, *Surviving Trauma: Loss, Literature, and Psychoanalysis* (New Haven: Yale University Press, 1989; Cathy Caruth, "Introduction," *American Imago*, "Psychoanalysis, Culture, and Trauma," special issue, 48 (1991), 1-12; idem, ed., *Trauma: Explorations in Memory* (Baltimore: Johns Hopkins University Press, 1995); idem, *Unclaimed Experience: Trauma, Narrative, and History* (Baltimore: Johns Hopkins University Press, 1996); Shoshana Felman and Dori Laub, *Testimony: Crises of Witnessing in Literature, Psychoanalysis, and History* (New York: Routledge, 1992); Rolf J. Kleber, Charles R. Figley, and Berthold P. R. Gersons, *Beyond Trauma: Cultural and Social Dynamics* (New York: Plenum Press, 1995); Kali Tal, *Worlds of Hurt: Reading the Literatures of Trauma* (New York: Cambridge University Press, 1995); Paul Antze and Michael Lambek, *Tense Past: Cultural Essays in Trauma and Memory* (New York: Routledge, 1996); Charles B. Strozier and Michael Flynn, eds., *Trauma and Self* (Lanham, MD: Rowman & Littlefield, 1996); Leys, Trauma: *A Genealogy*, chap. 8.

26　Anson Rabinbach, *The Human Motor: Energy, Fatigue and the Origins of Modernity* (New York: Basic Books, 1993).

27　Eric Leed, "Haunting Memories: How History Becomes Holocaust." この論文は以下の会議で公表された. "Traumatic Pasts: History, Psychiatry and Trauma in the Modern Age," a conference at the University of Manchester, Centre for the History of Science, Technology and Medicine, March 29-30, 1996, p. 15. 以下も参照. Leed, "Fateful Memories: Industrialized War and Traumatic Neuroses," in *Journal of Contemporary History* 35 (January 2000), 85-100.

28　何よりもヴォルフガング・シヴェルブッシュを参照. *The Railway Journey: The Industrialization of Time and Space in the Nineteenth Century* (Berkeley: University of California Press, 1986).

29　南北戦争とトラウマについては, 以下を参照. Eric J. Dean, *Shook Over Hell: Posttraumatic Stress, Vietnam, and the Civil War* (Cambridge: Harvard University Press, 1997); John E.Talbott, "Combat Trauma in the American Civil War," *History Today* 46 (1996), 41-47; and *Mind Wounds: War and Psychic Injury since 1860* (work in progress); Lisa Hershbach, "Fragmentation and Reunion: Medicine, the Body, and the American Civil War" (Ph.D. Dissertation: Harvard University, 1997). 以下を参照. George Rosen, "Nostalgia: A 'Forgotten' Psychological Disorder," *Clio Medica* 10 (1975), 28-51. 紙数の制約のために, 本書では残念ながらこの主題を扱う章を設けることはできなかった.

30　Marc Baroli, *Le train dans la littérature française* (Paris: Thèse de l'Université de Paris, 1963); Esther Fischer-Homberger, "Die Büchse her Pandora: Der mythische Hintergrund der Eisenbahnkrankheiten des 19ten Jahrhunderts," *Sudhoffs Archiv* 56 (1971), 297-317; idem, "Railway Spine und traumatische Neurose - le und Rückenmark," *Gesnerus* 67 (1971), 96-111; Schivelbusch, *The Railway Journey*, chap. 9; George Frederick Drinka, *The Birth of Neurosis: Myth, Malady, and the Victorians* (New York: Simon & Schuster, 1984), chap. 5.

31　John Eric Erichsen, *On Railway and Other Injuries of the Nervous System* (London: Walton and Maberly, 1866).

32　以下を参照. Ralph Harrington, "The Neuroses of the Railway: Trains, Travel, and Trauma in Great Britain, ca. 1860-1914" (Ph.D. Dissertation: Oxford University 1999); "The 'Railway Spine' Diagnosis and Victorian Responses to PTSD," *Journal of Psychosomatic Research* 40 (January 1996), 11-14; "The Railway Journey and the Neuroses of Modernity," in Richard Wrigley and George Revill eds., *Pathologies of Travel* (Rodopi: Amsterdam, 2000), 203-59; and "The Neuroses of the Railway," *History Today* 44 (July 1994), 15-21.

33 Eric Caplan, "Trains, Brains, and Sprains: Railway Spine and the Origins of Psychoneuroses," *Bulletin of the History of Medicine* 69 (1995), 387–419.

34 Eric Caplan, *Mind Games: American Culture and the Birth of Psychotherapy* (Berkeley: University of California Press, 1998), chap. 2.

35 近年の歴史家は工業化された国家において19世紀の後半に「労働事故」の概念が独自の法的, 社会・経済的範疇として成立したことを指摘している. 以下を参照. Karl Figlio, "What Is an Accident?" in Paul Weindling, ed., *The Social History of Occupational Health* (London: Croom Helm, 1985), 180–206; Roger Cooter and Bill Luckin, eds., *Accidents in History: Injuries, Fatalities and Social Relations* (Amsterdam/Atlanta: Rodopi, 1997).

36 以下を参照. Greg Eghigian, "Die Bürokratie und das Entstehen von Krankheit. Die Politik und die 'Rentenneurosen,' 1890–1926," in *Stadt und Gesundheit. Zum Wandel von Volksgesundheit und kommunaler Gesundheitspolitik im 19. und frühen 20. Jahrhundert*, ed., Jürgen Reulecke and Adelheit Gräfin zu Castell-Rüdenhausen (Stuttgart: Steiner, 1991), 203–23; Eghigian, "The Politics of Victimization: Social Pensioners and the German Social State in the Inflation of 1914–1924," *Central European History* 26 (1993), 375–403; Heinz-Peter Schmiedebach, "Die 'traumatische Neurose' – Soziale Versicherung und der Griff der Psychiatrie nach dem Unfallpatienten," in Susanne Hahn and Achim Thom, eds., *Ergebnisse und Perspektiven Sozialhistorischer Forschung in der Medizingeschichte. Kolloquium zum 100. Geburtstag von Henry Sigerist* (Leipzig: Karl Sudhoff Institut, 1991), 151–63; Gabrielle Moser, "Der Arzt im Kampf gegen 'Begehrlichkeit und Rentensucht' im Deutschen Kaiserreich und in der Weimarer Republik," Jahrbuch fur Kritische Medizin 16 (1992), 161–83; and Fischer-Homburger, Die traumatische Neurose.

37 以下の書籍も参照. Anson Rabinbach, "Social Knowledge, Social Risk, and the Politics of Industrial Accidents in Germany and France" in Dietrich Rueschemeyer and Theda Skocpol, eds., *States, Social Knowledge, and the Origins of Modern Social Policies* (Princeton: Princeton University Press, 1996), 48–89. 英国の労働環境におけるこの問題については以下の未発表論文を参照. "Traumatic Neurasthenia' and the British Workmen's Compensation Acts, c. 1900-c. 1935," Michael Clark. その抄録は以下に所収. *Social History of Medicine* 4 (1991), 197–98.

38 Kenneth Levin, *Freud's Early Psychology of the Neuroses* (Pittsburgh: University of Pittsburgh Press, 1978); Young, *The Harmony of Illusions* (1995), 36–38, 77–81; Wilson, "Historical Evolution of PTSD Diagnostic Criteria," *Psychotraumatology* (1995), 10–15.

39 Henri F. Ellenberger, *The Discovery of the Unconscious: The History and Evolution of Dynamic Psychiatry* (New York: Basic Book, 1970), chap. 6; Onno Van der Hart, Paul Brown, and Bessel A. van der Kolk, "Pierre Janet's Treatment of Post-Traumatic Stress," *Journal of Traumatic Stress* 2 (1989), 379–95; Onno van der Hart and Barbara Friedman, "A Reader's Guide to Pierre Janet on Dissociation: A Neglected Intellectual Heritage," *Dissociation* 2 (1989), 3–16; Young, *Harmony of Illusions*, 32–36; Ruth Leys, "Traumatic Cures: Shell Shock, Janet, and the Question of Memory," *Critical Inquiry* 20 (Summer, 1994), 623–62.

40 この点に関する見解は以下を参照. Mark S. Micale, *Approaching Hysteria: Disease and Its Interpretations* (Princeton: Princeton University Press, 1995), 125–29.

41 Mark S. Micale, "Charcot and the Idea of Hysteria in the Male: A Study of Gender, Mental Science, and Medical Diagnosis in Late Nineteenth-Century France," *Medical History* 34 (October, 1990), 363–411; Micale, "Hysterical Male/Hysterical Female: Reflections on Comparative Gender Construction in Nineteenth-Century Medical Science," in *Science and Sensibility: Essays on Gender and the History of Science in Nineteenth-Century Britain*, ed., Marina Benjamin (London, Basil Blackwell, 1991), 200–39.

42 Hermann Oppenheim, *Die traumatischen Neurosen nach den in der Nervenklinik der Charité in den 5 Jahren 1883–1888 gesammelten Beobachtungen* (Berlin: Hirschwald, 1889).

43 以下も参照. Paul Lerner, "Hysterical Men: War, Neurosis and German Mental Medicine, 1914–1921" (Ph.D. Dissertation: Columbia University, 1996), "Rationalizing the Therapeutic Arsenal: German Neuropsychiatry in the First World War," in Manfred Berg and Geoffrey Cocks, eds., *Medicine and Modernity: Public Health and Medical Care in Nineteenth- and Twentieth-Century Germany* (New York: Cambridge University Press, 1997), 121–48, "'Ein Sieg deutschen Willens': Wille und Gemeinschaft in der deutschen Kriegspsychiatrie," in *Die Medizin und der Erste Weltkrieg*, eds., Wolfgang Eckart and Christoph Gradmann (Freiburg: Centaurus-Verlag, 1996), 85–107, "Psychiatry and Casualties of War in Germany, 1914–1918" *Journal of Contemporary History* 35 (January 2000), 13–28, "Hysterical Cures: Hypnosis, Gender and Performance in World War I and Weimar Germany," *History Workshop Journal* 45 (March 1998), 79–101, and "An Economy of Memory: Psychiatrists, Veterans and Traumatic Narratives in Weimar Germany," in *The Work of Memory in Germany: New Directions in the Study of German Society and Culture*, eds., Peter Fritzsche and Alon Confino (Champaign: University of Illinois Press, forthcoming).

44 Lisa Cardyn, "Engendering Traumatic Experience: Legal, Medical, and Psychological Conceptions of Sexual Trauma in American Culture, 1865–1950," (Ph.D. Dissertation: Yale University, work in progress).

45 患者数については断片的な情報しかないが，常に高い数字を示している．ピーター・リーズによればエジンバラ郊外のクレイグロックハート病院で治療を受けた神経症の患者は千人に上る．マーティン・ストーンらによればシェルショックに罹患した英国兵士の数は８万人だったという．以下を参照. Martin Stone, "Shell-shock and the Psychologists," in *The Anatomy of Madness*, ed. W.F.Bynum, Roy Porter, and Michael Shepherd, vol. 2. (London: Tavistock, 1985), 242–71. 以下に示すようにキャロライン・コックスは戦中戦後に除隊した兵士のうちで精神神経疾患を患っていた者を７万２千人としている．ポール・レルナーはドイツの軍医当局によって神経の症状を持つと診断され治療を受けた兵士は「20万人近く」いたとしている ("1Hysterical Men" [1996], 2). エリック・リードは1916年から1920年にかけて，1,043,653人の英国傷病兵の４％が精神疾患を持っていたとしている．リードによれば1932年になると英国政府から傷病年金を受け取っていた退役軍人のうち，精神疾患に罹患していると記録された者の割合は実に36％にのぼった (*No Man's Land* [1979], 185). この数字が示しているのは主に入院患者である．医学的，軍事的，法的な記録に残っていない多くの症例のことを考えると，実際の患者数がどれほどになるのかは誰にもわからない．

46 英国の膨大な文献の一部を以下に示す. Peter Barham, *The Forgotten Lunatics of the Great War* (London: Harper Collins, forthcoming); Feudtner, "'Minds the Dead Have Ravished'" (1993); Tom Brown, "Shell Shock in the Canadian Expeditionary Forces, 1914–1918: Canadian Psychiatry in the Great War," *Health, Disease and Medicine: Essays in Canadian History*, in ed., Charles Roland (Toronto: Clarke Irwin, 1983); Martin Stone, "Shell Shock and the Psychologists," (1985); Ted Bocagz, "War Neurosis and Cultural Change in England, 1914–1922: The Work of the Office Committee of Enquiry into 'Shell Shock'," *Journal of Contemporary History* 24 (1989), 227–56; Eric T. Dean, Jr., "War and Psychiatry: Examining the Diffusion Theory in Light of the Insanity Defense in post-World War I Britain," *History of Psychiatry* 4 (1993), 61–82; Joel D. Howell, "'Soldier's Heart': The Redefinition of Heart Disease and Specialty Formation in Early Twentieth-Century Great Britain"; Roger Cooter, "Malingering in Modernity: Psychological Scripts and Adversarial Encounters during the First World War," in *War, Medicine and Modernity*, eds., Roger Cooter, Mark Harrison and Steve Sturdy (Stroud, Gloucestershire: Sutton Publishing, 1998), chap. 7; Edward M. Brown,

"Between Cowardice and Insanity: Shell Shock and the Legitimation of the Neuroses in Great Britain," in *Science, Technology, and the Military*, 2 vols., in Everett Mendelsohn, Merritt Roe Smith, and Peter Weingart eds., *Sociology of the Sciences* 8 (Dordrecht: Kluwer Academic Publishers, 1988), 1323–45; Brown, "Post-Traumatic Stress Disorder and Shell Shock," in *A History of Clinical Psychiatry: The Origins and History of Psychiatric Disorders*, eds., German E. Berrios and Roy Porter (London: Athlone, 1995), 501–508; Joanna Bourke, "Signing the Lead: Malingering, Australian Soldiers and the Great War," *Journal of the Australian War Memorial* 26 (1995), 10–18; and Leys, *Trauma: A Genealogy*, chap. 3. Studies on other national contexts include Barrois, *Névroses traumatiques* (1988), 36–43; José Brunner, "Psychiatry, Psychoanalysis, and Politics during the First World War," *Journal of the History of the Behavioral Sciences* 27 (1991), 352–65; Bernd Ulrich, "Nerven und Krieg: Skizzierung einer Beziehung," ed., *Geschichte und Psychologie: Annäherungsversuche*, ed., Bedrich Loewenstein (Pfaffenweiler: Centaurus Verlag, 1992), 163–91; Doris Kaufmann, "Science as Cultural Practice: Psychiatry in the First World War and Weimar Germany," *Journal of Contemporary History* 34 (January 1999), 125–44; Peter Riedesser and Axel Verderber, *"Maschinengewehre hinter der Front": Zur Geschichte der deutschen Militärpsychiatrie* (Frankfurt: Fischer, 1996); Karl-Heinz Roth, "Die Modernisierung der Folter in den beiden Weltkriegen," *1999: Zeitschrift für Sozialgeschichte des 20. und 21. Jahrhunderts* 2 (July 1987), 8–75; David Evans Tanner, "Symbols of Conduct: Psychiatry and American Culture, 1900–1935" (Ph.D. Dissertation: University of Texas at Austin, 1981), chap. 2; また以下の著作がある. Marc Roudebush, Catherine Merridale, Paul Lerner, and George L. Mosse in *Journal of Contemporary History*, "Shell Shock," special issue, 35 (January 2000) Eva Horn, Bernd Ulrich, and Inka Mülder-Bach in ed., Mülder-Bach, *Modernität und Trauma: Beiträge zum Zeitenbruch des Ersten Weltkrieges* (Vienna: Universitätsverlag der Hochschülerschaft an der Universität Wien, 2000).

47 類書の中で特に以下を参照. Lerner, "Hysterical Men," chap. 2.

48 Paul Fussell, *The Great War and Modern Memory* (London: Oxford University Press, 1975), chap. 5; Elaine Showalter, *The English Malady: Women, Madness, and English Culture, 1830–1980* (London: Virago, 1987), chap. 7; Samuel L. Hynes, *A War Imagined: The First World War and English Culture* (London: Bodfley Head, 1990); Pat Barker, *Regeneration* (New York: Plume, 1991); Barker, *The Eye in the Door* (New York: Dutton, 1993); Barker, *The Ghost Road* (New York: Dutton, 1995).

49 以下も参照. Peter J. Leese, "A Social and Cultural History of Shellshock with Particular Reference to the Experience of British Soldiers during and after the Great War" (Ph.D. Dissertation: Open University, 1989).

50 Bruna Bianchi, "La psychiatrie italienne et la Guerre," in *Guerre et Cultures*, 1914–1918, eds., J. J. Becker et al., (Paris, Armand Colin, 1994), 118–31.

51 以下も参照. Marc Roudebush, "A Battle of Nerves: Hysteria and Its Treatment in France during World War I" (Ph.D. Dissertation: University of California at Berkeley, 1995) and "A Patient Fights Back: Neurology in the Court of Public Opinion in France during the First World War," *Journal of Contemporary History* 35 (January 2000), 29–38. "La psychiatrie pendant la Grande Guerre" (Memoire de DEA sous la direction de Stéphane Audoin-Rousseau, University of Picardie, 1993). 戦争によって誘発されたフランス北東部の非占領地域の民間人のトラウマについては以下を参照. Annette Becker, *La France en guerre, 1914–1918: La Grande Mutation* (Brussels: Éditions complexe, 1988).

52 敗戦国においても事情はほとんど変わらなかった. 戦争は集団的, 国家的な崩壊体験であった. 軍事的敗北と政治的改革のなかでシェルショックは非難され, スケープゴートにされることが多

かった．以下を参照．Lerner, “Hysterical Men,” chaps. 6, 7.

53 Trudi Tate, “HD’s War Neurotics,” in Suzanne Raitt and Trudi Tate, eds., *Women’s Fiction and the Great War* (Oxford and New York: Oxford University Press, 1997), 241-62.

54 Leed, “Haunting Memories: How Holocaust Becomes History.” Paper delivered at “Traumatic Pasts,” March 30, 1996.

55 この点を指摘されたトルーディ・テイトに感謝する．

56 医学史における社会的•文化的環境という概念については以下を参照．Charles E. Rosenberg and Janet Golden, eds., *Framing Disease: Studies in Cultural History* (New Brunswick, NJ: Rutgers University Press, 1992).

57 男性性の歴史研究は現在急速に進展しているが，医学における男性性の歴史研究は驚くほど少ない．以下はその例外である．Janet Oppenheim, *“Shattered Nerves”: Doctors, Patients, and Depression in Victorian England* (New York: Oxford University Press, 1991), chap. 5; and Mark S. Micale, *Hysterical Males: Medicine and Masculine Nervous Illness from the Renaissance to Freud* (work in progress).

58 エリクゼンは鉄道脊髄症の患者についてこう記している．「こうした男性が突然，失恋をした少女のように“ヒステリー的”になったと考えることは合理的と言えるだろうか？」．下記文献より引用．Caplan, “Trains, Brains and Sprains,” (1995), 393.

59 Susan Gubar and Sandra M. Gilbert, “Soldier’s Heart: Literary Men, Literary Women and the Great War,” in Gubar and Gilbert, eds., *No Man’s Land: The Place of the Woman Writer in the Twentieth Century*, 3 vols. (New Haven: Yale University Press, 1988-94), 2: 258-323; Showalter, *English Malady*, chap. 7.” ショーウォルターはこう記している．「恐怖とストレスに満ちたまったく初めての耐えがたい環境のなかで，コントロール感を剝奪され，時代遅れの不自然な「勇気」を発揮するように期待された数千人の兵士は，その代わりにヒステリー症状を出現させたのである．声を失い，身振りで話そうとする［…］ヴィクトリア朝の女性ヒステリーの流行は，彼女たちを狭い女性性に閉じ込めていた父性的社会への抗議であった．第一次世界大戦の男性ヒステリーの流行は政治家，将軍，精神科医への抗議である」．ショーウォルターによる以下の文献を参照．“Rivers and Sasson: The Inscription of Male Gender Anxieties,” in *Behind the Lines: Gender and the Two World Wars*, eds., Margaret Randolph Higonnet et al. (New Haven: Yale University Press, 1987), 64. On war and masculinity. Eric J. Leed, “Violence, Death, and Masculinity,” *Vietnam Generation* 1 (1989), 168-89; Michael C. Adams, *The Great Adventure: Male Desire and the Coming of World War I* (Bloomington: Indiana University Press, 1990); Graham Dawson, *Soldier Heroes: British Adventure, Empire, and the Imagining of Masculinities* (London and New York: Routledge, 1994); Klaus Theweleit, *Male Fantasies*, Vol. II: *Male Bodies – Psychoanalyzing the White Terror*, trans. Erica Carter and Christ Turner (Minneapolis: University of Minnesota Press, 1989); Susan Jeffords, *The Remasculinization of America: Gender and the Vietnam War* (Bloomington: University of Indiana Press, 1989); Silverman, *Male Subjectivity at the Margins*, 52-125, and Joanna Bourke, “Effeminacy, Ethnicity and the End of Trauma: The Sufferings of ‘Shell-shocked’ Men in Great Britain and Ireland, 1914-1939,” *Journal of Contemporary History* 35 (January 2000), 57-69.

60 George L. Mosse, *Fallen Soldiers: Reshaping the Memory of the World Wars* (New York: Oxford University Press, 1990); Carolyn Dean, “The Great War, Pornography, and the Shaping of Modern Male Subjectivities,” in *Modernism/Modernity* 3 (May 1996), 59-72.

61 第一次世界大戦が男性の身体にもたらした衝撃を扱った文献は以下の通り．Joanna Bourke, *Dismembering the Male: Men’s Bodies, Britain, and the Great War* (London: Reaktion, 1996). Robert W.Whalen, *Bitter Wounds: German Victims of the First World War* (Ithaca: Cornell University Press, 1984); K. D. Thomann, “‘Es gibt kein Krüppeltum, wenn der eiserne Wille vorhanden ist, es

zu überwinden!' Konrad Biesalski und die Kriegsbeschädigtenfursorge, 1914-1918," *Medizinisch Orthopädische Technik* 114 (Mai/Juni 1994), 114-21; and Deborah Cohen, *The War Come Home: Disabled Veterans in Great Britain and Germany* (Berkeley: The University of California Press, 2001). 女性とジェンダーの歴史の中で第一次世界大戦を扱った研究は多数に上るが，以下はその一例である. Higonnet, *Behind the Lines* (1987); Helen M. Cooper, Adrienne A. Munich, and Susan M. Squier, eds., *Arms and the Woman: War, Gender, and Literary Representation* (Chapel Hill: University of North Carolina Press, 1989); Lynn Hanley, *Writing War: Fiction, Gender, and Memory* (Amherst: University of Massachusetts Press, 1991); and Raitt and Tate, eds., *Women's Fiction and the Great War*.

62 Leed, "Haunting Memories." 紙数の制約のために，この優れた論考を本書に収録できなかったことは編者として非常に残念である.

63 しかしながら，だからといってこの文献に記載されている「トラウマ後ストレス」症状を本書が軽視しているとか，トラウマを医師によって患者に誘導された虚言による幻想だなどと見なしているわけではない. PTSDを真実の，あるいは構成された症状であるとする双方の立場からの興味深い議論は下記を参照. Young, *Harmony of Illusions*, 5.

64 Leed, "Haunting Memories."

65 これらふたつの主題については以下を参照. Nicolas Crabtree, "Post-Traumatic Stress in the Boer War and Great Britain, 1899-1913," (Masters Thesis: University of Manchester, 1998); Jacqueline Friedlander, "War, Revolution and Trauma: Russian Psychiatry, 1904-1928" (Ph.D. Dissertation: University of California at Berkeley, work in progress); and Catherine Merridale, "The Collective Mind: Trauma and Shell Shock in Twentieth-Century Russia," *Journal of Contemporary History* 35 (January 2000), 39-55.

66 すでに引用された文献に以下を追加したい. Ben Shephard, "'Pitiless Psychology': The Role of Prevention in British Military Psychiatry in the Second World War," *History of Psychiatry* 10 (December, 1999), 491-524; Albert Glass and Robert Bernacci, *Neuropsychiatry in World War II* (Washington DC: Office of the Surgeon General, 1966); J.T. Copp and Bill McAndrew, *Battle Exhaustion, Soldiers, and Psychiatrists in the Canadian Army, 1939-1945* (Montreal: McGill Queens University Press, 1990); George H. Roeder, Jr., *The Censored War: American Visual Experience during World War II* (New Haven: Yale University Press, 1993); C. A. Morgan III, "Captured On Film: The Appropriation of Combat Fatigue in American Feature and Documentary Film" (M.A.Thesis: Yale University, 1996); Johannes Coenraad Pols, "Managing the Mind: The Culture of American Mental Hygiene, 1910-1950 (Ph.D. Dissertation: University of Pennsylvania, 1997), chap. 7, and Hans Pols, "The Repression of War Trauma in American Psychiatry after World War II," in *Medicine and Modern Warfare*, eds., Roger Cooter, Mark Harrison and Steve Sturdy (Amsterdam and Atlanta: Rodopi, 1999), chap. 10; Joanna Bourke, "Disciplining the Emotions: Fear, Psychiatry and the Second World War," in *War, Medicine and Modernity*, eds., Cooter, Harrison, and Sturdy chap. 12, and Leys, *Trauma: A Genealogy*, chap. 6. 第二次世界大戦後のトラウマとドイツ人捕虜については以下を参照. Frank Biess, "The Protracted War: Returning POWs and the Making of East and West German Citizens, 1945-1955" (Ph.D. Dissertation: Brown University, 2000).: 20世紀の軍事精神医学についての広汎な論考としては以下のものがある. Richard Gabriel, *The Painful Field: The Psychiatric Dimension of Modern War* (New York: Greenwood Press, 1988); Hanns Binneveld, *From Shellshock to Combat Stress: A Comparative History of Military Psychiatry* (Amsterdam: Amsterdam University Press, 1997); and Peter Riedesser and Axel Verderber, *Aufrüstung der len: Militärpsychologie und Militarpsychiatrie in Deutschland und Amerika* (Freiburg: Dreisam-Verlag, 1985). 以下も参照. Joanna Bourke, *An Intimate History of Killing: Face-to-Face*

Killing in Twentieth-century Warfare (New York: Basic Books, 1999).

67　Leed, "Haunting Memories." 以下も参照. Seth Koven, "Remembering and Dismemberment: Crippled Children, Wounded Soldiers and the Great War in Great Britain," American Historical Review 99 (1994), 1167-202.

訳注 1　本書では trauma の訳語は，身体的外傷以外はトラウマとしている．外傷神経症のような歴史的病名についても同様である．ただし，PTSD は公的診断病名として「外傷後ストレス障害」と訳されているのでそれに従った．

第 2 章　鉄道事故

1　H. G. Wells, *Anticipations of the Reactions of Mechanical and Scientific Progress upon Human Life and Thought* (London: Chapman & Hall, 1902), 4.

2　19世紀の鉄道一般，とりわけ鉄道事故の文化的意義に関する広汎な議論は以下を参照. George F. Drinka, *The Birth of Neurosis: Myth, Malady and the Victorians* (New York: Simon & Schuster, 1984), chap. 5; Ralph Harrington, "The neuroses of the railway," *History Today* 44, 7 (July1994), 15-21; この主題に関する基本文献としては以下を参照. Wolfgang Schivelbusch's brilliant *The Railway Journey: The Industrialization of Time and Space in the Nineteenth Century* (Oxford: Basil Blackwell, 1980).

3　「鉄道脊髄症」という用語の初出は明確ではない．編者の知り得るかぎり，最初の出版物はジョン・エリクゼンの *On Railway and Other Injuries of the Nervous System* (London: Walton & Maberly, 1866) である．同書によればエリクゼンが執筆していた当時，すでにこの用語が一般的に用いられていたことになっているが，1862年のランセット誌の "The Influence of Railway Travelling on Public Health" と題された報告書ではこの用語は使われていない.

4　「鉄道脊髄症」についての現在の学術研究の嚆矢となったのは以下の論文である. Esther Fischer-Homberger, "Railway Spine und traumatische Neurose – l und Rückenmark," *Gesnerus* 27 (1975), 96-111, and *Die traumatische Neurose: von somatischen zum sozialen Leiden* (Vienna: Hans Huber, 1975). 広汎な歴史的考察は以下を参照. Drinka, *Birth of Neurosis*, and Schivelbusch, *Railway Journey*. さらに詳細な医学史的分析は以下を参照. Michael R. Trimble, *Post-traumatic Neuroses: from Railway Spine to Whiplash* (Chichester: John Wiley, 1981); Ralph Harrington, "The 'Railway Spine' diagnosis and Victorian responses to PTSD," *Journal of Psychsomatic Research* 40, 1 (January 1996), 11-14; and Eric Caplan, "Trains, Brains and Sprains: Railway Spine and the Origins of Psychoneuroses," *Bulletin of the History of Medicine* 69, 3 (Fall 1995), 387-419. 本書のカプランの寄稿も参照されたい.

5　ビクトリア朝英国の「鉄道脊髄症」の指導的研究者はすべて外科医であった．おそらくその理由は，鉄道事故の被害者を診察し，治療し，さらに重要なこととして傷害保険のための身体検査を行う医療を外科医が行ったためであろう．実際，英国の歴史において初期の「鉄道脊髄症」理論の基礎となったのは，神経系の構造と機能を研究したベンジャミン・ブロディやジョン・アバークロンビー卿などの外科医が作り上げた脊髄震盪のモデルであった.

6　Sigmund Freud, *The Standard Edition of the Complete Psychological Works of Sigmund Freud*, trans. And ed. James Strachey, 24 vols. (London: Hogarth Press/Institute of Psychoanalysis, 1955), 2.; なおヒステリーについての初期のフロイトの論考は，パリとベルリンで鉄道事故の症例についての議論を見聞したことに触発されたものである．以下を参照. Freud, *Standard Edition*, I: *Pre-Psycho-Analytic Publications and Unpublished Drafts*, 12, 51-3. For background. 以下も参照. Frank J. Sulloway, *Freud, Biologist of the Mind: Beyond the Psychoanalytic Legend* (New York: Ba-

sic Books, 1979), 37-9.

7 以下を参照. Martin Stone, "Shell Shock and the Psychologists," in *The Anatomy of Madness*, eds., W. F. Bynum, Roy Porter, and Michael Shepherd (Cambridge: Cambridge University Press, 1988), 2: 242-71; Harold Mersky, "Shell-Shock," in *150 Years of British Psychiatry, 1841-1991*, eds., German E. Berrios and Hugh Freeman (London: Gaskell/Royal College of Psychiatrists, 1991), 246-7. シェルショックの意義を英国医学におけるトラウマ神経症の論考，とりわけ第一次大戦後の心理学ではなく神経学による論考との連続性を強調して論じた文献としては以下を参照. Joanna Bourke, *Dismembering the Male: Men's Bodies, Britain and the Great War* (London: Reaktion Books, 1996), 20-21 and 106-23, esp. 114ff.

8 "The Railway Calamity," *Saturday Review*, 29 August 1868, 281.

9 Roger Cooter, "The moment of the Accident: Culture, Miltarism and Modernity in late-Victorian Britain," in *Accidents in History: Injuries, Fatalities and Social Relations*, eds., Roger Cooter and Bill Luckin (Amsterdam: Rodopi, 1997). 強調は原文による. 未発表原稿を閲覧し，引用することを認めていただいたロジャー・クーパーに感謝する.

10 R.W. Kostal, *Law and English Railway Capitalism 1825-1875* (Oxford, 1994), 280.

11 1961年には16,300万人の乗客が英国の9,500マイルに及ぶ鉄道網を利用したとの記録がある. その年は鉄道事故にとって例外的に不運な一年であったが，8件の事故で46人の乗客が死亡した. 1人の死亡に対して350万人以上が無事に旅行をしたことになる. 死者の出なかった事故はさらに多く起こっていたが，それを含めたとしても安全性は優秀であったと言ってよい. 致死的ではないが運輸委員会に報告されるほどの重大事故は1861年から65年までに385件起こっており，これは265万人が無事に旅行をするたびに1人が重大事故に巻き込まれたという計算になる. これらの数字は運輸委員会の半年ごとの事故報告である*Parliamentary Papers*に基づいたものである. より詳細な統計は以下を参照. H. Raynar Wilson, *Railway Accidents: Legislation and Statistics 1825 to 1924* (London: Raynar Wilson, 1925). 鉄道事故一般について，主に技術，運用上の問題を扱った文献としては以下のものがある. L.T. C. Rolt, *Red for Danger: A History of Railway Accidents and Railway Safety* (London: The Bodley Head, 1955; 3rd edn., Newton Abbot: David & Charles, 1976).

12 以下を参照. W. A. Dinsdale, *History of Accident Insurance in Great Britain* (London: Stone & Cox, 1954), 54-5; Michael Stewart, *The Railway Passengers Assurance Company, with Particular Reference to its Insurance Tickets* (London: Transport Ticket Society, 1985), 7.

13 この事故では走行中の貨物車が客車に衝突し，その火災によって32人が死亡した. 以下を参照. Rolt, *Red for Danger*, 181-4.

14 "The Railway Calamity," *Saturday Review*, 29 August 1868, 281.

15 Jack Simmons, *The Victorian Railway* (London: Thames & Hudson, 1991), 17. この事故の説明は以下を参照. Rolt, *Red for Danger*, 114-9.

16 以下を参照. Rolt, *Red for Danger*, 181-4.

17 *Illustrated London News*, 29 August 1868, Jack Simmons, *Railways: An Anthology* (London: Collins, 1991), 76による引用.

18 *The Poems of Tennyson*, ed., Christopher Ricks, 3 vols. (London, Longman, 1969; 3rd ed. 1986), 3: 231.

19 Edwin Phillips, "The Internal Working of Railways," *Fortnightly Review* 15 (1874, new series), 375. 1870年代に*Railway Service Gazette*の編集長を務めたフィリップは鉄道従事者の権利の熱心な擁護者であり鉄道会社の経営を批判した.

20 "Railway Reform," *Saturday Review*, 27 April 1872, 532.

21 鉄道事故という「災害の民主化」については以下を参照. Rosalind Williams, *Notes on the Under-*

ground (Cambridge, MA, and London: MIT Press, 1990), 63-4.

22　鉄道が運行されていた法的枠組みと鉄道の安全性についての政府の方針については以下を参照. Kostal, *Law, passim*; Rolt, *Red for Danger, passim*; and Henry Parris, *Government and the Railways in Nineteenth-century Britain* (London & Toronto: Routledge/University of Toronto Press, 1965). 事故についての当局の調査，および商業会議所と鉄道会社の関係については以下を参照. Jack Simmons, "Accident Reports, 1840-90". 彼自身の全集に収録. *The Express Train and Other Railway Studies* (Nairn: Thomas & Lochar, 1995), 213-33.

23　たとえば以下を参照. Jack Simmons, "A Powerful Critic of Railways: John Tenniel in *Punch*," in *The Express Train and Other Railway Studies*, 133-57.

24　"A Caution to Railway Directors," *Saturday Review*, 16 August 1862, 181.

25　*The Lancet*, 10 January 1857, 43.

26　Kostal, *Law*, 308. 手厳しいランセット誌もこうした主張にもっともな点があることは認めていた. 1860年にはこう述べている.「鉄道会社が直面している負傷者からの補償要求は完全に作り話とはいえないまでも誇張されていることが多く，詐欺からの保護のためには法に則ったきわめて慎重な注意が必要である」. *The Lancet*, 25 August 1860, 195.

27　鉄道事故の法的文脈についての著者の議論は，法的背景を詳述したコスタルの著作に多くを負っている. Kostal, *Law*, chap. 7, "'The Instrumentality of Others': Railway Accidents and the Courts, 1840-1875."

28　Kostal, *Law*, 254-6 and 280-90.

29　これは鉄道の安全性が現実に低下したためではなく，19世紀中頃の鉄道網が発達し輸送量が増大したためである. この点をコスタルは統計的に示している (Kostal, *Law*, 280). この時期を通じて英国の鉄道の安全性は確実に向上していたが，社会はそのように受け止めてはいなかった. 鉄道事故の統計は以下の貴重な概論を参照. Rayner Wilson. *Railway Accidents: Legislation and Statistics1825-1924* (London: Rayner Wilson, 1925).

30　Kostal, *Law*, 290, 304.

31　Ibid., 304-5.

32　Ibid., 381-2. 鉄道会社の医師は，負傷について今後は法的訴えを起こさないという署名と引き替えに，事故の現場で被害者に賠償金を支払う権限を与えられていた. 医学界にはこうした業務への懸念があった. たとえば以下の巻頭言を参照. "Medical Superintendents of Railway Companies," *British Medical Journal*, 22 August 1863, 214-5.

33　Kostal, *Law*, 381-2.

34　John Charles Hall, *Medical Evidence in Railway Accidents* (London, Longmans, 1868), 17.

35　*The Lancet*, 14 September 1861,255.

36　"Medical Evidence," *British Medical Journal*, 8 April 1865, 354-5.

37　"Medical Evidence on Railway Accidents," *British Medical Journal*, 25 March 1865, 300.

38　*The Lancet*, 14 September 1861, 255.

39　"Medical Evidence on Railway Accidents," *British Medical Journal*, 25 March 1865, 300.

40　たとえば以下を参照. Thomas Wharton Jones, *Failure of Sight from Railway and Other Injuries of the Spine and Head* (London: J. Walton, 1855; 2nd ed., 1866); William Camps, *Railway Accidents or Collisions: Their Effects upon the Nervous System* (London: H. K. Lewis, 1866); John E. Erichsen, *On Railway and Other Injuries of the Nervous System* (London: Walton & Maberly, 1866); Edwin Morris, *A Practical Treatise on Shock after Surgical Operations and Injuries, with Special Reference to Shock caused by Railway Accidents* (London: Robert Hardwicke, 1867); James Ogden Fletcher, *Railways in their Medical Aspects* (London: J. E. Cornish, 1867); John Charles Hall, *Medical Evidence in Railway Accidents* (London: Longmans, 1868). 外科以外の医療的著作の中でも鉄道による

負傷には特別の言及がなされた．たとえば以下を参照．Frederic C. Skey, *Hysteria* (London: Longmans, Green, Reader, & Dyer, 1867).

41 "The Influence of Railway Travelling on Public Health," *The Lancet*, 4 January 1862, 15-19; II January, 48-52; January, 79-83; 25 January, 107-110; I February, 130-2; 8 February, 155-8; I March, 231-5; 8 March, 258-60. 同名の別冊も出版されている (London: The Lancet, 1862).

42 J. E. Erichsen, *On Railway and Other Injuries of the Nervous System* (London: Walton & Maberly, 1866). エリクゼンについては以下を参照.

43 *The Lancet*, 18 January1862, 83-4; 8 February1862, 156-8.「事故とその一次的・二次的影響」という章の大部分を執筆したウォーラー・ルイスは郵便局の医療部長であり，郵便局員の鉄道旅行の影響について1859年に広汎な調査を行った．郵便局がそのような調査を行ったこと自体が，その当時鉄道旅行の健康影響について懸念が広がっていたことを示している.

44 この印象的な表現は以下の論文の表題に由来する．"Medical Superintendents of Railway Companies," *British Medical Journal*, 22 August 1863, 214.

45 *The Lancet*, 8 February 1863, 157.

46 Ibid., 156.

47 Ibid.

48 Ibid.

49 Ibid.

50 Ibid., 156.

51 M. S. Micale, *Approaching Hysteria: Disease and its Interpretations* (Princeton, NJ: Princeton University Press, 1995), 126-8.

52 *The Lancet*, 1 March 1862, 234.

53 *The Lancet*, 18 January 1862, 84.

54 *The Lancet*, 8 February 1862, 158

55 以下を参照．Michael R. Trimble, *Post-traumatic Neurosis: from Railway Spine to Whiplash* (Chichester: John Wiley, 1981), 3-4. 脊髄震盪による負傷に関してもっとも影響力のあったモデルの大部分は外科医のベンジャミン・ブロディ卿が作成した．以下の彼自身の著作を参照．"Injuries to the Spinal Cord," *Medico-Chirurgical Transactions* 20 (1837), 118. エリクゼンは1830年代にブロディの下で外科医としての訓練を受けた.

56 J. E. Erichsen, *On Surgical Evidence in Courts of Law with Suggestions for its Improvement* (London: Longmans, Green, 1878).

57 Charles D. Dana, "The Traumatic Neuroses: Being a Description of the Chronic Nervous Disorders that Follow Injury and Shock," in *A System of Legal Medicine*, eds., Allan McLane Hamilton & Lawrence Godkin (2 vols., New York: E. B.Treat, 1894), 2: 299; quoted in Eric Caplan, "Trains, Brains, and Sprains: Railway Spine and the Origins of Psychoneuroses," *Bulletin of the History of Medicine* 69, 3 (Fall 1995), 390.

58 「鉄道脊髄症」への社会の関心は，一般雑誌がこの主題についての医学論文に関心を示したことにも表われている．次の雑誌は1862年のランセット誌の調査を紹介した．*Cornhill* 6 (July-December 1862), 480-1, and *The Spectator*, 12 July 1862. エリクゼンの1866年の書籍は，医学雑誌だけではなく *The Spectator*, 12 July 1866, でも紹介された．翌年に出版されたジェームズ・オグデン・フレッチャーの *Railways in their Medical Aspects* は以下の雑誌で紹介された．*The Athenæm*, 19 October 1867, and *the Saturday Review*, 16 May 1868.

59 "The 'Railway Spine,'" *The Spectator*, 28 July 1866, 834.

60 S. V. Clevenger, *Spinal Concussion* (Philadelphia & London: F. A. Davis, 1889), 3. S. V. クレヴェンジャーは鉄道脊髄症を「エリクゼン病」と呼ぶことを示唆した．Ibid., 207-8.

61　Allan McLane Hamilton, *Railway and Other Accidents, with Relation to Injury and Disease of the Nervous System: A Book for Court Use* (London: Balliere, Tindall & Cox, 1904), 2.
62　Erichsen, *On Railway and Other Injuries*, 112-3.
63　Ibid., 123.
64　Ibid., 46.
65　Ibid., 9.
66　*British Medical Journal*, 1 December 1866, 612.
67　Ibid.
68　*British Medical Journal*, 15 December 1866, 678.
69　Erichsen, *On Railway and Other Injuries*, 10-11.
70　Ibid., 2.
71　J. E. Erichsen, *On Concussion of the Spine, Nervous Shock, and Other Obscure Injuries of the Nervous System in their Clinical and Medico-legal Aspects* (London: Longmans Green, 1875), 15.
72　Erichsen, *On Concussion of the Spine*, 175.
73　Ibid., 193.
74　Ibid., 195.
75　F. Le Gros Clark, "Lectures on the Principles of Surgical Diagnosis," Lecture VI, *British Medical Journal*, 3 October 1868, 355.
76　Ibid.
77　Ibid.
78　John Furneaux Jordan, *Surgical Inquiries* (London: J. & A. Churchill, 1873), 37-8.
79　Herbert W. Page, *Injuries of the Spine and Spinal Cord Without Apparent Mechanical Lesion, and Nervous Shock, in their Surgical and Medico-Legal Aspects* (London: J. & A. Churchill, 1883), 162.
80　Erichsen, *On Concussion of the Spine*, 156.
81　Page, *Injuries of the Spine*, 85.
82　Ibid.
83　Ibid.
84　Herbert W. Page, *Railway Injuries: with Special Reference to those of the Back and Nervous System, in their Medico-legal and Clinical Aspects* (London: Charles Griffin & Co., 1891), 62.
85　Page, Railway Injuries, 62.
86　Ibid., 25
87　Ibid., 69.
88　Herbert W. Page, "On the Mental Aspect of Some Traumatic Neuroses" (1895), in *Clinical Papers on Surgical Subjects* (London: Cassell, 1897), 25.
89　以下を参照. Micale, *Approaching Hysteria*, 126-8.
90　Erichsen, *Railway and Other Injuries*, 126.
91　Ibid., 126-7.
92　Erichsen, *On Concussion of the Spine*, 199.
93　Page, *Railway Injuries*, 61.
94　Ibid., 52-3.
95　Page, *Clinical Papers*, 136-7.
96　マーク・ミカーリの本書の担当章および以下を参照. "Charcot and *les névroses traumatiques*: Scientific and Historical Reflections," *Journal of the History of the Neurosciences* 4, 2 (June1995), 101-19, esp. 107-9. 以下も参照. Kenneth Levin, "Freud's Paper 'On Male Hysteria' and the Conflict Between Anatomical and Physiological Models," *Bulletin of the History of Medicine* 48, 3

(1974), 377-97, esp. 381-2.

97 19世紀文学，特にディケンズの作品における鉄道のイメージの概要は以下を参照. Jack Simmons, *The Victorian Railway* (London: Thames & Hudson, 1991), chap. 8.

98 Émile Zola, *La Bête humaine*, trans. L. Tancock (Harmondsworth: Penguin, 1977), 56. ゾラの作品における，制御の効かなくなった近代性と運転士のいない列車というイメージは以下を参照. Daniel Pick, *War Machine: the Rationalisation of Slaughter in the Modern Age* (New Haven & London: Yale University Press, 1993), 106-10.

99 Zola, *La Bête humaine*, 294.

100 以下の文献では人体に対して近代的効率化のモデルと機械の比喩が用いられている. Anson Rabinbach, *The Human Motor: Energy, Fatigue, and the Origins of Modernity* (Berkeley: Sage, 1991).

101 Page, *Clinical Papers*, 15.

102 以下を参照. Sander L. Gilman, "The Image of the Hysteric," in *Hysteria Beyond Freud*, eds., Sander L. Gilman, Helen King et al. (Berkeley, Los Angeles, and London: University of California Press, 1993), 417-8.

訳注 **1**　英国ウェールズ北岸の町. ウェールズ語による名称.

第3章　米国黄金時代の列車とトラウマ

1 神経衰弱の歴史的文化的意義についての多数の書籍，論文が存在しているにも関わらず，鉄道脊髄症を扱った英語文献は非常に少ない. 以下を参照. Eric Caplan, "Trains, Brains, and Sprains: Railway Spine and the Origins of Psychoneuroses," *Bulletin of the History of Medicine* 69 (1995), 387-419; idem, *Mind Games: American Culture and the Birth of Psychotherapy* (Berkeley: University of California Press, 1998); Ralph Harrington, "The Neuroses of the Railway," *History Today* 44 (1994), 15-21; idem, "The 'Railway Spine' Diagnosis and Victorian Response to PTSD," *Journal of Psychosomatic Research* 40 (1996), 11-14; Allard Dembe, *Occupation and Disease: How Social Factors Affect the Conception of Work-Related Disorders* (New Haven and London: Yale University Press, 1996), 107-19; Allan Young, *The Harmony of Illusions: Inventing Post-Traumatic Stress Disorder* (Princeton: Princeton University Press, 1995), 1-28; Ian Hacking, *Rewriting the Soul: Multiple Personality and the Science of Memory* (Princeton: Princeton University Press, 1995), 184, 192-3; Thomas Keller, "Railway Spine Revisited: Traumatic Neurosis or Neurotrauma," *Journal of the History of Medicine and Allied Sciences* 50 (1995), 507-24; Wolfgang Schivelbusch, *The Railway Journey: The Industrialization of Time and Space* (Berkeley: University of California Press, 1989), 134-70; George Drinka, *The Birth of Neurosis* (New York: Simon and Schuster, 1984), 109-22; Michael R. Trimble, *Post-Traumatic Neurosis: From Railway Spine to Whiplash* (New York: John Wiley & Sons, 1981); F. G. Gosling, *Before Freud: Neurasthenia and the American Medical Community, 1870-1910* (Urbana and Chicago: University of Illinois Press, 1978), 91-92; James Hoopes, *Consciousness in New England* (Baltimore and London: Johns Hopkins University Press, 1989), 243-44; Edward M. Brown, "Regulating Damage Claims for Emotional Injuries before the First World War," *Behavioral Sciences and the Law* 8 (1990), 421-34; and Nathan Hale, *Freud in America: The Beginnings of Psychoanalysis in the United States* I (New York: Oxford University Press, 1971), 87-88. これらの著作は鉄道脊髄症についての神経学者の学説を，一般論としてではあるが，かなり正確に論じている. しかし神経学者の学説を超えた議論はまだ産み出されていない. ドリンカとシヴェルブッシュは興味深い文化論的考察を呈示している. トリンブルはこの主題につい

ての初期の医学文献についてのさらに厳密な議論を行っている．ゴスリングは神経衰弱の果たした役割に絞った考察をした．そしてフープスが探索した機能的，構造的な疾患概念の区別は，この議論に貴重な情報をもたらした．

2　Lawrence M. Friedman, *A History of American Law*, 2nd ed. (New York: Touchstone Books, 1973, 1985), 471.

3　1889年以前の鉄道事故と負傷の正確な実態はわからない．新たに設立された商業委員会（Interstate Commerce Commission: ICC）が鉄道事故統計を集約し始めたのは1889年になってからのことであった．

4　Walter Licht, *Working for the Railroad: The Organization of Work in the Nineteenth Century* (Princeton: Princeton University Press, 1983), 191. これに対応する数値は英国ではかなり異なっており，329人あたり１人の鉄道員が死亡し，30人に１人が負傷していた．

5　以下を参照．Robert B. Shaw, *A History of Railroad Accidents, Safety Precautions and Operating Practices* (London: Vail-Ballou Press, 1978).

6　Morton Prince, "The Present Method of Giving Expert Tension in Medico-Legal Cases, As illustrated by one in which large Damages Were Awarded, Based on Contradictory Medical Evidence," *Boston Medical and Surgical Journal* 122 (1890), 76.

7　エリクゼンの職歴に関しては以下を参照．Ralph Harrington, "The Railway Accident: Trains, Trauma, and the Technological Crisis in Late Nineteenth-Century Britain". この書物から明らかなように，エリクゼンは当時，鉄道負傷に関する特異的な医学的問題に関心を抱いた唯一の医師だったわけではない．同じ英国の外科医であったウィリアム・キャンプス，トーマス・バザードもまた鉄道事故についての簡単な報告を行っている．キャンプスはこう述べた．「私のみるところ，鉄道事故によって生じる負傷の程度を適切に，または簡便に認識したり評価することはできない．死亡や四肢の損傷のありありとした報告を読むとぞっとする恐怖がかき立てられるが，不幸な犠牲者が実際に体験する苦痛はそれをはるかに上回る．破壊，ショック，そして鉄道の衝突という暴力には，神経系の全体に対して通常のどのような負傷よりも大きな影響を与える何物かがある」．(*Railway Accidents or Collisions: Their Effects Upon the Nervous System* [London: H. K. Lewis, 1866], 12［強調は原文による］). 以下も参照．Thomas Buzzard, "On Cases of Injury From Railway Accidents," *Lancet* 1 (1866), 23, 186.

8　Harold N. Moyer, "The So-Called Traumatic Neurosis," *The Railway Surgeon* 8 (1901-2), 151.

9　E. P. Gerry, "Injuries to the Back in Railroad Accidents," *Boston Medical and Surgical Journal* 116 (1887), 408-9.

10　D. R.Wallace, "Spinal Concussion and John Eric Erichsen's Book," *Railway Surgeon* 1 (1894-95), 249.

11　John G. Johnson, "Concussion of the Spine in Railway Injuries," *Medico-Legal Journal* 1 (1883-84), 515 (強調は原文による). ランドン・カーター・グレイの議論は以下を参照．William J. Herdman, "Traumatic Neurasthenia (Railway Spine, Spinal Concussion) What is it, and How can it be Recognized," *International Journal of Surgery* 11 (1898), 221.

12　R. M. Hodges, "So-Called Concussion of the Spinal Cord," *Boston Medical and Surgical Journal* 104 (1881), 338. シヴェルブッシュは(*Railway Journey* [n. 1], 144, n. 24) の中でこの論文の年代を1883年としているが誤りである．

13　Johnson, "Concussion of the Spine," (n. 11), 504.

14　D. R.Wallace, "A Reply to Dr. Swearingen," *The Railway Surgeon* 1 (1894-5), 259.

15　"Railway Accidents and Railway Evidence," *British Medical Journal* 2 (1866), 612.

16　John Eric Erichsen, "Mr. Erichsen's work 'Railway and Other Injuries of the Nervous System," *British Medical Journal* 2 (1866), 679.

17 Ibid., 670.

18 R. M. Hodges, "So-Called Concussion of the Spinal Cord," *Boston Medical and Surgical Journal* 104 (1881), 388.

19 Ibid., 361.

20 1881年に受賞したペイジの論文はこのように題されている. "Injuries to the Back without Apparent Mechanical Lesions, in their Surgical and Medico-Legal Aspects."

21 Herbert W. Page, *Injuries of the Spine and Spinal Cord without Apparent Mechanical Lesion and Nervous Shock in their Surgical and Medico-Legal Aspect* (London: J & A Churchill, 1883).

22 Ibid., 147.

23 Thomas Furneaux Jordan, "Shock after Surgical Operation," *British Medical Journal* 1 (1867), 136. 詳細な伝記は以下を参照. "Thomas Furneaux Jordan" *Plarr's Lives* 1, 635-37. 外科的ショックの歴史は以下を参照. Peter English, *Shock, Physiological Surgery, and George Washington Crile: Medical Innovation in the Progressive Era* (Westport and London: Greenwood, 1980). この書籍の第1章は特に重要である. "Surgical Shock before Crile: A Disorder of the Nervous System," 3-20.

24 以下を参照. Harrington, "Railway Accident" (n. 7).

25 James Paget, "Nervous Mimicry," in Paget, *Clinical Lectures and Essays* Vol. 2 (London: Longmans, Green, and Co., 1875), 172-252. reprinted from *Lancet* 2 (1873), 511-13, 547-49, 619-21, 727-29, 733-65, and 833-35.

26 Page, *Injuries* (n. 21), 204.

27 Brown, "Regulating Damage Claims" (n. 1), 425-26.

28 Page, *Injuries* (n.21), 205.

29 James Jackson Putnam, "Recent Investigation into the Pathology of So-Called Concussion of the Spine," *Boston Medical and Surgical Journal* 108 (1883), 217.

30 Charles D. Dana, "The Traumatic Neuroses: Being a Description of the Chronic Nervous Disorders that Follow Injury and Shock," in *A System of Legal Medicine*, Vol. II, eds., Allan McClane Hamilton and Lawrence Godkin (New York: E. B.Treat, 1894), 300.

31 Putnam, "Recent Investigation" (n. 29), 217.

32 G. L.Walton, "Possible Cerebral Origins of Symptoms Usually Classed Under 'Railway Spine,'" *Boston Medical and Surgical Journal* 109 (1883), 337. 歴史家のジャン・ゴールドシュタインは重要な点を指摘している.「シャルコーはヒステリーが真正の精神疾患ではないと考えていたが [...] これは確かに当時の精神科医たちの一般的な考えでもあった [...] しかしシャルコーはヒステリーが重度の精神疾患ではないからといって, これを軽視したわけではない」. (*Console and Classify: The French Psychiatric Profession in the Nineteenth Century* [New York and Cambridge: Cambridge University Press, 1987], 331-32).

33 Mark Micale, "Hysteria Male/Hysteria Female: Reflection on Comparative Gender Construction in Nineteenth-Century France and Britain," in *Science and Sensibility: Gender and Scientific Inquiry, 1780-1945*, ed., Marina Benjamin (Oxford: Basil Blackwell, 1991) 200-39; Janet Oppenheim, *Shattered Nerves: Doctors, Patients and Depression in Victorian England* (New York and Oxford: Oxford University Press, 1991), 293-319; Edward Shorter, *From Paralysis to Fatigue: A History of Psychosomatic Medicine in the Modern Era* (New York: Free Press, 1992), 191-92.

34 シャルコーについての著者の見解は以下を参考にしている. Henri Ellenberger, *The Discovery of the Unconscious* (New York: Basic Books, 1970), 89-109; Frank J. Sulloway, *Freud: The Biologist of the Mind* (New York: Basic Books, 1979), 28-49; Ernest Jones, *The Life and Work of Sigmund Freud* 1 (New York: Basic Books, 1953), 221-67; Peter Gay, *Freud, A Life For Our Time* (New York and London: W. W. Norton and Company, 1988), 46-53; Edward Shorter, *From Paralysis* (n.

33), 167-96; Kenneth Levin, "Freud's Paper 'On Male Hysteria' and the Conflict Between Anatomical and Physiological Models," *Bulletin of the History of Medicine* 48 (1974), 377-97; idem, *Freud's Early Psychology of the Neuroses: A Historical Perspective* (Pittsburgh: University of Pittsburgh Press, 1978); Trimble, *Post-Traumatic Neurosis* (n. 1), 34-56; Mark S. Micale, "Charcot and the Idea of Hysteria in the Male: Gender, Mental Science, and Medical Diagnostics in Late Nineteenth-Century France," *Medical History* 34 (1990), 363-411; idem, *Diagnostic Discriminations: Jean-Martin Charcot and the Nineteenth-Century Idea of Masculine Hysterical Neurosis* (Ph.D. Dissertation: Yale University, 1978); Leon Chertok, "On Objectivity in the History of Psychotherapy," *Journal of Nervous and Mental Diseases* 153 (1971), 71-80; idem, "Hysteria, Hypnosis, Psychopathology," *Journal of Nervous and Mental Diseases* 161 (1975), 367-78; and Ola Anderson, *Studies in the Prehistory of Psychoanalysis: The Etiology of Psychoneuroses and Some Related Themes in Sigmund Freud's Scientific Writings and Letters1866-1896* (Stockholm: Scenska bokförlaget, 1962).

35　Micale, *Diagnostic Discriminations* (n. 34), 387; この論文の中でミカーリはこうも述べている．「シャルコーがトラウマについての着想を得たのは，いわゆる"鉄道脊髄症"に関してフランス国外で始められた専門的な法医学的議論からであった (79)」．レオン・チェルトックはこう付け加えている．「鉄道脊髄症から始まった男性ヒステリーに関するアングロサクソンの研究から，シャルコーが着想の一部を得たことは事実である」(by Putnam, Page, etc.) "Hysteria" (n. 34), 369.

36　英国での議論については以下を参照．Lorraine J. Daston, "British Responses to Psycho-Physiology, 1860- 1900," *Isis* 69 (1978), 192-208.

37　Shorter, *From Paralysis* (n.33), 176. 後に心理的出来事の身体的要因を重視しなくなったフロイトでさえ，今や有名となったブロイアーとの共著である『ヒステリー研究』では器質的要因の存在を認めている．英語版への翻訳者が指摘しているように「フロイトが全精力を傾けたのは，心理学的現象を生理学的，化学的用語で説明することであった［…］1905年になってようやく彼は（機知についての書籍の第５章）"充足cathexis"という概念をもっぱら心理学的意味に限定して用いるようになり，また心理的連想を神経回路や神経ニューロンに例えることを止めた」．編者は脚注でこのように付け加えている．「1895年にフロイトはなお神経学的立場を取ろうとしていたが，それが危ういものであることは自覚しており，そのために30年後になってその修正が必要であると感じた．1895年に用いられていた"神経システム Nervensystem"という用語は，1925年の最終版では"心的生活 lenleben"に置き換えられた」．Josef Breuer and Sigmund, *Studies on Hysteria*, trans & ed., James Strachey (New York: Basic Books, 1957), xxiv.

38　ペイジはシャルコーの初期のヒステリー研究のことは知っていたが，フランスの神経学者がこの疾患に生理学的な意義を見出していたことは念頭になかったようである．そもそもペイジが初めてシャルコーの著作に触れた時期には，シャルコーは男性ヒステリーにも催眠にもまったく言及していなかった．ペイジはこのフランスの大家を一度しか引用していないが，そこに書かれていたのは，ある種のヒステリー症状はとらえどころがないという主張と，多くの患者は「(症状の) 存在を指摘されると非常に驚く」という事実だけである．(*Clinical Lectures on Certain Diseases of the Nervous System* [London, 1877]), 250. 他の医学的専門家からの数多くの引用の場合と同じく，ペイジはシャルコーからの引用をもっぱらエリクゼンのまことしやかな教義に対する自身の議論の主要部を強化するためにのみ用いた．

39　ミカーリは学位論文の中でシャルコーが1880年代に再評価をする以前の男性ヒステリーの治療について優れた要約を行っている ("Diagnostic Discrimination" [n.34])．ヒステリーの歴史を包括的に論じた書籍としては以下のものが秀逸である．Ilza Veith, *Hysteria: The History of a Disease* (Chicago and London: The University of Chicago Press, 1965).

40　Micale *Charcot*, (n. 34), 370.

41　Ibid., 370.

42 Micale, *Charcot* (n. 34), 385.

43 J. M. Charcot, *Clinical Lectures on Certain Diseases of the Nervous System*, trans., E. P. Hurt (Detroit: George S. Davis, 1888), 99.

44 Ibid.

45 ここでの著者の分析はミカーリの著作を参考にしている．“Charcot” (n. 34), 387–90.

46 Charcot (1888). シャルコーはパトナム，ウォルトン，オッペンハイム，トンプソンの著作を自説を支持するものとして引用している．

47 ミカーリは学位論文において，抵抗に関する優れた論考を行った．その最終章において「推論的」と自ら名づけた分析方法を用い，男性ヒステリー概念への「内在的抵抗」を論じている．

48 女性ヒステリーへの英国の反応についての興味深い論考は以下を参照．Elaine Showalter, *The Female Malady: Women, Madness and English Culture, 1830–1980* (New York: Penguin Books, 1985), 145–67.

49 Philip Coombs Knapp, “Nervous Affections Following Railway and Allied Injuries,” in *Text Book on Nervous Disease by American Authors*, ed., Francis X. Dercum (New York: Lea Brothers & Co., 1895), 159.

50 ランドン・カーター・グレイはダーカムの論文について論じている．“Two Cases of ‘Railway-Spine’ with Autopsy,” *Transactions of the American Neurological Association* 21 (1896), 43.

51 Philip Coombs Knapp, “Nervous Affections Following Railway Injury (‘Concussion of the Spine,’ ‘Railway Spine,’ and ‘Railway Brain.’),” *Boston Medical and Surgical Journal* 119 (1888), 422. He cites Westphal’s “Three Cases of Railway Spine Thought to be due to Minute Hemorrhages.”

52 オッペンハイムの見解についての議論は以下を参照．Shobal Vail Clevenger, *Spinal Concussion: Surgically Considered as a Cause of Spinal Injury, and Neurologically Restricted to a Certain Symptom Group, for which is Suggested the Designation Erichsen’s Disease, as one Form of the Traumatic Neuroses* (Philadelphia and London: F. A. Davis, 1889), and Putnam, “Recent Views on ‘Railway Spine,’” *Boston Medical and Surgical Journal* 115 (1886), 286–87.

53 H. Oppenheim, *Diseases of the Nervous System*, trans. Edward E. Mayer (Philadelphia and London: J. B. Lippincott Company, 1900), 741.

54 クナップの生涯と業績の簡単な紹介は 以下を参照．*Dictionary of American Medical Biography: Lives of Eminent Physicians of the United States and Canada, From the Earliest Times*, eds., Howard A. Kelly and Walter L. Burrage (Boston: Milford House, 1928, 1971), 708–9.

55 Knapp, “Nervous Affections,” (n. 51), 421.

56 Idem, “Nervous Affections Following Railway and Allied Injuries,” in *Text Book on Nervous Disease by American Authors*, ed., Francis X. Dercum (New York: Lea Brothers & Co., 1895), 136.

57 Landon Carter Gray, “Traumatic Neurasthenia,” *International Clinics* 2 (1893), 144–50.

58 F. X. Dercum, “The Back in Railway Spine,” *American Journal of Medical Sciences* 102 (1891), 264.

59 Brown, “Regulating Damage Claims” (n. 1), 424.

60 Clevenger, *Spinal Concussion* (n. 52).

61 Brown, “Regulating Damage Claims” (n. 1), 428–30.

62 Henry Hollingsworth Smith, “Concussion of the Spine in its Medico-Legal Aspects,” *Journal of the American Medical Association* 13 (1889), 182–8. 法学者のウェブ・マローンはこう説明している．「鉄道の登場によって平均的な陪審員の考え方は大きく変化した．会社を被告とした訴訟においてはすぐにある特徴的な態度が取られるようになった．陪審員は明らかに，少なくとも当面の間は，原告寄りであり，その態度が変わることはなかった」．Web Malone, “The Formative Era of Contributory Negligence,” in *Tort Law in American History*, ed. with an Introduction by Kermit L. Hall

(New York and London: Garland Publishing, Inc., 1987), 301.

63 Gary Y. Schwartz, "Tort Law and the Economy in Nineteenth-Century America: A Reinterpretation," *Yale Law Journal* 90 (July 1981), 483, 1764. (p. 1764). シュワルツの報告によれば「カリフォルニア上訴審での陪審員の評決では原告に有利なものが248件，被告に有利なものはわずかに26件であった．鉄道事故訴訟ではその比率は111件対12件であった．1850年以降のニューハンプシャーでは原告に有利な評決は147件であり，被告に有利なものは22件であった．19世紀全体を通じて，道路事故に関して自治体を訴えた訴訟では同様に評決の比率は49件対９件であった．鉄道会社に対するあらゆる訴訟においては71件対４件であった．以下の1764頁を参照．Richard A. Posner, "A Theory of Negligence," *Journal of Legal Studies* 1 (January 1972), 92; Friedman, *American Law* (n. 2), 471; マローンはこうも述べている．「当時の裁判官も弁護士も，会社を被告とした訴訟で陪審員たちがあたかも決まった役割を果たすことになっているかのような状況には，表には出さなかったものの，憤怒とも言うべき強い不満を抱いていたというのが本音であった」. Malone, "The Formative Era" (n. 62), 300.

64 R. Harvey Reed, "The National Association of Railway Surgeons – Its Objects and Benefits," *Fort Wayne Journal of Medical Sciences* (later *Journal of the National Association of Railway Surgeons*) 1 (January 1889), 6.

65 完全な会員リストは以下を参照．*The National Association of Railway Surgeons Journal* 2 (1889–90), 442–46. NARSからは，いくらか雑多ではあったものの，多彩な定期刊行物が出版された．*The Medico-Legal Journal*, 1–20; *The Railway Age; The Railway Surgeon: Official Journal of the National Association of Railway Surgeons*, 1–9; and *The International Journal of Surgery* (1898), 11. これらの刊行物は多彩な主題を扱っており，鉄道産業からみた鉄道脊髄症の最良の情報源であったことには疑問の余地はない．

66 B.A. Watson, "The Practical Relation of the So-Called 'Railway Spine' and the Malingerer," *The Railway Age* 16 (1891), 214.

67 ジェイのこの議論は以下の論文を踏まえている．Howard A. Kell, *Journal of the American Medical Association* 24 (1895), 448.

68 Reed, "The National Association of Railway Surgeons" (n. 87), 6.

69 Ibid., 8.

70 以下を参照．William A. Hammond, "Certain Railway Injuries to the Spine in their Medico-Legal Relations," *Fort Wayne Journal of the Medical Sciences: The Journal of the National Association of Railway Surgeons* 2 (1889–90), 409–90; F. X. Dercum, "Railway Shock and its Treatment," *Fort Wayne Journal of the Medical Sciences: The Journal of the National Association of Railway Surgeons* 2 (1889–90), 229–494; Pearce Bailey, "Simulation of Nervous Disorder Following Accidents "Railway Surgery 3 (1896–97), 439–42; idem, "The Injuries Called Spinal: Their Relations to Railway Accidents," *Railway Surgery* 4 (1897–98), 483–89; idem, "The Medico-Legal Relations of Traumatic Hysteria," *Railway Surgery* 5 (1898–99), 555–59, 578–80.

71 C. M Daniel, "The Railway Surgeon," *The Railway Age* 18 (1893) *Medico-Legal Journal* 10 (1892–93), 407における引用．

72 David Rosner and Gerald Markowitz, "Introduction: Workers' Health and Safety – Some Historical Notes" in *Dying For Work: Workers' Safety and Health in Twentieth-Century America*, eds., David Rosner and Gerald Markowitz (Bloomington: Indiana University Press, 1987), ix-xx.

73 Doctor Scott, discussion following Kelly's Paper, *Journal of the American Medical Association* 24 (1895), 448.

74 Clevenger, *Spinal Concussion* (n. 52), 29.

75 ベルの偉業についての簡明な要約は以下を参照．*Dictionary of American Biography* 1 (New York:

Charles Scribner's Sons, 1964), 153-54.

76 ベルの演説は以下に引用されている. *Boston Medical and Surgical Journal, The Railway Surgeon*, and *Journal of the American Medical Association*, just to name a few.

77 Clark Bell, "Railway Spine," *Medico-Legal Journal* 12 (1894-95), 133.

78 Ibid., 135.

79 John E. Parsons, Esq. "Mental Distress as an Element of Damage in Cases to Recover for Personal Injuries," in Hamilton and Godkin (n. 30), 385.

80 J. H. Greene "Hypnotic Suggestion in its Relation to the Traumatic Neuroses," *Railway Age* 17 (1892), 814.

81 Ibid., 814.

82 ベルンハイムの暗示学説とシャルコーとのあいだの論争についての簡明な要約は以下を参照. Ellenberger (n. 34), 85-89.

83 アウテンの議論は以下を踏まえている. John Punton's "The Treatment of Functional Nervous Affection Due to Trauma," *The Railway Surgeon* 4 (1897-98), 31.

84 Outten, "Railway Injuries: Their Clinical and Medico-Legal Features, in *Medical Jurisprudence: Forensic Medicine and Toxicology*, eds., R.A. Witthaus and Tracy C. Becker (New York: William Wood & Co., 1894), 591.

85 Ibid., 572. (強調は引用者による).

86 Ibid., 573.

87 Ibid., 591.

88 以下からの引用. R. M. Swearingen's "A Review of Dr. Wallace and the Railway Surgeons on Spinal Concussion," *The Railway Surgeon* 1 (1894-95), 254.

89 Outten, "Railway Injuries," 2 (n. 84), 625.

90 David S. Booth, "The Neuropath and Railway Neuroses," *The Railway Surgeon* 9 (1902-3), 63.

91 ハーンデンの議論は以下を踏まえている. Herdman's "Traumatic Neurasthenia" (n. 11), 221.

92 ロスの議論は以下を踏まえている. Booth, "Neuropath" (n.90), 66.

93 以下を参照. Silas Weir Mitchell, *Wear and Tear or Hints for the Overworked* (Philadelphia: J. Lippincott Company, 1872); idem, "Rest in Nervous Disease: Its Use and Abuse," in *A Series of American Clinical Lectures*, 1, ed., E. C. Seguin (New York: G. Putnam's Sons, 1876), 83-102; idem, *Fat and Blood: An Essay on the Treatment of Certain Forms of Neurasthenia and Hysteria*, 4th ed. (Philadelphia: J. B. Lippincott Company, 1888); and idem, "The Evolution of the Rest Treatment," *Journal of Nervous and Mental Disease* 31 (1904), 368-73.

94 安静療法の歴史的展望は以下を参照. Carroll Smith Rosenberg, "The Hysterical Woman: Sex Roles and Role Conflict in 19th-Century America," *Social Research* 39 (1972), 652-78; Carroll Smith Rosenberg and Charles Rosenberg, "The Female Animal: Medical and Biological Views of Women and Her Role in Nineteenth-Century American," *Journal of American History* 60 (1973), 332-56; Ann Douglas Wood, "'The Fashionable Diseases': Women's Complaints and Their Treatment in Nineteenth-Century American," in *Clio's Consciousness Raised, New Perspectives on the History of Women*, eds., Mary S. Hartman and Lois Banner (New York: Octagon Books, 1976), 1-22; Suzanne Poirier, "The Weir Mitchell Rest Cure: Doctor and Patients," *Women's Studies* 10 (1983), 15-40; Susan E. Cayleff, "'Prisoners of Their Own Feebleness': Women, Nerves and Western Medicine – A Historical Overview," *Social Science and Medicine* 26 (1988), 1199-1208; John S. Haller, Jr., "Neurasthenia: Medical Profession and Urban "Blahs"," *New York State Journal of Medicine* 473 (1970), 2489-97; John S. Haller, Jr., "Neurasthenia: The Medical Profession and the 'New Woman' of Late Nineteenth Century," *New York State Journal of Medicine* 474 (1971), 473-82; John S.

Haller, Jr. and Robin M. Haller, *The Physician and Sexuality in Victorian America* (Urbana: University of Illinois Press, 1974), 2–43; T. Jackson Lears, *No Place of Grace: Anti-Modernism and the Transformation of American Culture, 1880–1920* (New York: Pantheon Books, 1981); and Tom Lutz, *American Nervousness, 1903: An Anecdotal History* (Ithaca and London: Cornell University Press, 1991).

95 John Punton, "The Functional Treatment of Nervous Affection Due to Trauma," *The Railway Surgeon* 4 (1897–98), 27.

96 Ibid., 28.

97 アウテンの議論は以下を踏まえている．Booth, "Neuropath" (n.90), 66.

第4章　出来事，累積，トラウマ

1 本章の文体と内容を校閲されたスクリ・ジガードソンとポール・レルナーに感謝する．

2 以下を参照．François Ewald, *L'etat providence* (Paris: Bernard Grasset, 1986).

3 事故とリスクについては多くの最近の研究があるが，なかでも以下を参照．Roger Cooter and Bill Luckin, eds., *Accidents in History: Injuries, Fatalities and Social Relations* (Amsterdam: Rodopi 1997)

4 Hermann Oppenheim, *Die traumatischen Neurosen nach den in der Nervenklinik der Charité in den letzten 5 Jahren gesammelten Beobachtungen* (Berlin, Hirschwald, 1889), 123f.

5 以下を参照．Greg Eghigian, "Die Bürokratie und das Entstehen von Krankheit.Die Politik und die Rentenneurosen 1890–1926" in *Stadt und Gesundheit. Zum Wandel von "Volksgesundheit" und kommunaler Gesundheitspolitik im 19. und frühen 20. Jahrhundert*, ed., Jürgen Reulecke, Adelheid Gräfin zu Castell Rüdenhausen (Stuttgart: Franz Steiner Verlag, 1991), 203–33.

6 以下を参照．Michel Foucault, "The political technology of the self" in *Technologies of the Self: A Seminar with Michel Foucault*, eds., L. H. Martin, H. Gutman, and P. Hutton (Amherst: The University of Massachusetts Press, 1988), 145–62.

7 "Kaiserliche Botschaft vom 17.11.1881," Friedrich Kleeis, *Die Geschichte der sozialen Versicherung in Deutschland* (Berlin, 1928), 99からの引用．

8 ドイツでは1878年の法律によって社会主義政党の活動が禁止された．しかしその法律はドイツ社会民主主義の地下活動の進展によって効力を失い，1890年に廃止された．

9 Adolphe Quételet, *Du système sociale et les lois qui le régissent* (Paris, Guillaumin, 1848)

10 G. H. Groeningen, *Ueber den Shock. Eine kritische Studie auf physiologischer Grundlage* (Wiesbaden, Bergmann, 1885), 172.

11 以下を参照．Eric Caplan, "Trains and Trauma in the American Guilded Age," and Ralph Harrington, "The Railway Accident: Trains, Trauma and Technological Crisis in Nineteenth-Century Britain," 本書55–74, 28–54.

12 以下を参照．Hermann Oppenheim, "Ueber einen sich an Kopfverletzungen und allgemeine Erschütterungen anschliessenden cerebralen Symptomencomplex," *Berliner klinische Wochenschrift* (1884), 725.

13 Hermann Oppenheim, *Die traumatischen Neurosen*, 123.

14 以下を参照．Esther Fischer-Homberger, *Die traumatische Neurose. Vom somatischen zum sozialen Leiden* (Bern: Verlag Hans Huber, 1975).

15 Jossmann: "Über die Bedeutung der Rechtbegriffe 'Äußerer Anlaß' und 'innerer Zusammenhang' für die medizinische Beurteilung der Rentenneurose," *Der Nervenarzt* 2 (1929), 385–93.

16 Ernst Engel, ed., *Die unter staatlicher Aufsicht stehenden gewerblichen Hülfskassen für Arbeitneh-*

mer und die Versicherung gewerblicher Arbeitnehmer gegen Unfälle im preussischen Staate (Berlin 1876), 309における引用.

17 Eugen Kahn, "Unfallereignis und Unfallerlebnis," *Münchner medizinische Wochenschrift* 72 (1925), 1459.

18 Adolph ligmüller, "Erfahrungen und Gedanken zur Folge der Simulation bei Unfallverletzten," *Deutsche medizinische Wochenschrift* 16 (1890), 962.

19 Albin Hoffmann, "Die traumatische Neurose und das Unfallversicherungs-Gesetz," in *Sammlung klinischer Vorträge*, ed., Richard Volkmann, N.F. Ser.1 (1890/91), 172.

20 Sigmund Freud, "Uber Kriegsneurosen, Elektrotherapie und Psychoanalyin Auszug aus dem Protokoll des Untersuchungsverfahrens gegen Wagner-Jauregg im Oktober 1920," *Psyche. Zeitschrift für Psychoanalyse* 12, 26. Jg. (1972), 947.

21 この会議の詳細については以下を参照. Paul Lerner, "From Traumatic Neurosis to Male Hysteria: The Decline and Fall of Hermann Oppenheim, 1889–1919," this volume.

22 この視点からのシャルコーのトラウマ理論については以下を参照. Mark Micale, "*Charcot and les névroses traumatiques: Reflections on Early Medical Thinking about Trauma in France*," 本書 110–35.

23 Jean Martin Charcot, *Neue Vorlesungen über die Krankheiten des Nervensystems insbesondere über Hysterie*. Authorized German Editon by Sigmund Freud (Leipzig, Wien: Toeplitz & Deuticke, 1886), 291.

24 Sigmund Freud, Charcot, *Neue Vorlesungen über die Krankheiten des Nervensystems*, 301の訳注.

25 Sigmund Freud, "Entwurf einer Psychologie," in *Aus den Anfängen der Psychoanalyse 1887–1902, Briefe an Wilhelm Fliess* (Frankfurt/M.: S. Fischer Verlag, 1962), 356.

26 Sigmund Freud, "Jenseits des Lustprinzips," *Studienausgabe* Vol. III (Frankfurt/M.: S. Fischer Verlag, 1981), 223.

27 Sigmund Freud: "Aus der Geschichte einer infantilen Neurose," in: *Studienausgabe*, Vol.VII, 172

28 Sigmund Freud: "Vorlesungen," *Studienausgabe*, Vol I, 358.

29 Walter Benjamin, "Über einige Motive bei Baudelaire," in *Gesammelte Werke*, Vols. I, 2 (Frankfurt/M.: Suhrkamp Verlag, 1980), 633, 翻訳は編者による.

30 Walter Benjamin: Abstract "Über einige Motive bei Baudelaire," in: *Gesammelte Werke*, Vols. I, 3, 1187.

31 Walther von Wartburg, *Französisches Etymologisches Wörterbuch. Eine darstellung des galloromanischen Sprachschatzes*, Lieferung 28, Leipzig 1934, 20.

32 賭博と保険の関係についてロレイン・ダストンはこのように記している.「統計に基づかない保険は投機や賭けごとを助長する. 統計に基づいた保険は無責任を助長する. "The Domestication of Risk: Mathematical Probability and Insurance 1650–1830," in *The Probabilistic Revolution, Vol. 1 History of Ideas*, eds., Lorenz Krüger, Lorraine Daston, and Michael Hamburger (Cambridge: M.I.T. Press, 1987), 254.

33 Keith M. Baker, ed., *Condorcet's Selected Writings* (Indianapolis: Bobbs-Merril, 1976), 37.

34 Jacques Lacan, *Das Ich in der Theorie Freuds und in der Technik der Psychoanalyse* (Freiburg im Breisgau: Olten, 1980), 232.

35 Siméon Denis Poisson, *Recherches sur la probabilité des jugements en matière criminelle et en matière civile* (Paris, Bachelier, 1837), 1.

36 Jules Gavarret, *Principes généraux de statistique médicale, ou Développement des régles qui doivent présider à son emploi* (Paris: Bechet jeune et Labe, 1840), 19f.

37 以下を参照. Adolphe Quételet, *Du système sociale et les lois qui le régissent* (Paris: Bechet jeune

et Labé, 1848).

38 以下を参照. Adolphe Quételet, *Sur l'homme et le développement de ses facultés ou essai de physique sociale* (Paris: Bechet jeune et Labé, 1835).

39 ベルリン統計局長官のエルンスト・エンゲルは1866年に「統計と数学的原則に確実に基づいた本当の保険」が必要であると述べた. Ernst Engel, "Die Unfallversicherung," *Zeitschrift des preussischen statistischen Bureaus* 6 (1866), 294-97. エンゲルについては以下を参照. Ian Hacking, "Prussian Numbers 1860-1880," in *The Probabilistic Revolution* 1, 377-94.

40 およそ200万人が働く1万の工場からデータが集められた. Friedrich Kleeis, *Die Geschichte der sozialen Versicherung in Deutschland*, 123.

41 François Ewald, *L'état providence*, 15. 引用部分の翻訳は編者による.

42 L.c., 17.

43 L.c., 352.

44 Adolphe Quételet, *Physique sociale ou Essai sur le développement des facultés de l'homme*, Vol. 1 (Brussels: C. Muquardt, 1869), 96. 引用部分の翻訳は編者による.

45 フーコーが言説的営為の刺激力を呈示しつつ論じた「倒錯の確立perverse implantation」と比較されたい. Michel Foucault, *The History of Sexuality*, Vol. 1 (New York: Vintage, 1990), 36-49.

46 以下を参照. François Ewald, *L'état providence*.

47 Wilhelm His, "II. Referat," in *Beurteilung, Begutachtung und Rechtsprechung bei den sogenannten Unfallneurosen*, eds., Karl Bonhoeffer and Wilhelm His (Leipzig: Thieme, 1926), 20f. (Referate vom 7. XII, 1925.)

48 以下を参照. Albin Hoffmann: "Die traumatische Neurose und das Unfallversicherungs-Gesetz," in *Sammlung klinischer Vorträge* 17, ed., R.Volkmann, (Leipzig, 1891), 155-78; Friedrich Jolly, "Über Unfallverletzung und Musklatrophie, nebst Bemerkungen uber die Unfallgesetzgebung," *Berliner klinischer Wochenschrift* 34 (1897), 241-45; Robert Gaupp, "Der Einfluß der deutschen Unfallgesetzgebung auf den Verlauf der Nerven- und Geisteskrankheiten," *Münchener medizinische Wochenschrift* 53 (1906), 2233-37.

49 "Grundsätzliche Entscheidung des Reichsversicherungsamtes vom 25.9.1926," quoted from M. Reichardt, *Die psychogenen Reaktionen einschließlich der sogenannten Entschädigungsneurosen* (Berlin: J. Springer, 1932), 105.

50 Gerhard Buhtz, "Die rechtliche Stellung der Unfallneurosen auf Grund der Reichsversicherungs-Ordnung," *Zeitschrift für Psychiatrie* 83 (1926), 203.

51 初期の映画において早くも時間軸の技術的な操作が行われていた. Friedrich Kittler, Draculas Vermachtnis. *Technische Schriften* (Leipzig: Reclam, 1993).

52 以下を参照. Lorenz Kruger, Lorraine Daston, eds., *The Probabilistic Revolution*, 2 vols. (Cambridge, MA: MIT Press, 1987).

訳注 1　pension neurosis あるいはRentenneurosenはこれまで賠償神経症と訳されたこともあったが, pension ないし Rente は年金, 恩給を指しているので, 本書では年金神経症と訳している.

第5章　トラウマの言説としてのドイツ福祉国家

1 Joel F. Handler, "The Transformation of Aid to Families with Dependent Children: The Family Support Act in Historical Context," *New York University Review of Law and Social Change* 16 (1987-1988), 457-523.

2 1980年代の集中的な逆風が生じる以前の福祉国家への批判は以下に適切に要約されている.

Hugh Heclo, "Toward a New Welfare State?" in *Development of Welfare States in Europe and America*, eds., Peter Flora and Arnold J. Heidenheimer (New Brunswick, NJ: Transaction Books, 1981, 383-406. なかでもドイツ福祉国家への批判は以下を参照. Volker Hentschel, *Geschichte der deutschen Sozialpolitik 1880-1980* (Frankfurt a.M.: Suhrkamp, 1983), 210-15; Lothar F. Neumann and Klaus Schaper, *Die Sozialordnung der Bundesrepublik Deutschland* (Frankfurt and New York: Campus, 1990), 214-24.

3 Robert Morris, ed., *Testing the Limits of Social Welfare: International Perspectives on Policy Changes in Nine Countries* (Hanover and London: University Press of New England, 1988).

4 Tom W. Smith, "The Polls – A Report: The Welfare State in Cross-National Perspective," *Public Opinion Quarterly* 51 (1987), 404-21; Wolfgang Zapf, Sigrid Breuer, Jürgen Hampel, Peter Krause, Hans-Michael Mohr, and Erich Wiegand, *Individualisierung und Sicherheit: Untersuchungen zur Lebensqualität in der Bundesrepublik Deutschland* (Munich: C. H. Beck, 1987); Jens Alber, "Is There a Crisis of the Welfare State? Cross-National Evidence from Europe, North America, and Japan," *European Sociological Review* 4 (1988), 181-207.

5 著者がフーコーの用語法にならって福祉国家という「言説discourse（訳注：仏語ではdiscours）」というときに意図しているのは，福祉国家は単なる政策の集合体であるにとどまらず，社会的問題が語られ，知覚される仕方を支配し，仲介する規則と習慣の領域を形成しているということである．言説についてのフーコーの概念は以下を参照. Michel Foucault, *The Archaeology of Knowledge and the Discourse on Language* (New York: Pantheon, 1972).

6 Dietrich Milles and Rainer Müller, eds., *Beiträge zur Geschichte der Arbeiterkrankheiten und der Arbeitsmedizin in Deutschland* (Dortmund: Bundesanstalt für Arbeitsschutz, 1984); Gerd Göckenjan, *Kurieren und Staat machen: Gesundheit und Medizin in der bürgerlichen Welt* (Frankfut a.M.: Suhrkamp, 1985); Alfons Labisch, "Doctors, Workers and the Scientific Cosmology of the Industrial World: The Social Construction of 'Health' and the 'Homo Hygienicus'," *Journal of Contemporary History* 29 (1985), 599-615; Paul Weindling, *Health, Race and German Politics Between National Unification and Nazism, 1870-1945* (Cambridge: Cambridge University, 1989).

7 近代ドイツ医学の歴史に関する文献は，ドイツにおける歴史文献学の通例として国家社会主義の淵源を19世紀に求めようとしていた．学者たちは医師や医療者がかくも容易にナチスの秩序に組み込まれたことを説明するために，衛生学，優生学，出生促進学，そして医師の専門化を，権威とエリート主義，人種差別主義，予防的不妊介入学の複合体によってもたらされた現象として取り上げてきた．ドイツ福祉国家は日常生活の高度な「医学化」という犠牲の上に成り立っていたという理論が立てられ，それはただちにドイツ版のホイッグ史観（訳注：進歩をもたらした勢力とそれに抵抗した勢力という立場からの二分論的な歴史解釈．英国のホイッグ党が進歩的であり，トーリー党が保守的であるという議論に由来する）と結びあわされた．すなわち「ドイツ特有の道（ゾンダーヴェーク）」理論である．この理論の批判的論考は以下を参照. David Blackbourn and Geoff Eley, *The Peculiarities of German History: Bourgeois Society and Politics in Nineteenth-Century Germany* (Oxford: Oxford University, 1984).

8 Werner Conze, "Vom Pöbel zum Proletariat," *Vierteljahresschrift für Sozial- und Wirtschaftsgeschichte* 41 (1954), 333-64; Eda Sagarra, *A Social History of Germany, 1648-1914* (New York: Holmes & Meier, 1977); Robert M. Berdahl, *The Politics of the Prussian Nobility: The Development of a Conservative Ideology, 1770-1848* (Princeton: Princeton University, 1988), 264-310.

9 Eckart Pankoke, *Sociale Bewegung-Sociale Frage-Sociale Politik: Grundfragen der deutschen "Sozialwissenschaft" im 19. Jahrhundert* (Stuttgart: Ernst Klett, 1970).

10 Gerhard Dilcher, "Das Gesellschaftsbild der Rechtswissenschaft und die soziale Frage," in *Das wilhelminische Bildungsbürgertum: Zur Sozialgeschichte seiner Ideen*, ed., Klaus Vondung (Göttin-

gen: Vandenhoeck & Ruprecht, 1976), 53–66.

11 Jurgen Reulecke, "Pauperismus, 'social learning,' und die Anfange der Sozialstatistik in Deutschland," in *Vom Elend der Handarbeit: Probleme historischer Unterschichtenforschung*, eds., Hans Mommsen and Winfried Schulze (Stuttgart: Klett-Cotta, 1981), 364; Rudiger vom Bruch, "Einführung," in *"Weder Kommunismus noch Kapitalismus": Bürgerliche Sozialreform in Deutschland vom Vormärz bis zur Ara Adenauer*, ed., Rüdiger vom Bruch (Munich: C. H. Beck, 1985), 7–19; Jürgen Reulecke, "Die Anfänge der organisierten Sozialreform in Deutschland," in *Ibid.*, 21–59.

12 Lorraine J. Daston, "Rational Individual versus Laws of Society: From Probability to Statistics," in *The Probabilistic Revolution, Vol. 1, Ideas in History*, eds., Lorenz Krüger, Lorraine J. Daston, and Michael Heidelberger (Cambridge: MIT, 1987), 295–304; Ian Hacking, *The Taming of Chance* (Cambridge: Cambridge University Press, 1990), 16–26.

13 Theodore M. Porter, *The Rise of Statistical Thinking, 1820–1900* (Princeton: Princeton University, 1986), 27.

14 Ibid., and Gerd Gigerenzer, Zeno Swijtink, Theodore Porter, Lorraine Daston, John Beatty, and Lorenz Krüger, *The Empire of Chance: How Probability Changed Science and Everyday Life* (Cambridge: Cambridge University Press, 1989), 37–69.

15 Anthony Oberschall, *Empirical Social Research in Germany, 1848–1914*, (Paris and The Hague: Mouton, 1965); Ulla G. Schäfer, *Historische Nationalökonomie und Sozialstatistik als Gesellschaftswissenschaften* (Cologne: Böhlau, 1971); Theodore M. Porter, "Lawless Society: Social Science and the Reinterpretation of Statistics in Germany, 1850–1880," in *The Probabilistic Revolution*, Vol. 1, ed., Lorenz Krüger et al. (Cambridge, MA: MIT Press, 1987), 351–75.

16 Ian Hacking, "Prussian Numbers 1860–1882," in *The Probabilistic Revolution*, vol.1, ed., Lorenz Krüger et al., 377–94.

17 Eckart Pankoke, "Soziale Selbsverwaltung: Zur Problemgeschichte sozial-liberaler Gesellschaftspolitik," *Archiv für Sozialgeschichte* 12 (1972), 185–203; Pankoke, *Sociale Bewegung*, 171; Christof Dipper, "Sozialreform: Geschichte eines umstrittenen Begriffs," *Archiv für Sozialgeschichte* 32 (1992), 323–51.

18 Wilhelm Hagena, *Die Ansichten der deutschen Kameralisten des 18. Jahrhunderts über das Versicherungswesen* (Norden: Johann Friedrich Schmidt, 1910); Hans Schmitt-Lermann, *Der Versicherungsgedanke im deutschen Geistesleben des Barock und der Aufklärung* (Munich: Kommunalschriften-Verlag J. Jehle, 1954); Gerald Schöpfer, *Sozialer Schutz im 16–18. Jahrhundert: Eine Beitrag zur Geschichte der Personenversicherung und der landwirtschaftlichen Versicherung* (Graz: Leykam, 1976).

19 Lorraine Daston, *Classical Probability in the Enlightenment* (Princeton: Princeton University, 1988), 116–25, 141–68; Schmitt-Lermann, 62–94.

20 Schmitt-Lermann, 74–117; Lorraine J. Daston, "The Domestication of Risk: Mathematical Probability and Insurance 1650–1830," in *The Probabilistic Revolution*, Vol. 1, ed., Lorenz Krüger et al., 237–60.

21 Ute Frevert, *Krankheit als politisches Problem, 1770–1880: Soziale Unterschichten in Preußen zwischen medizinischer Polizei und staatlicher Sozialversicherung* (Göttingen: Vandenhoeck & Ruprecht, 1984), 177.

22 de Swaan, *In Care of the State*, 149.

23 François Ewald, "Insurance and Risk," in *the Foucault Effect: Studies in Governmentality*, eds., Graham Burchell, Colin Gordon, and Peter Miller (Chicago: University of Chicago, 1991), 197–210; *Der Vorsorgestaat*, (Frankfurt a.M.: Suhrkamp, 1993), 171–238.

24 Karl Figlio, "What Is an Accident?" in *The Social History of Occupational Health*, ed., Paul Weindling (London: Croom Helm, 1985), 198; Anson Rabinbach, "Social Knowledge, Social Risk, and the Politics of Industrial Accidents in Germany and France," in *States, Social Knowledge, and the Origins of Modern Social Policies*, eds., Dietrich Rueschemeyer and Theda Skocpol (Princeton: Princeton University, 1996), 48-89.

25 Daniel Defert, "'Popular Life' and Insurance Technology," in *The Foucault Effect*, ed., Graham Burchell et al. (Chicago: University of Chicago Press, 1991), 211-33.

26 コンラードが示したように第二次世界大戦の終戦までの高齢者の保険制度は単純な退職年金制度とは異なっていた．高齢は個人的特性のひとつであると定義され，医学的検査が重視され，高齢は病理的な病弱な状態のひとつであるとみなされた．Christoph Conrad, *Vom Greis zum Rentner: Der Strukturwandel des Alters in Deutschland zwischen 1830 und 1930* (Göttingen: Vandenhoeck & Ruprecht, 1994), 130-258.

27 Bundesarchiv (hereafter BA), R89/20005, *Louis Dressel v. Sächsische Baugewerks- Berufsgenossenschaft* (hereafter BG), Reichsversicherungsamt (hereafter RVA) Senate, 24 September 1886.

28 BA, R89/20585, *Claus Eggers v. Steinbruchs – BG*, RVA Senate, 7 December 1891.

29 BA, R89/21505, *Karl Thies v. Königlicher Preußischer Eisenbahnfiskus (vertr. durch Königliche Eisenbahndirektion Berlin)*, RVA Senate, 28 June 1902.

30 ヨアヒム・S・ホフマンは公共的疾病と私的疾病の区別を論じた．*Berufskrankheiten in der Unfallversicherung: Vorgeschichte und Entstehung der Ersten Berufskranheitenverordnung vom 12. Mai 1925* (Cologne: Pahl-Rugenstein, 1984).

31 BA, R89/21116, *Karl Schöler v. Rheinische Landwirtschafts – BG*, RVA Senate, 12 March 1898.

32 Rainer Müller, Prävention von arbeitsbedingten Erkrankungen- Zur Medikalisierung und Funktionalisierung des Arbeitsschutzes," in *Der Mensch als Risiko: Zur Logik von Prävention und Früherkennung*, ed., Manfred Max Wambach (Frankfurt a.M.: Suhrkamp, 1983), 176-94.

33 Francois Jacob, *The Logic of Life: A History of Heredity* (Princeton: Princeton University, 1973), 130-77. このことから発展して，疾患にも歴史があるという医学的認識が生まれた．以下を参照．Johanna Bleker, "Die historische Pathologie, Nosologie und Epidemiologie im 19. Jahrhundert," *Medizinhistorisches Journal* 19 (1984), 33-52.

34 William Coleman, *Biology in the Nineteenth Century: Problems of Form, Function, and Transformation* (Cambridge: Cambridge University, 1971).

35 Georges Canguilhem, *The Normal and the Pathological* (New York: Zone Books, 1991). ルドルフ・ウィルヒョウはこの点を明らかにしてこう述べた．「その変化の原因が内的であろうと外的であろうと，疾患それ自体が人生すなわち変化した状態における人生である」．以下を参照．W. Haberling, *German Medicine*, (New York: Paul B. Hoeber, 1934), 94.

36 Johanna Bleker, "Medical Students – to the Bed-side or to the Laboratory? The Emergence of Laboratory-Training in German Medical Education 1870-1900," *Clio Medica* 21 (1987-88), 35-46.

37 Gerd Göckenjan, *Kurieren und Staat machen: Gesundheit und Medizin in der bürgerlichen Welt* (Frankfurt a.M.: Suhrkamp, 1985); Anson Rabinbach, *The Human Motor: Energy, Fatigue, and the Origins of Modernity* (New York: Basic, 1990).

38 BA, R89/20449, *Witwe des W. Dreyer v. -BG*, Schiedsgericht der -BG, Sektion II zu Bremen, 14 February 1890.

39 BA, R89/20449, *Hinterbliebene des Schiffers W. Dreyer v. -BG*, RVA Senate, 29 September 1890.

40 Edward Shorter, *From Paralysis to Fatigue: A History of Psychosomatic Illness in the Modern Era* (New York: Free Press, 1992), 215.

41 George Frederick Drinka, *The Birth of Neurosis: Myth, Malady, and the Victorians* (New York:

Simon & Schuster, 1984), 40.

42 Ilza Veith, *Hysteria: The History of A Disease* (Chicago: University of Chicago Press, 1965); Charles Bernheimer and Claire Kahane, eds., *In Dora's Case: Freud-Hysteria-Feminism* (New York: Columbia University Press, 1985); Elaine Showalter, *The Female Malady: Women, Madness, and English Culture, 1830–1980*, (New York: Pantheon, 1985); Hannah S. Decker, *Freud, Dora, and Vienna 1900* (New York: Free Press, 1991). 19世紀の言説における男性ヒステリーの位置づけについては以下の論考が示唆に富む. Jan Goldstein, "The Use of Male Hysteria: Medical and Literary Discourse in Nineteenth-Century France," *Representations* 34 (Spring 1991), 134–65, and Mark S. Micale, "Hysteria Male/Hysteria Female: Reflections on Comparative Gender Construction in Nineteenth-Century France and Britain," in *Science and Sensibility: Gender and Scientific Enquiry, 1780–1945*, ed., Marina Benjamin (Cambridge, MA: Basil Blackwell, 1991), 200–39.

43 本書のカプランとハリントンによる章を参照.

44 Wolfgang Schivelbusch, *The Railway Journey: The Industrialization of Time and Space in the Nineteenth Century* (Berkeley: University of California, 1977), 113–49.

45 Esther Fischer-Homberger, *Die traumatische Neurose: Vom somatischen zum sozialen Leiden* (Bern, Stuttgart, and Vienna: Hans Huber, 1975), 29–73.

46 BA, R89/342, "Traumatische Neurose und Simulation," *Die Berufsgenossenschaft* 16 (1893).

47 BA, R89 (Rep. 322) /290, *Röhl v. Privatbahn-BG*, RVA Senate, 17 June 1889.

48 Kaiserliches Statistisches Amt, *Jahrbuch für das deutsche Reich* (Berlin: Puttkammer & Mühlbrecht, 1915), 334–35.

49 BA, R89 (Rep. 322), Nr.1404, *Wohlfarth und Thüringische Landesversicherungsanstalt v. Töpferei-BG*, RVA Senate, 20 October 1902.

50 Ludwig Bernhard, *Unerwünschte Folgen der deutschen Sozialpolitik* (Berlin, 1912).

51 Alexander Elster, "Rentenhysterie und Schadenersatz," *Concordia* 19 (1912), 146–47; "Licht und Schatten bei der deutschen Arbeiterversicherung," *Die Arbeiter-Versorgung* 29 (1912), 655–66; R. von Edberg's review of Kaufmann's "Licht und Schatten bei der deutschen Arbeiterversicherung," *Concordia* 19 (1912), 488; Lange, "Der Kampf um die Rente," *Die Arbeiter-Versorgung* 29 (1912), 833–37; Wuermeling, "Zum Kampf um die Rente," *Concordia* 20 (1913), 1–5; アルテンラートによるベルンハルトの展望は以下に所収. Ibid., 18–19; Hugo Stursberg, Unerwünschte Folgen deutscher Sozialpolitik? (Bonn, 1913); Frank Hitze, Wuermeling, and Faßbender, *Zur Würdigung der deutschen Arbeiter-Sozialpolitik: Kritik der Bernhardschen Schrift "Unerwüschte Folgen der deutschen Sozialpolitik"* (M. Glodbach, 1913); "Rentensucht und Rentenhysterie," *Ärztliche Sachverständige-Zeitung*, (1913), 184; Review, *Ärztliche Sachverständige-Zeitung*, (1913), 368–70.

52 "Über den Einflus von Rechtsanspruchen auf Neurose," *Hochbau: Amtsblatt der Bayerischen Baugewerks-BG* 5 (1913), 423–24; Rumpf, "Über nervörkrankungen nach Eisenbahnunfällen," *Sonderabdruck von Zeitschrift für Bahn- und Bahnkassenärzte* (1913); "Unfallversicherung und Zeitkrankheiten," *Südwestdeutsche Wirtschaftszeitung* 18 (1913), 169–70.

53 BA, R89/15113, Bericht über die außerordentliche Vertreterversammlung der Westfälischen Vereinigung berufsgenossenschaftlicher Verwaltungen, 18 March 1913.

54 F. Stern, "Bericht über die Kriegstagung des Deutschen Vereins für Psychiatrie in München am 21., 22., und 23. September 1916," *Ärztliche Sachverständige-Zeitung* (1916), 236–39, 249–52. 本書のレルナーによる章を参照.

55 Erwin Loewy-Hattendorf, *Krieg, Revolution und Unfallneurosen*, (Berlin, 1920).

56 この研究の詳細は以下を参照. BA, R89/15114.

57 BA, R89 (Rep. 322), Nr. 2373, Karl Morsbach für die kranke Elfried Morsbach to RVA, 22 July

1925; also Betriebskrankenkasse der Firma Gebrüder Hillers Grafräth to RVA, 17 July 1925.

58 BA, R89 (Rep. 322), Nr.2373, Notes of Dr. Knoll, undated.

59 BA, R89 (Rep. 322), Nr. 2373, *Morsbach and Betriebskrankenkasse Firma Geb. Hillers v. Nahrungsmittel-Industrie-BG*, RVA Senate, 24 September 1926.

60 Ibid.

61 Ibid.

62 以下を参照. BA, R89/15114, between the years 1926 and 1930.

63 たとえば以下を参照. "Nerven!" *Der Reichsverband*, 7 (1926), 83; Levy-Suhl, "Der Ausrottungskampf gegen die Rentenneurosen und seine Konsequenzen," *Sonderabdruck Deutsche Medizinische Wochenschrift* (1926); "Ärztliche Wissenschaft und Reichsversicherungsamt auf gefährlichem Wegen," *Der Bergknappe* 32 (1927); A. Hoche, "Unzulässige Auslegung in der Unfallversicherungsgesetzes," *Sonderabdruck Deutsche Medzinische Wochenschrift* (1928); Ernst Beyer, "Zum Streit um die Geltung die von Unfallneurosen," *Ärztliche Sachverständige-Zeitung* (1928), 310-14. All can be found in BA, R89/15114

64 BA, R89/15115, Leipziger Verein-Barmenia to RVA, 13 October 1939; Klaus Linneweh, *Die Beurteilungsproblematik neurotischer Störungen im System der sozialen Sicherheit* (Diss. sozialwiss. Doktorgrades: Georg-August-Universität zu Göttingen, 1970).

65 このような論法を用いてナチスはワイマール福祉国家を批判し，その代わりに持ち出した人種主義的，社会的ダーウィン主義的な議論によって，それまでの慣習的な社会政策は病的であるだけではなく人類の進化に逆行するとして，その意義を否定した．以下を参照. Jürgen Reyer, *Alte Eugenik und Wohlfahrtspflege: Entwertung und Funktionalisierung der Fürsorge vom Ende des 19. Jahrhunderts bis zur Gegenwart* (Freiburg im Breisgau: Lambertus, 1991).

66 こうした自由主義的な批判が医学生物学的用語を用いていたことも不思議ではない．18世紀から19世紀にかけてのドイツでは，自由主義と生物学主義は緊密な関係にあった．それは主に，ドイツの自由主義思想の根底に伝統的なロマン主義があったので，多くの裁判官が文明社会を社会的有機体と見なしていたからである．この観点から見た法治国家とは，民間人による法的連合体であり，匿名的な個々の人格に対して限定的ではあるが優越的立場にあり，かつ地方共同体に自治責任を付与するものとされた．この意味で生物学的な問いと分析用語は，自由主義的な議論と実践の中心的な潮流と対応したのである．以下を参照. Gunter Mann, "Medizinisch-biologische Ideen und Modelle in der Gesellschaftslehre des 19. Jahrhunderts," *Medizinische Journal* 4 (1969), 1-23. ドイツの自由主義については以下を参照. Leonard Krieger, *The German Idea of Freedom: History of a Political Tradition* (Chicago and London: University of Chicago, 1957); James J. Sheehan, *German Liberalism in the Nineteenth Century* (Chicago: University of Chicago, 1987); Reinhart Koselleck, *Preußen zwischen Reform und Revolution: Allgemeines Landrecht, Verwaltung und soziale Bewegung von 1791-1848* (Munich and Stuttgart: Klett-Cotta, 1989).

67 ここで著者が「社会」という用語で示そうとしているのは，近代のいくぶんあいまいな公共空間である．その空間には「物質的制約と政治道徳的不確定さから免れた社会生活を可能にする多くの方法が存在した．その成員が経済的動揺の影響をあまり受けないような，一定の安心を提供するためのあらゆる方法があったのである」. Jacques Donzelot, *The Policing of Families* (New York: Pantheon, 1979), xxvi.

68 Niklas Luhmann, *Political Theory in the Welfare State* (Berlin and New York: Walter de Gruyter, 1990).

69 Greg Eghigian, *Making Security Social: Disability, Insurance, and the Birth of the Social Entitlement State in Germany* (Ann Arbor: University of Michigan Press, 2000).

70 Robert Castel, "From Dangerousness to Risk," in *The Foucault Effect: Studies in Governmentality*,

eds., Graham Burchell, Collin Gordon, and Peter Miller (Chicago: University of Chicago Press, 1991), 281-98; Ulrich Beck, *Risk Society: Towards a New Modernity* (London: Sage, 1992).

71 Sanford F. Schram, *Words of Welfare: The Poverty of Social Science and the Social Science of Poverty* (Minneapolis and London: University of Minnesota, 1995).

72 アルバート・O・ハーシュマンは保守反動的レトリックの理念型に関する分析を行い，保守派による社会的急進主義への攻撃に用いられる3つの主要な主張を同定した．すなわち逆転論，無益論，危険論である．「逆転*perversity*論によれば政治的，社会的，経済的な何らかの特徴を改善しようとするための行為はどれもそうした特徴を悪化させるだけである．無益*futility*論によれば社会改革の試みは「影響を与える」ことがまったくできず，無駄なことである．最後の危険*jeopardy*論によれば，提案された変化や改革のコストはあまりにも高く，これまでに成し遂げられた貴重な成果を危険にさらすという」. Albert O. Hirschman, *The Rhetoric of Reaction: Perversity, Futility, Jeopardy* (Cambridge, MA and London: Belknap, 1991), 7.

訳注1　第二次世界大戦後の英国で「ゆりかごから墓場まで」を標榜した福祉政策が労働党，保守党政権によって推進されたが，その基本理念に関する合意が福祉合意と呼ばれた．戦後合意 postwar consensus とも呼ばれる．この福祉合意は1979年のサッチャー政権登場後の福祉政策の緊縮と連動して新たに見直された．

訳注2　官房学 cameralism　17～18世紀ドイツの領邦を統治するために発達した学問．行政，司法，経済などを含んだ．

訳注3　冒険貸借 bottomry　古代から存在したとされる危険移転制度のひとつ．海上保険の前身とされるが，現在の保険が保険金を先に支払い，事故があったときに保険金を受け取るのに対して，まず船舶または積荷を担保に資金を借り入れ，船舶または積荷が安全に目的地に到着した場合には利息をつけて借入金を返済する．すなわち先に保険金を受け取り，後になって保険料を支払う制度である．航海が無事に完了しなかった場合には元本，利息ともに返済義務を免れる．

訳注4　トンチン年金 tontines annuity　国家に寄進をした者を対象として，寄進分の分割返済だけでなく終身の年金を提供する制度．17世紀にロレンツォ・トンティが開始した．

第6章　シャルコーとトラウマ神経症

1 彼の人生と業績についての最良の紹介としては以下の書籍がある．Christopher Goetz, Michel Bonduelle, and Toby Gelfand, *Charcot: Constructing Neurology* (New York: Oxford University Press, 1995).

2 Mark S. Micale, "The Salpêtrière in the Age of Charcot: An Institutional Perspective on Medical History in the Late Nineteenth Century," *Journal of Contemporary History* 20 (October, 1985), 703-31.

3 Benjamin Brodie, *Lectures Illustrative of Certain Local Nervous Affections* (London: Longman, Rees, Orme, Brown, Green & Longman, 1837).

4 Russell Reynolds, "Paralysis, and Other Disorders of Motion and Sensation, Dependant on Idea," *British Medical Journal* (1869) 483-85; James Paget, "Nervous Mimicry," in *Selected Essays and Addresses by Sir James Paget*, ed., S. Paget (London: Longmans, Green and Co., 1873), chap. 7.

5 この主題についてのシャルコーの最初の論文を見ると彼が英国の外科，神経学から学んでいたことがわかる．Jean-Martin Charcot, "De l'influence des lésions traumatiques sur le développement des phénomènes d'hystérie locale," *Progrès médical*, 6 (1878), 335-38.

6 歴史的展望については以下を参照．Elaine Showalter, *The Female Malady: Women, Madness, and English Culture, 1830-1980* (New York: Pantheon, 1986), chaps. 6 and 7; and Janet Oppenheim,

"Shattered Nerves": Doctors, Patients, and Depression in Victorian England (New York: Oxford University Press, 1991), Introduction, chaps. 1, 5, 6.

7 例外的に女性患者のヒステリーを論じたこともある. *Clinique des maladies du système nerveux. M. le Professeur Charcot. Leçons du Professeur, Mémoires, Notes et Observations, 1889–1890 et 1890–1891*, 2 vols. (Paris, Bureaux du Progrès Médical, Babé & Cie, 1892–1893), vol. 1, lecture 6: "Hystéro-traumatisme chez deux soeurs: oedème bleu hystérique chez la cadette; coxalgie hystérique chez l'aînée," 117–26.

8 筆者はこの点についてすでに詳述している. "Charcot and the Idea of Hysteria in the Male: Gender, Mental Science, and Medical Diagnosis in Late Nineteenth-Century France," *Medical History* 34 (1990), 363–411; and "Hysteria Male/Hysteria Female: Reflections on Comparative Gender Construction in Nineteenth-Century France and Britain," in *Science and Sensibility: Essays on Gender and Scientific Enquiry, 1780–1945*, ed., Marina Benjamin (London: Basil Blackwell, 1991), 200–39.

9 トラウマヒステリーに関する1880年代のシャルコーの業績は, その時代の鉄道脊髄症ならびに神経衰弱の文献とならんで, エレイン・ショーウォルターの主張が不正確であることを示している. すなわち男性ヒステリーという概念が西洋医学に初めて登場したのは第一次世界大戦においてではない. (以下を参照. Showalter, *The Female Malady*, chap. 7).

10 Ian Dowbiggin, "Degeneration and Hereditarianism in French Mental Medicine, 1840–1890: Psychiatric Theory as Ideological Adaptation," in *The Anatomy of Madness: Essays in the History of Psychiatry*, eds., W. F. Bynum, Roy Porter, and Michael Shepherd, vols. (London: Tavistock, 1985), vol.1 , 188–232.

11 20世紀のトラウマ理論の重要な進歩は, トラウマ体験が主要な病因であると認めたことであった. 以下を参照. Michèle Bertrand, *La pensée et le trauma: entre psychanalyt philosophie* (Paris: L'Harmattan, 1990).

12 Peter V. Comiti, "Les maladies et le travail lors de la révolution industrielle française," *History and Philosophy of Life Sciences* 2 (1980) 215–39; Arlette Farge, "Les artisans malades de leur travail," *Annales (Économies. Societes. Civilisations)* (September/October, 1977), 993–1009.

13 François Ewald, *L'État providence* (Paris: Grasset, 1986); Yvon Le Gall, *Histoire des accidents du travail* (Nantes: University of Nantes Press, 1982).

14 たとえば以下を参照. *Leçons sur les maladies du système nerveux, recueillies et publiées par M. M. Babinski, Bernard, Féré, Guinon, Marie, and Gilles de la Tourette* (Paris: Bureaux du Progrès Médical, Delahaye & Lecrosnier, 1890), lecture 24: 397. 同書によればシャルコーはその当時, 職場での機械による事故のために障害が生じた者に対して会社が年金を払うという寛大な決定をしたことを評価していた.

15 こうした変化についての特に記念すべき著述は下記に収載されている. Wolfgang Schivelbusch's *The Railway Journey: The Industrialization of Time and Space in the 19th Century* (Berkeley: University of California Press, 1986). 以下も参照. Esther Fischer-Homberger, "Die Büschse der Pandora: Der mythische Hintergrund der Eisenbahnkrankheiten des 19ten Jahrhunderts," *Sudhoffs Archiv* 56 (1971), 297–317.

16 Marc Baroli, *Le train dans la littérature française* (Paris: Thèse de l'Université de Paris, 1963).

17 E.A. Duchesne, *Des chemins de fer et leurs influence sur la santé des mécaniciens et des chauffeurs* (Paris, 1857).

18 Esther Fischer-Homberger, "Railway Spine und traumatische Neurose – Selle und Rückenmark," *Gesnerus* 27 (1970), 96–111.

19 "Les accidents de chemin de fer," *Gazette des hôpitaux*, 61 (1888), 1293–94; *Leçons sur les mala-*

dies du système nerveux (1890), lectures 23-24: "Sur un cas de coxalgie hystérique de cause traumatique chez l'homme," 322-40; Ibid., Appendix I: "Deux nouveaux cas de paralysie hystérotraumatique chez l'homme," 389-94; *Leçons du mardi à la Salpêtrière. Professeur Charcot. Policliniques, 1888-1889* (Paris: Bureaux du Progrès Médical, Lecrosnier & Babé, 1889), lesson 7: "Cas d'hystéro-neurasthénie à la suite d'une collision de trains chez un employé de chemin de fer," 127-36; Ibid., Appendix I: "Hystérie et névrose traumatique," 527-35; *Clinique des maladies du système nerveux*, vol. 1, lecture 3: "Des tremblements hystériques."

20　本書のハリントンとカプランによる章に加えて以下を参照. Harrington, "The Neuroses of the Railway: Trains, Travel, and Trauma in Great Britain" (Ph.D. dissertation, Oxford University, 1999); and Caplan, "Trains, Brains, and Sprain: Railway Spine and the Origins of Psychoneuroses," *Bulletin of the History of Medicine* 69 (1995), 387-419.

21　*Clinical Lectures on Certain Diseases of the Nervous System*, trans. E. P. Hurt (Detroit: George S. Davis, 1888), 99.

22　さらに付け加えるならば，シャルコーが"男性"トラウマヒステリーを強調したことは，エリクゼンの早期の理論において鉄道脊髄症は女性よりも成人男性に多いのでヒステリーではないとされたことへの反論であった．こうした事例がジェンダーの立場からどのように論じられてきたのかは以下の書籍を比較検討されたい．Erichsen, *On Railway and Other Injuries of the Nervous System* (London: Walton and Maberly, 1866), 126-27 : Charcot, *Leçons sur les maladies du système nerveux* (1890): lecture 18: "A propos de six cas d'hystérie chez l'homme," 256.

23　"Des paralysies hystéro-traumatiques chez l'homme," *La semaine médicale* (7 December 1887), 490.

24　*Leçons sur les maladies nerveux* (1890), lecture 19: "A propos de six cas d'hystérie chez l'homme," 253-98; *Leçons du mardi* (1889), lesson 12: "Un cas de neurasthénie et deux cas d'hystéroneurasthénie chez l'homme," 261-68.

25　Ibid., lesson 19: "Accidents nerveux provoqués par la foudre," 435-62; Ibid., Appendix III: "Hystérie provoquée chez l'homme par la peur de la foudre," 543-48.

26　*Leçons du mardi* (1889), lesson 19: "Accidents nerveux provoqués par la foudre," 435-62.

27　*Clinique des maladies du système nerveux* (1892-1893), vol. 1, lecture 14: "A propos d'un cas d'hystérie masculine," 305.

28　*Leçons du mardi* (1889), lesson 2: "Neurasthénie et hystérie," 30. これとは逆にシャルコーはトラウマ後の機能的症状は強度の突然の情動の影響下で消失することがあると述べている．

29　この部分は以下の書籍と符合する．Esther Fischer-Homberger, "Charcot und die Atiologie der Neurosen," *Gesnerus* 28 (1971), 35-46.

30　なかでも以下の書籍が重要である．Herbert Page *in Injuries of the Spine and Spinal Cord* (London: J. & A. Churchill, 1883). 以下も参照．Caplan, "Trains, Brains, and Sprains," esp. 394-97 and 405-18.

31　たとえば以下も参照．*Leçons sur les maladies du système nerveux*, (1889), Appendix 3.

32　Angelo Mosso, *La paura* (1884); French trans., *La peur: Étude psycho-physiologique* (Paris: F. Alcan, 1886).

33　Claude Barrois, *Les névroses traumatiques: Le psychothérapeute face aux détresses des chocs psychiques* (Paris: Dunod, 1988), 8.

34　Sigmund Freud, *Notes Upon a Case of Obsessional Neurosis* (1909), in *Standard Edition of the Complete Psychological Works of Sigmund Freud*, eds., James Strachey et al., 24 vols. (London: Hogarth Press), vol. 10, 157.

35　*Leçons sur les maladies du système nerveux* (1890), Appendix I: "Deux nouveaux cas de paralysie

hystéro-traumatique chez l'homme," 441-51.

36 Ibid., 450-56. 催眠状態とトラウマヒステリーの症状が類似していることはシャルコーにとっては当然のことであり，彼は頻繁にそのことに言及している．この類似は世紀末の精神医学でもしばしば述べられている．たとえば以下を参照. Freud's and Breuer's 1895 *Studies on Hysteric*. 著者の知るかぎり，この類似を最初に指摘したのはシャルコーである.

37 *Clinique des maladies du système nerveux* (1892-1893), vol. 1, lecture 2: "Sur un cas d'hystéro-traumatisme . . . ," 32.

38 *Leçons du mardi* (1889), lesson 19: "Accidents nerveux provoquées par la foudre," 457, 461.

39 この衝撃的な用語をシャルコーは以下の文献で用いている. *Leçons sur les maladies du système nerveux* (1890), lectures 18: "A propos de six cas d'hystérie chez l'homme," 253-98, and Ibid., lecture 24: "Sur un cas de coxalgie hystérique de cause traumatique chez l'homme," 388, 390. 以下も参照. *Leçons du mardi* (1889), Appendix III: "Hystérie provoquée chez l'homme par la peur de la foudre," 543-48.

40 この沈黙についての分析は以下を参照. Micale, "Charcot and the Idea of Hysteria in the Male," 391-93.

41 たとえば以下を参照. *Leçons du mardi* (1889), lesson 2 "Neurasthénie et hystérie," 30.

42 *La leçon de Charcot: Voyage dans une toile*, exhibition catalogue. Musée de l'assistance publique, Paris, September 17-December 31, 1986 (Paris: Tardy Quercy, 1986); Paul Richer, *Études cliniques sur la grande hystérie ou l'hystéro-épilepsie*, 2nd ed. (Paris: Delahaye & Lecrosnier, 1885); D. M. Bourneville and P. Regnard, *Iconographie photographique de la Salpêtrière*, 3 vols. (Paris: Bureaux du progrès médical, 1876-1880).

43 *Iconographie photographie de la Salpêtriére* を参照. 特に第 2 巻の衝撃的な症例「アウグスティン」を見られたい.

44 この重要な主題は本書のリサ・カーディンの章に詳述されている.

45 Goetz, Bonduelle, Gelfand, *Constructing Neurology*, chap. 5.

46 トラウマそれ自体は身体的ないし情動的な出来事ではなく，外的刺激への精神病理的反応であるという考えは，この主題に関する近代の議論の中核である.

47 *Leçons du mardi* (1887), lesson 18: "Paralysie hystéro-traumatique de la main et du poignet gauche chez l'homme," 344.

48 *Leçons du mardi* (1889), Appendix III: —"Hystérie provoquée chez l'homme par la peur de la foudre," 543-48; *Clinique des maladies du système nerveux* (1892-1893), vol. 1, lecture 2 "Sur un cas d'hystéro-traumatisme," 32.

49 *Leçons sur les maladies du système nerveux* (1890), Appendix I: "Deux nouveaux cas de paralysie hystéro-traumatique chez l'homme"; *Leçons du mardi* (1887), lesson 16: "Diagnostic de l'hémianesthésie capsulaire et de l'hémianesthésie hysterique, 3 malades," 296-300; and *Leçons du mardi* (1889), lesson 7: "Cas d'hystéro-traumatique survenue à la suite d'une collision de trains chez un employé de chemin de fer," 132-39. 有名な「D 婦人」の症例をも検討されたい．彼女の反復性の健忘は見知らぬ人が彼女の夫が亡くなったという誤報をもたらしたことで始まった. ("Sur un cas d'amnésie rétro-antérograde," *Revue de médecine*, 12 (1892), 81-96.)

50 オラ・アンダーソンによる以下の研究は最良のものと言ってよい. *Studies in the Prehistory of Psychoanalysis* (Stockholm: Svenska Bokförlaget, 1962), chaps. 2-4.

51 1885年から1886年にかけての数カ月，フロイトがパリに滞在しているあいだにシャルコーは以下の論文を公表した. "Hysterie chez l'homme," *Journal de medécine et de chirurgie pratiques* 56 (1885) 443-47; "L'Hystérie chez l'homme comparée à l'hystérie chez la femme," *Journal de la santè publique* 74-75 (1885), 4-5, 2-4; "A propos de six cas d'hystérie chez l'homme," *Progrès médical*,

18, 23, 32 (1885), 347-51, 453-56, 87-92; "Sur deux cas de monoplégie brachiale hystérique de cause traumatique, chez l'homme," *Progrès médical* 34 (1895), 131-35; "Coxalgie hystérique chez l'homme; formes mixtes. Monoplégie brachiale hystéro-traumatique; traitement," *Journal de médecine et de chirurgie pratiques* 57 (1886), 147-54; "Cas de mutisme hystérique chez l'homme," *Progrès médical* 46 (1886), 987-91; and "Hystérie chez l'homme," *Semaine médicale* 6 (1886), 125-51.

52 Jean-Martin Charcot, *Neue Vorlesungen über die Krankheiten des Nervensystems insbesondere über Hysterie*, trans., S. Freud (Leipzig and Vienna: Toeplitz and Deuticke, 1886).

53 Freud, "Observation of a Severe Case of Hemi-anesthesia in a Hysterical Male," *Standard Edition 1* (1886), 155-72.

54 Henri F. Ellenberger, "Freud's Lecture on Masculine Hysteria (October 15, 1886): A Critical Study" [1968], reprinted in *Beyond the Unconscious: Essays of Henri F. Ellenberger in the History of Psychiatry*, ed., Mark S. Micale (Princeton, Princeton University Press, 1993), chap. 3.

55 Sigmund Freud and Josef Breuer, "Preliminary Communication" (1893), in *Studies on Hysteria* (1895), *Standard Edition*, 2: 17. 20年後の見解は以下を参照. Freud, "Remembering, Repeating and Working-Through" (1914), *Standard Edition*, 12: 17.

56 In *Hysterical Males: Medicine and Masculine Nervous Illness from the Renaissance to Freud* (New Haven: Yale University Press, work in progress), chap. 6. 筆者の見解であるが，後期のフロイトが性愛心理学の一般理論のなかでジェンダー非特異的な普遍的両性具有性を論じたのは，シャルコーによる男性トラウマヒステリー論がジェンダー決定論を否定していたことに少なからず影響されているのであろう．

57 この主題については以下の論考を読まれたい．Mark S. Micale, "Paradigm and Ideology in Psychiatric History Writing: The Case of Psychoanalysis," *Journal of Nervous and Mental Disease* 184, (1996), 146-52; 同書, *Approaching Hysteria*, 125-29.

58 この見解の復権については以下を参照. Paul Brown, "Pierre Janet: Alienist Reintegrated," *Current Opinion* 4 (1991), 389-95. ジャネのトラウマ後精神病理の研究と当時の医学に対する意義については以下を参照. Onno van der Hart and Barbara Friedman, "A Reader's Guide to Pierre Janet on Dissociation: A Neglected Intellectual Heritage," *Dissociation* 2 (1989), 3-16; Onno van der Hart, Paul Brown, Bessel A. van der Kolk, "Pierre Janet's Treatment of PostTraumatic Stress," *Journal of Traumatic Stress* 2 (1989), 379-95; and L. Crocq and J. de Verbizier, "Le traumatisme psychologique dans l'œuvre de Pierre Janet," *Bulletin de psychologie* 41 (1988), 483-85.

59 この関係を指摘したのは次の文献である. A. Cygielstrejch, "La psychologie de la panique pendant la guerre," *Annales médico-psychologiques* 7 (1916), 172-92.

60 Marc Roudebush, "A Battle of Nerves: Hysteria and Its Treatments," this volume, chap. 11.

61 Marc Roudebush, "A Battle of Nerves: Hysteria and Its Treatment in France during World War One" (Ph.D. dissertation, University of California at Berkeley, 1995), chap. 2.

62 P. Lefebvre and S. Barbes, "L'Hystérie de guerre: Étude comparative de ses manifestations au cours de deux derniers conflits mondiaux," *Annales médico-psychologiques* 142 (February, 1984), 262-66.

63 Joseph Babinski and Jules Froment, *Hystérie-Pithiatisme et troubles nerveux d'ordre réflexe en neurologie de guerre* (Paris: Masson et Cie, 1917). 以下も参照. Paul Sollier and M. Chartier, *La commotion par explosifs et ses conséqueneces sur le système nerveux* (Paris: Baillière, 1915).

64 Georges Dumas, *Troubles mentaux et troubles nerveux de guerre* (Paris: Félix Alcan, 1918); André Léri, *Commotions et émotions de guerre* (Paris: Masson et Cie, 1918); Gustave Roussy, J. Boisseau, and M. D'Oelsnitz *Traitement des psychonévroses de guerre* (Paris: Masson et Cie, 1918).

65 Joseph Babinski and Jules Froment, *Hystérie-pithiatisme et troubles nerveux d'ordre réflexe en neu-*

rologie de guerre (Paris: Masson et Cie, 1917), 42-43.

66 以下も参照. Dr. Paul Sollier's remark in November 1915 that the war was vindicating "Charcot's traditional clinical conception of hysteria," which was "alive and well again." (Cited in Roudebush, "A Battle of Nerves," 72.)

67 Lewis R.Yealland, *The Hysterical Disorders of Warfare* (London: Macmillan, 1918).

68 Elmer E. Southard, *Shell-Shock and Other Neuropsychiatric Problems . . . from the War Literature, 1914-1918* (Boston: W. M. Leonard, 1919), 848; John T. MacCurdy, *War Neuroses* (Cambridge: The University Press, 1918); Montague D. Eder, *War-Shock: The Psychoneuroses in War Psychology and Treatment* (London: W. Heineman, 1917); Charles Myers, *Shell Shock in France, 1914-1918* (Cambridge: The University Press, 1940).

69 Southard, *Shell-Shock and Other Neuropsychiatric Problems*, 848.

70 Ernst Simmel, *Zur Psychoanalyse der Kriegsneurosen und 'psychisches Trauma'* (Leipzig: Internationale psychoanalytische Bibliothek, 1919); Sandor Ferenczi et al., *Psychoanalysis and the War Neuroses*, intro. by Professor Sigmund Freud (Vienna: International Psychoanalytic Press, 1921).

71 Barrois, *Les névroses traumatiques*, 33-36.

72 Michael S. Roth, "Remembering Forgetting: *Maladies de la mémoire* in Nineteenth-Century France," *Representations* 26 (1991), 5-29.

73 M. Khan, "Le concept de trauma cumulatif," in *Le Soi caché* (Paris, Gallimard, 1974).

74 たとえばシャルコーの「中毒性ヒステリーtoxic hysteria」と比較されたい. *Leçons du mardi* (1889), lesson 3: "Intoxication par la sulfure de carbone," 43-53; Ibid., lesson : "Hystérie chez un saturin âgé de 28 ans," 121-25; *Clinique des maladies du système nerveux* (1892-1893), vol. 2, Appendix II: "Hémianésthesie hystérique et hémianesthésie toxiques," 461-72, with Henry M.Vyner, *Invisible Trauma: The Psychosocial Effects of Invisible Environmental Contaminants* (Lexington, MA: D. C. Heath, 1987).

75 少なくともシャルコーの弟子の１人であるピエール・マリーはこの事実に気がついていた.「シャルコーのヒステリー研究の中心となり，将来の医療研究においても指導的意義を失わないものは，特異的な麻痺と拘縮を伴うトラウマヒステリーないしヒステリー性トラウマ，トラウマ性神経症についての見事な研究である」("Éloge de J. M. Charcot," *Bulletin de l'Académie de Médecine* 93 [1925], 576-93.)

76 たとえば以下のような論文がある. Émile Batault, "Contribution à l'étude de l'hystérie chez l'homme" (Medical Thesis, University of Paris, 1885); Henri Berbez, "Hystérie et traumatisme" (Medical Thesis, University of Paris, 1887); Albert Baum, *De l'hystero-traumatique (railway-spine)* (Paris, 1893); Dr. Glorieux, "L'Hystérie chez l'homme," *Archives médicales belges*, 31 (1887), 234-38; Dr. Lemoine, "Deux cas d'hystérie chez l'homme avec sensation de boule hystérique," *Province médicale* (Lyon), 1 (1886), 36; J. M. L. Lucas-Championnière, "Contribution a l'étude de l'hystérie chez l'homme," *Archives de neurologie* 14 (July, 1887), 15-46; Alexander Souques, "De l'hystérie dans un service hospitalier," *Archives générales de médecine*, 26 (1890), 168-200. 数百に上る関連文献の包括的なリストは以下を参照されたい. Georges Guinon, *Les agents provocateurs de l'hysterie* (Paris: Delahaye & Lecrosnier, 1889).

77 そのグループには次のような多くの人々が含まれる. 英米からはエリクゼン，ペイジ，パジェット，パトナム，ビアド，ダナ，ハモンド，ミッチェル，リヴァース，サザード，カーディナー，ジョーンズ．フランスとベルギーおよびスイスのロマンド地方からはシャルコー，リボー，ビネー，ギノン，ベルネーム，ジャネ，デルボフ，バビンスキー，デュボワ，デュマ．ドイツ語圏諸国からはオッペンハイム，ブランス，トンプソン，ガウプ，フロイト，ゾンマー，ホッヘ，ヘルパッハ，ボンヘッファー，ビンスワンガー，ノンネ，ジンメル，フェレンツィ．

78 Martin Stone, "Shell Shock and the Psychologists," in Bynum, Porter, Shepherd, *Anatomy of Madness*, 2: 242-71.

79 一般的な歴史的背景についての初期の論考としては以下の古典的文献がある. David Thomson, *Democracy in France Since 1870*, 5th ed. (New York: Oxford University Press, 1969). Gordon Wright, *France in Modern Times: From Enlightenment to the Present* (Chicago: Rand McNally, 1974), 214-55, 269-86, 296-307. Jean-Marie Mayeur, *Les débuts de la troisième république (1870-1940)* (Paris: Calmann-Lévy, 1976).

80 概観のためには以下を参照. Robert D. Anderson's *France 1870-1914: Politics and Society* (London: Routledge and Kegan Paul, 1984).

81 Louis Chevalier, *Laboring Classes and Dangerous Classes in Paris during the First Half of the Nineteenth Century* (New York: H. Fertig, 1973); Claude Willard, *Le mouvement socialiste en France (1893-1905)* (Paris: Éditions sociales, 1965); Steven C. Hause and Anne R. Kenney, *Women's Suffrage and Social Politics in the French Third Republic* (Princeton: Princeton University Press, 1984); Annelise Maugue, *L'Identité masculine en crise au tournant du siècle, 1871-1914* (Paris: Éditions Rivage, 1987); Michelle Perrot, "The New Eve and the Old Adam: Changes in French Women's Condition at the Turn of the Century," in *Behind the Lines: Gender and the Two World Wars*, eds., Margaret R. Higonnet et al. (New Haven: Yale University Press, 1987), 51-60; Ruth Harris, *Murders and Madness: Medicine, Law, and Society in the Fin de Siècle* (Oxford: Oxford University Press, 1989); Susanna Barrows, *Distorting Mirrors: Visions of the Crowd in Late Nineteenth-Century France* (New Haven: Yale University, 1981); idem., "After the Commune: Alcoholism, Temperance, and Literature in the Early Third Republic," in *Consciousness and Class Experience in Nineteenth Century France*, ed., John Merriman (New York: Holmes & Meier, 1979), chap. 10; Alain Corbin, "La grande peur de la syphilis," in *Peurs et terreurs face à la contagion: choléra, tuberculose, syphilis, XIXe-XXe siècles*, eds., Jean-Pierre Bardet et al. (Paris: Fayard, 1988), 328-48; Douglas Johnson, *France and the Dreyfus Affair* (New York: Walder, 1967).

82 Robert A. Nye, *Crime, Madness, and Politics in Modern France: The Medical Concept of Decline* (Princeton: Princeton University Press, 1984). 特に第5章を参照されたい. Metaphors of Pathology in the Belle Époque: The Rise of the Medical Model of Cultural Crisis.

83 社会的, 文化的, 政治的不安のこうした相互作用は当時の変質説, 集団心理学, 犯罪文化人類学などの議論に表れている. Gérard Jacquemet, "Médecine et 'maladies populaires' dans le Paris de la fin du XIXe siècle," *L'haleine des faubourgs: Recherches* 29 (December, 1977), 349-64; Daniel Pick, *Faces of Degeneration: A European Disorder, c. 1848-c. 1918* (Cambridge: Cambridge University Press, 1989), 50-59; Susanna Barrows, *Distorting Visions: Visions of the Crowd in Late Nineteenth-Century France* (New Haven: Yale University Press, 1981); Jaap van Ginnekin, *Crowds, Psychology, and Politics 1871-1899* (Cambridge: Cambridge University Press, 1992), chap. 1; and Micale, *Approaching Hysteria*, 200-20.

84 この点を明らかにする上でのポール・レルナーの助言に感謝する.

85 シャルコーがこの当時「時代を代表する医師」と見なされていたことについては以下を参照. Jules Claretie, "Souvenirs et portraits: Charcot, le consolateur," *Annales politiques et littéraires* 41 (21) (September, 1903), 179-80. 1880年代のシャルコーの講義を聴講した小説家かつ医学ジャーナリストであるクラルティイは当時を振り返ってこう述べている.「シャルコーほど才能にあふれ, 存在感のあった人物は私たちの時代にはいなかった. 彼こそが, この神経症の世紀 le siècle des névroses の主治医であった」

86 著者が提案している大局的な文化批評的立場からみると, 社会科学においてシャルコーの神経精神医学に比肩するものはデュルケームの社会学であると言ってよい. デュルケームの1890年代

の自殺論を含む社会学的研究は，シャルコーのトラウマ性ヒステリーと同様に，当時の近代生活の社会病理を理解しようとした新しい実証主義の中に位置していた．

87 近代については多くの定義があり，この用語の意味に関して果てしのない議論が繰り広げられてきた．ここでは著者がS. N. アイゼンシュタットの定義に従っていることを述べておきたい．“Studies of Modernization and Sociological Theory,” *History and Theory* 13 (1974), 226-52; Joyce Appleby's “Modernization Theory and the Formation of Modern Social Theories in England and America,” *Comparative Studies in Society and History* 20 (1976), 259-85; and D. Dickens and A. Fontana's *Postmodernism and Sociology* (Chicago, University of Chicago Press, 1999, Introduction.

第7章　トラウマ神経症から男性ヒステリーへ

1 In “Verhandlungen Psychiatrischer Vereine: Kriegstagung des Deutschen Vereins für Psychiatrie zu München am 21. und 22. September 1916,” *Allgemeine Zeitschrift für Psychiatrie* 73 (1917), 230.

2 Hilda C.Abraham and Ernst Freud, eds., *Sigmund Freud. Karl Abraham. Briefe, 1907-1926* (Frankfurt: Fischer, 1965), 100.

3 Robert Gaupp, “Krieg und lenleben!” *Deutsche Revue* (1918), 168.

4 E.Stier, “Rentenversorgung bei nervösen und psychisch erkrankten Feldzugsteilnehmern,” in *Handbuch der ärztlichen Erfahrungen im Weltkriege, 1914-1918 v. 4 Geistes- und Nervenkrankheiten*, ed., Karl Bonhoeffer (Leipzig: Barth, 1922), 171.

5 この数字は公式の帝国統計に基づいている．*Sanitätsbericht über das Deutsche Heer im Weltkriege 1914/1918*, Bd. III, “Die Krankenbewegung bei dem Deutschen Feld- und Besatzungsheer” (Berlin: E. S. Mittler, 1934), 145-49. ドイツの精神医学と神経医学における「戦争神経症」の使用については著者の学位論文を参照されたい．“Hysterical Men: War, Neurosis and German Mental Medicine, 1914-1921,” (Ph.D. dissertation, Columbia University, 1996), esp. chap. 2.

6 この表現は以下に由来している．Kurt Singer, “Was ist's mit dem Neurotiker vom Jahre 1920?” *Medizinische Klinik* 16 (1920), 951.

7 E.Stier, “Rentenversorgung bei nervosen und psychisch erkrankten Feldzugsteilnehmern,” in *Handbuch der ärztlichen Erfahrungen im Weltkriege, 1914-1918*, ed., Karl Bonhoeffer (Leipzig, Barth 1922), 186.

8 Stier, “Rentenversorgung bei nervosen und psychisch erkrankten Feldzugsteilnehmern,” 186. ドイツの軍人および退役軍人への賠償をめぐる議論は以下を参照．Robert W. Whalen, *Bitter Wounds: German Victims of the Great War* (Ithaca: Cornell University Press, 1984), esp. chaps. 6 and 7; 比較論的論考については以下を参照．Michael Geyer, “Ein Vorbote des Wohlfahrtstaates: Die Kriegsopferversorgung in Frankreich, Deutschland und Grosbritannien nach dem Ersten Weltkrieg,” *Geschichte und Gesellschaft* 9 (1983), 230-77.

9 Kurt Singer, “Die zukünftige Begutachtung traumatischer Nervenkrankheiten,” *Ärztliche Sachverständigen-Zeitung* 25 (1919), 103.

10 Max Nonne, *Anfang und Ziel Meines Lebens* (Hamburg: Hans Christians Verlag, 1971), 179-80.

11 以下を参照．Max Nonne, “Über erfolgreiche Suggestivbehandlung der hysterieformen Störungen bei Kriegsneurosen.” *Zeitschrift für die gesamte Neurologie und Psychiatrie* 37 (1917), 192. ノンネは1917年の論文で，ほんの2年前にはドイツ兵士をヒステリーと診断することはその用語の「女性的で不名誉な意味のために」許されなかったと述べている．ハンナ・デッカーによれば19世紀後半のドイツ人医師の中には男性ヒステリーを認める者もいたが，この病気はドイツ人男性のあいだでは稀だと考えられていたという．Decker, *Freud in Germany. Revolution and Reaction in Science, 1893-1907* (New York: International Universities Press, 1977), 80; 以下も参照．Sander

Gilman, *The Jew's Body* (London: Routledge, 1991), 60-104.

12 Hermann Oppenheim, "Der Krieg und die traumatischen Neurosen," *Berliner klinische Wochenschrift* 52 (1915), 257.

13 著者は主に以下の文献を参照してオッペンハイムの伝記的記載を行った. Emil Herz, "Hermann Oppenheim: Auszug aus den Erinnerungen" undated, unpublished manuscript, Herz Collection, Archive of the Leo Baeck Institute, New York; idem, *Denke ich an Deutschland in der Nacht: die Geschichte des Hauses Steg* (Berlin: Deutscher Verlag, 1951); Archive of the Humboldt-Universität zu Berlin, Medizinische Fakultät, [hereafter, HUB, MF] Akte 1381, Bd. 5 "Ausstellung und Besoldung von Professoren sowie Einrichtung neuer Lehrstuhle, 1886-1893"; Helmut Selbach, "Über Hermann Oppenheim," Vortrag auf der Eröffnungsfeier der Jahresversammlung der Deutschen Gesellschaft für Neurologie am 4.10.1978," A 27/3, Archive of the Leo Baeck Institute; R. Cassirer, "Hermann Oppenheim," *Berliner klinische Wochenschrift* 56 (1919), 669-71; and Arthur Stern, *In Bewegter Zeit. Erinnrungen und Gedanken eines jüdischen Nervenarztes. Berlin-Jerusalem* (Jerusalem: Verlag Rubin Mass, 1968). ベルリンのベック研究所文書部のウェンディ・ヘンリィ氏とフンボルト大学文書部のイローナ・カルプ氏のご助力に謝辞を捧げたい.

14 以下を参照. Heinz-Peter Schmiedebach, "Wilhelm Griesinger," in *Berlinische Lebensbilder: Mediziner*, eds., Wilhelm Treue and Rolf Winau, vol. 2 (Berlin: Colloquium, 1987), 109-31.

15 1874年にウェストファルは精神医学と神経医学の教授となり, このふたつの専門分野を統合するというグリージンガーの努力をさらに推し進め, ふたつの教授職を統合した. 第二次大戦後, 相当の期間が過ぎるまで, これらは統合されたままであった. Selbach, "Über Hermann Oppenheim," 2.

16 Hermann Oppenheim, "Über einen sich an Kopfverletzungen und allgemeine Körpererschutterungen anschliesenden cerebralen Symptomenkomplex," *Berliner klinische Wochenschrift* 21 (1884), 725.

17 HUB MF, Akte 1381, Blatt 157.

18 Hermann Oppenheim, *Die traumatischen Neurosen nach den in der Nervenklinik der Charité in den 5 Jahren 1883-1888 gesammelten Beobachtungen* (Berlin: Hirschwald, 1889). 加筆された第2版は1892年に出版され, さらに3年間の症例観察が付け加えられた.

19 エリクゼンと「鉄道脊髄症」の問題については以下を参照. Ralph Harrington, "Trains, Terror and Trauma: The Railway Accident in Victorian Britain"; and Eric Caplan, "Trains and Trauma in the American Guilded Age," いずれも下記の文献に所収. Wolfgang Schivelbusch, *The Railway Journey: The Industrialization of Time and Space in the 19th Century* (Berkeley: University of California Press, 1977); esp. chap. 9.

20 以下を参照. R. Cassirer, "Hermann Oppenheim," *Berliner klinische Wochenschrift* 56 (1919), 669-71.

21 Oppenheim, *Die traumatischen Neurosen*, 178. 1894年の神経学の教科書でも, 彼はほぼ同じ主張をしている. *Lehrbuch der Nervenkrankheiten für Ärzte und Studierende* (Berlin: Karger, 1894).

22 トラウマ性ヒステリーについてのシャルコーの理論は本書第6章を参照. シャルコー, ヒステリー, ジェンダーについては以下を参照. Mark S. Micale, "Hysteria Male/Hysteria Female: Reflections on Comparative Gender Construction in Nineteenth-Century France and Britain," in *Science and Sensibility: Gender and Scientific Enquiry, 1780-1945*, ed., Marina Benjamin (Oxford: Oxford University Press, 1991). ヒステリー, 女性, ジェンダーについてのさらに広汎な議論は多いが, なかでも以下を参照. Elaine Showalter, *The Female Malady: Women, Madness and English Culture, 1830-1980* (New York: Penguin, 1985); idem, "Hysteria, Feminism and Gender," in Hysteria Beyond Freud eds., Sander L. Gilman et al. (Berkeley: University of California, 1993), 286-

345; Edward Shorter, "Mania, Hysteria, and Gender in Lower Austria, 1891-1905," *History of Psychiatry* 1 (1990), 3-31.

23 歴史家のエスター・フィッシャー－ホンブルガーは，1889年のこの書籍がドイツの精神科医をオッペンハイムの支持者と敵対者のふたつの陣営に分けたと述べている．Esther Fischer-Homburger, *Die Traumatische Neurose: Vom Somatischen zum Sozialen Leiden* (Bern: Huber, 1975), 56.

24 HUB MF, Akte 1381, Blatt 157.

25 アルトフをめぐる，当時のドイツの大学の状況と専門学術職に関する政策に関しては以下を参照．Konrad Jarausch, *Students, Society and Politics in Imperial Germany. The Rise of Academic Illiberalism* (Princeton: Princeton University Press, 1982), and Charles McClelland, *State, Society and University in Germany, 1700-1914* (Cambridge: Cambridge University Press, 1980), esp. 239-322.

26 Jarausch, *Students, Society and Politics* (前項参照); 1880年代と90年代の医師たちのあいだの反ユダヤ主義の勃興については以下を参照．Michael Kater, "Professionalization and Socialization of Physicians in Wilhelmine and Weimar Germany," *Journal of Contemporary History* 20 (1985), 677-701, esp. 689-94. 同様に，反ユダヤ主義がオッペンハイムの教授就任を妨げたことについては現代の何人かの学者が記している．以下を参照．Decker, *Freud in Germany*, 86; and Matthais M.Weber, *Ernst Rüdin: Eine kritische Biorgraphie* (Berlin: Springer-Verlag, 1993), 35.

27 彼の義理の甥であるエミール・ヘルツによれば「彼が大学から拒絶された主要な理由である反ユダヤ主義はヘルマン（訳注：オッペンハイム）の記憶からは次第に薄れていった．しかし私との会話の中ではそれに触れることがあった」．別の親族はこう書いている．「文化相が彼に，キリスト教の洗礼を受ければ昇進できると仄めかしたことがあった．しかし彼はそれを断った」．S. Braun, "Aus der Geschichte einer Westphälisch-judischen Familie," *Allgemeine Düsseldorf* no. XIX, 11724.7.1964, p. 11, Herz Collection, Archive of the Leo Baeck Institute; オッペンハイムが非ユダヤ教徒の女性と結婚するように勧められたことは彼の学生が記している．Arthur Stern. Stern, *In Bewegter Zeit*, 55. しかしアルトフ自身の娘がユダヤ人の神経科医であるゴールドシャイダーと結婚した事実を踏まえて，このような意見に賛同しない者もいる．H. Selbach, "Über Hermann Oppenheim," p. 4.

28 HUB MF, Akte 1381, Blatt 240.

29 Alma Kreuter, quoted in Weber, *Ernst Rüdin*, 34.

30 Oppenheim, *Lehrbuch der Nervenkrankheiten für Ärzte und Studierende* (Berlin: Hirschwald, 1894); オッペンハイムの影響については以下を参照．Stern, *In Bewegter Zeit*, 56; Selbach, "Über Hermann Oppenheim," 4; and Hannah Decker, *Freud in Germany*, 86.

31 ドイツ大都市のユダヤ人開業医については以下を参照．Kater, "Professionalization," 689-90. 彼によれば20世紀初頭のベルリンの開業医の３分の１はユダヤ人であった．

32 彼は東ヨーロッパのユダヤ人についての彼の著作は以下の通り．Oppenheim's "Zur Psychopathologie und Nosologie der russisch-jüdischen Bevölkerung," *Journal für Psychologie und Neurologie* 13 (1908), 1-9. オッペンハイムのクリニックについての詳細は，彼が支援をし，患者を紹介していた，従兄弟である精神分析家のカール・アブラハムの手紙に見られる．Hilda C.Abraham and Ernst Freud, eds., *Sigmund Freud. Karl Abraham. Briefe, 1907-1926* (Frankfurt: Fischer, 1965), esp. 38, 45, 86.

33 Hermann Oppenheim, *Psychotherapeutische Briefe* (Berlin: Karger, 1906).

34 オッペンハイムはこう記した．「特に印象的であったのはこうした症例のほぼすべてが，それが身体的であろうと心理的であろうと，痛みが軽度であろうと重度であろうと，疾患恐怖症 nosophobia と結びついていたことである．疾患恐怖症それ自体がひとつの疾患であるが，ときには本当の疾患と結びついていたり，本当の疾患を隠してしまうこともある．二次的な症状が派生した場合

には，そちらの方が病気の主要な原因となってしまうこともある［…］患者は実際の疾患についてではなく，それについての恐怖によって苦しんでいる．多くの場合，彼の苦しみはそれだけだと言ってもよい」．“Zur Psychopathologie und Nosographie der russisch-jüdischen Bevölkerung,” 3.

35 ドイツの都市における神経科の開業クリニックの増加については以下を参照．Joachim Radkau, “Die Wilhelminische Ära als nervöses Zeitalter, oder: die Nerven als Netz zwischen Tempo- und Körpergeschichte,” *Geschichte und Gesellschaft* 20 (April-June 1994), 211-41.

36 Oppenheim, *Psychotherapeutische Briefe*, 21.

37 Ibid., 15.

38 Edward Shorter, *From Paralysis to Fatigue. A History of Psychosomatic Illness in the Modern Era* (New York: Basic Books, 1992), 220.

39 以下を参照．Greg Eghigian, “The German Welfare State as a Discourse of Trauma,” 本書88-107, and Wolfgang Schäffner “Event, Series, Trauma,” 本書76-87. トラウマ神経症の政治的，法的な位置づけについては以下の著作が有益である．Fischer-Homburger, *Die Traumatische Neurose*; Greg Eghigian, “Die Bürokratie und das Entstehen von Krankheit. Die Politik und die ‘Rentenneurosen, 1890-1926.” in *Stadt und Gesundheit. Zum Wandel von Volksgesundheit und kommunaler Gesundheitspolitik im 19. und frühen 20. Jahrhundert*, eds., Jürgen Reulecke, Adelheit Gräfin zu Castell-Rüdenhausen (Stuttgart: Steiner, 1991): 203-23; Gabriele Moser, “Der Arzt im Kampf gegen ‘Begehrlichkeit und Rentensucht’ im Deutschen Kaiserreich und in der Weimarer Republik,” *Jahrbuch für kritische Medizin 16* (1992), 161-83; Heinz-Peter Schmiedebach, “Die ‘traumatische Neurose’ – Soziale Versicherung und der Griff der Psychiatrie nach dem Unfallpatienten,” in *Ergebnisse und Perspektiven Sozialhistorischer Forschung in der Medizingeschichte. Kolloquium zum 100. Geburtstag von Henry Sigerist*, eds., Susanne Hahn and Achim Thom (Leipzig, Karl Sudhoff Institut, 1911), 151-63.

40 H. Oppenheim, “Der Krieg und die traumatischen Neurosen,” *Berliner klinische Wochenschrift* 52 (1915), 258.

41 Greg Eghigian, “Hysteria, Insurance, and the Rise of the Pathological Welfare State in Germany, 1884-1926,” unpublished Paper, 1993.

42 Ibid.

43 Alfred E. Hoche, “Geisteskrankheit und Kultur,” in idem., *Aus der Werkstatt* (Munich: Lehmann, 1935), 16. ホッヘはそれ以外でもこのように記している．「事故保険法の存在は神経的，心理的な複雑な症状の意義を貶めただけではなく，それに関わるすべてのもの，たとえば患者との医師の個人的関係などに影響を与えた」. Hoche, “Über Hysterie,” *Archiv für Psychiatrie* 56 (1915), 331.

44 願望複合体の直訳は「想像的願望」であろうか．この用語は1895年にアドルフ・シュトゥルンペルによって導入された．以下を参照．Fischer Homburger, *Die traumatische Neurosp*. 190.

45 この会議の説明は以下を参照．Fischer-Homburger, *Die traumatische Neurosp*. 69-72.

46 Hermann Oppenheim, “Der Krieg und die traumatischen Neurosen,” 257.

47 Ibid., 258.

48 Ibid., 259.

49 この時期のヒステリー診断の変遷は以下を参照．Mark Micale, “On the Disappearance of Hysteria: The Clinical Deconstruction of a Diagnosis,” *Isis* 84 (September, 1993), 496-526.

50 Fischer-Homberger, *Die traumatische Neurose*, 133.

51 Robert Gaupp, “Über den Begriff der Hysterie,” *Zeitschrift für die gesamte Neurologie und Psychiatrie* 5 (1911), 458.

52 Karl Bonhoeffer, “Wie weit kommen psychogene Krankheitszustande und Krankheitsprozesse vor, die nicht der Hysterie zuzurechnen sind?” *Allgemeine Zeitschrift für Psychiatrie* 68 (1911),

378-86.

53 戦時に大学と提携した医師の一部を，大学名とともに以下に示す．コンラード・アルト，ハレ大学（1861-1922）；ギュスターヴ・アシャッフェンブルグ，コローニャ大学（1866-1944）；カール・ボンヘッファー，ベルリン大学（1868-1922）；ロベルト・ガウプ，チュービンゲン大学（1866-1944）；アルフレート・ホッヘ，フライブルグ大学（1865-1943）；ルートヴィヒ・マン，ブレスラウ大学（1866-1934）；マックス・ノンネ，ハンブルク大学（1861-1959）；ロベルト・ゾンマー，ギーセン大学（1864-1937）；ヴィルヘルム・ウェイガント，ハイデルベルグ大学（1870-1939）；ロベルト・ウォレンベルグ，ストラスブルグ大学（1862-1942）.

54 Paul Weindling, *Health, Race and German Politics between National Unification and Nazism, 1871–1945* (Cambridge: Cambridge University Press, 1989), esp.14-20; Sheila Faith Weiss, *Race Hygiene and National Efficiency: The Eugenics of Wilhelm Schallmayer* (Berkeley: University of California Press, 1987), esp. 16-19.

55 Herz, *Denke ich an Deutschland*, 72.

56 彼はこのように記している．「そこかしこで兵士が神経を病んでいても，それは素因があったからだとか，神経的に弱かったとか，精神病質だということになっている．戦争による心理的なトラウマは潜在的にすでに備わっていたものを明るみに出したにすぎないとされている．私も当初はそうした印象を抱いていた」Oppenheim, “Der Krieg und die traumatischen Neurosen,” 258.

57 Ibid., p.259. 以下も参照. Hermann Oppenheim, “Zur traumatischen Neurose im Kriege,” *Neurologisches Centralblatt* 34 (1915), 514.

58 たとえば以下も参照. Elaine Showalter, *The Female Malady*; idem, “Hysteria, Feminism and Gender”; Mark Micale, “Hysteria Male/Hysteria Female: Reflections on Comparative Gender Construction in Nineteenth-Century France and Britain”; Roy Porter, “The Body and The Mind, the Doctor and the Patient: Negotiating Hysteria in the Modern World,” in *Hysteria Beyond Freud*, eds., Sander L. Gilman (Berkeley, University of California Press, 1993), 225-85.

59 以下を参照. U. Link-Heer, “Männliche Hysterie. Eine Diskursanalyse,” in *Weiblichkeit in geschichtlicher Perspektive*, eds., U. A. J. Becher and J. Rusen (Frankfurt: Suhrkamp, 1988), 364-96.

60 Max Nonne, “Über erfolgreiche Suggestivbehandlung der hysterieformen Störungen bei Kriegsneurosen.” *Zeitschrift für die gesamte Neurologie und Psychiatrie* 37 (1917), 192.

61 エレイン・ショーウォルターによれば英国では「シェルショック」という用語が好まれていた．というのもこの用語にはおぞましい状況に対する身体的な基礎を持った反応という含意があり，ヒステリーの持つ女性的という意味合いが薄められ，兵士の尊厳が保たれていると思われたからである．Showalter, “Hysteria, Feminism and Gender,” 321. しかしショーウォルターはシェルショックという診断が英国の軍当局によって1917年まで使用を禁止されていたことには触れていない．Ruth Leys, “Traumatic Cures: Shell Shock, Janet and the Question of Memory,” *Critical Inquiry* 20 (Summer 1994), 629 fn. 英国の軍事医学における「シェルショック」という用語の使用については以下を参照. Martin Stone, “Shell Shock and the Psychologists,” in *The Anatomy of Madness*, eds., W. F. Bynum, Roy Porter, and Michael Shepherd, 3 vols. (London: Tavistock, 1985), 2: 242-71; Ted Bogacz, “War Neurosis and Cultural Change in England, 1914-22: The Work of the War Office Committee of Enquiry into ‘Shell-shock’,” *Journal of Contemporary History* 24 (April, 1989), 227-56. フランス医学における第一次大戦前のヒステリー診断に関しては，本書の第11章「神経との闘い——第一次世界大戦期フランスにおけるヒステリーとその治療」を参照.

62 以下を参照. Bernd Ulrich, “Nerven und Krieg: Skizzierung einer Beziehung,” in *Geschichte und Psychologie: Annäherungsversuche*, ed., Bedrich Loewenstein (Pfaffenweiler, Centaurus, 1992), 163-191.

63 Alfred Sänger, “Über die durch den Krieg bedingten Folgezustände am Nervensystem. Vortrag im

ärztl. Verein in Hamburg am 26.I und 9.2. 1915," *Münchener medizinische Wochenschrift* 62 (1915), 564-5. ホッヘは早くも1914年には兵役解除の問題を憂えており，数千人もの労働階級出身の兵士が帰郷して補償を求めるのではないかと恐れていた.「そうなるとドイツの精神科医は重苦しい，報われない仕事をしなくてはならない. 外的要因のないあらゆる身体的，精神的負傷の原因を，戦闘命令にさかのぼって考えるという仕事である」. Alfred Hoche, *Krieg und lenleben* (Freiburg: Speyer und Kaerner, 1914), 24-55.

64 Quoted in W. Schmidt, "Die psychischen und nervösen Folgezustände nach Granatexplosionen und Minenverschüttungen," *Zeitschrift für die gesamte Neurologie und Psychiatrie* 29 (1915), 538.

65 オッペンハイムは確かにこのコメントをこのように受け止めていた. 以下を参照. "Zur traumatischen Neurose im Kriege," 517f.

66 Arthur von Sarbo, "Granatfernwirkungsfolgen und Kriegshysterie," *Neurologisches Zentralblatt* 36 (1917), 361.

67 Oppenheim, "Der Krieg und die traumatischen Neurosen," 268. オッペンハイムは，トラウマの症例を扱うことはひどくうんざりする仕事であり，治療を目的とする医師の職務に逆行することも認めていた. しかし彼はこのように警告している.「私たちの多くがこうした診療に気が進まないということが，私たちが自由に，純粋に，公正に判断するためには好ましくないことは認めなくてはならない」

68 From "Lebenserinnerungen von Karl Bonhoeffer – Geschrieben fur die Familie," in *Karl Bonhoeffer. Zum Hundersten Geburtstag am 31*. März 1968, eds., J. Zutt et al. (Berlin: Springer-Verlag, 1969), 88. ボンヘッファーはセルビアの監獄の囚人に神経症状が認められなかったこと，1万人の収容者のうち「精神病」になった者は5人しかいなかったことにも言及した. (89).

69 F. モールを参照. "Die Behandlung der Kriegsneurosen," *Therapeutische Monatsheft* 30 (1916), 131-41; Karl Pönitz, *Die klinische Neuorientierung zum Hysterieproblem unter dem Einflusse der Kriegserfahrungen* (Berlin: Springer-Verlag, 1921), 8-10; and Badischer Landesauschuß der Kriegsbeschädigtenfürsorge, "Merkblatt für die Fürsorge für nervöse Kriegsteilnehmer," Archive of the Eberhard-Karls-Universität, Tübingen (hereafter, UA Tübingen), Akte 308/89 "Kriegsneurose". n.d., p. 2; 以下も参照. F. Lust, "Kriegsneurosen und Kriegsgefangene," *Münchener medizinische Wochenschrift. Feldärtzliche Beilage* 63 (1916), 1829-32. モールは1万2千人の捕虜を観察した. うち2千人が砲弾の炸裂による衝撃や生き埋めを体験していたが，神経症になった者は1人もいなかった. カール・ウィルマンスによれば8万人の捕虜の中にヒステリー患者は5人しかいなかった. またスイスで捕虜になった2万人のドイツ兵の中には1人もいなかった. バーデンで捕虜となったフランス兵の調査では8万人の中でヒステリー患者は5人だけであった. フリードリヒ・メルヒェンは捕虜収容所の医師として数回の調査を行ったが，診察をした6万人以上の中でトラウマ後神経症は8人しか見つけられなかった. Friedrich Mörchen, "Traumatische Neurose und Kriegsgefangene," *Münchener medizinische Wochenschrift* 63 (1916), 1188-91; idem., "Der Hysteriebegriff bei den Kriegsneurosen: Auf Grund neurere Gefangenbeobachtungen," *Berliner klinische Wochenschrift* 54 (1917), 1214-15.

70 以下に引用. Ponitz, *Die klinische Neuorientierung zum Hysterieproblem*, 9.

71 Gaupp, *Die Nervenkranken des Krieges: Ihre Beurteilung und Behandlung. Ein Wort zur Aufklarüng und Mahnung unseres Volkes* (Stuttgart: Evangelischer Presseverband für Württemberg, 1917), 14.

72 "Gaupp spricht über die Neurosen und Psychosen des Krieges," UA Tübingen, 308/42, n.d., 4.

73 以下を参照. Pönitz, *Die klinische Neuoreintierung zum Hysterieproblem*, 9.

74 Sarbo, "Granatfernwirkungsfolgen und Kriegshysterie," 363.

75 Ibid., 364.

76 Pönitz, *Klinische Neuorienteriung*, 14.

77 ルワンドウスキはこう締めくくった．「ヒステリーのような機能的症状の発症に「願望という要素」がいかに強く働いているか，次の事実がそれを物語っている．すなわちこれ以上の軍務につくことが不可能となるような負傷をした人々には滅多にヒステリー症状が生じないのに対して，傷が浅かったり，そもそも負傷していない人々には，こうした軽度の機能性疾患が何百と生じていた．前者のような重症を負った人々に生じたのは4例しかない」. Max Lewandowsky, "Erfahrungen über die Behandlung nervenverletzten und nervenkranker Soldaten," *Deutsche medizinische Wochenschrift* 41 (1915), 1567. ガウプによれば「ご注意いただきたいが，ヒステリーのような集団的反応は無傷の者にもっとも多く見られ，時には軽症を負った者にも見られるが，重傷者にはごく稀にしか見られない」. "Gaupp spricht über die Neurosen und Psychosen des Krieges," UA Tübingen 308/42, p. 2. ハンガリーの医師であったエルンスト・イェンドラシックも同様の結論を述べた．「トラウマについての機械論的な病因説を否定するために，最後にもう少し詳しく述べておきたい．神経症になる人々と負傷者が違う集団であることは広く認められている［…］身体的負傷よりは，死を間近に見ることや，隣にいた人の身体がばらばらになることを見ることの方が精神に強烈な影響を与える」. Ernst Jendrássik, "Einige Bemerkungen zur Kriegsneurose," *Neurologisches Zentralblatt* 35 (1916), 498.

78 Alfred Hauptmann, "Kriegs-neurosen und traumatische Neurosen," *Monatsschrift für Psychiatrie und Neurologie* 39 (1916), 20–32.

79 Robert Gaupp, "die Behandlung der nervösen Schüttellähmung durch starke elektrische Ströme," UA Tübingen, 308/89. 「戦争神経症 Kriegsneurose」は次項でも触れる．ガウプによれば戦争神経症の兵士の多くは移送中に発症し，なかには兵站部で発症する者や厨房の職務をしているときに発症する者もいる．Gaupp, *Die Nervenkranken des Krieges*, 7.

80 Eric Wittkower and J. P. Spillane, "A Survey of the Literature of Neuroses in War," *The Neuroses in War*, ed., Emanuel Miller (New York: Macmillan, 1940), 3.

81 Alfred Hoche, "Beobachtungen bei Fliegerangriffen," *Archiv für Psychiatrie* 57 (1917), 570–73.

82 Jendrássik, "Einige Bemerkungen zur Kriegsneurose," 498. 以下も参照. Pönitz, *Klinische Neuorientierung*, p.40. この論文によればいわゆる戦争未亡人には神経症がみられない．というのもそうした症状は何の利益ももたらさないからである（訳注：夫の死亡によってすでに年金が支給されているため）.

83 ノンネの方法の考案と普及については以下を参照. Lerner, "Hysterical Men," esp. chap. 3, "Science and Magic in the Therapeutic Arsenal: The Development of Active Treatment". および同じ著者による未発表論文. "'Hystericizing the Masses': Hypnosis and Its Suppression in Germany, 1914–1925," unpublished paper, 1996.

84 以下を参照. Max Nonne, "Soll man wieder traumatische Neurosen diagnostizieren?" in "40. Wanderversammlung der Südwestdeutschen Neurologen und Irrenärzte am 29. und 30. Mai 1915 in BadenBaden," *Archiv für Psychiatrie und Nervenkrankheiten* 56 (1915), 337–39.

85 Lerner, "Hysterical Men," esp. chap. 3. これらの治療についての当時の議論については，たとえば以下を参照. Kurt Goldstein, "Über die Behandlung der Kriegshysteriker," *Medizinische Klinik* 13 (1917), 751; Max Nonne, "Therapeutische Erfahrungen an den Kriegsneurosen in den Jahren 1914–1918," in *Geistes- und Nervenkrankheiten*, ed., Karl Bonhoeffer, vol. 4 (Leipzig: Barth, 1922, 102–21.

86 たとえば以下も参照. M. Geyer, "Ein Vorbote des Wohlfahrtstaates: Die Kriegsopferversorgung in Frankreich, Deutschland und Großbritannien nach dem Ersten Weltkrieg."

87 たとえばギュスターヴ・リーバーマイスターによれば「神経症という伝染病が集中して発生するのは前線ではなく後方である．しかも自国の領土内において．そこでは戦争の負傷者たちは，親

族を初めとする多くの人々から，とりわけ女性たちから，この伝染病についての影響を受けるのである」. G. Liebermeister, "Verhutüng von Kriegsneurosen," *Medizinisches Correspondenzblatt des Wurttembergischen ärztlichen Landesvereins* 88 (1918), 308. 故郷の持つ「女性化作用」については以下を参照. Elisabeth Domansky, "Der Erste Weltkrieg," in *Bürgerlicher Gesellschaft in Deutschland*, eds., Lutz Niethammer et al. (Frankfurt: Fischer, 1990), 285-322.

88 Karl Wilmanns, "Bericht über die Sitzung des bad. Landesausschusses der Kriegsbeschädigtenfürsorge, 26 Oktober, 1917," 43, Bundesarchiv Potsdam, Reichsarbeitsministerium Collection, Kriegsbeschädigtenfursorge, Bd. 8863, Film #36069.

89 Hermann Oppenheim, *Die Neurosen infolge von Kriegsverletzungen* (Berlin: Karger, 1916), 230. この書籍はミュンヘン会議の前に書かれていたが，出版されたのは会議の後であった.

90 Ibid., 228.

91 Ibid., 228. 以下も参照. Oppenheim, "Neurosen nach Kriegsverletzungen," esp. 225.

92 Moeli in "Verhandlungen Psychiatrischer Vereine: Kriegstagung des Deutschen Vereins für Psychiatrie zu München am 211. Und 22. September 1916," *Allgemeine Zeitschrift für Psychiatrie* 73 (1917), 164.

93 Nonne, *Anfang und Ziel*, 179; 以下も参照. Max Nonne, "Soll man wieder traumatische Neurosen diagnostizieren?" *Archiv für Psychiatrie und Nervenkrankheiten* 56 (1915), 337-39. ノンネ自身の言葉によれば「1916年のミュンヘン会議は革命的な影響をもたらした. [...] 会議に参集した多くの人々は，そこでの発表によってこれらの多彩な病気や感覚障害が"器質的"なものではなく，純粋に機能的な障害であることを確信した」. ブレスラウの神経科医であるルートヴィヒ・マンが述べたように「ノンネは多くの患者を単純な暗示によって深い催眠状態に導いた（たとえば，"今から3つ数えます""あなたの頭にふれます". あるいは"眠くなります"というだけでもよかった). このように告げられると患者の身体には激しい震えや麻痺，あるいは拘縮などが生じた. そして暗示で催眠に落ちたときと同じように，素早く神経症が消失したのである」. L. Mann, "Neue Methoden und Gesichtspunkte zur Behandlung der Kriegsneurosen," *Berliner klinische Wochenschrift* 53 (1916), 1334.

94 Nonne, in "Verhandlungen Psychiatrischer Vereine," 199.

95 Gaupp, "Kriegstagung des Deutschen Vereins für Psychiatrie," 203.

96 F. Stern, "Bericht über die Kriegstagung des Deutschen Vereins für Psychiatrie in München am 21, 22, und 23. September 1916," *Ärztliche Sachverständigen-Zeitung* 22 (1916), 236-39; 249-52.

97 Morchen in "Verhandlungen Psychiatrischer Vereine," 207.

98 Wollenberg in "Verhandlungen Psychiatrischer Vereine," 210.

99 Aschaffenburg in "Verhandlungen Psychiatrischer Vereine," 214.

100 Ibid., 227. 医師たちの中で唯一オッペンハイムの友人となったブランは人望のあったハノーバーの医師であり，1917年に亡くなった. Selbach, "Über Hermann Oppenheim," 5.

101 F. Stern, "Bericht über die Kriegstagung," 252.

102 Sänger in "Verhandlungen Psychiatrischer Vereine," 219.

103 Oppenheim, in "Verhandlungen Psychiatrischer Vereine," p. 226.

104 Ibid., 227.

105 「これは純粋に理論上の問題である. 患者の大叔父が奇妙な人間であったり犯罪者であったからといって，その患者に対して別の基準を用いて臨床判断を行う資格は私たちにはない. このような厳しすぎる審判者の前では，私たちの誰もが皆，精神病質者になってしまうのではなかろうか」. Ibid., 230.

106 Ibid., 230.

107 ガウプはこのように述べたという.「私はオッペンハイム氏に，私の講義が印刷された後で，も

う一度自宅で一人でそれを検討するように求めたい．そうすれば私に賛同されるのではなかろうか．私は決して同氏を非難しているのではない．私には決して私心はない（このようなことを言わねばならないこと自体，不本意である）．単に事実について述べているだけである．科学と公共の福利にとって重大なこの問題を明らかにする議論の中で個人的な関心や感情を抱くようなことは，実に残念で低劣なことである」. Ibid., 232.

108 Nonne in "Verhandlungen Psychiatrischer Vereine," 232.

109 一例として1919年の死亡告示に彼の友人であったベルリンのヒューゴー・リープマンはこのように記した．「この問題に関するオッペンハイムの主張が誤りだとする反対意見の中には，科学的理由だけではなく，明らかに実務上の，それも経済的のみならず公衆衛生的［volkshygienisch］な理由があったとしても，彼の誤りとされるものが，きわめて共感的な，人道的な意図と，医師と患者とのあいだの思いやりに満ちた良質の関係に基づいていたことを忘れてはならない．彼はこうした関係を築くことで，数え切れないほどの患者から敬愛されていたのである」. H. Liepmann, "Hermann Oppenheim," *Zeitschrift für die gesamte Neurologie und Psychiatrie* 52 (1919), 5.

110 Hermann Oppenheim, "Stand der Lehre von den Kriegs- und Unfallneurosen," *Berliner klinische Wochenschrift* 54 (1917), 1169. このときオッペンハイムの念頭にあったのは，トラウマ神経症理論の死を宣告していたチュービンゲンの医師であるオットー・ネグリであったと思われる．Otto Naegli, *Unfalls- und Begehrungsneurosen* (Stuttgart: Enke, 1917).

111 Selbach, "Über Hermann Oppenheim," 6.

112 Oppenheim, "Zur der traumatischen Neurose," 1569.

113 R. Cassirer, "H. Oppenheim: Gedenkrede," *Berliner klinische Wochenschrift* 56 (1919), 669–71.

114 Stern, *In Bewegter Zeit*, 59.

115 興味深いことにこの議論で用いられた軍事的な比喩の大部分はオッペンハイムが導入したものである．彼は絶えず「トラウマ神経症のための戦い」という表現を用いており，1916年２月の会議に関して「反対意見の強さはまるで戦争をしているかのようであった」と記している．H. Oppenheim, "Neurosen nach Kriegsverletzungen," *Zeitschrift für ärztliche Fortbildung* 13 (1916), 213.

116 Ph. Jolly, "Über den weiteren Verlauf hysterischer Reaktionen bei Kriegsteilnehmern und über die Zahl der jetzigen Rentenempfänger," *Neurologisches Zentralblatt* 38 (1930), 590–91. この会議の参加者の１人はこのように回想している．「この２名（ノンネとオッペンハイム）が1916年のミュンヘンの"戦争会議 Kriegstagung"で弁論のかぎりを尽くして対峙する様子には美的な感動すら覚えた」. F.Wagner, "Die Dienstbeschädigung bei nerven- und geisteskranken Soldaten," *Zeitschrift für die gesamte Neurologie und Psychiatrie* 37 (1917), 227.

117 Ewald Stier, "Psychiatrie und Heer," *Der Deutsche Militärarzt* 1 (1936), 19. [Emphasis in text.]

118 Oppenheim, "Fur und wider die traumatische Neurose," *Neurologisches Centralblatt* 35 (1916), 225–33.

119 興味深いことにオッペンハイムは英語圏ではほとんど知られておらず，近年のトラウマの歴史についての文献の大部分において，ごくわずかしか触れられていない．Allan Young, *The Harmony of Illusions: Inventing Post-traumatic Stress Disorder* (Princeton: Princeton University Press, 1995) においても，オッペンハイムは文献欄には登場しているが（ただし著作の引用は不正確である）本文には書かれていない．David Healy, *Images of Trauma: from Hysteria to Post-Traumatic Stress Disorder* (London: Faber & Faber, 1993) においてもまったく触れられておらず，Michael Trimble, *Post-traumatic Neuroses: From Railway Spine to the Whiplash* (Chichester: Wiley, 1981) においては他のことについての記載の中で簡単に言及されているのみである．

120 たとえば以下も参照．Eghigian, "Die Bürokratie und das Entstehen von Krankheit. Die Politik und die 'Rentenneurosen, 1890–1926"; Moser, "Der Arzt im Kampf gegen 'Begehrlichkeit und

Rentensucht' im Deutschen Kaiserreich und in der Weimarer Republik."
121 Ewald Stier, "Psychiatrie und Heer," *Der Deutsche Militärarzt* 1 (1936), 19.

第8章 19世紀末から20世紀初頭にかけての米国精神医学における女性の性的トラウマの成立

1 Judson B. Andrews, "Case of Excessive Hypodermic Use of Morphia. Three Hundred Needles Removed from the Body of an Insane Woman," *American Journal of Insanity* 29 (1872), 15. 症例報告には明言されていないが，患者はユーティカにあるニューヨーク州立精神科病院に入院し，報告者はそこの勤務医であった. *Obituary Record of Graduates of Yale University Deceased from June, 1890, to June, 1900* (New Haven: Tuttle, Morehouse & Taylor Co., 1900), 311.
2 Andrews, "Three Hundred Needles," 15.
3 Ibid., 16.
4 Ibid., 19.
5 Ibid., 16-17.
6 Ibid., 18.
7 Ibid., 19.
8 Ibid.
9 Ibid.
10 発見された多くの針は患者のカルテとともに保存されており，ニューヨーク州博物館に所蔵されている．その閲覧に尽力していただいたエレン・ドワイヤー氏，その探索を始める手段を提供していただいたラリー／ハックマン研究レジデントプログラムに感謝したい（制限付きの記録を閲覧する手続が予想以上に遅れたため，本稿の印刷前にその資料を目にすることはできなかったが）．こうした人工物はそれ以外にはまだ所在を発見できていないが，このような事例の写真は存在している．特に貴重なのは精神科病院に入院中の44歳女性の女性器から発見された雑多な品物の窃視症的な写真である．以下の文献に収録されている．Thomas S. Cusack, "Foreign Bodies in the Vagina Complicated by Ovarian Cyst – Report of a Case," *Long Island Medical Journal* 13 (1918), 14.
11 出版された症例報告では彼女は単に「その女性」「患者」と記されている．仮の名前も与えられず，個人を同定できそうな情報は一切ない．読者は，この患者が人格をはぎ取られた一つの光景として扱われたその仕方を呈示することによって，私が彼女を再びここで搾取することになると思われるかもしれない．彼女の経験を描き出している資料が他ならぬ私が批判している文献しかないので，その懸念はもっともである．しかし虐待に抵抗することと，それを押しつけることは同じではなく，沈黙をすれば虐待が続くことになる．私はこの点についてキャサリン・マッキノンと議論を続け，無数の文献を紹介され，多くを学ぶことができた．
12 医師たちは非常に変わった症例の記録を比較することが常である．「300本の針女」の将来はウォルター・チャニングの1878年のヘレン・ミラーの症例報告で引用された．こちらの女性は30代前半であったが，針女と同じような自傷行為を繰り返していた．"Case of Helen Miller. – Self-Mutilation. – Tracheotomy." *American Journal of Insanity* 34 (1878), 377. 多くの同僚医師と同じようにチャニングは身体から取り出された異物に興味を惹かれ，ミラーの治療を通じて150にも及ぶさまざまなサイズ，材質の異物を見いだした．Idem., 373.
13 当時集積された症例報告のほとんどは病院外の患者の生活についてはほとんど何も伝えていない．症例報告とそれを用いた医学史の発達については以下を参照．Guenter B. Risse and John Harley Warner, "Reconstructing Clinical Activities: Patient Records in Medical History," *Social History of Medicine* 5 (1992), 183-205.
14 Andrews, "Three Hundred Needles," 13.

15 Ibid., 14, 15, 19.

16 本章では，批評の対象となった活動をした専門家たちを「男性医師medical men」と呼んでいる．というのも男性ということに彼らの本質があるからである．私がこの用語を用いるのは決して彼らを貶めるためでも，当時の女性医師の貢献を否定するためでもなく，ここで述べた事柄が生じた当時に優勢であった社会状況に適切な注意を向け，その状況の中にジェンダーによる階級が存在していたことを強調するためである．

17 Ibid., 19.

18 Ibid., 13.

19 Ibid., 17.

20 Ibid., 14, 15.

21 アンドリューはこの関係を何度か仄めかしている．ibid., 13, 14, 16, 17, 19参照．女性の生殖機能と神経疾患との関係について，ヒステリーを取り上げて論じた最近の研究としては以下を参照．Sander Gilman, Helen King, Roy Porter, G. S. Rousseau, and Elaine Showalter, *Hysteria Beyond Freud* (Berkeley: University of California Press, 1993), 179–81, 250–55, 298, 329; Mark S. Micale, *Approaching Hysteria: Disease and Its Interpretations* (Princeton: Princeton University Press, 1995), 21–25; Elaine Showalter, *The Female Malady: Women, Madness, and English Culture, 1830–1980* (New York: Penguin Books, 1987), 145–64; and Carroll Smith-Rosenberg, "The Hysterical Woman: Sex Roles and Role Conflict in Nineteenth Century America," in *Disorderly Conduct : Visions of Gender in Victorian America* (New York: Oxford University Press, 1986), 197–216.

22 Andrews, "Three Hundred Needles," 16. 同様にチャニングは，医師がミラーの身体からさまざまな異物を取り出すときに，彼女が何の痛みも示さず，それどころか「自分の身体を探索されることに性愛的な喜びを」感じているようだったと記している．Channing, "Case of Helen Miller," 374.

23 以下を参照．Judith Lewis Herman, "Complex PTSD: A Syndrome in Survivors of Prolonged and Repeated Trauma," *Journal of Traumatic Stress* 5 (1992), 381–82; idem., *Trauma and Recovery: The Aftermath of Violence – From Domestic Abuse to Political Terrorism* (New York: Basic Books, 1992), 34–35, 45; Susan Roth and Leslie Lebowitz, "The Experience of Sexual Trauma," *Journal of Traumatic Stress* 1 (1988), 82–86, 91–92, 101–102; Susan Roth and Elana Newman, "The Process of Coping with Sexual Trauma," *Journal of Traumatic Stress* 4 (1991), 279–82; Shanti Shapiro and George M. Dominiak, *Sexual Trauma and Psychopathology: Clinical Interventions with Adult Survivors* (New York: Lexington Books, 1992), 37–40, 43–47, 68–69, 145–46; and Bessel A. van der Kolk, *Psychological Trauma* (Washington, DC: American Psychiatric Press, 1987), 6–7, 102–103, 185–87.

24 Elizabeth Lunbeck, *The Psychiatric Persuasion: Knowledge, Gender, and Power in Modern America* (Princeton: Princeton University Press, 1994), 217–19. この文献は若年時に叔父から強制猥褻によるトラウマ被害を受け，性的衝動を感じるたびに自分をピンで刺す習慣を身につけた女性の症例を報告している．

25 たとえば以下も参照．Steven Levenkron, *Cutting: Understanding and Overcoming Self-Mutilation* (New York: W. W. Norton & Co., 1998), passim; Shanti Shapiro, "Self-Mutilation and Self-Blame in Incest Victims," *American Journal of Psychotherapy* 41 (1987), 46–55; Shapiro and Dominiak, *Sexual Trauma and Psychopathology*, 3–8, 46, 103–107; Marilee Strong, *A Bright Red Scream: Self-Mutilation and the Language of Pain* (New York: Viking, 1998), passim; Bessel A. van der Kolk, "The Complexity of Adaptation to Trauma: Self-Regulation, Stimulus Discrimination, and Characterological Development," in *Traumatic Stress: The Effects of Overwhelming Experience on Mind, Body, and Society*, eds., Bessel A. van der Kolk, Alexander C. McFarlane, and Lars Weisa-

eth (New York: Guilford Press, 1996), 189-90; and Elizabeth A.Waites, *Trauma and Survival: Posttraumatic and Dissociative Disorders in Women* (New York: W.W. Norton & Co., 1993), chap. 9. これらの議論を並置したからと言って，私が外傷後ストレス障害（PTSD）を歴史を超えた安定的な現象であると考えているわけではない．この点ではアラン・ヤングが提唱したトラウマ反応の歴史性という考えに近い．Allan Young, *The Harmony of Illusions: Inventing Post-Traumatic Stress Disorder* (Princeton: Princeton University Press, 1995), 3-5, しかしながら，ジュディス・ルイス・ハーマン，マイケル・R・トリンブルの労作によれば，19世紀以来今日に至るまで，西洋では今日精神的トラウマと見なされている体験に対してはほぼ同じ症状を示すという証拠が積み上げられてきたとも言える．Herman, *Trauma and Recovery*, chap. 1, and Trimble, "Post-traumatic Stress Disorder: History of A Concept," in *Trauma and Its Wake: The Study and Treatment of Post-Traumatic Stress Disorder*, ed., Charles R. Figley (New York: Brunner/Mazel, 1985), 5-14.

26　トラウマについての私の作業仮説的な定義は，個人の自己意識ないし世界における自分の位置づけを不安定化させる圧倒的な体験ないし一連の体験であり，心理学的，生理学的な症状の組み合わせによってきわめて高度かつ多様な機能障害を引き起こすというものである．

27　本章の議論は主として米国の研究者，臨床からの著作に基づいているが，米国で広く読まれていた国外の著作についても時折触れている．

28　これらの主題は，本書のカプラン，ハリントン，ミカーリによる章でも論じられている．

29　こうした発展はたとえば以下の文献に認めることができる．Charles L. Dana's *Text-Book of Nervous Diseases, Being a Compendium for the Use of Students and Practitioners of Medicine* (New York: William Wood & Co., 1892), 460.

30　エリィは20世紀初頭の著作の中で「"トラウマ神経症" という用語は総称的なものである」と述べた．"Traumatic Neuroses," *Medical Age*, 21 (1903), 928.

31　Philip Coombs Knapp, "Nervous Affections Following Railway and Allied Injuries," in *A TextBook of Nervous Diseases by American Authors*, ed., Francis X. Dercum (Philadelphia: Lea Brothers & Co., 1895), 170.

32　Paul Dubois, *The Psychic Treatment of Nervous Disorders*, trans. and ed., Smith Ely Jelliffe and William A.White (New York: Funk & Wagnalls Co., 1906), 176 (強調は原文による). 以下も参照. L. L. Gilbert, "Traumatic Neurasthenia; Its Medico-Legal Features," *Medico-Legal Journal* 15 (1897), 293-302, and Archibald Church and Frederick Peterson, *Nervous and Mental Diseases*, 2nd ed. (Philadelphia: W. B. Saunders & Co., 1900), 529.

33　Archibald Church and Frederick Peterson, *Nervous and Mental Diseases*, 3rd ed. (Philadelphia: W. B. Saunders & Co., 1901), 606.

34　Charles L. Dana, "The Traumatic Neuroses: Being a Description of the Chronic Nervous Disorders That Follow Shock and Injury," in *A System of Legal Medicine*, eds., Allan McLane Hamilton and Lawrence Godkin, 2 vols. (New York: E. B.Treat, 1894), 2: 297.

35　W. B. Outten, "Railway Injuries: Their Clinical and Medico-Legal Features," in *Medical Jurisprudence: Forensic Medicine and Toxicology*, eds., R.A.Witthaus and Tracy C. Becker, 4 vols. (New York: William Wood & Co., 1894-96), 3: 605.

36　Outten, "Railway Injuries," 605-606. 以下も参照. Pearce Bailey, "The Medico-Legal Relations of Traumatic Hysteria," *Medical Record* 55 (1899), 309.

37　Dana, *Text-Book of Nervous Diseases*, 461.

38　Ely, "Traumatic Neuroses," 932.

39　Morton Prince, "Traumatic Neuroses," in *A System of Practical Medicine by American Authors*, eds., Alfred Lee Loomis and William Gilman Thompson, 4 vols. (Philadelphia: Lea Brothers & Co., 1897-98), 4: 613-14. この立場はトラウマ的という概念が歴史的に深化してより広い意味を帯びる

ようになったことをよく反映している．ミカーリが説明しているように「トラウマは当初は身体的，外科的なショックとして研究されたが，19世紀を通じて神経学的あるいは「神経ショック」へと変容し，最後にはトラウマ的体験の「心理的処理」の研究へと発展した」．Mark S. Micale, “Jean-Martin Charcot and *les nevroses traumatiques*: From Medicine to Culture in French Trauma Theory of the Late Nineteenth Century,” 本書110-35.

40 こうした男性主義的な主張は文献にあふれている．たとえば以下を参照．L. Bremer, “A Contribution to the Study of the Traumatic Neuroses (Railway-Spine),” *Alienist and Neurologist* 10 (1889): 437-55, and Landon Carter Gray, *A Treatise on Nervous and Mental Diseases, Being for Students and Practitioners of Medicine* (Philadelphia: Lea Brothers & Co., 1893), chap. 22.

41 A. L. Hall, “A Medico-Legal Consideration of Some of the General Features, Signs, and Symptoms of the Simple Traumatic Neuroses,” *Medical Record* 50 (1896), 436.

42 Smith Ely Jelliffe and William A.White, *Diseases of the Nervous System: A Text-Book of Neurology and Psychiatry* (Philadelphia: Lea & Febinger, 1915), 623.

43 この法則の部分的な例外としてG・スタンレー・ホールのような心理学者の著作がある．彼はフロイト，ブロイアー，ヨーロッパの初期のセクシュアリティの研究者に強く影響されていた．彼の著作ではしばしば病的性愛が取り上げられているが，性的トラウマが精神疾患の原因となり得ることは，ごく簡単にしか触れられていない．思春期心理学についての彼の分厚い教科書では「セクシュアリティによる精神病」についてこのように記されている．「強烈で突然の心理的負傷ないしトラウマ的体験が，特にこの不安定な時期の女性において，また何よりも性的領域において，長引きがちで非常に複雑な，わかりにくい結果をもたらすことがある」．Hall, *Adolescence: Its Psychology and Its Relations to Physiology, Anthropology, Sociology, Sex, Crime, Religion and Education*, 2 vols. (New York: D. Appletion and Co., 1904), 1: 278-79.

44 初期の米国の性愛学者としてはジェームズ・G・キールマン，G・フランク・リズトンが有名である．医学的性愛学の勃興についてはバラーの研究がある．*Science in the Bedroom: A History of Sex Research* (New York: Basic Books, 1994).

45 Ambroise Tardieu, *Étude médico-légale sur les attentats_aux mœurs*, 7. éd. (Paris: J. B. Bailliére et Fils, 1878).

46 以下のような例がある．Charles Gilbert Chaddock, “Sexual Crimes,” in *A System of Legal Medicine*, eds. Allan Mclane Hamilton and Lawrence Godkin, 2 vols. (New York: E. B.Treat, 1894), 2: 525-72, and J. Richardson Parke, *Human Sexuality: A Medico-Literary Treatise on the Laws, Anomalies, and Relations of Sex with Especial Reference to Contrary Sexual Desire* (Philadelphia: Professional Publishing Co., 1906).

47 私は「性器虐待」という用語を，主にナイフや剃刀による傷害による直接の苦痛と，何らかの手段で外性器に存在することになった「異物」による症状という両方の意味で用いている．悪意をもって外部から行われた場合には性的トラウマの一種と見なすこともできる．あるいは過去に性的トラウマを受けた女性によって行われた場合には，性的トラウマの症状と見なすこともできる．さらには両者が混合していることもある．私が性器虐待とレイプを取り上げたのは，これらについての文献が比較的限られていることと，被害者の階級，年齢，地域が多様であるためである．これらの被害を検討するうちに，当時のアメリカ精神医学において女性の性的トラウマがどのように扱われ始めたのかを報告するために，どれほど多様な情報が必要であるのかがわかってきた．

48 私が念頭に置いているのはL・ユージーン・エマーソンである．その業績は本章の末尾で取り上げている．

49 ある臨床家はいみじくもこう記した．「女性の外性器の異物に関する文献が英米では驚くほど少ない．この原因を適切に推定することができない．といってアングロアメリカの女性たちがこう

した状態に陥ることが比較的少ないと考えることは詭弁である．あるいはこの主題を純粋科学的な意義に乏しいものとして退けることも軽率にすぎよう」. Norvelle Wallace Sharpe, "Foreign Bodies within the Vagina," *Surgery, Gynecology and Obstetrics* 4 (1907), 276.

50 たとえば以下も参照. F. W. Draper, "A Case of Homicide by a Wound of the Vulva," *Transactions of the Massachusetts Medico-Legal Society* 1 (1884), 309, and James C. Howden, "Mania Followed by Hyperaesthesia and Osteomalacia; Singular Family Tendency to Excessive Constipation and Self-Mutilation," *Journal of Mental Science* 28 (1882), 52-53.

51 Theophilus Parvin, "Foreign Bodies in the Vagina," *Medical and Surgical Reporter* 53 (1885), 29.

52 こうした性癖は当時の産婦人科医の多くの文献に表れている．たとえばチャールズ・ヘンリー・メイは彼の教科書の「外性器の異物」と題した章の中で，彼が扱った異物が強制的に入れられた可能性については検討していない．May, *May's Diseases of Women, Being a Concise and Systematic Exposition of the Theory and Practice of Gynecology*, rev. Leonard S. Rau 2nd ed. (Philadelphia: Lea Brothers & Co., 1890), 104-105. 興味深いことに彼はレイプのもたらす産婦人科的影響についても述べていない．1894年の教科書でボールディは女性の外性器に対する外力による傷害について，意図的なレイプも含めたさまざまな可能性を論じている．「杭や干し草用の大きなフォーク，椅子の背，フェンスなどへの高所からの転落や，あるいは爆発による女性と子どもの外性器の負傷は，大量に出血しやすいこともあって生命の危険をもたらすことがある［…］初夜の営みや，時には酒に酔った夫が乱暴に蹴りつけることによって，広範な打撲や裂傷が生じることもある」. J. M. Baldy, ed., *An American Text-Book of Gynecology, Medical and Surgical, for Practitioners and Students* (Philadelphia: W. B. Saunders & Co., 1894) 175.

53 Parvin, "Foreign Bodies," 29

54 Ibid., 31.

55 Cusack, "Foreign Bodies," 13.

56 ibid., 14. クザックは発見した事物を詳細な写真で報告している．

57 W. E. Jinkins, "Robbed of Her Work Basket," *Louisville Monthly Journal of Medicine and Surgery* 12 (1905), 115. この症例の記録は以下の文献にも見られる．Charles Hughes, "Vagina Foreign Bodies in the Insane," *Alienist and Neurologist* 27 (1906): 226-27.

58 Jinkins, "Robbed of Her Work Basket," 115.

59 Ibid.

60 Ibid., 115-16.

61 W. P. Manton, "The Vagina a 'Tool Chest,'" *Boston Medical and Surgical Journal* 88 (1898), 215.

62 Ibid.

63 Cusack, "Foreign Bodies," 12.

64 Jinkins, "Robbed of Her Work Basket," 115.

65 このことは同僚に個別の症例を伝えることに関心を抱いていた医師たちの著作にも示されている．パルヴィンやタルミーらが行った症例の概観には多大な想像的解釈が含まれることが一般的であった．こうした現象についての最近の論考は以下を参照. Jay Stuart Haft, H. B. Benjamin, and Walter Zeit, "Foreign Bodies in the Female Genitourinary Tract: Some Psychosexual Aspects," *Medical Aspects of Human Sexuality* 8 (1974): 54-78.

66 Cusack, "Foreign Bodies," 12-13, concludes that his patient suffers from "Dementia Praecox, Paranoid Form."

67 Howden, "Mania," 50.

68 The phrase is Cusack's, "Foreign Bodies," 14.

69 Parvin, "Foreign Bodies," 29-31. 以下も参照. Bernard S.Talmey, "Foreign Bodies in the Uterus," *New York State Journal of Medicine* 7 (1907), 318.

70 Parvin, "Foreign Bodies," 30 (強調は引用者による).

71 Ibid., 31.

72 Ibid.

73 William J. Robinson, "Peculiar Foreign Bodies in the Vagina," *Medical Record* 81 (1912), 522.

74 Ibid.

75 Ibid.

76 J. Maxwell Ross, "On Some Medico-Legal Aspects of Wounds of the External Female Genitals," *New England Medical Monthly* 2 (1882), 348–53. ロスの所見は大英帝国で行われた研究に依拠していたが，その研究知見は米国の有名雑誌に載っているので，米国で診療をしていた医師たちもこの研究のことは知っていたであろう.

77 Ibid., 349.

78 Ibid. ロスは1874年に報告した同様の症例について述べている.「彼は彼女を背後から二回蹴った. 彼女のペチコートとシュミーズは血に染まった. 右の大陰唇の内側の表面には，まるでナイフで骨まで綺麗に切り裂いたかのような，骨に達する1.5インチの長さの傷ができた」. Ibid.

79 意図的な殺害という説明が為されることはごく例外的であった. というのも性器外傷による死亡は比較的稀であり，予測不能で実行困難だと考えられていたためである. Ross, "Medico-Legal Aspects," passim.

80 Ibid., 352–53.

81 病院での勤務の他にエマーソンは個人開業医としても多くの患者を診療し，絶えず出版をし，米国心理学会のような専門学会の熱心な会員でもあった. 彼の業績は当時の医師のあいだではよく知られていたが，やがて忘れ去られた. エマーソンの人生と業績の詳しい議論は以下を参照. Eugene Taylor, "Louville Eugene Emerson: Psychotherapy, Harvard, and the Early Boston Scene," *Harvard Medical Alumni Bulletin*, 56 (1982): 42–48; Nathan G. Hale, Jr., *Freud and the Americans: The Beginnings of Psychoanalysis in the United States*, 1876–1917 (New York: Oxford University Press, 1971), 346, 447, 459–60; and Lunbeck, *The Psychiatric Persuasion*, 179.

82 L. E. Emerson, "The Case of Miss A: A Preliminary Report of a Psychoanalytic Study and Treatment of a Case of Self-Mutilation," *Psychoanalytic Review* 1 (1913): 41–54. エマーソンの自筆の症例記録と患者からの多くの手紙の一部は以下に引用されている. Martin Bauml Duberman, "'I Am Not Contented': Female Masochism and Lesbianism in Early Twentieth-Century New England," *Signs* 5 (1980): 825–41. この症例は以下の文献でも簡単に論じられている. Lunbeck, *The Psychiatric Persuasion*, 216, 394 n. 39, 396 n. 81.

83 Emerson, "Miss A," 41.

84 Ibid. (強調は原文による).

85 結局のところエマーソンにはこの傷の原因はわからなかった. Ibid., 44.「ミスA」は結婚を考えた男性との性的関係を打ち明けてくれたことがあった.「よくあることだが」とエマーソンは記している.「(彼女の恋人は) 結婚を断り，彼女をあばずれと呼んだ. 彼女は彼の前から去り，兄の部屋に行って，生まれて初めて，そして生涯でただ一度だけ，ウィスキーを飲んだ. 兄の剃刀を見つけ，自分の足にWという文字を切りつけた」.「ついでながら」と彼は付け加えている.「私はこの話を聞いてホーソンの『緋色の文字』という小説を思い出した」. Ibid.

86 Ibid., 42.

87 Ibid. (強調は原文による).

88 Ibid., 49, n. 7 (強調は原文による).

89 Ibid., 43.

90 Ibid., 47. エマーソンは記憶の性質についてのフロイトの洞察をさらに深化させ，抑圧されていても活発な記憶は病的な影響をもたらすと述べた. この患者については，彼によれば，「児童期の

心理的・性的虐待が抑圧されたり，思い出されたりしていた．いずれにしてもこの記憶は非常に強力なものであった．このことから，こうした記憶が精神に異常な影響を与えるのはそれが忘れられているときだけではない，ということが証明される」. Idem.49.

91 Ibid.47. 同様に特筆すべきはこの患者が自傷行為を通じて月経を誘発しようとしたことである.「悪夢の中でひどい頭痛がしましたが，妙に落ち着いた気持ちでした．自分がこうなったことについて誰のことも責めてはいけないと言い聞かせていました．月経が始まりさえすれば大丈夫なのに，と思っていました」. Idem.

92 激しい自傷行為のもう一つの背景として「ミスA」は「自分はただ座っているだけではなく，何か違った人間になりたい」と願っていることを認めた. Ibid.45. 半ば自己鎮静的な作用を期待して自傷行為を行うことは，性的被害者の自傷行為の心理学的，生物学的側面に取り組む現代の研究者によっても広く報告されている．たとえば以下を参照. Shapiro and Dominiak, *Sexual Trauma and Psychopathology*, 45–47, 103–105.

93 Emerson, "Miss A," 50.

94 Ibid., 53.

95 この文献はさまざまな角度から論じられている. Sidney Ditzion, *Marriage, Morals, and Sex in America: A History of Ideas* (New York: W.W. Norton & Co., 1969), chaps. 9–10; John D'Emilio and Estelle B. Freedman, *Intimate Matters: A History of Sexuality in America*, 2nd ed. (Chicago: University of Chicago Press, 1997), 62–63, 66–73, 154, 174, 176; Michael Gordon, "From an Unfortunate Necessity to a Cult of Mutual Orgasm: Sex in American Marital Education Literature, 1830–1940," in *The Sociology of Sex: An Introductory Reader*, eds., James M. Henslin and Edward Sagarin, rev. ed. (New York: Schocken Books, 1978), 55–77; John S. Haller and Robin M. Haller, *The Physician and Sexuality in Victorian America*, new ed. (Carbondale: Southern Illinois University Press, 1995), 91–113; and, M. E. Melody and Linda M. Peterson, *Teaching America about Sex: Marriage Guides and Sex Manuals from the Late Victorians to Freud* (New York: New York University Press, 1999).

96 カール・デグラーが20年以上前に述べたように，こうした文献がごく一般的なアメリカ人の性的習慣の中立的な証拠であるなどと決して考えてはならない. Degler, "What Ought To Be and What Was: Women's Sexuality in the Nineteenth Century," *American Historical Review* 79 (1974), 1477–79, 1489–90. その上で，結婚後の性的虐待という主題がこれほど頻繁に，かつ熱心に取り上げられたということは，この問題が実際に広まっていたことを示唆している．

97 このダブルスタンダードは，マイアーソンの次のような率直な意見にも示されている．「大多数の女性は結婚までは純潔を保っているが，大多数の男性はそうではない」. Abraham Myerson, *The Nervous Housewife* (Boston: Little, Brown, and Co., 1929), 132.

98 [Nicholas Francis Cooke], *Satan in Society, By A Physician* (Cincinnati: Edward F. Hovey, 1880), 145.

99 Frederick R.Sturgis, "Sexual Incompetence: Its Causes and Treatment," *Medical Council* 12 (1907).

100 互いに満足する結婚のためには感情的，性的な親密さが重要であることを強調する論評が増加した. D'Emilio and Freedman, 56, 71–72, 84, 166–67. 1920年代になるとこの傾向はいっそう強まり，「友愛結婚 companionate marriage」という理想が形作られた. Nancy F. Cott, *The Grounding of Modern Feminism* (New Haven: Yale University Press, 1987), 156–59; D'Emilio and Freedman, 241, 244, 265–70; and Christina Simmons, "Companionate Marriage and the Lesbian Threat," *Frontiers* 4 (1979): 54–59.

101 夫婦生活についての論評としては次のようなものがある. Emma F.Angell Drake, *What a Young Wife Ought to Know* (Philadelphia: Vir Publishing Co. 1908), 53–54, and John D.West, *Maidenhood*

and Motherhood; Or, Ten Phases of Woman's Life (Chicago: Law, King, & Law, 1888), 355.

102 [Cooke], *Satan in Society*, 146.

103 Ibid., 147 (強調は原文による).

104 Alice B. Stockham, *Karezza: Ethics of Marriage* (Chicago: Alice B. Stockham & Co., 1896), 77.

105 Ibid.

106 Elizabeth Blackwell, "On the Abuses of Sex – Fornication," *Essays in Medical Sociology* 1 (1902), 46 (強調は引用者).

107 [Cooke], *Satan in Society*, 140.

108 Walter P. Gallichan, *Sexual Apathy and Coldness in Women* (Boston: Stratford, 1928), 116. 以下も参照. Myerson, *The Nervous Housewife*, 133, and Joseph Collins, *The Doctor Looks at Life and Love* (Garden City: Garden City Publishing Co., 1926), 39.

109 Gallichan, *Sexual Apathy and Coldness in Women*, 97. こうした恐れには，時としてもっともな根拠があった．オーガスタス・K・ガードナー医師は新婚の妻が気持ちの準備ができていないうちに夫から性交渉を強要された例を報告している．「私が聞いたある症例は強制的な行為による裂傷のために大量出血し，町中から腕のよい外科医を駆り集めなくてはならず，新婦は数日間生死の境をさまよった」. Gardner, *Conjugal Sins against the Laws of Life and Health and Their Effects* (New York: J. S. Redfield, 1870), 77. 以下も参照. Wm. H.Walling, ed., *Sexology* (Philadelphia: Puritan Publishing Co., 1904), 71–72.

110 Horatio *Storer, Is It I? A Book for Every Man* (Boston: Lee & Shepard, 1867), 107.

111 West, *Maidenhood and Motherhood*, 355.

112 Ibid., 358.

113 William J. Robinson, *Woman: Her Sex and Love Life* (New York: Critic and Guide Co., 1917), 235–36. 彼の著述から受ける印象とは異なり，ロビンソンは伝統的な結婚の役割に反対していたわけではなかった．同じ文章の中で彼は古典的な男性主義的な考えを支持し，女性は夫の性的欲求に従うべきであると述べている．「夫からの性的な求めを拒んではならない．少なくとも拒みすぎてはならない」. Ibid., 344.

114 アンドリュー・ジャクソン・デイヴィスは望まない結婚における性交を率直にレイプに例えた．「すべて偽りの惨めな結婚は，最初はわくわくする情熱と，それゆえの愚かな無知によって始まる．そしてレイプ，といってよいだろう，それが分別の効かない性的な情動の中で行われる．純粋どころか邪悪である．それが教会の荘厳な誓いと国家によって合法化されたとしても」. Davis, *The Genesis and Ethics of Conjugal Love* (Boston: Colby & Rich, 1881), 20 (強調は原文による).

115 「レイプの訴えを起こすことは易しく，証明することは難しい．告発されたときに無実を証明することはさらに困難である．誰ひとり，無垢なものなどいないのだから」 Sir Matthew Hale, *History of the Pleas of the Crown*, 2 vols. (Philadelphia: R. H. Small, 1847), 1: 634.

116 ヘイルの定式を金言のように引用して警告を発することが通例であった．「レイプの責任を証明することは難しいが，それを否定することはその倍，難しい」J. Clifton Edgar and Jas. C. Johnston, "Medico-Legal Consideration of Rape," in *Medical Jurisprudence: Forensic Medicine and Toxicology*, eds., R. A. Witthaus and Tracy C. Becker, 4 vols. (New York: William Wood & Co., 1894–96), 1: 456.

117 当時，もっとも尊重されていた法医学的専門書はひとつの章のすべてを虚偽告発の問題にあてていた. L.Thoinot, *Medicolegal Aspects of Moral Offenses*, trans., Arthur W. Wysse (Philadelphia: F. A. Davis Co., 1919), 223–55. 女性による性被害の申し立てに対する不信感は精神医学的ソーシャルワークの領域にも及んでいた．たとえばE. E. サザードとメアリー・ジャレットは，仕事を探しているときに3人の男性から強盗とレイプ被害を受けたと述べたベジー・ポルスキィという女性患者のことを詳しく報告している．痛みとトラウマ症状が明らかであったにも関わらず，彼女

の治療を監督していた医師たちはその話を信じようとせず，彼女を病気として扱うことを警戒していた. Southard and Jarrett, *The Kingdom of Evils: Psychiatric Social Work Presented in One Hundred Case Histories Together with a Classification of Social Divisions of Evil* (New York: Macmillan Co., 1922), 103-107.

118 このことを描き出したのはグーニー・ウィリアムズである. "Rape in Children and Young Girls," *International Clinics* 23rd ser., 2 (1913), 250. ロビンソンはさらに踏み込んで，レイプの訴えの90%は作り話しであるという，よく引用される見解に反論して，「100件中おそらく99件はほぼ真実である」と述べた. William J. Robinson, *America's Sex, Marriage, and Divorce Problems*, 3rd ed. (New York: Eugenics Publishing Co., 1931), 309.

119 Robinson, *Woman*, 309. 以下も参照. Robinson, *America's Sex, Marriage, and Divorce Problem*, 307.

120 Williams, "Rape," 247.

121 Chaddock, "Sexual Crimes," 540. 今日の専門家は性的被害を受けた女性が自傷行為に及ぶことはごく普通のことであると理解しているが，当時はその可能性は認識されていなかった. Gail S. Greenspan and Steven E. Samuel, "Self-Cutting after Rape," *American Journal of Psychiatry* 146 (1989): 789-90.

122 以下を参照. James G. Kiernan, "Hysterical Accusations: An Analysis of the Emma Bond Case," *Journal of Nervous and Mental Disease* 12 (1885), 13-18; Charles C. Mapes, "A Practical Consideration of Sexual Assault," *Medical Age* 24 (1906), 937; Robinson, *Woman*, 310; E. C. Spitzka, *Insanity: Its Classification, Diagnosis, and Treatment*, 2nd ed. (New York: E. B.Treat & Co., 1900), 258; Thoinot, *Medicolegal Aspects of Moral Offenses*, 47; and Williams, "Rape," 259-60. Edgar and Johnston, "Medico-Legal Consideration of Rape," 449 are exceptional in acknowledging "an unpleasantly wide prevalence among medical men" of sexual assaults perpetrated upon patients. 以下も参照. Henry A. Riley, "A Crime Peculiar to a Physician," *Medical Record* 27 (1885), 34-35.

123 George Butler, "Hysteria," *Alienist and Neurologist* 32 (1911), 394. 以下も参照. Chaddock, "Sexual Crimes," 542.

124 Robinson, *Woman*, 309. 以下も参照. Charles C. Mapes, "Higher Enlightenment versus 'Age of Consent,'" *Medical Age* 14 (1896), 107.

125 Williams, "Rape," 259.

126 Bernard S.Talmey, *Love: A Treatise on the Science of Sex-Attraction for the Use of Physicians and Students of Medical Jurisprudence*, 4th rev. ed. (New York: Practitioners' Publishing Co., 1919), 99.

127 Thoinot, *Medicolegal Aspects of Moral Offenses*, 66 (強調は原文による).

128 ウィリアムズはレイプの最中に生じた局所の負傷に関連した「トラウマ」に言及した. また彼はレイプによる訴訟に言及して，訴訟自体が「少女の神経系にとってはかなりの衝撃である」ことを認めた. "Rape," 254, 262.

129 Robinson, *America's Sex, Marriage, and Divorce Problem*, 307.

130 フロイトによって概念化された女性のトラウマについては膨大な研究論文があるが，現在でも議論の的になっている，というより物議を醸している「誘惑説」については下記の論文が特に参考になろう. Hans Israëls and Morton Schatzman, "The Seduction Theory," *History of Psychiatry* 4 (1993): 23-59; Gerald N. Izenberg, "Seduced and Abandoned: The Rise and Fall of Freud's Seduction Theory," in *The Cambridge Companion to Freud*, ed., Jerome Neu (New York: Cambridge University Press, 1991), 25-43; George J. Makari, "The Seductions of History: Sexual Trauma in Freud's Theory and Historiography," *International Journal of Psycho-Analysis* 79 (1998): 857-69; Jeffrey Moussaieff Masson, *The Assault on Truth: Freud's Suppression of the Seduction Theory* (New

York: Pocket Books, 1998); William J. McGrath, *Freud's Discovery of Psychoanalysis: The Politics of Hysteria* (Ithaca: Cornell University Press, 1986), chaps. 4-5; James B. McOmber, "Silencing the Patient: Freud, Sexual Abuse, and 'The Etiology of Hysteria,'" *Quarterly Journal of Speech* 82 (1996): 343-63; Bennet, Simon, "'Incest – See Under Oedipus Complex': The History of an Error in Psychoanalysis," *Journal of the American Psychoanalytic Association* 40 (1991): 955-88; and, Elaine Westerlund, "Freud on Sexual Trauma: An Historical Review of Seduction and Betrayal," *Psychology of Women Quarterly* 10 (1986), 297-310.

131 ここでは『診断と統計のためのマニュアル第Ⅳ版』いわゆるDSM-Ⅳと，その改訂版であるDSM-Ⅳ-TR を参照している．*Diagnostic and Statistical Manual of Mental Disorders*, popularly known as *DSM-IV*, 4th ed. (Washington, DC: American Psychiatric Association, 1994), *DSM-IV-TR*, 4th ed. rev. (Washington, DC: American Psychiatric Associati on, 2000).

訳注 1 ヒステリーhysterie という用語が使われていたことを指す．この用語は子宮を指す古代ギリシア語 ὑστέρα hustéra から派生し，子宮の病いを指しており，その結果として生じた一連の精神症状を意味するようになった．

訳注 2 医療器具の一種．柔軟に曲げることのできる細長い金属の棒で，身体の細長い窪みや穴に差し込んで，その深さや性状を確認したり，中の組織などを採取するために用いられる．

第9章 「なぜ彼らは治らないのか？」 第一次大戦における英国のシェルショック治療

1 Paul Fussell, *The Great War and Modern Memory* (Oxford: Oxford University Press, 1975); John Keegan, *The Face of Battle: A Study of Agincourt, Waterloo and the Somme* (London: Cape, 1975); Eric Leed, *No Man's Land: Combat and Identity in World War One* (Cambridge: Cambridge University Press, 1979).

2 Martin Stone, "The Military and Industrial Roots of Clinical Psychology in Britain, 1900-45" (Ph. D. dissertation, University of London, 1985); "Shell Shock and the Psychologists," in *The Anatomy of Madness: Essays in the History of Psychiatry*, eds., William F. Bynum, Roy Porter, and Michael Shepherd, 3 vols. (Cambridge: Cambridge University Press, 1988), 2: 242-71; Elaine Showalter, *The Female Malady: Women Madness and English Culture*, 1830-1980 (New York: Penguin, 1985); R. D. Richie, "One History of 'Shellshock'" (Ph.D. dissertation, University of California at San Diego, 1986); Peter Leese, "A Social and Cultural History of Shellshock, with particular reference to the experience of British soldiers during and after the Great War" (Ph.D. dissertation, The Open University, 1989).

3 "Lord Knutsford's Appeal," *The Times*, 4 November, 5b; 12 November 1914, 9d; 13 November 1914, 9d; Lord Knutsford, "Special Hospital for Officers," *The Times*, 9 January 1915, 9d; "A Kensington Hospital for Officers.Visit by Queen Alexandra," *The Times*, 25 January 1915, 4e; "Battle Shock. The Wounded Mind and its Cure," *The Times*, 25 May 1915, 11c.

4 Thomas Lumsden, "Nerve-Shattered Pensioners," *The Times*, 27 August 1917, 8b.

5 シェルショックをフェミニズムの観点から論じた文献としては下記を参照. Joanna Bourke, *Dismembering the Male: Men's bodies, Britain and the Great War* (Reaktion, 1996).

6 詩人であったキース・ダグラス (1920-44) による下記の文献は例外である. *Alamein to Zem Zem* (1946, rev. ed. 1979) (1920-44). 以下も参照. Peter Stansky and William Abrahams, *London's Burning: Life, Death and Art in the Second World War* (London: Constable, 1994).

7 Pat Barker, *Regeneration* (London: Viking, 1991), *The Eye in the Door* (1993), and *The Ghost Road* (1995). この文献の歴史観への批判としては以下のものがある. : Ben Shephard, "Digging up the

past," TLS, March 22, 1996, 12-13. Also: Stephen MacDonald, *Not About Heroes: The Friendship of Siegfried Sassoon and Wilfred Owen: A Play in Two Acts*. Revision of 31st March 1986 for the National Theatre Production. Box 33/2, Wilfred Owen Collection, Oxford University English Faculty Library. 今日記憶され，想像されている第一次世界大戦のイメージを詳しく知るためには下記を参照. Geoff Dyer, *The Missing of the Somme* (London: Hamish Hamilton, 1994).

8 S. Sassoon, Letters and Documents relating to W. H. R. Rivers (SS7), Imperial War Museum. 以下も参照：W. H. R. Rivers, *Instinct and the Unconscious* (Cambridge: Cambridge University Press, 1920); "The Repression of War Experience," *Lancet*, 1 (1918), 173-77; R. Slobodin, *W. H. R. Rivers* (New York: Columbia University Press, 1978).

9 "Craiglockhart Military War Hospital," *The Buckle. The Journal of the Craiglockhart College of Education* (Edinburgh: 1968), 28-36. RAMC Historical Collection, The Wellcome Institute, London (piece 976).

10 Shephard, "Digging," 13.

11 E. D. Adrian and L. R. Yealland, "Treatment of some Common War Neuroses," *Lancet*, 9 June 1917, 867-72; L. R.Yealland, *Hysterical Disorders of Warfare* (London: Macmillan, 1918). これらの文献の解釈は以下を参照. Leed, *No Man's Land*, 174-75; Showalter, *The Female Malady*, 179; このふたつの所論に基づいてさらに以下の議論がなされている. Barker, *Regeneration*, 223-33. Also: G. Holmes, *The National Hospital, Queen Square, 1861-1948* (Edinburgh: Livingstone, 1954).

12 "Medical Notes in Parliament," *British Medical Journal*, 22 May 1915, 905; "News in Brief," The Times, 28 February 1917, 3f last paragraph; "The Death Penalty in the Army," *The Times*, 1October 1917, 8c; F. Milner, "Insanity and the War," *The Times*, 19 September 1917, 7d; "Shellshock and Desertion," *The Times*, 20 February 1918, 8b; "Procedure in Courts-Martial," *The Times*, 15 March 1918, 12c.

13 L. Stephens, "Nerve Shattered Pensioners," *The Times*, 4 September 19171, 12e.

14 Leese, "A Social and Cultural History of Shellshock," chap. 4, "Soldiers and Doctors in France," 78-98.

15 "The Entertainment Bureau," *3rd London General Hospital Gazette*, 1 (7) (April 1916), 177; "ShellShock – Who'd Be a Night Sister," *Craigleith War Hospital Gazette*, 6 (36) (Spring 1919), 271; "Shell-Shock – Or, The Sergeant-Major's Voice," *Springfield War Hospital Gazette*, 17 (January 1918), 32. これらすべてはケンブリッジ大学図書館戦争コレクションに収蔵されている.

16 K.W. S., "In Shell Shock Land," *Springfield War Hospital Gazette*, May 1917.

17 Gunner McPhail, "Just Shell Shock," *Springfield War Hospital Gazette*, September 1916, 14.

18 Cpl. W. Milligan (6th Dorsets), "The Resourceful Medico," *3rd London General Hospital Gazette*, II (1) (October 1916), 17. J. ブロフィとエリック・パートリッジは *Songs and Slang of the British Soldier 1914-18* (London: Eric Partridge, 1931), 61-62 の第3版において「9番」への言及をこのように説明してる.「フランスで病気になった兵士は連隊付きの医官に診察され，1つか2つの質問をされた後で必ず決まった下剤を処方された．これは9番処方と呼ばれており，誰もが9番を処方された」

19 Chas. A.Watts, "Shell Shock," *Springfield War Hospital Gazette* (February 1917), 9.

20 S. Sassoon, letter to "My Dear Robbie," written from Craiglockhart, 26 July 1917. Sassoon Collection SS7, Letters and Papers relating to W. H. R. Rivers, Imperial War Museum.

21 Sassoon, *Sherston's Progress* (London: Faber and Faber, 1936), 88

22 "To Be Stared At." *The Hydra*, 8, New Series (June, 1918), 12. Oxford English Faculty Library, Wilfred Owen Collection.

23 以下を参照："Extract from ye Chronicles of Wilfred de Salope, Knight," *The Hydra*, 15 Septem-

ber 1917, 14, and "Editorial," *The Hydra*, 1 September 1917, 10 (probably both by Owen) 以下も参照. "Windup," *The Hydra*, 21 July 1917.

24 SRO GD1/677/2. Letters to Lady Clementine Waring, 1915-18. Scottish Record Office, Edinburgh.

25 W. A. Turner, "Arrangements for the Cure and Treatment of Nervous and Mental Shock Coming from Overseas," *Lancet*, 1 (1916), 1073-75; "Nervous and Mental Shock - A Survey of Provision," *British Medical Journal* (July 1916), 830-32; "Nerve Shaken Soldiers," *The Times*, 27 July 1915, 7f and 8a; "Soldiers in Asylums. New Arrangements by Pensions Ministry," *The Times*, 12 October 1917, 3c.

26 C. Stanford Read, *Military Psychiatry in War and Peace* (London: H. K. Lewis, 1920), 49-50.

27 この箇所の記載は，英国資料保管オフィス（訳注：現在は国立公文書館に統合）に保存された746例の完全，不完全なカルテを私自身が調べたことに基づいている PRO MH 106 2102-2102. 対象となった症例は公的統計のために編纂されたものであるが，どのような方法で抽出されたのかはわからない．症例は戦争前期に著しく偏っており，ほとんどは1915年のものである．以下を参照．"For Shell Shock Cases. 15 Curative Institutions," *The Times*, 5 November 1918, 3d.

28 "Cases of Shock from the Front," *The Times*, 6 February 1915, 5b; C. Drummond, "Neurasthenic Cases," *The Times*, 28 March 1918, 9e; "Neurasthenic Cases. Patients to Be Removed from Golders Green," *The Times*, 15 May 1918, 3a; "The Treatment of Neurasthenics," *The Times*, 15 May 1918, 10a; "Golders Green Hospital," *The Times*, 16 May 1918, 9d.

29 個々の病院の詳細は以下を参照. The Cassell Hospital for Nervous Diseases, Yearly Statistics and Reports, 1921-29, Richmond Surrey; the Ashurst War Hospital, Admissions and Discharge Records 1918-22, Oxfordshire District Health Authority Archive, Oxford; SRO GD1/667/1-3 Case Sheets, Correspondence, Admissions and Discharge Records of the Lennel Private Convalescent Home for Officers, 1915-18.

30 Admission and Discharge Registers, Craiglockhart War Hospital, October 1916-February 1919, Public Record Office PRO MH 106/1887-90.

31 "Craiglockhart Military War Hospital, 1916-19," *The Buckle*, 35-36.

32 D. Hibbert, "A Sociological Cure for Shellshock: Dr Brock and Wilfred Owen," *Sociological Review*, 25 (1977), 377-86. Also: A. J. Brock, *Health and Conduct* (London: Le Play House, 1923).

33 詳細な資料を提供された J. K. ローランドに感謝する. J. K. Rowlands, "A Mental Hospital at War," unpublished paper, 1985, 11.

34 "Dr Wallace on the Diagnosis of Neurasthenia," Ministry of Pensions Files, Public Record Office, PRO MP 15/56; T. Lewis, *Soldiers Heart and the Effort Syndrome* (London: 1918). Martin Stone, "Shellshock and the Psychologists," 249; Jay Winter, *The Great War and the British People* (London: Macmillan, 1985), 54.

35 J. K. Rowlands, "A Mental Hospital," 6.

36 Rowlands, 10.

37 The National Hospital, Queen Square, Medical Notes and Records 1915-24. Institute of Neurology Library, Queen Square, London.

38 入院日数についての詳細は以下を参照. Leese, "Shellshock," chaps. 6 and 7.

39 たとえば以下を参照. J. Collie, "The Management of Neurasthenia and Allied Disorders Contracted in the Army," *Journal of State Medicine*, 26 (1918), 2-17.

40 G. H. Savage, "Mental Disabilities of War Service," *Journal of Mental Science*, 62 (1916), 653-57; T. W. Salmon, "The Care and Treatment of Mental Diseases and War Neurosis in the British Army," *British Medical Journal*, 1 (1919), 734-36; W. McDougall, "The Revival of Emotional Mem-

ories and its Therapeutic Value," *British Journal of Psychology*, 1 (1) (1920), 23-29.

41 C. S. Myers, *Shell-Shock in France 1914-18* (Cambridge: Cambridge University Press, 1940), 109.

42 Lord Charnwood, ed., *Recalled to Life: A Journal Devoted to the Care and Re-education, and Return to Civilian Life of Disabled Sailors and Soldiers*, vols. 1-3 (London: 1917-18); continued as: J. Galsworthy, ed., *Reveille: Devoted to Disabled Sailors and Soldiers*, vols. 1-2 (London: 1918). いずれもケンブリッジ大学図書館戦争コレクション収蔵.

43 A. F. Hurst, "Nerves and the Men (The Mental Factor in the Disabled Soldier)," *Reveille*, 2 (November 1918), 164-65.

44 Especially: Yealland, *Hysterical*, 5-23.

45 F. W. Mott, *War Neurosis and Shell Shock* (London: Hodder and Stoughton, 1919); J. M.Wolfson, "The Predisposing Factors on War Psychoneurosis," *Lancet*, 2 (February 1918), 177-80.

46 F. W. Mott. 以下の文献による. E. E. Southard, "The Effect of High Explosives Upon the Central Nervous System," *Mental Hygiene* (1916), 401.

47 The National Hospital, Queen Square, Medical Notes and Records 1915-24 (1 and 2) Dr.Tooth, 1916; (3) Dr.Taylor, 1918.

48 Showalter, *Female*, 178.

49 Fussell, *Great War*, 315.

50 E. B., "The Real War," *The Athenaeum*, 10 December 1920. Wilfred Owen Collection, piece14/7

訳注 1　シールヘインでは農業大学の開校が準備されていたが，大戦のために延期された．その牧歌的な雰囲気によって，傷病兵のための病院として用いられた．専門医ではなかったとしても，アーサー・ハーストが献身的にシェルショックの治療に取り組んだことは有名である．

訳注 2　王立陸軍医療軍団 Royal Army Medical Corps.

訳注 3　第一次大戦の英国従軍心理士．1915-16年にかけてシェルショックについてランセット誌に5回にわたって豊富な自験例とともに紹介した．学術的な報告としては最初のものとされる．その代表症状として彼が当時の概念枠に従って記述したのは，解離を伴うヒステリーと，疲弊による神経衰弱である．トラウマとなった体験は正常人格ではあいまいに記憶され，情動的人格のときにはありありと体験されるという．砲弾の破裂だけではなく，塹壕の中で負傷して苦しむ戦友やひどく損傷した遺体とともに長時間を過ごしたことも原因であった．彼がこの病名を考案した動機は，こうした兵士たちの治療のためだけではなく，彼らを戦闘忌避による処刑から守るためでもあった．軍の上層部は士気に関わるという理由から，彼にこの病気の公表を禁じただけでなく，やがて治療からも外した．マイアーズは除隊後は沈黙を守り，1940年まで一切の見解を公にすることはなかった．

第10章　第一次世界大戦期イタリアにおける精神科医，兵士，士官

1　多くのイタリア人精神科医がこの宣伝に荷担し，よく見られる愛国的言説を精神医学的用語に変換した. 精神医学の革新的役割については以下を参照. P. Giovannini, "La psichiatria italiana e la Grande guerra. Ideologia e terapia psichiatrica alle prese con la nuova realtà bellica," *Sanità, scienza e storia* (January 1987), 1.

2　アウグスト・タンブリーニ（1848-1918）はレッジォ・エミーリアの精神科病院の院長であり，学術誌 *Rivista Sperimentale di Freniatria* の編集委員長，高等厚生委員会 Consiglio superiore di sanità（訳注：現在の保健省 Ministero della Sanita の前身組織）のメンバーでもあった．レオナルド・ビアンキ（1848-1927）は1881年からナポリの精神科病院の院長であり，1890年にはナポリ大学の精神神経科の講師に就任した．彼は精神疾患の病理は大脳皮質に存在すると考え，戦争中に

は脳損傷を負った兵士に実験を行った. 1916年6月から1917年10月まで大臣を務めた. エンリコ・モルセッリ（1825-1929）は1881年にモデナ大学を卒業し, 1881年に学術誌*Rivista di filosofia scientifica*を, 1914年に*Quaderni di psichiatria*を創刊した. 長年にわたってジェノヴァ大学精神科教授を務めた後, 1919年には精神医学学会の会長になった. モルセッリについてのさらに詳しい情報は以下を参照. P. Guarnieri, Individualità difformi. *La psichiatria antropologica di Enrico Morselli* (Milan: Angeli, 1986); idem., "Between Soma and Psyche: Morselli and Psychiatry in Late Nineteenth-Century Italy" in *The Anatomy of Madness. Essays on the History of Psychiatry*, eds., W. F. Byrnum, R. Porter, and M. Shepherd, vol. III (London and New York: Routledge, 1988), 102-24.

3 抑圧的立法については以下を参照. G. Procacci, "La legislazione repressiva e la sua applicazione" in idem, *Stato e Classe Operaia in Italia Durante la Prima Guerra Mondiale* (Milan: Angeli, 1983), 41-59; G. Rochat, *L'Italia nella Prima Guerra Mondiale. Problemi di interpretazione e prospettive di ricerca* (Milan: Feltrinelli, 1976), and B. Bianchi, "La Grande guerra nella storiografia italiana dell'ultimo decennio," *Ricerche storiche* (21 September-December 1991), 693-745.

4 P. Brancaleone-Ribaudo, *Studio antropologico del militare delinquente* (Turin: Fratelli Bocca, 1893), 1. イタリア社会へのロンブローゾの影響については以下を参照. R.Villa, Il *Deviante e i suoi segni* (Milan: Angeli, 1985); and for a comparative perspective, 以下を参照：D. Pick, *Faces of Degeneration. A European Disorder 1848-1918* (Cambridge: Cambridge University Press, 1989), 106-52.

5 犯罪者の数は1878年から1883年にかけて1,920人から3,556人に増加し, 1905年には6,000人に達した. P. Consiglio, "Saggi di psicosociologia e di scienza criminale nei militari," *Rivista militare italiana* 51 (1907), 19.

6 1874年から1883年にかけて兵舎では777人が自殺した. G. Oliva, *Esercito, pae movimento operaio. L'antimilitarismo dal 1861 all'età giolittiana* (Milan: Angeli, 1986), 48.

7 これらについては以下を参照. Augusto Setti, *L'esercito e la sua criminalità* (Rome: Brigola, 1886), 48.

8 以下を参照. B. Farolfi, "Antropometria militare e antropologia della devianza," *Storia d'Italia* 7 (1984), 1179-1219.

9 E. Morselli, "Il Misdeismo nell'esercito e il contrasto tra scienza e giustizia," *Archivio di Psichiatria, Scienze Penali e Antropologia Criminale* 16 (1895), 118.

10 Placido Consiglio, "Nevrosi e psicosi in guerra," *Giornale di Medicina Militare* (*GMM*), 38 (January 1912); idem, "Osservazioni sopra 243 casi di alienazione mentale in militari con considerazioni medico-legali," *GMM* 38 (February 1912); 以下を参照. Antonio Gibelli, "La guerra aboratorio: eserciti e igiene sociale verso la guerra totale," *Movimento Operaio e Socialista* 28 (September-December 1982), 335-49.

11 アルトゥーロ・モルセッリは第一軍の, ヴィンセンツォ・ビアンキは第2軍の, アンジェロ・アルベルティは第3軍の, そしてジャコモ・ピニーニは第4軍の顧問となった.

12 A.Tamburini, "Organizzazione del servizio psichiatrico di guerra," *Rivista Sperimentale di Freniatria* (*RSF*) 53 (1916), 178-89.

13 しかしながら1916年末になってもビアンキは精神医療は災害のように混沌としていると述べていた. 前線近くの病棟は患者であふれ, 神経や脳に損傷を受けた兵士は一般病院に搬送せざるを得なかった. Archivio centrale dello stato (henceforth: ACS), Carte Leonardo Bianchi (CLB) b. 5, "Relazione di Leonardo Bianchi al ministro della guerra," sd.

14 "L'organizzazione dei servizi neuropsichiatrici per belligeranti," *Quaderni di psichiatria* (*QdP*) 6 (January 1919), 36における引用.

15 Fabio Stok, *La Formazione della psichiatria* (Rome: Il pensiero scientifico, 1981), 135-43.

16　以下を参照. Annamaria Tagliavini, “La ‘Scienza psichiatrica’. La costituzione del sapere nei congressi della Società italiana di freniatria 1874-1907”, in *Tra Sapere e potere. La Psichiatria italiana nella II° metà dell’ 800*, eds., V. P. Babini, M. Cotti, F. Minuz, A.Tagliavini (Bologna: Il mulino, 1982), 77-134.

17　国民意識の高揚に対してイタリア精神医学が果たした役割については以下を参照. Antonio Gibelli, “Guerra e follia. Potere psichiatrico e patologia del rifiuto nella grande guerra,” *Movimento Operaio e Socialista* 25 (October-December 1980), 440-56.

18　F. ブシュラについてのモルセッリの評論. Enrico Morselli, “Des maladies mentales dans l’armée en temps de guerre,” *QDP* 3 (September-October 1916), 236.

19　Giacomo Pighini, “Il servizio neuropsichiatrico nella zona di guerra,” *Annali del Manicomio di Perugia* 9 (January-December 1915), 57-58.

20　Agusto Tamburini, “Organizzazione,” op. cit., 181.

21　A.Alberti, “Le psicosi di guerra,” *Atti del I° Convegno Nazionale per l’assistenza agli invalidi di guerra* (Milan: Koschitz, 1919), 269.

22　Lionello De Lisi, Ezio Foscarini, “Psiconevrosi di guerra e piccole caumotive,” *Note e Riviste di Psichiatria* 49 (January-April 1920), 14-15.

23　Angelo Alberti, “La valutazione medico-legale dei disturbi psichici da guerra,” Ibid, 164-65.

24　G. Benassi, “Le neurosi traumatiche e l’esperienza di guerra,” *Rassegna della previdenza sociale* 7 (June 1920), 33.

25　A. Sacerdote, “Sulla valutazione medico-legale delle psicopatie dei militari,” *GMM* 43 (October 1917), 799-800.

26　Nando Bennati, “La etiologia determinante nella nevrosi traumatica di guerra,” *Rivista di patologia nervosa e mentale* 21 (June 1916), 83.

27　ACS, CLB, b. 5, Necessita di provvedimenti per militari degenerati, anormali, simulatori, note by Prof. Tamburini.

28　Giacomo Pighini, “Per l’eliminazione dei degenerati psichici dall’esercito combattente,” *GMM* 44 (1918), 990.

29　カポレット事件についての査問委員会の前の，ある将軍の発言. *Relazione della Commissione di Inchiesta. Dall’Isonzo al Piave. Le cau la responsabilità degli avvenimenti* (Rome: Stabilimento poligrafico per l’amministrazione della guerra 1919), 357.

30　Agostino Gemelli, *Il nostro Soldato. Saggi di Psicologia Militare* (Milan: Treves, 1917), 21.

31　M. Stone, “Shellshock and the Psychologists” in *Anatomy of Madness. Essays in the History of Psychiatry* 2: 242-71.

32　A. Morselli, “Il reparto neuropsichiatrico da campo di 100 letti 032 (III°) Armata,” *QDP* 2 (September-October 1915), 389-94.

33　1914年にモルセッリはこう書いている.「今日，催眠と暗示性についてあまりに多くのことが議論されているので，とりわけ社会的下層からの患者からこのように言われることが多くなった. “先生，まさか私に暗示をかけようとしてるのじゃないでしょうね”」. E. Morselli, *Le neurosi traumatiche* (Turin: Unione Tipografica Editrice, 1913), 434. 戦争中には催眠療法が多く行われたが，診療録や精神医学の文献に記載されることは少なかった.

34　トレヴィーゾ精神科病院記録 Archivio Ospedale Psichiatrico di Treviso (AOPT), “medical record 2865.”

35　L. De Lisi and E. Foscarini, “Psiconevrosi,” 60.

36　1901年にタンブリーニは精神科病院での治療は症状の除去だけを目的としているが，新しい世紀では診断と治療の真の関係が見いだされることを希望すると述べた. A.Tamburini, *Le conquiste*

della psichiatria nel secolo IXI e il suo avvenire nel secolo XX (Reggio Emilia: Calderini, 1901), 13.

37 Gaetano Boschi, *La guerra e le arti sanitarie* (Verona: Mondadori, 1931), 58.

38 Archive of the Ufficio Storico dello Stato Maggiore dell'Esercito (AUSME), "Relazione sanitaria guerra 1915-18, Parte II°/a" Angelo Alberti, "I servizi psichiatrici di guerra," *Rivista ospedaliera* 9 (September 1917), 233-39.

39 Anselmo Sacerdote, "Sulla valutazione medico-legale delle psicopatie dei militari," *GMM* 46 (September 1918), 799-800.

40 Casimiro Frank, *Afasia e mutismo da emozione di guerra* (Nocera Superiore: Il Manicomio, 1919).

41 ビアンキを含む多くの専門家は戦争中にフランスに赴き，神経科病院を視察した．実際，この時期のイタリア先進医学はフランス精神医学の伝統を再発見し，ドイツ精神医学を理論的に貧困であると見なしていた．E. Lugaro, *La psichiatria tedesca nella storia e nell'attualità* (Florence: Galileiana, 1916), 40.

42 戦争直前までの精神医学のマニュアルではヒステリーは女性特有であり，劣等感，本能，知覚的意識がよく認められるとされた．専門の医学雑誌では男性ヒステリーが論じられることがあったが，それはフランス精神医学の症例報告に関連してであった．G. Seppilli, "Il grande isterismo nell'uomo," RSF 19 (1882), 490-502; 軍隊でのヒステリーについては Francesco Sgobbo, *L'isterismo nell'uomo e l'isterismo nell'esercito* (Rome: Voghera, 1887). スゴッボはこの疾患の原因は素因にさかのぼると考えたが，軍隊での生活には「症状の顕在化を決定する何らかの原因がある」ことは認めた．

43 この主題についての精神医学的見解の調査として以下のものがある．G. Mingazzini, "Le neurosi funzionali da guerra in rapporto con quelle da infortuni in tempo di pace," *GMM* 48 (July 1919). ドイツでの議論は以下を参照．Paul Lerner, "From Traumatic Neurosis to Male Hysteria: The Decline and Fall of Hermann Oppenheim," this volume.

44 V.Bianchi, "Le nevrosi nell'esercito in rapporto alla guerra," *Annali di Nevrologia* 34 (January 1918), 16-17.

45 G.Pighini, "Contributo alla clinica e alla patogenesi delle psiconevrosi emotive osservate al fronte," *RSF* 53 (1916), 342.

46 Idem., "Considerazioni patogenetiche sulle psiconevrosi emotive osservate al fronte," *Il policlinico* 24 (June 1917), 267.

47 G. Pellacani, *Le neuropatie emotive e le psiconevrosi dei combattenti* (Reggio Emilia: Cooperativa fra Lavoratori Tipografi, 1919), 6. 以下も参照：Gaetano Boschi, *Patogenesi e psicogenesi dell'isterismo* (Ferrara: Industrie grafiche italiane, 1924), 12ff.

48 S. De Sanctis, "Idee vecchie e nuove intorno all'isterismo," *QDP* 5 (March-April 1918), 58-59. サンテ・デ・サンクティス（1862-1935）による催眠研究とヒステリーについての多くの書籍については以下を参照．L. Fiasconaro, "Sante De Sanctis," in *Dizionario Biografico degli Italiani* (Rome: Istituto dell'Enciclopedia Italiana, 1991) 39: 316-22.

49 神経学的パラダイムの限界については以下を参照．Marc Roudebush, "A Battle of Nerves. Hysteria and its Treatments in France during World War I," 本書.

50 Enrico Morselli, *Il dovere dei medici italiani nell'ora presente* (Rome: Tipografia Armani, 1917), 6.

51 G. Pellacani, "Neuropatie," 19.

52 G. Benassi, "Le nevrosi traumatiche," 45.

53 Ibid, 46; L. De Lisi and E. Foscarini, *Psiconevrosi*, 59.

54 A. Alberti, *La valutazione*, 165.

55 A. Gemelli, *Il nostro soldato*, 21.

56 P. Stanganelli, *La nevrosi e la psicosi della guerra* (Naples: Chiurazzi, 1919), 8.

57 V. Bianchi, *L'anima del soldato sul campo di battaglia* (Bologna: Stabilimenti poligrafici riuniti, 1916).

58 Ibid, 5-6.

59 Ibid, 6.

60 Archivio Ospedale Psichiatrico Reggio Emilia (henceforth AOPRE), cartelle uomini settembre 1917, "Medical Record Giovanni L."

61 A. Morselli, "Sugli stati confusionali psichici di guerra," *QDP* 3 (March-April 1916), 45-52.

62 Christine Lévi-Freisacher, *Meynert-Freud, l'amentia* (Paris: PUF, 1981).

63 ダルボーは1908年から1940年までトレヴィーゾで精神科病院を経営していた．そこで彼は，器質論に立つ学派の後継者であるタンツィとルガーロによる精神疾患教科書に記載されていた記述症候論的な分類を用いていた．AOPT, "fascicolo Zanon Dal Bo".

64 トレヴィーゾでは14.8%の患者にアメンチアの診断が下された．入院を必要としない患者のなかではこれが主要な診断であった．AOPT, "Registro degli accolti". 戦時中の統計を見ても，アメンチアがもっとも多い診断であった．E. Padovani, "Pratica," cit.; L. Gualino, *Resoconto clinico-statistico del semestre aprile-settembre 1917* (Casale Monferrato: G. Lavagno, 1918); G. Antonini, *Relazione all'onorevole deputazione provinciale di Milano sul I° anno di esercizio del reparto Ospedale militare di riserva di Mombello* (Busto Arsizio: Tipografia Orfanotrofio Civico Maschile, 1917); Vincenzo Grassi, "Relazione clinico-statistica del Manicomio S. Nicol di Siena per il quadriennio 1916-19," *Rassegna di studi psichiatrici* (November-December, 1920), 309-25.

65 A. Alberti, *Le psicosi di guerra*, 278.

66 Ibid, 287.

67 A. Morselli, "Sugli stati confusionali psichici di guerra," 4.

68 Archivio Ospedale Psichiatrico Padova (henceforth AOPP), "medical record 5424."

69 AOPT, medical record 2863.

70 Archivio Ospedale Psichiatrico Brescia (henceforth AOPB), "medical record Salvatore P."

71 AOPP, "medical record 5369."

72 Ibid, "medical record 6039."

73 AOPB, "medical record C. Luigi."

74 AOPB, "medical record V. Giuseppe."

75 AOPT, "medical record sergeant Chiantore."

76 AOPP, "medical record 5226."

77 Ibid.

78 AOPP, "medical record 4819."

79 L. Gualino, *Resoconto*, 16.

80 A. Alberti, "Le psicosi di guerra," 288.

81 AOPT, "medical record 3694."

82 どの西欧同盟国においても軍事法廷がイタリアほど抑圧的，専制的であったことはない．4,028人に死刑が宣告され，750人に実際に執行された．そのほかに，即決の死刑が149名に執行された．退却したため，あるいは前進を拒否したために処刑された兵士についての記録はない．軍事法廷については以下を参照．G. Procacci, *Soldati e prigionieri italiani durante la Grande guerra* (Rome: Editori riuniti, 1993), esp. 19-54.

83 AOPT, "medical record 3721."

84 最近の研究によれば11万人の兵士の61%が，逃亡してまもなく自分の意志で原隊に復帰したことがあった．彼らの64%は逃亡の動機は家族の孤立であったと法廷で述べている．B. Bianchi, *La follia e la fuga. Nevrosi di guerra, diserzione e disobbedienza nell' esercito italiano (1915-1918)*.

(Rome: Bulzoni, 1992), 207-263.

85 AOPT, medical record 2621.

86 カポレットの敗戦の後でベニートの精神科病院が移転したため，記録の多くが失われた．したがって新しい病院に送られた兵士の正確な数を推定することは困難である．以下の観察はトレヴィーゾの精神科病院に残された記録に基づいている．

87 AOPT, "medical record 20."

88 Archivio USME, "Relazione sanitaria," 495.

89 De Lisi, Foscarini, "Psiconevrosi," 119-20.

90 このデータは1915年の10月から1916年の11月までのものである．AUSME, "Relazione sanitaria." 英国士官については以下を参照．M. Stone, "Shell Shock." 米国での症例は以下を参照．Norman Fenton, *Shell Shock and Its Aftermath* (St. Louis: C.V. Mosby, 1926), 37-39. 精神神経疾患によって入院した士官の数を，他の疾患や負傷による入院と比較することは興味深い．開戦当初は3,994人中の50人だけが入院した（79人に１人）が，これは兵士の入院割合と同等であった（78人中１人）．1916年と1917年には士官の入院比率は22人中１人となったが，兵士では14人中１人にまで増加した．つまり士官は兵士ほどには負傷や疾病の危険に暴露されていなかったと言える．Ufficio statistico del Ministero della guerra, *La forza dell'esercito* (Rome: 1927) 101, 120, 134. 同様の傾向は死亡率にも当てはまる．残念ながら塹壕戦，突撃，監視行動などに応じた階級別の死亡者数は確定していない．士官の死亡率が低いという仮説を検証するためにはこうした記録の回復が不可欠である．しかしながら最近の研究では，兵士に比べて若い士官の死亡率が高いということが示されている．Giorgio Rochat, "Gli ufficiali italiani durante la prima guerra mondiale," in *Ufficiali e società*, eds., Piero Del Negro and Giuseppe Caforio (Milan: Angeli, 1988), 231-52.

91 イタリア軍の士官と兵士の公式比率は１対26であったが，トレヴィーゾの精神科病院での比率は著者の集計によれば１対10であり，パドゥアの精神科病院では１対22であった．AOPP, AOPT, "Registro degli accolti".

92 1915年10月から1916年11月にかけて第Ⅱ軍に入隊した士官の50%が帰休した．そのような208名のうち原隊に復帰したのは３名のみである．前線病院では12名の兵士が入院すると１名の士官が入院した計算になる．Archivio USME, "Relazione sanitaria," 417.

93 C. Agostini, "Contributo," 33. 同様の解釈は他の国でも広がっていた．以下を参照．J. T. MacCurdy, *War Neuroses* (Cambridge: Cambridge University Press, 1918); Hans Curschmann, "Zur Kregsneurosen bei Offizieren," *Deutsche medizinische Wochenscrift* (3 March 1917), 291-29.

94 戦争に動員された士官の60%は陸軍士官学校の出身であった．下士官としての任官の年齢は18歳以下である．トレヴィーゾ精神科病院では北部イタリアからの入院のうち，著者の計算では2.7%が下士官であり，南部イタリアからの入院では８%，シシリアからの入院では12%であった．AOPT, "Registro degli accolti". モデナの陸軍士官学校での南部イタリア出身者の割合は以下を参照．L. Livi, "Il contributo regionale degli ufficiali di fanteria durante la guerra," *Giornale degli economisti* 43 (January 1917). 陸軍士官学校出身の士官についての私たちの知識は主に以下によっている．Livi analyses the regional background of the participants in the five courses for cadet officers at the military academy of Modena from June to December 1916. 総数の５分の４にあたる13,260人の生徒が，開戦後18カ月以内に塹壕で戦った．そのうち46.6%が南部イタリアのシシリアやサルディニアの出身であった．以下を参照．P. Del Negro, "Ufficiali di carriera e ufficiali di complemento nell'esercito italiano della Grande guerra: la provenienza regionale," in *Les Fronts invisibles*, ed., G. Canini (Nancy: Presses Universitaires de Nancy, 1984), 263-86. 戦争中の文献では精神疾患に対して出身地域を重視した解釈がなされていた．これに対してパドゥアとトレヴィーゾの精神科病院の入院記録の研究からは，出身地域の分布は兵士一般におけるものと変わらないことがわかっている．

95 B. ロドルフォ中尉の記録によれば「上官や下級士官たちに取り囲まれ，屈辱的な扱いを受けたが，為す術もなく，感情を押し殺すほかなかった．自分が南部出身だからこんな扱いを受けるのだと思った．泣き出したい気持ちはあったが，それで扱いが変わるとは思われなかった」. AOPT, "medical record," 2601.

96 1917年10月に807名の士官が無罪放免となった. Ministero della guerra, *Relazione di'Inchiesta*.

97 Ibid, 351.

98 Ibid, 348.

99 英国の場合については以下を参照. Keith Simpson, "The officers," in *A Nation in Arms.A Social Study of the British Army in the First World War*, eds., Ian F. W. Beckett and Keith Simpson (Manchester: Manchester University Press, 1985), 63-98.

100 自分の兵士を侮辱することによって軍の権威を汚したことで告発されたある士官への判決文はこのようなものであった.「どのような階級，社会的状況であっても常にそれ自体が侮辱的であるような言葉はきわめて稀である」. ACS, Tribunale supremo militare, fascicoli processuali ufficiali, b. 28, "sentence 76".

101 Filippo Stefani, *La storia della dottrina e degli ordinamenti dell'esercito italiano*, vol. I (Rome: Stato maggiore dell'esercito. Ufficio Storico, 1984).

102 Ministero della guerra. Ufficio statistica (Giorgio Mortara), *Statistica dello sforzo militare italiano nella prima guerra mondiale* (Rome: Athenaeum, 1927), 21. 臆病な士官への兵士の立腹と軽蔑は検閲済みの書簡においてもしばしば記されていた. G. Procacci, *Soldati*, 86.

103 AOPP, "medical record 5848,". M. ウンベルト大尉から司令官への手紙.

104 AOPT, "medical record 2553."

105 Ibid, "medical record 2287."

106 Ibid, "medical record 3202."

107 Ibid, "medical record 3203."

108 AOPT, "medical record 2725."

109 AOPT, "medical record 3002."

110 除隊を認めようとしなかったのはミラノのモンベッロ精神科病院の院長ジュゼッペ・アントニーニ（1864-1938）のみであった.「弱った者を系統的に完全に除隊させれば［…］あまりにも多くの有能な者が軍から失われてしまう」. G. Antonini, *Relazione*, 9. アントニーニはロンブローゾの弟子である．彼はウーディネに精神科病院を建設したが，それは外壁を持たない最初の精神科病院であった．そこで1903年から1910年まで院長を務めた後，1911年から1931年まではモンベッロの院長となった.

111 E. Padovani, "Pratica psichiatrica di guerra nel reparto neuropsichiatrico dell'ospedale da campo 0100," *Giornale di psichiatria clinica e tecnica manicomiale* (1919), 116.

112 Vincenzo Bianchi, "Le nevrosi nell'esercito in rapporto alla guerra," *Annali di nevrologia*, (1918), 1.

113 Placido Consiglio, "Il servizio neuropsichiatrico di guerra in Italia," in *Atti della III° Conferenza interalleata per l'assistenza agli invalidi di guerra* (Rome: 1919), 507.

114 Idem., "Psicosi, nevrosi e criminalità dei militari in guerra," *Archivio di antropologia criminale, psichiatria e medicina legale* 37 (1916), 328.

115 エルンスト・ベルモンド（1863-1954）はマンテガッツァの下で人類学を研究し，器質学派の重鎮であったフィレンツェのタンツィの助手となった．1901年には彼はベネツィアの聖セルヴォロ精神科病院と聖クレメンス精神科病院の査察委員会の長となり，そこで用いられていた拘束の方法を非難した. AOPP, "fascicolo E. Belmondo."

116 P . Consiglio, "Il servizio neuropsichiatrico," 503.

117 Vito Buscaino, "Esperienza psichiatrica di guerra," *Rivista di patologia nervosa e mentale* 24 (January 1919), 223.

118 Emilio Riva, "Un anno di servizio presso il Centro Psichiatrico Militare della zona di guerra." *RSF* 56 (1919), 454.

119 Placido Consiglio, "Il centro psichiatrico di prima raccolta di Reggio Emilia," *GMM* 44 (March 1918), 3.

120 精神科医自身の手になる司法資料もこうした見解を裏付けている.「診察が行われたのは健忘や明らかな錯乱状態にある者であった」. AOPT, Fascicolo perizie, psicopatologia forense, conclusioni da triennale pratica presso tribunali d'Intendenza e Corpo d'Armata."

121 Tommaso Senise, "Origini e forme delle fughe patologiche in guerra," *Annali di nevrologia* 36 (1920), 96.

122 *Atti del I° Convegno nazionale per l'assistenza agli invalidi della guerra* (Milan: Koshitz, 1919), section 3: 161–312.

123 L. Zanon Dal B , "sistono particolari forme di psicosi in dipendenza della guerra," *Archivio generale di neurologia, psichiatria e psicoanalisi* 1 (April-June 1921), 53–65.

124 P. Consiglio, "Il servizio," 507. コンシリオの計算によれば1917年までに28,910人が入院しており, レッジォ・エミリアのセンターでは10,297人が入院した. ただしこの数字の取り扱いにはかなりの注意を要する.

125 Opera nazionale per la protezione ed assistenza degli invalidi di guerra. Ufficio di assistenza sanitaria e protetica. Ufficio di assistenza sociale, *Per la tutela dei dementi di guerra* (Rome: 1926). このオペラはなお重度の疾病に苦しむ2千人もの兵士が補償を受けていないことを非難していた.

訳注 1　チェーザレ・ロンブローゾ (1835–1909). イタリアの精神医学者. ダーウィンの進化論の影響を受け, 原始人の遺伝的特徴が隔世遺伝によって現代にも受け継がれていると考えた. こうした特徴を持った個人は, 文明社会においては適応できず, 精神疾患を生じたり犯罪を引き起こすとされた. こうした遺伝的特徴は, 骨相学的に, あるいは性格的に同定できるとされ, 彼はそれをスティグマータ stigmata と呼んだ. その説はその後否定されており, 特にスティグマータと犯罪との関係は何ら証明されていないが, イタリアではその影響がしばらく続いた.

訳注 2　第一次世界大戦当時, 今日用いられているような抗精神病薬, 抗うつ薬はまだ存在していなかった.

訳注 3　脱走は精神に異常をきたして判断能力を失ったためであるとして, 無罪を主張する弁論のこと.

第11章　神経との闘い

1 私の学位論文の副産物としてこの章はここに名前を書ききれないほどの多くの人々からの意見, 批判から恩恵を受けた. 彼らはこの章の第一稿を注意深く読み, 多くの実際的で洞察にあふれる指摘をされた. ここではその中から, 本書の編者であるレルナーとミカーリの名前だけを記すこととしたい.

2 *Science et Devouement, Le Service de Santé: La Croix Rouge, les Oeuvres de Solidarité de Guerre et d'Après Guerre* (Paris: Aristide Quillet editeur, 1918), 206.

3 Ibid., 204.

4 Poilu という単語は毛深い (訳注：原書では hirsuit だが hirsute の誤りか), 髭を剃っていないという意味のフランス語であり, 兵士一般への愛称として親しみを込めて用いられた. 英語における「トミィ Tommy」(訳注：下級兵士への愛称) のようなものである.

5 Ibid.

6 この数字は戦時中に神経精神センターの管理者によって月ごとに報告された，「神経症」「トラウマ性」もしくは「機能的」と分類された新規患者のパーセンテージに基づいている．この数字には大きな変動があるが，平均すると10-20%であった．公式，非公式に精神医療を専門としていたセンターでは，こうした患者を受け入れた割合はさらに高かった．さらにこうした患者はしばしば慢性化したので，入院患者中の「戦争神経症」患者の割合は，同じ新規患者中の同じ分類の割合よりも多くなることもあった．

7 マーティン・ストーンは英国の軍病院での「シェルショック」の診断による入院者数を８万人と見積もっており，「そのうち３万人が英国内の病院で死亡した」とした．[Martin Stone, "Shell-shock and the Psychologists," in *The Anatomy of Madness*, Vol. 2., eds., W. F. Bynum, Roy Porter, and Michael Shepard, (London: Tavistock, 1985), 249.] ドイツについてはレルナーが心理的トラウマを受けた兵士の数を20万人と見積もっている［本書の彼の担当章を参照］．当時のフランスにどれくらいのこうした兵士がいたのかについては資料解釈の困難のため特定の数字を挙げることができないが，ドイツと同程度かそれ以上であったと思われる．

8 「機能障害」とはフランス神経学の術語であり，身体的損傷との関連が証明できない麻痺，緘黙，コントロール不能の涕泣，チック，嘔吐，視覚聴覚障害，吃音，または四肢と体幹の無数の麻痺を指した．

9 ヒステリー患者と医師との関係は常に不安を孕んでいた．その歴史については以下を参照．Roy Porter, "The Mind and the Body, the Doctor and the Patient: Negotiating Hysteria," in *Hysteria Beyond Freud*, eds., Sander Gilman et al. (Berkeley: University of California Press, 1993), and Mark Micale, *Approaching Hysteria: Disease and Its Interpretations* (Princeton: Princeton University Press, 1995).

10 Mark Micale, "Charcot and the Idea of Hysteria in the Male: Gender, Mental Science, and Medical Diagnosis in Late Nineteenth-Century France," *Medical History* 34 (October, 1990), 363-411; idem., *Approaching Hysteria*, 161-69.

11 戦時中の，特にいわゆる神経精神科センターにおける神経科医と精神科医の担当領域は，しばしば重複していた．しかしこうしたセンターは神経学の専門センターに比べれば少数であり，神経学は圧倒的に有力な学派であった．

12 Jean-Martin Charcot, *La foi qui guéri* (Paris: Felix Alcan, 1897). この文献は以下にも採録されている．*Revue Hébdomadaire* (Paris: Plon, December 1892), 112-32; *Archives de neurologie* 25 (1893), 72-87. アンリ・エランベルジェはこう記している．「シャルコーはその晩年において清明な意識と器質的な脳生理学とのあいだにはなお広い懸隔があることに気がついていた．彼の関心は信念による治癒に向けられ，ルルドに出征して病が癒やされて帰還した兵士のことを論文で紹介している．彼は［…］信念による治癒の法則についての知識が増大すれば治療は大きく進歩すると期待していた．*The Discovery of the Unconscious* (New York: Basic Books, 1970), 91.

13 戦争前のフランスでのヒステリーをめぐる議論の詳細は以下を参照．Etienne Trillat, *Histoire de L'Hystérie* (Paris: Seghers, 1986); Mark S. Micale, "On Disappearance of Hysteria: Study in the Clinical Deconstruction of a Diagnosis," *Isis* 84 (October, 1993); and Marc Roudebush, "A Battle of Nerves: Hysteria and Its Treament in France during World War I," (Ph.D. dissertation, University of California, Berkeley, Department of History, 1995).

14 神経学的パラダイムの限界は以下を参照．Trillat, *Histoire de l'hystérie*.

15 Susanna Barrows, *Distorting Mirrors: Visions of the Crowd in Late Nineteenth-Century France* (New Haven and London: Yale University Press, 1981).

16 Ibid.

17 「パリ・ナンシー」論争については以下を参照．Henri Ellenberger, *The Discovery of the Uncon-*

scious; Etienne Trillat, *Histoire de l'hystéric*; and Ruth Harris, "Murder Under Hypnosis in the Case of Gabrielle Bompard: Psychiatry in the Courtroom in Belle Epoque Paris," in *The Anatomy of Madness: Essays in the History of Psychiatry*, eds., Roy Porter, W. F. Bynum, and Michael Shepard, Vol. 2 (London: Tavistock, 1985).

18 以下を参照. Ruth Harris, "Murder Under Hypnosis."

19 André Pressat, "L'Hypnotisme et la presse," *Revue de l'hypnotisme* 4 (1889-90), 230. Cited in Barrows, *Distorting Mirrors*, 124.

20 メアリー・ロイズ・ロベールは世紀末フランスでの文明の危機について記している. *Civilization Without Sexes: Reconstructing Gender in Postwar France, 1917-1927* (Chicago: University of Chicago Press, 1994), chap. 1.

21 以下を参照. Jan Goldstein, *Console and Classify: The French Psychiatric Profession in the Nineteenth Century* (Cambridge: Cambridge University Press, 1987), and Ian R. Dowbiggin, *Inheriting Madness: Professionalization and Psychiatric Knowledge in Nineteenth-Century France* (Berkeley: University of California Press, 1991). ロイ・ポーターは有益で遺漏のない書誌学的参照文献をまとめている. "The Mind and the Body," 48-49.

22 Roy Porter, "The Mind and the Body," 249. 当時の医療の役割については以下を参照. *Robert Nye, Crime, Madness, and Politics in Modern France: The Medical Concept of Decline* (Princeton: Princeton University Press, 1984).

23 Paul Sollier, *L'Hystérie et son traitement* (Paris: Alcan, 1901), 170.

24 Ibid., 139. 彼はこうも述べている. 「ヒステリー患者は自分を支配できると感じる人しか信頼しない」. Ibid., 147.

25 Ibid., 142-43.

26 Ibid., 201.

27 限局的形式というのは麻痺, 拘縮, 緘黙などの単一の症状を呈する症例を指し, 「全般性ヒステリー」というのはヒステリー性の「スティグマータ」と痙攣を含む多彩な症状を指した.

28 Archives du Mu du Service de Sante des Armées (Val-de-Grace) [hereafter, AMSSA], C/67, Region 14: February, 1915.

29 治療に道徳的次元を持ち込むことについてソリエはフランスにおける「道徳療法 moral treatment」の長い伝統を参照した. Jan Goldstein, *Console and Classify*.

30 分析療法と規律による治療のあいまいな区別については以下を参照. Eric Leed, *No Man's Land: Combat and Identity in World War I* (New York: Cambridge University Press, 1979); Elaine Showalter, "Hysteria, Feminism and Gender," in *The Anatomy of Madness: Essays in the History of Psychiatry*, eds., Roy Porter, W. F. Bynum, and Michael Shepard, Vol. 2 (London: Tavistock, 1985); and also Roy Porter, "The Mind and the Body."

31 Babinski, "Définition de l'hystérie," *Revue neurologique* 16 (1908): 375-404. Quoted in Trillat, *Histoire*, 203.

32 オーギュスト・トゥルネイはこの文章を, 説得と暗示の区別についての同僚との議論でバビンスキーが自説を守るためにしばしば引用した最後の言葉として引用している. Auguste Tournay, *La Vie de Babinski* (Amsterdam/London/New York, 1967), 95.

33 以下を参照. Mark S. Micale, "On the Disappearance of Hysteria: A Study in the Clinical Deconstruction of a Diagnosis," *Isis* 84 (October 1993), 519.

34 以下を参照. Roy Porter, "The Mind and the Body," and Micale, *Approaching Hysteria*.

35 さまざまな文脈においてヒステリー患者としての病者の役割を演じることの経費と利得についての優れた解析は以下を参照. Carroll Smith-Rosenberg, *Disorderly Conduct: Visions of Gender in Victorian America* (New York: Oxford University Press, 1985).

36 Joseph Babinski and Jules Froment, *Hystérie-Pithiatisme et troubles nerveux d'ordre réflexe en neurologie de guerre*, 2d ed. (Paris: Masson, 1918), 218–19. Emphasis added.

37 Ibid., 216.

38 私の学位論文では人種と階級についても検討している（上記引用）.

39 AMSSA, C/223: Andre Léri, "La Réforme, les incapacités et les gratifications dans les névroses de guerre (Programme de discussion concernant la Zone des armées)," (Novembre 1916), 4.

40 以下を参照. Margaret Randolph Higonnet et al., eds., *Behind the Lines: Gender and the Two World Wars* (New Haven and London: Yale University Press, 1987).

41 以下を参照. Robert Nye, *Crime, Madness, and Politics*.

42 ロベールは世紀末フランスにおける「文明の危機」がジェンダーカテゴリーの不安定化とどれほど結びついていたかを示した. *Civilization Without Sexes*（脚注20参照).

43 こうした人物像についての,「母親」「近代女性」「独身少女」という画一的イメージに着目した秀逸な論考としては以下を参照. Roberts, *Civilization Without Sexes*. 兵士の「心性」と，勇敢な兵士と臆病者との図像的な対比についての，戦時の「塹壕報道」に基づいた興味深い読み物としては以下を参照. Stéphane Audoin-Rouzeau, *Men at War, 1914–1918: National Sentiment and Trench Journalism in France During the First World War*, trans., Helen McPhail (Providence: Berg, 1992).「塹壕報道」の非常に豊かな資料はパリ大学第10学部（ナンテール）とスタンフォード大学のフーヴァー研究所にある. その画一的な見方は通常の報道や，バルビュスの『敵 *Le Feu*』のような人気小説にも影響を与えた. 両大戦間の小説のなかで，良い勇敢な兵士と悪い臆病な兵士という記述を打ち砕いたものとしては1932年にデノエル社から初版が出版されたセリーヌの『夜の果てへの旅 *Voyage au bout de la nuit*』がある. これと関連して，世紀の変わり目に「勇気」という言葉に負わされていた過剰な意味についての鮮やかな議論は以下を参照. Robert Nye, *Masculinity and Male Codes of Honor in Modern France* (New York/Oxford: Oxford University Press, 1993).

44 この方針については後に触れる.

45 Maxime Laignel-Lavastine and Paul Courbon, *Les Accidentés de la guerre: leurs ésprit, leurs réactions, leur traitement* (Paris: Baillière et fils, 1919).

46 Ibid.; Michael Trimble, *Post-traumatic Neuroses: From Railway Spine to Whiplash* (Chichester and New York: Wiley, 1981). フランスでの事故賠償への関心は，それを命じる1898年の立法以降に高まった.

47 Laignel-Lavastine and Courbon, *Les Accidentés de la guerre*, 17.

48 「精神神経医療の中で女性という存在はまったく有害なものとなった. 男らしい性格を取り戻す必要のある兵士たちの近くに女性がいると，男らしさが生まれない. これは私たちが講義の中で説明した通りである」. Ibid., 61.

49 AMSSA, C/65, Region 12: November 1916. ギュスターヴ・カリエールはこう記している.「私たちは神経学の診察室には女性は入室させないという，1916年11月15日の通達316Ci 7を適用した.

50 以下を参照. Susan Grayzel, "Women's Identity at War: The Cultural Politics of Gender in Britain and France, 1914–1919" (Ph.D. dissertation, University of California, Berkeley, Department of History, 1994).

51 Laignel-Lavastine, *Les Accidentés*, 62.

52 Ibid., 61–62.

53 AMSSA, C/63, Region 5: January 1916.

54 Ibid.

55 Ibid.

56 AMSSA, C/70, Region 17: May 1915. セスタンは彼の同僚のアンリ・クロードの言葉をここで引

用している.

57 Clovis Vincent, *Le Traitement des phénomènes hystériques par la rééducation intensive* (Paris, 1916), 2.

58 Ibid.

59 AMSSA, C/223: Joseph Grasset, "Les Névroses et psychonévroses de guerre; Conduite à tenir à leur égard" (November 27, 1916), 6.

60 AMSSA, C/68 or 69, Region 16: July-August 1916, "Considération Générales."

61 多くの神経科医がヴァンサンの方法を自分たちのセンターに適用した. 私が見出した文献資料によれば彼の方法は下記の地域で用いられていた. パリ軍事政府（レニェル・ラバスティン), 第5区（カリエール), 第8区（クロード), 第9区（ヴァンサン, セスタン), 第10区（シレイ), 第11区（ミラリィ), 第12区（カリエール), 第16区（グラッセ, ヴィラレ), 第17区（セスタン), 第19区（エナール).

62 André Gilles (Interne des asiles de la Seine, médecin aide-major), "L'Hystérie et la guerre. Troubles fonctionnels par commotion, Leur traitement par le torpillage," *Annales médico-psychologiques* 8 (April, 1917), 207-27. ドゥシャンの事例は下記で詳述する.

63 Ibid., 209.

64 Ibid., 210.

65 Ibid., 211.

66 Ibid., 210.

67 Ibid., 221.「つまり兵士の為に意思を発揮する医師である」. ジルは強制と治療を区別したが, その説明はさらに難解なものであった. 彼によれば電気ショックという治療は兵士の誤りを証明することができ, それを正すがゆえに正当化される（目的は手段を正当化する). 次にこの治療の支配的な力によって, 意思を持つ能力を修復するがゆえに正当化されるという（目的のための手段を提供する).

68 Ibid., 219.

69 Jules Payot, *L'Education de la volunté*, 6th ed. (Paris: Felix Alcan, 1897) は当時の代表的文献である. 当時,「意志 will」という用語が持っていた特殊な意味については以下を参照. Robert Nye, *Masculinity and Male Codes of Honor*, chap. 10.

70 この引用元は後述のドゥシャンの法廷におけるヴァンサンの証言である. Henri Gregoire, *Clovis Vincent* (Paris: Perrin, 1971), 79.

71 男性性についての今日の文献の秀逸な展望と解釈は以下を参照. Elizabeth Badinter, *XY: On Masculine Identity*, trans., Lydia Davis (New York: Columbia University Press, 1995).

72 AMSSA, C/68 or C/69, Region 16: August/September 1915, "Considerations Générales."

73 AMSSA, C/67, Region 14: March 1915.

74 シャヴィニィには以下の著作がある. *Diagnostic des Maladies Simulées (Accidents du travail, Conseils de revision et de réforme de l'armée et de la marine, Expertises diverses, etc)*, 3d ed. (Paris: Ballière et fils, 1921). (1st ed. 1906).

75 Paul Chavigny, "Psychiatrie aux armées," *Paris Medical* 6 (January 1, 1916). Cited in Mabel Webster Brown, ed., *Neuropsychiatry and the War: A Bibliography With Abstracts, and Supplement I, October 1918* (New York: Arno Press, 1976) [orig. pub., 1918].

76 Ibid., 148.

77 Ibid.

78 シャヴィニィは同僚のラセーグをここで引用している. Ibid., 529. フロイトも同様の見解を述べている.「あらゆる神経症は症状模倣である. 彼らは気づかずに症状模倣をしており, それこそが彼らの病気なのである」. 以下の文献に引用あり. Kurt Eissler, *Freud sur le front des névroses de*

guerre, trans. Madeleine Drouin (Paris: Presses Universitaires de France, 1992), 46.

79 Ibid., 145.

80 AMSSA, C/223: Angelo Hesnard, "Le Diagnostic Differentiel entre l'Hystérie-Pithiatisme et la Simulation, Communication à la Réunion des chefs de secteur de l'A.d.N., Alger, 6 Mai, 1918."

81 AMSSA, C/67, Region 14July 1915.

82 Ibid.

83 AMSSA, C/67, Region 14: November1995. この書簡の日付は1915年11月20日である.

84 Ibid.

85 この裁判とその影響についての詳細な議論は以下を参照. Marc Roudebush, *A Battle of Nerves: Hysteria and Its Treament in France During World War I*. (Ph.D. dissertation, University of California, Berkeley, 1995), chap. 5.

86 1917年の暴動については以下を参照. Guy Pedroncini, *Les mutineries de l'armée franaçaise* (Paris: Juillard, 1983). 1916年のフランス兵の士気については以下を参照. Annick Cochet, *L'Opinion et le moral des soldats en 1916* (Doctoral dissertation, Université de Paris X, Nanterre, 1986). 徹底抗戦理論（ニヴェルとマンジャン将軍）とそれに対するペタン将軍の考えについては以下を参照. Harold Vedeler and Bernadotte Schmitt, *The World in the Crucible, 1914-1918* (New York: Harper and Row, 1984), 174-80. Jean-Jacques Becker and Serge Bernstein, *Victoire et frustrations, 1914-1929*, (Paris: Seuil/Points, 1990), 104-9.

87 Gustave Roussy, J. Boisseau, M. D'Oelsnitz, *La Station neurologique de Salins (Jura) (Centre des psychonévroses) Après 3 mois de fonctionnement* (Besançon: Dodivers, 1917), 3.

88 AMSSA, C/65, Region 10: August 1915, 8.

89 Ibid., 8-9.

90 Ibid.

91 AMSSA, Region 8: June 1915.

92 Ibid., July, 1916.

93 Ibid.

94 Ibid., July, 1917.

95 AMSSA, C/68 or 69, Region 16: July/August 1916.

96 Ibid., May-June 1916.

97 AMSSA, C/65, Region 10: November-December 1916.

98 保健省の長官は「被暗示症」を「対象疾患に含めておく」べきか否かを「医学専門委員会」に諮問した. この事実からは, もし神経科医が努力をすれば柔軟な政策を実現することが可能であったことがわかる. しかし委員会は専門家の意見は聞いたものの, 判断を明記することは拒否した.「被暗示症は, 少なくとも当面のあいだは, 精神科医や神経科医でさえ解決できない, また一向に意見のまとまらない大きな問題である. 高名な専門家でさえ態度を明言できない以上, 軍において被暗示症を疾患として認めるべきか否かについて当委員会が意見を述べることはできない」. AMSSA, C/224: "Note pour le Sous-Secrétaire d'Etat du Service de Santé.

99 AMSSA, C/223: Alexandre Souques, Henry Claude, Jules Froment, "L'organisation et le fonctionnement des services neurologiques des régions et de la zone des armées," 1. この報告書は大臣（Sous-Secretaire d'Etat du Service de Santé）の委嘱を受けて, 神経学会の1917年12月17日の特別会議のために準備された.

100 「神経学会と軍隊が同時に行った, ヒステリーとの戦い」Ibid.

101 Ibid., 2.

102 Michel Foucault, *Discipline and Punish: The Birth of the Prison*, trans., Alan Sheridan (New York: Vintage Books, 1979) は医学, 教育, 軍事, そして懲罰的教育の場における監視の重要性について

の古典的文献である.

103 Ibid., 5-6.

104 システム理論については広汎で多様な文献がある. 本章の目的に沿ったものとしては以下を参照. Peter Senge, *The Fifth Discipline: The Art and Practice of the Learning Organization* (London: Century, 1993), esp. chap. 3; Draper Kauffman, Jr., Systems 1: *An Introduction to Systems Thinking* (Minneapolis: Future Systems, Inc., 1980).

105 AMSSA, C/65, Region 10: July 1917, 3.

106 Grasset, "Les névroses," 7.

107 ヒステリーの歴史研究者にとっては驚くべきことではない. 戦前と戦時の治療がきわめて似ているためである.

108 すでに見たように, ヒステリー診断を生理学的に基礎づけようとしたシャルコーの夢を信じ続けるソリエのような者もいた.

109 Grasset, "Les Névroses," 8.

訳注 1 バビンスキー反射. 病的な脊髄反射のひとつ. 足底を踵からつま先にかけてゆっくりとこすると, 拇指が背屈し, 他の指が開く. 2歳までは正常児にも見られるが, それ以降に見られた場合は錐体外路障害が疑われる.

訳注 2 原語は poilu. 髭の生えた, という意味. ナポレオン時代に彼の兵士集団についてしばしば用いられた. 髭を生やし, 安いワインを飲み, 野卑であるが愛国心に燃えて勇敢に戦う兵士として, 愛国心を高めるためのプロパガンダにしばしば用いられた.

訳注 3 この用語の意味は多彩であるが, ここでは観察者の主観によって患者の症状の解釈が規定されてしまい, しかもそのことを患者の病状についての一般的な法則, 真実であると思い込んでしまうことを指す.

訳注 4 シャルコーの弟子であったブリソーが, 年金を得た負傷者の方が得ていない負傷者よりも仕事への復帰に長く時間がかかることから着想を得て, トラウマ的体験のあとで健全な意志が障害された状態として1908年に提唱. 戦争に関連した神経症, 詐病の関係がしばしば論じられた.

訳注 5 徹底的な攻撃を重ねることによって勝利を得るという考え. 20世紀初頭のフランス軍の指針であった.

第12章　見えない傷

1 Travis Bogard, in Eugene O'Neill, *Complete Plays*, 1913-1920, ed., Travis Bogard (New York: Viking Press, 1988), 1066-69, 1090; Eugene O'Neill, "Shell Shock," Ibid., 655-72.

2 O'Neill, "Shell Shock," Ibid., 668-69.

3 O'Neill, "The Sniper," Ibid., 293-308; Bogard, Ibid., 1068.

4 Ted Bogacz, "War Neuroses and Cultural Change in England, 1914-1922: The Work of the War Office Committee of Enquiry into Shell Shock," *Journal of Contemporary History* (J.C.H.) 24 (1989), 229.

5 William Pencak, *For God & Country: The American Legion, 1919-1941* (Boston: Northeastern University Press, 1989), xii-xiii; *American Legion Weekly*, July 4, 1919, 10; Ibid., July 11, 1919, 7.

6 *American Legion Weekly*, July 4, 1919, 10; Pencak, *For God & Country*, xii, 179.

7 Pencak, *For God & Country*, 41-42; *American Legion Weekly*, July 4, 1919, 5; Ibid., October 17, 1919, 12; Walter Brinkop, Chairman of the Los Angeles Post No. 8, *California Legion Monthly*, April 20, 1920, 8.

8 Thomas C. Leonard, *Above the Battle: War-Making in America from Appomattox to Versailles*

(New York: Oxford University Press, 1978), 9, 78–79; Pencak, *For God & Country*, 27.

9 Wallace Evan Davies, *Patriotism on Parade: The Story of Veterans' and Hereditary Organizations in America, 1783–1900* (Cambridge: Harvard University Press, 1955), 173–88, 139; Pencak, *For God & Country*, 26–30. 以下も参照. Ronald Schaffer, *America in the Great War: The Rise of the War Welfare State* (New York: Oxford University Press, 1991) and Willard Waller, *The Veteran Comes Back* (New York: Dryden Press, 1944).

10 Richard lye Jones, A History of the American Legion (Indianapolis: The Bobbs-Merrill Company, 1946), 49; Pencack, For God & Country, 30.

11 Ibid., 53, 112. 英国の在郷軍人会組織についての情報は以下を参照. Anthony Brown, *Red For Remembrance: British Legion, 1921–1971* (London: Heineman, 1971) and Graham Wootton, *The Official History of the British Legion* (London: MacDonald & Evans, 1956). ドイツ退役軍人については以下を参照. Richard Bessel, *Germany After the First World War* (New York: Clarendon Press, 1993); Robert W. Whalen, *Bitter Wounds: German Victims of the Great War* (Ithaca: Cornell University Press, 1984); and Deborah Cohen, *The War Comes Home: Disabled Veterans in Great Britain and Germany, 1914–1939* (unpublished dissertation, University of California, Berkeley, 1996). フランス退役軍人については以下を参照. Antoine Prost, *Les Anciens Combattants et La Société Francaise, 1914–1939* 3 vols. (Paris: Gallinard, 1984–6).

12 *American Legion Weekly*, January 9, 1920, 19; Jones, *A History of the American Legion*, 129–31.

13 *American Legion Weekly*, April 21, 1922, 10; Ibid., September 28, 1922, 13; Thomas W. Salmon M.D., "The Insane Veteran and a Nation's Honor," Ibid., January 28, 1921, 5. 精神神経疾患に罹患したり戦後に補償を求めた9千名の兵士についてはほとんど情報が現存していない. 第一次世界大戦の軍人の個人ファイルの多くは1973年の火災で破損された. 退役軍人局は治療の5年後に記録を削除しており, 生存兵の補償要求に関する医療記録はあいまいで使用に耐えない. そしてまた, 自分の経験を*Atlantic Monthly* (原注41) に出版した中佐は個人的に治療を受けており, 補償の請求をしていない. 残存する資料については以下を参照. Michael Knapp, "World War I Service Records," *Prologue* 22 (1990), 300-302. 以下の文献も有用である. Lt. Col. A. G. Love and Mjr. C. B. Davenport, "A Comparison of White and Colored Troops in Respect to Incidence of Disease," *Proceedings of the National Academy of Sciences* 5 (1919), 58–67 and Grace Massonneau, "A Social Analysis of a Group of Psychoneurotic Ex-Servicemen," *Mental Hygiene* 6 (1922), 575–91.

14 Earl D. Bond, M.D., *Thomas W. Salmon, Psychiatrist* (New York: W. W. Norton & Company Inc., 1950), 21, 45, 82–85.

15 Edward A. Strecker, "Military Psychiatry: World War I, 1917–1918," *One Hundred Years of American Psychiatry* 1844–1944, Editorial Board of the American Psychiatric Association (New York: Columbia University Press, 1944), 386; Thomas W. Salmon, M.D., *The Care and Treatment of Mental Diseases and War Neuroses* ("Shell Shock") in the British Army (New York: War Work Committee of the National Committee for Mental Hygiene Inc., 1917); サーモンについての紹介は以下を参照. Bond, *Thomas W. Salmon*, 106, 163.

16 Salmon, *Care and Treatment*, 28. サーモンは「シェルショック」という用語への反論を述べるにあたって, 非戦闘員の神経症を取り上げた.

17 David G. Myers, *Psychology* (New York: Worth Publishers Inc., 1986), 655, 658. 1914年に編集された医学辞典には当時の学者の混乱が表れている. この辞典は神経症 neurosis を「神経の機能障害」と定義し, 精神病psychosisを「精神の疾病ないし障害」とし, そこに「不安と抑うつを特徴とする」いくつかの状態を含めた (訳注：psychosis は neurosis との対語としては精神症と訳すべきだが, 内容としては幻覚, 妄想, 思考と行動の解体, 重度の気分症状などを持つ病態を指しており, これは neurosis 概念の登場以前から精神病と訳されてきたため, ここではその訳語を踏襲

した). W. A. Newman Dorland, A.M., M.D., *The American Illustrated Medical Dictionary*, 7th ed. (Philadelphia: W.B. Saunders Company, 1914).

18 Elaine Showalter, *The Female Malady: Women, Madness and English Culture, 1830–1900* (New York: Pantheon, 1985); Phyllis Chesler, *Women & Madness* (New York: Avon Books, 1973); Mark S. Micale, *Approaching Hysteria: Disease and Its Interpretations* (Princeton: Princeton University Press, 1995), chap. 1; Andrew Scull, *Social Order/Mental Disorder: Anglo-American Psychiatry in Historical Perspective* (Berkeley: University of California Press, 1989), 271.

19 以下を参照. Marc Roudebush, "'A Battle of Nerves:' Hysteria and its Treatments in France during World War One," 本書. Bruna Bianchi, "Military Officers and Neurasthenia in Italian Psychiatry during the First World War," 本書. Salmon, *Care and Treatment*, 27–33. 彼は「負傷者の泣き叫ぶ声を耐えがたいと感じる者にみられるヒステリー性聴覚障害」などのヒステリー性身体症状には言及していた (p. 30). 当時の米国医学における戦争神経症に関する論文としては, とりわけ以下を参照されたい. *Mental Hygiene* 1 (1917); Ibid., 6 (1922); and *American Journal of Psychiatry* 79 (1923).

20 Lt. Col. Charles S. Myers, "Contributions to the Study of Shell Shock," *The Lancet* 191 (September 9, 1923), 461–67.

21 Salmon, *Care and Treatment*, 14; Pearce Bailey, M.D., "War Neuroses, Shell Shock and Nervousness in Soldiers," *Journal of the American Medical Association* (J.A.M.A.) 71 (1918), 2149; Richard Gabriel, *No More Heroes: Madness and Psychiatry in War* (New York: Hill & Wang, 1987), 57; Bailey, "Psychiatry and the Army," *Harper's Monthly Magazine* 135 (July, 1917), 255; W. H. R. Rivers, *Instinct and the Unconscious: A Contribution to a Biological Theory of the Psycho-Neuroses* (Cambridge: Cambridge University Press, 1922), 2. リヴァースの書籍は彼の戦中, 戦後の随筆や講演の集成である. そのいくつかは英米の医学雑誌や定期刊行物に収録された. Salmon, editorial, *Mental Hygiene* 1 (1917), 166; Capt. R. L. Richards, "Mental and Nervous Diseases in the Russo-Japanese War," Military Surgeon 26 (1910), 177–193. 高名な神経学者であったS. I. フランツはヘロドトスによって記載された戦闘のなかに戦争神経症の先例があると考えた (*New York Times*, September 5, 1920, viii, 22:6). この考えは上に引用したリチャード・ガブリエルによっても支持された. 以下を参照. Anthony Babington, *Shell-Shock: A History of the Changing Attitudes to War Neurosis* (Barnsley, UK: Pen & Sword Books Ltd., 1997) and Wendy Holden, *Shell Shock: The Psychological Impact of War* (London: Macmillan Publishers Ltd, 1998).

22 Salmon, *Care and Treatment*, 31; *New York Times*, March 25, 1917, sec. vi, 5:4, 6:1; C. S. Myers, "A Contribution to the Study of Shell Shock," *Lancet* 188 (Feb. 13, 1915), 316–17; Bailey, "War Neuroses, Shell Shock and Nervousness in Soldiers," 2150; "Case 243, 1917," in *Shell Shock and Other Neurosychiatric Problems Presented in Five Hundred and Eighty Nine Case Histories*, ed., E. E. Southard (Boston: W. M. Leonard, 1919), 340.

23 Sylvester D. Fairweather, "Boot Heels as a Cause of Flat Foot, Soldier's Heart, Myalgia, etc.," *British Medical Journal* 2 (1918), 313; Salmon, *Care and Treatment*, 30–31; Rivers, *Instinct and the Unconscious*, 52–55.

24 Myers, "Contributions to the Study of Shell Shock," 464.

25 Ibid., 461–67; Bailey, "War Neuroses, Shell Shock and Nervousness in Soldiers," 2151.

26 Myers, "Contributions to the Study of Shell Shock," 466; Bogacz, "War Neuroses and Cultural Change," 246, 250. ボガッツはこうした混乱が公の場で認められたことの長期的影響として, 1930年に臆病さに対する死刑が廃止されたことをあげている. Editorial, *The Lancet* 203 (August 18, 1922), 399; Salmon, *Care and Treatment*, 30.

27 *American Legion Weekly*, January 9, 1920, 15–17.

28 Paul Fussell, *The Great War and Modern Memory* (New York: Oxford University Press, 1975); David Kennedy, *Over Here: The First World War and American Society* (New York: Oxford University Press, 1980), 211-17; Jack Morris Wright, *A Poet of the Air* (Boston: Houghton Mifflin, 1918), 14, quoted in Charles V. Genthe, *American War Narratives 1917-1918: A Study and Bibliography* (New York: David Lewis, 1969), 95; Heywood Broun, *The A.E.F.* (New York: Appleton, 1918), 298, quoted in Ibid., 97.

29 Oliver Optic, *The Blue and Gray Series, The Blue and Gray on Land Series*, noted in Dolores Blythe Jones, *An Oliver Optic Checklist: An Annotated Catalog-Index to the Series, Non-Series Stories, and Magazine Publications of William Taylor Adams* (Westport: Greenwood Publishing Group, 1985), 99-100; Franklin P.Adams, "Foreword," in *Harry Castlemon: Boys' Own Author*, ed., Jacob Blanck (Waltham, MA: Mark Press, 1969), xi; Harry Castlemon, Frank Before Vicksburg (New York, 1910), 2. この分野のさらに多くの文献としては以下を参照. Bernard A. Drew, Action Series and Sequels: A Bibliography of Espionage, Vigilante, and Soldier-of-Fortune Novels (New York: Garland Publishing, Inc., 1988).

30 Robert Service, "Wounded," in *Rhymes of a Red Cross Man* (New York: Barse & Hopkins, 1916), 153; Service, interview in *Toronto Star*, September, 1912, 以下に引用. Carl F. Klinck, *Robert Service: A Biography* (Toronto: McGraw-Hill, 1976), 56; Klinck, Ibid., 118. サービスの人気は戦後も続いていた. 1926年になっても *American Legion Weekly* には上記の詩集の豪華版の広告を載せている. 退役軍人会出版局から発行されたこの詩集は「本革の装丁で箱に入れられ, 上部には金箔が押され, 表紙の題名は浮き彫りになっていた」. 広告の文言によれば「陰鬱な戦闘中に咲いた可憐な花のような詩」であった. (*American Legion Weekly*, February 5, 1926, 15).

31 Phillip Knightley, *The First Casualty: From Crimea to Vietnam: The War Correspondent as Hero*, Propagandist, and Myth Maker (New York: Harvest/HBJ, 1975), 42; Davis, 以下に引用. Giorgio Mariani, *Spectacular Narratives* (New York: P. Lang, 1992), 104.

32 *San Francisco Examiner*, July 2, 1916, i 1:2, *Chicago Daily Tribune*, July 3, 1916, 4:1; *Chicago Sunday Tribune*, July 2, 1916, i 4:4; *Chicago Daily Tribune*, July 3, 1916, 5:1. リチャード・ハーディング・デイヴィスは1914年にヨーロッパに赴いた特派員であり, もっとも有名で高額の報酬を受け取っていた. それ以外の特派員としては以下の者たちがいる. アーヴィン・S・コブ, フロイド・ギボンス, ウィリアム・シェパード (Knightley, *The First Casualty*, 114-35).

33 *Chicago Sunday Tribune*, July 2, 1916, i 4:4; New York Times, September 17, 1916, v 1:4.

34 Eric Solomon, "A Definition of the War Novel," in *The Red Badge of Courage: An Authoritative Text, Backgrounds and Source Criticism*, eds., Sculley Bradley et al. (New York: W.W. Norton, 1976), 167-73; Stephen Crane, Ibid., 14.

35 *Over the Top*, directed by Wilfred North, 1919, *American Film Institute Catalogue: Feature Films, 1911-1920* (Berkeley: University of California Press, 1988), 691: *Over There*, directed by James Kirkwood, 1917, Ibid.

36 *The Slacker's Heart*, directed by Frederick J. Ireland, 1917, Ibid., 849.

37 *The Trembling Hour*, directed by George Siegmann, 1919, Ibid., 948; *Shootin' For Love*, directed by Edward Sedgwick, 1923, *American Film Institute Catalogue: Feature Films, 1921-1930* (New York: R.R. Bowker Company, 1971), 710. 戦争にまつわる感情がどのように映画で扱われていたのかについては以下を参照. J. M. Winter, *Sites of Memory, Sites of Mourning: The Great War in European Cultural History* (New York: Cambridge University Press, 1995), chap. 5, and Joanna Bourke, *Dismembering the Male: Men's Bodies, Britain, and the Great War* (Chicago: University of Chicago Press, 1996), 107-22.

38 Rebecca West, *Return of the Soldier* (New York: Garden City Publishing, 1918); Dorothy L. Say-

ers, *Unpleasantness at the Bellona Club* (New York: Harper, 1928), 7. この性格はおそらく，セイヤーズが1926年に結婚したシェルショックを患っていた退役軍人の夫に基づいている（*Contemporary Authors* 119 [Detroit: Gale Research, 1987], 313).

39 *New York Times*, March 25, 1917, vi 5:1; Ibid., January 13, 1919, 10:5; Bailey, "Psychiatry and the Army," 254; Bailey, *New York Times*, September 14, 1919, vi 9:1; editorial, Ibid., September 21, 1919, iii 1:5.

40 A Welfare Worker, "Some Examples of 'Shell Shock'," *American Legion Weekly*, March 24, 1922, 6; Alexander Woolcott, "Invisible Wounds," Ibid., 18.

41 Woolcott, "Invisible Wounds," *American Legion Weekly*, 6; *An American Soldier*, "Shell-Shocked – and After," *Atlantic Monthly* 128 (December, 1921), 738–49.

42 Joe Hooper, El Dorado Post No 119, "A Message to the American People about the American Legion," *California Legion Monthly*, August, 1920, 31; *American Legion Bulletin*, December 20, 1921, 5.

43 *American Legion Bulletin*, December 1, 1922, 1.

44 Gabriel, *No More Heroes*, 79.

45 Robert Graves, *Lost Weekend*, 27, 以下に引用. Eric Leed, *No Man's Land*, 187; Woolcott, "Invisible Wounds," *American Legion Weekly*, 5; Pencak, *For God & Country*, 181.

46 Ireland, "The Neuro-Psychiatric Ex-Service Man," 687–88; Salmon, "The Insane Veteran and a Nation's Honor," *American Legion Weekly*, January 28, 1921, 5; Douglas A. Thom and H. Douglas Singer, "The Care of Neuropsychiatric Disabilities Among Ex-Service Men," *Mental Hygiene* 6 (January, 1922), 23–38. 1941年までには退役軍人病院は35,000の精神科病床を持つに至った. (Pencak, *For God & Country*, 187).

47 Ireland, "The Neuro-Psychiatric Ex-Service Man," 179; *American Legion Weekly*, May 5, 1922, 9, 12.

48 Charles Sawyer, 以下に引用. Pencak, *For God & Country*, 179; *American Legion Weekly*, March 24, 1922, 12; Ibid., April 21, 1922, 10; Ibid., August 11, 1922, 12, 10; Ibid., Sept. 22, 1922, 13; Ibid., July 18, 1924, 3.

49 Mrs. L. Hobart, President of the American Legion Auxiliary, in a report to the American Legion, Virginia, September, 1922. 以下に引用. Pencak, *For God & Country*, 180.

50 Francis S. Gosling, *Before Freud: Neurasthenia and the American Medical Community, 1870–1910* (Urbana: University of Illinois Press, 1987); Nathan G. Hale, Jr., *Freud and the Americans: The Beginnings of Psychoanalysis in the United States, 1876–1917* (New York: Oxford University Press, 1971); Dwight H. Robinson ("Private Bob"), "Disabled Fighters in California," American Legion Monthly, July 1921, 7. (Formerly *California Legion Monthly* – name change January 1, 1921).

51 Nathan G. Hale, Jr., *Freud and the Americans*, 229; Floyd Dell, 以下に引用. John C. Burnham, "The New Psychology," in 1915, *The Cultural Moment*, eds., Adele Heller and Lois Rudnick (New Brunswick: Rutgers University Press, 1991), 120; Burnham, Ibid.

52 Gerald N. Grob, *Mental Illness and American Society*, 1875–1940 (Princeton: Princeton University Press, 1983), 3–6.

53 Hale, *Freud and the Americans*, 56. 早発痴呆 dementia praecox についての議論は以下を参照. Ibid., 83–86. この疾患は1890年代にミュンヘン大学教授のE・クレペリンによって導入され，以下の症状を持つとされた．判断力の低下,「思考と感情の貧困」「自律した意志の欠如」，著明な無気力，そして周囲への無関心である．H. Douglas Singer, M.D., M.R.C.P. and William O. Krohn, A.M., M.D., Ph.D., *Insanity and Law: A Treatise on Forensic Psychiatry* (Philadelphia: P. Blakiston's Son & Co., 1924), 220–21; William A. White, M.D., *Insanity and the Criminal Law* (New

York: The MacMillan Company, 1923), 33–35; Grob, *Mental Illness*, 5.

54 Albert Deutsch, *The Mentally Ill in America: A History of their Care and Treatment from Colonial Times* (New York: Oxford University Press, 1949), 308; Salmon, "The Insane in a County Poor Farm," *Mental Hygiene* 1 (January, 1917), 26–27.

55 Earl D. Bond, *Thomas W. Salmon*, 55, 79; Hale, *Freud and the Americans*, 86; Thomas J. Heldt, "Some Important Factors in the Treatment of Psycho-Neurotic Ex-Service Men," *A.J.P.* 79 (April, 1923), 650.

56 Louis T. Grant, "Some More Governmental Inefficiency," *American Legion Monthly*, January, 1921, 12; Ibid., April, 1921, 27; Robinson "Disabled Fighters in California," Ibid., July, 1921, 7.

57 Ireland, "The Neuro-Psychiatric Ex-Service Man," 699; 以下の学会発表に関するオストハイマー医師の討論. Clarence Farrar, Guy Ireland, and Thomas Heldt at the annual meeting of the American Psychiatric Association, June 6–9, 1922, in *A.J.P.* 79 (April, 1923); Thom and Singer, "The Care of Neuropsychiatric Disabilities," 33.

58 Grob, *Mental Illness*, 5, 271–73.

59 Deutsch, *Mentally Ill in America*, 295, 287–89; Grob, *Mental Illness*, 250.

60 George K. Pratt, M. D. "Don't Be Afraid," *American Legion Monthly*, November, 1928, 78.

訳注 1　米国の劇作家．ブロードウェイで成功を収め，1936年にノーベル文学賞を受賞した．

訳注 2　The Bureau of War Risk Insurance. 第一次世界大戦の兵士が十分な傷病保険と医療を受けられるように財務省の下に1914年に設置された．

訳注 3　原書には psychiatrist と記されているが，実際には心理士であった．シェルショックという名称を学術論文に用いたのは彼が最初とされる．本章では高圧的な治療をしたかのように描かれているが，彼がこの概念を提唱した主な理由は戦闘忌避によって処刑される兵士を救済するためであった．しかし軍当局から反発され，彼は研究発表と治療を禁じられた．治療可能な兵士を救うことを否定されたことは彼にとって大きな衝撃であり，終戦後は長くこの問題について沈黙を守った．

訳注 4　異なった金属間のイオン化傾向の相違によって発生する直流電流．

訳注 5　スコットの代表的冒険小説．11世紀から12世紀の英国におけるノルマン人の征服に対するサクソン人の抵抗を背景とし，架空の主人公であるアイヴァンホーの活躍を描いた．

訳注 6　ホレイショ・ハーバート・キッチナー（1850–1916）．第一次世界大戦の英国陸軍大臣．戦争の長期化を予見し，自らの肖像を印刷したポスターなどで志願兵を募集し，約300万人が応募したとされる．この募集を通じて彼の名前は愛国意識の象徴として言及されるようになった．しかし積極的な募集の結果，若年労働力の不足から砲弾などの戦時必要物資の不足を招いたという側面もあった．

訳注 7　邦訳題名「豹の眼」．

訳注 8　1917年 3 月25日日曜版に掲載．

訳注 9　欧米では戦死者の遺体の周辺に赤いヒナゲシが咲くという言い伝えがあった．1915年にジョン・マックレーが英国の雑誌に「フランドルの戦場にヒナゲシが咲く In Flanders fields the poppies blow」で始まる詩を公表したことを機に，赤いヒナゲシが戦没者追悼の象徴となった．戦没記念日には軍の関係者はヒナゲシの花を胸に挿すという習慣もある．なお翻訳には島津恵子氏の助力を得た．

訳注10　西欧の近代精神医療の指導原理として，フランス革命の博愛的人道主義と，本書に記されている社会的ダーウィニズムに注目することは重要である．フランス革命において患者を鎖から解放したとされるピネル，その継承者であるエスキロールらに始まる道徳療法（情緒療法）moral treatment は，「人間は人間らしく扱えば人間らしくなる」というテーゼによって，患者を庭園を備えた建物のような開放的な環境に置き，軽作業，ティータイムなどを伴う生活を取り入れ，実際に多く

の患者の状態像は改善したとされる．この治療は広く関心を集め，ランセット誌にも特集が組まれるほどであり，先進的医療として各国に広まった．しかしとりわけ米国における患者の増加による費用負担に加えて，本章に記されている社会的ダーウィニズムの影響によって，進化の袋小路にあるとされた精神科患者に治療的投資をすることへの熱意が薄れ，衰退した．

訳者略歴

金吉晴〈きん・よしはる〉国立精神・神経医療研究センター精神保健研究所成人精神保健研究部部長．精神科医．1984年京都大学医学部卒．ロンドン精神医学研究所などを経て，現職．1997年厚生大臣表彰．著訳書に『心的トラウマの理解とケア』（じほう）『PTSD』（星和書店）フォア他『PTSDの持続エクスポージャー療法』（共訳 星和書店）フリードマン他編『PTSDハンドブック』（共訳 金剛出版）などがある．

マーク・ミカーリ／ポール・レルナー編
トラウマの過去
産業革命から第一次世界大戦まで
金 吉晴 訳

2017年 8月 1日 印刷
2017年 8月 10日 発行

発行所 株式会社 みすず書房
〒113-0033 東京都文京区本郷5丁目32-21
電話 03-3814-0131(営業) 03-3815-9181(編集)
http://www.msz.co.jp

本文組版 キャップス
本文印刷所 平文社
扉・表紙・カバー印刷所 リヒトプランニング
製本所 誠製本
装丁 安藤剛史

ISBN 978-4-622-08623-9
[トラウマのかこ]